마이크로서비스
아키텍처 구축 가이드

마이크로서비스 아키텍처 구축 가이드

성공적인 마이크로서비스 아키텍처 적용을 위한 체크포인트와 전략

초판 1쇄 발행 2023년 2월 6일

지은이 김용욱 / **펴낸이** 김태헌
펴낸곳 한빛미디어(주) / **주소** 서울시 서대문구 연희로2길 62 한빛미디어(주) IT출판2부
전화 02-325-5544 / **팩스** 02-336-7124
등록 1999년 6월 24일 제25100-2017-000058호 / **ISBN** 979-11-6921-073-7 93000

총괄 송경석 / **책임편집** 홍성신 / **기획** 홍현정 / **편집** 김대현
디자인 표지 이아란 내지 윤혜원 / **전산편집** 다인
영업 김형진, 장경환, 조유미 / **마케팅** 박상용, 한종진, 이행은, 고광일, 성화정 / **제작** 박성우, 김정우

이 책에 대한 의견이나 오탈자 및 잘못된 내용에 대한 수정 정보는 한빛미디어(주)의 홈페이지나 아래 이메일로
알려주십시오. 잘못된 책은 구입하신 서점에서 교환해드립니다. 책값은 뒤표지에 표시되어 있습니다.

한빛미디어 홈페이지 www.hanbit.co.kr / 이메일 ask@hanbit.co.kr

지금 하지 않으면 할 수 없는 일이 있습니다.
책으로 펴내고 싶은 아이디어나 원고를 메일(writer@hanbit.co.kr)로 보내주세요.
한빛미디어(주)는 여러분의 소중한 경험과 지식을 기다리고 있습니다.

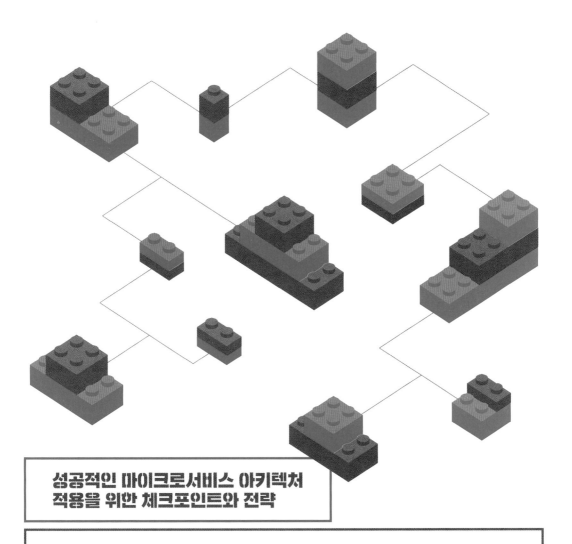

성공적인 마이크로서비스 아키텍처
적용을 위한 체크포인트와 전략

마이크로서비스
아키텍처 구축 가이드

김용욱 지음

IIB 한빛미디어
Hanbit Media, Inc.

베타리더의 말

최근에 클라우드 네이티브 같은 환경과 여러 설루션이 등장하여 마이크로서비스 아키텍처를 구현하기가 수월해졌다. 따라서 마이크로서비스 아키텍처를 구현하기 위한 서비스를 적재적소에 활용한다면 최소한의 인력과 시간으로 완벽하게 장애를 대비할 수 있는 고가용성의 시스템을 구성하고 운영할 수 있다. 이 책은 다양한 사례와 예시 코드를 제공하며 마이크로서비스 아키텍처 구축을 위한 노하우와 설계 시 고려해야 할 핵심 내용을 잘 짚어준다. 이 책에서 다루고 있는 사례들이 현장에서 고민하고 있는 부분과 일치하는 것이 많아서 큰 도움이 되었다. 마이크로서비스 아키텍처를 도입하고자 하는 조직이나 구성원에게 이 책이 훌륭한 가이드가 되어 줄 것이다.

권민승 백엔드 개발자

이 책의 제목이 내용을 아주 잘 담고 있다. 시중에 마이크로서비스 관련 책은 많이 있지만 실제 구현과 관련된 내용을 이렇게 자세하게 언급한 책은 처음인 것 같다. 매우 실용적인 예시를 담고 있어서 마이크로서비스 아키텍처 도입을 고민하는 독자나 조직에게 큰 도움이 될 것이다.

백재연 GDE for Google Cloud

실무 현장에서 마이크로서비스 아키텍처를 적용할 때 가장 어려워하는 부분이 서비스 설계와 구현에 대한 것이다. 특히 서비스를 분할할 때 명확한 기준이 존재하지 않아서 각 시스템의 특성에 맞는 설계가 필요한데 이 책에 이와 관련한 내용이 담겨 있다. 또한 저자가 국내 상황을 명확히 인지하고 있어 실무 현장에 적합하게 적용할 수 있는 팁이 많이 포함되어 있다. 단순히 패턴이나 이론 설명으로 그치는 것이 아니라 다양한 예시와 구현 코드, 테스트 결과 등을 제공하기 때문에 마이크로서비스 아키텍처를 설계하고자 하는 독자에게 많은 도움을 줄 것이다.

이장현 삼성SDS

이 책은 마이크로서비스 아키텍처의 기본 개념부터 구현 및 구축에 대한 내용까지 폭넓고 상세하게 다루고 있다. 무엇보다 다양한 그림을 활용한 직관적인 설명으로 마이크로서비스 아키텍처에 대해 좀 더 쉽게 이해할 수 있었다. 또한 마이크로서비스 아키텍처를 구축하고 관리할 때 생길 수 있는 문제를 해결하기 위한 인사이트를 얻을 수 있으며 이와 관련한 유용한 조언도 가득하다. 기존 모놀리식 아키텍처 기반의 대용량 시스템에서 마이크로서비스 아키텍처로 전환을 고민하고 있다면 이 책을 추천한다.

이석곤 (주)아이알컴퍼니

이 책은 저자가 현장을 돌아다니며 많은 시행착오와 뼈아픈 장애를 경험하면서 얻은 노하우와 지식의 결정체이다. 다른 책과 비교했을 때 확실한 차별성을 가지고 있다. 단순히 개발을 어떻게 해야 하는지에 대한 내용이 아니라 마이크로서비스 아키텍처 도입 목표 수립부터 시스템 개발 완료까지 모든 단계를 다루며 중요한 핵심 포인트를 놓치지 않고 설명해준다.

임재봉 Elastic.co

지은이 소개

지은이 **김용욱** wharup@naver.com

삼성SDS에 입사하여 엔터프라이즈 시스템 개발자/운영자, 임베디드 소프트웨어 개발자, 패키지/서비스 설루션 소프트웨어 아키텍트로 근무하다 2018년부터 마이크로서비스 아키텍처를 시스템에 적용하고자 할 때 도움을 주는 역할을 하고 있다. 클린 코드, 리팩터링, TDD 같은 애자일 프랙티스에 관심이 많으며 좋은 세미나 영상을 발견하면 자막을 만들어 주변에 소개하는 활동도 하고 있다.

지은이의 말

2015년 우연한 기회로 크리스 리처드슨Chris Richardson의 마이크로서비스 아키텍처 교육을 들은 적이 있다. 크리스 리처드슨은 마이크로서비스 아키텍처 전문가이자 전 세계에 몇 안되는 자바 챔피언 중 한 명이고 『POJOs in Action』(2006, Manning)이란 책도 집필한 적이 있는 객체 지향 프로그래밍의 대가이다.

나는 그때 객체 지향 프로그래밍, TDD^{Test Driven Development}, 헥사고날Hexagonal 아키텍처 등에 몰입하고 있었는데 마이크로서비스 아키텍처 외에도 많은 것을 배울 수 있는 좋은 기회였다. 교육 중에 'ACID 트랜잭션이 없으면 어렵지 않나?'라는 내 질문에 '사실이지만 원래 실제 세상이 그렇게 동작하잖아'라는 자바 챔피언의 답변은 무한 신뢰할 수 있었지만 내가 동료 개발자에게 같은 말을 할 자신은 없었다. 그만큼 마이크로서비스 아키텍처는 내게 아직 낯설고 확신할 수 없는 기술이었다. 게다가 나는 그 당시 회사에서 패키지 솔루션의 차기 버전을 설계하고 있었기 때문에 마이크로서비스 아키텍처는 그저 반짝이는 신기술일 뿐 나와는 인연이 없는 것처럼 여겨졌었다.

2017년 즈음 클라우드 및 빅데이터가 확산됨에 따라 담당하던 솔루션이 SaaS 서비스를 시작하게 되었고 우여곡절 끝에 마이크로서비스 아키텍처를 적용하는 레퍼런스 케이스가 되었다. 이 프로젝트에는 각 분야의 전문가가 참여했고 각자의 자리에서 모두가 진심으로 전력투구를 했다. 예전에 배웠던 내용을 실전에 적용하면서 막연하게 상상해오던 것들이 구체화되자 '제대로 구현이 될까?'라는 의혹을 점점 떨칠 수 있었다. 간혹 구현 이슈가 발견되었지만 어렵지 않게 해결 방법을 찾을 수 있었다. 프로젝트가 중반 정도 지난 어느 날 이제는 어떤 이슈가 발생해도 프로젝트의 방향을 바꿀 정도는 아닐 것이고 우리 시스템은 문제없다는 확신을 가질 수 있었다.

2018년 마이크로서비스 아키텍처를 적용하는 프로젝트에 긴급 투입되었다. 그 프로젝트는 진행 도중에 마이크로서비스 아키텍처로 시스템을 개선하기로 급선회한 상태였고 이런 변화 속에 현장 인력에게 기술 지원을 하는 것이 내 역할이었다. 찾아간 현장은 큰 혼란에 빠져 있었다. 레퍼런스 구축 때와는 달리 다들 준비가 안 되어 있었을뿐더러 일정 압박에 시달리고 있었기 때문에 무언가 새로운 것을 배우고 도전하는 것에 부담을 느끼고 있었다. 그 당시에는 스프링부트 1.6과 스프링의 넷플릭스 스택이 인기였는데 아우터^{outer} 아키텍처를 전담할 조직과 인력은 확보된 상태였다. 프로젝트 PM 입장에서 풀지 못한 문제는 서비스를 어떻게 나누고 어떻게 개발할 수 있을지에 대한 것이었다. 프로젝트의 개발자들과 진지하면서도 험난한 토론을 반복하던 어느 날 시스템 개편 방향이 크게 변했고 자연스레 마이크로서비스 아키텍처를 도입하는 계획도 사라졌다. 이후에 마이크로서비스 아키텍처를 적용하는 현장을 지원하는 것이 나의 본업이 되었는데 그때 프로젝트 팀과 나눴던 토론 주제들은 두고두고 풀어야 할 숙제로 남게 되었다.

시간이 지날수록 마이크로서비스 아키텍처는 더 활발하게 도입되고 있다. 클라우드 인프라가 크게 확산됨에 따라 이를 제공하는 CSP^{Cloud Solution Provider}들이 치열하게 경쟁하고 있으며 클라우드 인프라 도입을 지원하는 MSP^{Managed Service Provider} 시장도 확대되었다. 디지털 트랜스포메이션^{Digital Transformation}, 애플리케이션 현대화^{Application Mordernization}가 대두되면서 마이크로서비스 아키텍처를 적용하는 사례가 증가하고 있으며 최근에는 보수적으로 평가받는 금융권에서도 마이크로서비스 아키텍처를 도입한다는 소식이 들려오고 있다. 그만큼 마이크로서비스 아키텍처를 경험한 인력이 늘어나고 있고 경험 이력을 우대하는 채용 공고도 쉽게 찾아볼 수 있다. 책이나 기술 자료도 풍부해졌는데 2018년에는 몇 권 안되던 관련 책도 수십 권으로 늘어났으며 굴지의 IT 기업이 제공하는 신뢰할 만한 기술 자료도 넘쳐난다. 한편 VM과 스프링 넷플릭스 스택은 쿠버네티스와 같은 컨테이너 환경으로 대체되고 있으며 이를 지원하는 전문 업체가 늘어나고 있다.

그러나 아직도 현장을 돌아다니나 보면 2018년의 상황과 크게 다르지 않은 것 같다. IT 책임자는 마이크로서비스 아키텍처를 적용하고 싶지만 자신들의 시스템에 마이크로서비스 아키텍처가 적합한지 확신하지 못할뿐더러 제대로 실행할 방법도 찾지 못하고 있다. 프로젝트 매니저는 마이크로서비스 아키텍처로 프로젝트를 진행할 때 비용, 일정 등의 계획을 어떻게 세워야 할지 고민한다. 개발 리더는 서비스를 어떻게 나눌지를 고민하고 있으며 적절하게 데이터베이스를 분할해서 개발하는 방법을 머릿속에 떠올리지 못한다. 이처럼 안타깝게도 마이크로서비스 아키텍처가 제대로 안착되지 못하는 사례를 적잖이 볼 수 있다. 많은 노력과 비용을 들여가며 마이크로서비스 아키텍처를 적용했지만 왜 도입했는지, 무엇이 좋아졌는지를 자신 있게 말하지 못한다. 또한 왜 엔지니어 수보다 서비스 개수가 더 많아졌는지에 대한 이유도 알지 못한다. 어쩌면 최신 기술이라 무작정 적용을 시도해봤고 이벤트 스토밍으로 도출한 바운디드 컨텍스트를 식별한 후에 그냥 서비스로 만들었을지도 모른다. 어떨 때에는 '마이크로서비스 아키텍처를 적용했다고? 데이터베이스도 나눴어?'라는 질문에 불편한 상황이 조성되기도 한다.

마이크로서비스 아키텍처를 적용하는 데 가장 중요한 것은 '왜 하는가?'이다. 마이크로서비스 아키텍처를 도입한다고 해서 시스템 개발 및 운영 비용은 낮아지지 않는다. 오히려 비용을 더 투자해서 생산성을 높이는 구조이다. 화물 운송에 비유하면 큰 화물차에 짐을 가득 싣고 80km의 속도로 배송하여 배송비를 최대한 낮춰 이익을 높이는 대신에 더 높은 배송비를 들여 여러 대의 작은 화물차를 이용해 120km 속도로 배송 효율을 높이는 방식이다. 기대하는 이익이 무엇인지도 잘 모르면서 더 많은 비용과 노력을 투자한다는 것 자체가 난센스다. 기대하는 이익이 어떻게 발생하는지를 알아야 이익을 극대화할 수 있게 서비스를 나눌 수 있고 또 어느 정도로 나눠야 충분한지 가늠할 수 있다. 따라서 이 책에 마이크로서비스 아키텍처를 도입하는 목표를 결정하는 데 필요한 구체적인 기준을 최대한 담고자 했다. 책에서 제시하는 비즈니스 민첩성, 장애 격리, 확장성 외에도 시스템 담당자가 수긍할 수 있는 이유가 있다면 충분히 도입을 결정할 수 있을 것이다. 반대로 왜 마이크로서비스 아키텍처를 도입하는지 알 수 없거나 도입하는 목적에 대한 내부의 공감대가 형성되지 않았다면 잠시 멈추는 것도 괜찮다. 왜 마이크로서비스 아키텍처를 적용했는지 알지 못하는 것은 도입 시점부터 개선 방향을 제대로 잡지 못했거나 실무 담당자가 마이크로서비스에 대해 제대로 이해하지 못하고 있는 것일 수 있다. 마이크로서비스 아키텍처를 구현하는 데 참고할 수 있는 기술 자료는 많이 있다. 그럼에도 불구하고 능력 있는 엔지니어가 어떻게 해야할지 헤매는 이유는 무엇일까? 어쩌면 그들에게는 기술 자료나 책에는 나와 있는 기술적 개념보다 실제 사례를 기반으로 한 경험적인 조언이 필요할지도 모른다. 이 책의 주요 주제는 그동안 현장에서 반복적으로 설명했던 내용을 기반으로 한다. 유행하는 기술적 개념에 대한 내용이 아니라 실제 현장에서 참고할 수 있는 실무 밀

착형 팁을 담고자 했다. 따라서 어떠한 신기술의 개념, 구현 기술 또는 프레임워크 사용법 등은 다루지 않았다. 예를 들어 서비스 데이터를 조합하기 위한 방법으로 API 게이트웨이의 API Composition 사용법 대신에 코드 레벨에서 효율적으로 데이터를 조합하는 방식을 소개한다. 또한 ACID 트랜잭션을 보완하기 위한 방식으로 CQRS나 SAGA 같은 패턴을 소개하는 대신에 직접 보상 트랜잭션을 작성하는 방법을 알려준다. API Composition이나 SAGA 패턴의 효용성이 떨어지는 것이 아니라 현장에서 보편적으로 적용할 수 있는 기술이 아닐뿐더러 이 책에서 언급하지 않아도 충분히 좋은 레퍼런스가 있기 때문이다. 물론 책에 수록된 내용 중 완벽한 답을 제시했다고 말하기에 부족한 부분도 있을 것이다. 이 책을 집필을 하고자 했을 때 무모하게 완주하지 못할 달리기를 시작했다는 느낌도 들었었다. 이 책이 시작이라는 매개물이 되어 나름의 역할을 하게 된다면 누군가가 부족했던 부분을 채워주는 역할을 하며 이어 달려줄 것이라고 믿는다.

부디 마이크로서비스 아키텍처를 성공적으로 도입하는 데 이 책이 도움이 되길 바란다. 마이크로서비스 아키텍처를 도입하려면 각 단계별 담당자가 전체 프로세스에 대해 이해해야 하기 때문에 직접 기술적 지원을 하는 것보다 책으로 내용을 전달하는 것이 적합하기도 하다. 외부 방문으로 진행하는 경우에는 비교적 짧은 기간 동안 한정된 주제에 대해서만 지원이 가능하다. 예를 들어 기획 단계에서 개발 시점의 중요한 사항에 대해 언급하려 해도 해당 역할 담당자가 없어 전달하지 못하기도 한다. 프로젝트 개발자 중에 실제 시스템을 개선하고 운영할 인력이 없는 경우도 많다. 이 책이 이러한 현장 지원의 빈틈을 메워주길 바라며 각자 맡은 역할을 수행하는 데 그리고 다른 역할을 수행하는 담당자의 업무를 이해하는 데 도움이 되었으면 좋겠다.

이 책을 읽기 전에

이 책을 읽기 전에 독자에게 일러두고 싶은 말이 있다.

첫째, 이 책의 예시에 나와있는 서비스 구성을 그대로 사용할 수 있을 것이라고 생각하지 말기 바란다. 마이크로서비스 아키텍처를 접하고 나서 시스템을 어떻게 분리할 수 있을지 고민하는 중에 같은 도메인 시스템을 참조하면 도움이 될 수도 있다. 물론 이 경우에도 도메인 이외에 사용자, 조직, 시장 등을 함께 고려해야 한다. 이 책의 예시는 실제 시스템이 아니라 전달하려는 내용을 명확히 나타내기 위해 필요에 맞게 만들어낸 가상의 시스템이다. 그리고 같은 도메인 시스템이라고 해도 각기 다른 전제를 가지기 마련이다. 따라서 실제 시스템을 벤치마킹하는 것과는 별개로 도움이 되지 않는다. 각 예시의 서비스 구조보다는 그 예시로 전달하려는 핵심 내용을 파악하기 바란다.

두 번째는 책에서 사용하는 용어의 의미가 독자의 환경에서 사용하는 뜻과 다를 수 있다는 점을 유념하기 바란다. IT 업계에서 사용하는 용어는 한정적이고 환경에 따라 그 의미가 달라진다. 그중 대표적인 것이 '개발자'란 용어이다. SI 업계에서는 개발과 운영의 역할이 명확히 구분되는 경우가 많다. 따라서 개발자는 프로그램을 작성하고 수정하는 사람이 아니라 SI 프로젝트 팀의 인력을 의미하며 시스템을 운영하는 조직에서 프로그램을 수정하고 기능을 추가하는 사람을 운영자라고 부르기도 한다. 반면에 B2C 서비스 업계에서는 시스템을 개선하고 운영하는 모든 사람을 개발자라고 부르고 프로그램을 수정하는 사람이 아니라 시스템의 오퍼레이션을 담당하는 사람을 운영자로 칭하기도 한다. 마이크로서비스 아키텍처는 운영 중인 시스템을 빠르게 개선하기 위한 것이다. 따라서 이 책에서 이야기하는 개발자는 대부분 시스템을 개선하고 운영하는 사람을 말한다. 그 밖에도 어떤 용어가 문맥상 어색하게 보인다면 혹시 그 용어가 전혀 다른 의미로 사용되는 것이 아닌지 생각해보기 바란다.

마지막으로 마이크로서비스 아키텍처는 애자일^{Agile}, 데브옵스^{DevOps}, 테스트 자동화^{Test Automation}, 지속적인 통합^{Continuous Integration}, 지속적인 전달^{Continuous Delivery} 같은 다양한 주제를 배경으로 하고 있다는 점을 명심하기 바란다. 물론 이런 요건을 다 갖추지 못해도 마이크로서비스 아키텍처를 도입할 수는 있다. 마이크로서비스 아키텍처를 단독으로 적용하더라도 충분히 도입 효과를 볼수도 있겠지만 위와 같은 관련 주제에 대해 충분히 이해하는 것이 좋다. 당장 적용하지 않더라도 마이크로서비스 아키텍처에 위와 같은 요소가 어떻게 적용되는지 전체 맥락과 구조 측면에서 이해한다면 필요한 부분을 취사선택해서 사용할 수 있을 것이다.

감사의 말

이 책 내용의 대부분은 현장에서 주고받은 문답에 살을 붙인 것이다. 센스 있는 피드백을 주었던 이장현 프로를 포함하여 건설적인 토론으로 부족한 점을 일깨워주고 깊게 고민할 수 있도록 도움을 준 모든 동료 선후배에게 감사의 말씀을 드린다. 그리고 이 책이 세상에 나올 수 있도록 도와준 김대현 책임님, 홍현정 선임님 및 한빛미디어 관계자에게도 감사의 마음을 전한다.

마지막으로 이 책을 집필하는 동안 하숙생처럼 지낸 내게 큰 힘이 되어준 아름이와 잘 놀아주지 못하는데도 항상 아빠에게 발랄하게 다가와주는 윤하와 준영이에게 미안하고 사랑한다는 말을 전한다.

2023년 1월

김용욱

이 책에 대하여

대상 독자

| 초급 | 초중급 | **중급** | 중고급 | 고급 |

이 책은 마이크로서비스 아키텍처를 도입 및 구축하려고 하는 시스템 담당자, PM, PL, 개발자 등을 포함하여 마이크로서비스 아키텍처에 관심 있는 모든 독자를 대상으로 한다. 마이크로서비스 아키텍처로 구축되어 있는 시스템의 개선과 애플리케이션 현대화에 관심 있는 독자에게도 도움이 될 것이다.

이 책의 구성

1부_마이크로서비스 아키텍처 이해하기

마이크로서비스 아키텍처를 도입하기 전에 반드시 생각해봐야 할 체크포인트를 정리했다. 먼저 마이크로서비스 아키텍처를 정확하게 이해하기 위해 명확한 정의와 핵심 특징에 대해 알아보고 마이크로서비스 아키텍처를 도입하는 이유가 무엇인지 살펴본다. 특히 마이크로서비스 아키텍처와 관련하여 실무자가 가장 많이 했던 질문과 그에 대한 답변을 살펴보면서 마이크로서비스 아키텍처를 도입하는 것이 바람직한지, 도입 후 생길 수 있는 구현 이슈는 어떤 것들이 있고 해결 방법은 무엇인지 알아본다.

1장_ 마이크로서비스 아키텍처란?

마이크로서비스 아키텍처의 명확한 정의와 핵심적인 특징을 살펴보고 이해하기 어려운 이유와 도입했을 때의 장점 등에 대해 설명한다. 또한 마이크로서비스 아키텍처를 도입한 대표적인 기업들의 공통적인 특징을 살펴보고 마이크로서비스 아키텍처를 적용하는 방식에 대해 알아본다.

2장_어떻게 적용해야 할까?

우리 시스템에 마이크로서비스 아키텍처가 적합할지, 프로젝트 일정 수립과 비용 산정은 어떻게 하는지, 데이터베이스는 어디까지 분리해야 하는지 등 시스템 책임자, PM, 아키텍트, 개발자가 마이크로서비스 아키텍처에 대해 관심을 가질만한 내용을 질문과 답변 형식으로 소개한다.

3장_데이터베이스를 분리한다고?

마이크로서비스 아키텍처 구현에 대한 질문과 답변을 담았다. 아키텍처 스타일과 동작 방식을 비교하여 서비스 간의 참조가 생각보다 적은 이유를 이론적으로 설명하며 REST API로 데이터를 조합하는 방식을 예시 코드로 보여준다. 또한 실제 속도를 측정하여 모놀리식 아키텍처로 구현한 경우와 비교해본다. 그리고 여러 서비스의 트랜잭션에서 자동 롤백과 동시성이 보장이 안 되는 상황을 살펴보고 실제 영향에 대해서 설명한다.

2부_마이크로서비스 아키텍처 적용하기

마이크로서비스 아키텍처를 성공적으로 적용하기 위한 방법을 단계별로 살펴본다. 먼저 시스템의 특성이나 개선 목표에 따라 마이크로서비스 아키텍처 적용이 적합한지 판단하는 방법에 대해 설명한다. 그리고 도입 후 달성할 수 있는 목표를 정의하고 그 목표를 수립하는 과정을 살펴본다. 그다음 시스템의 주요 업무를 파악하고 서비스를 분할해서 도출하는 과정에 대해 설명하며 도입 목표를 만족시키는 서비스 선정 방법을 소개한다. 또한 서비스를 설계하는 데 필요한 기본 내용을 설명하며 서비스 역할과 관계 구체화 및 도입 목표 달성 검증 방법에 대해 살펴본다.

4장_서비스 선정하기

마이크로서비스 아키텍처의 서비스를 선정하고 설계하는 절차에 대해 전반적으로 살펴본다.

그리고 마이크로서비스 아키텍처 도입 목표 수립 과정과 서비스를 선정할 때 시행착오를 줄이면서 안정적으로 서비스를 분할할 수 있는 방법에 대해 소개한다.

5장_서비스 설계 원칙

서비스를 설계하는 데에 필요한 기본 지식을 소개한다. 먼저 마이크로서비스 아키텍처에 널리 사용되는 REST API, SPA, 클라우드 네이티브 애플리케이션에 대해 알아보고 전통적인 웹 아키텍처와의 차이점과 전통적인 웹 시스템을 마이크로서비스 아키텍처로 전환할 때 고려해야 하는 점을 살펴본다. 그리고 서비스처럼 화면을 업무 단위로 분할할 때 필요한 프런트엔드의 분리 및 조합 기술을 알아본다. 또한 서비스 간의 건전한 의존 관계를 형성하기 위한 기본 원칙과 서비스 간의 의존 관계를 약하게 하여 변경을 쉽게 하고 장애 영향도를 낮추는 설계 원칙에 대해 알아본다.

6장_서비스 설계하기

선정한 서비스 동작을 설계하여 서비스 역할을 구체화하고 서비스 간의 관계를 도출하는 방법을 소개한다. 또한 각자 익숙한 설계 방법으로 서비스 동작을 기술하여 서비스 간의 참조나 여러 서비스에 걸친 트랜잭션으로 발생할 수 있는 구현 이슈를 탐지하는 방법에 대해 알아본다. 그리고 서비스별로 변경 및 배포를 독립적으로 할 수 있도록 프로세스와 조직을 확인해보고 장애 격리, 확장성 등을 검토하여 마이크로서비스 아키텍처 도입 목표를 만족할 수 있는지 살펴본다. 마지막으로 마이크로서비스 아키텍처 서비스를 설계하는 데 도움이 될만한 다양한 예시를 소개한다.

7장_서비스 개발하기

마이크로서비스 아키텍처로 시스템을 개발하는 데에 필요한 내용을 소개한다. 먼저 시스템의 기본 동작을 결정하는 사용자의 인증/인가 방식에 대해 살펴본다. 그다음 사용자 로그인 상태를 관리하는 다양한 방식을 알아보고 각각의 방식을 기반으로 한 사용자의 인증/인가 방식을 확인해본다. 그리고 서비스가 다른 서비스를 참조할 때 데이터 유형에 따른 구현 방식을 살펴보고, 참조 성능을 최적화하는 방법에 대해 알아본다. 또한 서비스 간의 데이터 참조나 트랜잭션 구현에 필요한 기술을 알아본다. 마지막으로 외부 요인으로 서비스에 장애가 발생할 수 있는 유형을 살펴보고 이를 회피할 방법에 대해 설명한다.

NOTE_ 보충 설명, 참고 사항, 관련 용어 등을 본문과 구분하여 정리해두었다.

정오표와 피드백

편집 과정에서 오탈자를 확인하는 절차를 거쳤음에도 미처 발견하지 못한 오탈자나 내용에 대한 오류 문의는 출판사 도서 정보 페이지에 등록하거나 저자의 이메일로 보내주기 바란다. 책에서 사용하는 실습 예제는 아래 링크에서 다운로드받을 수 있으며 책과 관련한 궁금한 점은 저자나 출판사의 대표 이메일로 문의하기 바란다.

- 저자 이메일 – wharup@naver.com
- 저자 SNS – https://twitter.com/wharup_kim
- 예제 소스 – https://github.com/wharup/book-examples

CONTENTS

PART 1 마이크로서비스 아키텍처 이해하기

CHAPTER 1 마이크로서비스 아키텍처란?

CONTENTS

PART 2 마이크로서비스 아키텍처 적용하기

CHAPTER 4 서비스 선정하기

CONTENTS

CHAPTER 5 **서비스 설계 원칙**

CHAPTER 6 **서비스 설계하기**

CHAPTER 7 서비스 개발하기

CONTENTS

마이크로서비스 아키텍처 이해하기

1부에서는 마이크로서비스 아키텍처를 도입하기 전에 반드시 생각해봐야 할 체크포인트를 정리했다. 먼저 마이크로서비스 아키텍처를 정확하게 이해하기 위해 명확한 정의와 핵심 특징에 대해 알아보고 마이크로서비스 아키텍처를 도입하는 이유가 무엇인지 살펴본다. 특히 마이크로서비스 아키텍처와 관련하여 실무자가 가장 많이 했던 질문과 그에 대한 답변을 살펴보면서 마이크로서비스 아키텍처를 도입하는 것이 바람직한지, 도입 후 생길 수 있는 구현 이슈는 어떤 것들이 있고 해결 방법은 무엇인지 알아본다.

Chapter 1

마이크로서비스 아키텍처란?

마이크로서비스 아키텍처란?

2012년에 마이크로서비스^{Microservices}**란 이름이 세상에 소개된 지 벌써 10년이 넘었다.**[1] 이제 해외뿐만 아니라 국내에도 마이크로서비스를 도입한 사례를 많이 볼 수 있다. 특히 최근에는 클라우드 인프라가 보편화되었고 애플리케이션 현대화^{Application Modernization}의 일환으로 애플리케이션을 마이크로서비스 아키텍처로 리팩터링하는 사례를 많이 볼 수 있다. 저명인사의 책과 IT 기업에서 공개한 심도 있는 기술 문서까지 다양한 자료도 많다. 그리고 마이크로서비스 아키텍처 경험자를 우대하는 채용 공고도 흔하게 볼 수 있다. 하지만 실제 현장을 돌아보면 마이크로서비스 아키텍처를 이해한다고 자신 있게 말하는 사람은 많지 않다. 반대로 혼란에 빠진 사람은 쉽게 만날 수 있다. 이유가 뭘까?

1.1 일반적인 정의

마이크로서비스 아키텍처는 보통 다음과 같이 정의한다.

마이크로서비스 아키텍처는 시스템을 독립적으로 배포할 수 있는 서비스들로 구성하고 각 서비스는 잘 정의된 API로 통신한다. 서비스는 비즈니스 기능 단위로 나뉘어 작고 독립적인 팀들이 담당한다. 또한 마이크로서비스 아키텍처를 적용하면 애플리케이션의 확장이 쉽고 개발 속도도 향상되기 때문에 새로운 기능을 출시하기까지의 시간을 단축시켜 준다.

---

[1] 그 이전에는 'Microservice', 'fine grained SOA' 등의 이름으로 불렸다고 한다. (https://en.wikipedia.org/wiki/Microservices)

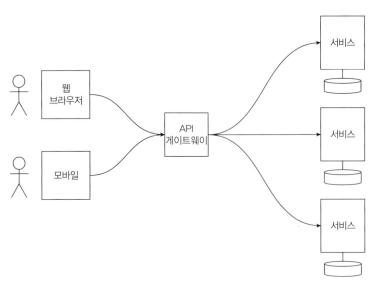

그림 1-1 마이크로서비스 아키텍처 구조

마이크로서비스 아키텍처가 제공하는 장점은 다양하다. ① 서비스 단위로 변경하고 독립적으로 배포할 수 있다. ② API로 기능을 재사용하고 조합하여 신규 기능을 만들 수 있다. ③ 아키텍처를 조직 구조에 맞게 정렬할 수 있다. ④ 서비스 단위로 스케일 아웃할 수 있다. ⑤ 서비스의 장애가 다른 서비스에 퍼지는 것을 차단하여 대형 장애를 방지할 수 있다. ⑥ 서비스별 다른 기술을 사용할 수 있으며 이러한 특성 때문에 신규 기술을 적용하기 쉽다.

위 설명은 마이크로서비스 아키텍처와 그 장점에 대해 적절히 기술하고 있다. 하지만 이런 내용을 자세히 들여다보더라도 잘 이해하지 못하는 경우가 많다. 마이크로서비스의 장점이 많은 것 같긴 한데 우리 시스템에 적합한지 판단할 수 없고, 적합하다고 해도 어떻게 적용해야 할지 모르는 경우가 많다. 혹은 데이터베이스를 분리하여 개발하는 것이 허황된 이야기라고 생각하기도 한다.

1.2 정확하게 무엇인가?

1.2.1 유래

이런 상황을 이해하려면 먼저 마이크로서비스 아키텍처의 형성 과정을 살펴볼 필요가 있다. 마이크로서비스 아키텍처는 어떤 개인이나 단체가 정의한 것이 아니다. 대략 2010년 전후로 이미 유사한 아키텍처를 가진 시스템이 생겨나고 있었다. 2011년에 베니스에 일부 아키텍트가 모여 자신들이 탐구하던 아키텍처 스타일에 대해 'Microservice'라는 이름을 붙였고, 이듬해에 다시 모여 'Microservices'라고 이름을 붙였다.[2] 그 후에 제임스 루이스[James Lewis]나 프레드 조지[Fred George] 같은 사람들이 관련 사례를 공유하였고, 2014년에 마틴 파울러[Martin Fowler]가 자신의 웹 사이트에 기술적인 특징을 정리하여 소개하면서 더 널리 알려졌다.[3] 마이크로서비스 아키텍처는 이렇게 자생적으로 생겨난 것이기 때문에 구체적인 정의가 없는 것은 자연스러운 일이다.

반대의 사례로 REST[RepREsentational State Transfer]를 들 수 있다. REST는 로이 필딩[Roy Fielding]이 웹 아키텍처를 설명하기 위해 정의한 아키텍처 스타일이다. 로이 필딩은 웹 시스템의 주요 목표와 이에 관련된 아키텍처 속성 그리고 이를 강화할 수 있는 아키텍처 제약 조건을 기술하여 REST 아키텍처 스타일을 설명했다. 먼저 웹 시스템의 목표는 전 세계 사용자들이 인터넷에 연결된 다양한 기기를 통해 정보를 공유하는 것이다. 그리고 이 시스템은 구조화된 정보에 접근할 수 있는 일관된 인터페이스를 가능한 한 많은 플랫폼으로 제공하고, 새로운 사용자나 기관이 늘어남에 따라 계속 추가하여 배포할 수 있어야 한다. 이와 연관된 아키텍처 속성으로 컴포넌트 인터액션[component interaction]의 확장성, 인터페이스의 일반성, 컴포넌트의 독립적인 배포 등을 제시한다. 그리고 이를 달성할 수 있는 아키텍처 제약조건으로 클라이언트와 서버의 분리, 무상태[Stateless], 캐시, 동일한 인터페이스, 레이어드 시스템 등을 이야기한다.

하지만 **마이크로서비스 아키텍처는 자생적으로 생겨났기 때문에 이런 명확한 정의가 없다.** 먼저 정확한 이름이 없다. 일반적으로 'Microservices', 'Microservice Architecture'를 가장 많이 사용하고 'Micro-Service Architecture', 'Micro Service Architecture'도 종종 사용한다. 국내에서는 약어로 'MSA'라는 표현 또한 많이 쓴다.

그리고 **마이크로서비스 아키텍처를 적용하는 목표가 명확하지 않다.** 서로 다른 배경을 가진 시스템들의 기술적인 특징을 모아 정리하다 보니 목표가 다양하고 장황할 수밖에 없다. 많은 시스템이 대규모 인터넷 비즈니스가 활성화되면서 생겨났기 때문에, 다른 도메인에서는 겪어보지 못한 목표들이 섞여 있어 더욱 혼란스러운 면이 있다.

가장 혼란스러운 점은 아키텍처의 기준이 없다는 것이다. 예를 들어 서비스 크기가 얼마나 되어야 '마이

---

2 https://en.wikipedia.org/wiki/Microservices#History
3 https://martinfowler.com/articles/microservices.html

크로'라고 할 수 있는지에 대한 명확한 기준이 없다. 마이크로서비스 아키텍처가 등장하던 시절에 유행했던 SOA의 서비스보다 작다는 점을 제외하면 모든 사람이 동의하는 기준은 없는 것 같다. 초기에는 서비스가 매우 작아야 한다고 강조하는 경우도 있었다. 프레드 조지는 서비스의 코드가 100라인 정도가 적당하다거나,[4] 서비스 담당자가 한 명 이상이면 마이크로서비스가 아니라고도 이야기했다.[5] 하지만 최근에는 조금 더 크게 이야기하는 경우가 많다. 이와 같은 이유로 자립적인 서비스Self-Contained Service[6]와 한 팀당 하나의 서비스Service per team[7] 같은 패턴도 소개되고 있다.

로이 필딩은 HTTP를 표준화하는 과정에서 많은 엔지니어와 웹 설계 결정 사항에 대해 끊임없이 소통했고 그 결과 REST를 정리할 수 있었다고 한다.[8] 새로운 아키텍처 스타일이 널리 퍼지려면 도입하는 사람이 실행할 수 있을 정도로 명확해야 한다. 기존에 없던 새로운 것이라면 당연히 많은 궁금증을 가지기 마련이고, 새로운 스타일을 소개한 주체는 그에 대한 문답을 통해 더 명확한 정의와 사례를 제공해야 한다. 하지만 마이크로서비스 아키텍처는 그런 주체가 없으므로 여러 관련 전문가들의 공통된 의견에 따라 정의한다. 하지만 모든 전문가의 생각이 정확하게 일치하지 않으므로 명확한 정의가 나오는 것은 요원한 일일 수도 있겠다.

1.2.2 협의의 정의

아키텍처 스타일을 적용하려면 시스템의 주요 속성을 인지하고 그에 적합한 아키텍처 스타일을 선택해야 한다. 그리고 아키텍처 스타일을 있는 그대로 적용하는 것이 아니라 시스템에 잘 맞는 부분은 살리고 잘 맞지 않는 부분은 버리거나 보완하여 적용한다. 여기에서는 마이크로서비스 아키텍처를 적용하고자 할 때의 상황으로 설명한다. 먼저 기타 아키텍처 스타일이 아닌 마이크로서비스 아키텍처를 선택해야만 하는 이유가 무엇인지 인지하고, 마이크로서비스 아키텍처의 어떤 특징이 어떤 장점을 발현시키는지 이해해야 한다.

---

4 https://youtu.be/huAg3mB8NEw?t=69. 최근의 개발 언어나 경량 웹 프레임워크를 사용하는 경우 100라인의 코드로 상당히 많은 기능을 제공할 수 있다.

5 https://youtu.be/yPf5MfOZPY0?t=970

6 https://microservices.io/patterns/decomposition/self-contained-service.html

7 https://microservices.io/patterns/decomposition/service-per-team.html

8 https://en.wikipedia.org/wiki/Representational_state_transfer

마이크로서비스 아키텍처의 장점

마이크로서비스 아키텍처는 다양한 장점이 있다. 그중 다른 아키텍처 스타일로는 해결하기 어렵기 때문에 마이크로서비스 아키텍처를 선택하게 하는 이유야말로 마이크로서비스 아키텍처의 진정한 장점이라고 할 수 있다.

첫째, 시스템을 빠르게 변경할 수 있다. 각 서비스를 담당하는 팀이 독립적으로 기획, 개발, 배포하여 다른 팀과 협업하거나 일정을 조율할 필요 없이 빠른 시스템 변경이 가능하다. 그리고 지속적인 통합과 전달이 가능하도록 단위 코드의 크기를 작게 유지한다.

둘째, 독립적인 배포가 가능하다. 모놀리식 아키텍처Monolithic Architecture에 강한 모듈화를 적용하는 것만으로도 이해하기 쉽게 코드를 분리할 수 있으며 다른 모듈의 변경에 따른 영향을 상당 부분 차단할 수 있다. 하지만 독립적으로 배포한다는 점은 마이크로서비스 아키텍처만의 진정한 장점이다. 업무 단위로 별도 시스템을 배포할 수 있기 때문에 많은 사람이 일정을 맞출 필요 없이 독자적으로 빠르게 나아갈 수 있게 한다.

셋째, 업무 단위로 장애를 차단하고 확장할 수 있다. 장애에 민감한 업무는 다른 업무로부터 분리하여 보호하고, 다른 업무는 장애에 대한 부담을 덜어 쉽게 변경할 수 있다. 작은 단위로 스케일 인/아웃Scale In/Out 할 수 있으므로 자원 효율이 높고, 일부 업무에만 대용량 처리에 유리한 기술 스택을 적용하여(단위 처리량 증가) 더 빠르게 스케일 인/아웃 할 수 있다.

마이크로서비스 아키텍처는 독립적으로 배포하여 시스템의 변경 속도를 더 빠르게 해야 하거나 업무 단위로 장애 차단 또는 시스템을 확장할 필요가 있는 시스템에 적합하다.

마이크로서비스 아키텍처의 장점을 살리는 특징

아키텍처 스타일은 있는 그대로 사용하는 것이 아니고 시스템 상황에 맞게 최적화하여 적용해야 한다. 따라서 아키텍처 스타일을 잘 활용하고 있는지를 판단할 때는 아키텍처 스타일을 얼마나 동일한 형태로 구성했는가가 아닌, 시스템에 필요한 아키텍처의 장점을 얼마나 잘 살렸는가로 판단한다.

각 서비스는 비즈니스 기능 단위로 나누어야 한다. 서비스하는 팀이 변경 접수부터 운영 환경 배포까지 모두 담당하여 협업 부서에 요청할 필요가 없기 때문에 전달 리드 타임을 단축할 수 있다. 비즈니스 기능은 서비스 내부에서 시스템을 변경하는 단위로 대부분의 변경이 이뤄지도록 한다.

각 서비스 간에 임의적인 접근이 불가능하도록 격리해야 한다. 독립적으로 개발하려면 다른 서비스를 의

식하지 않고 코드를 변경할 수 있어야 한다. 다른 서비스가 임의로 코드를 참조할 수 없도록 소스 코드를 분리하고 정해진 인터페이스로만 접근하게 한다. 다른 서비스가 SQL이나 테이블을 몰래 참조하고 있다면 자신 있게 변경할 수 없을 것이다. 따라서 다른 시스템이 내 데이터베이스를 액세스하지 못하게 차단해야 한다. 이는 SQL 중심 개발 스타일일수록 특히 중요하다.

서비스는 독립적으로 실행하고 API로 통신한다. 실행 환경이 분리되어 있기 때문에 서비스 단위로 스케일 아웃이 가능하고, 하나의 서비스에 장애가 발생하더라도 다른 서비스에 미치는 영향을 최소화할 수 있다. 또한 다른 서비스에 영향을 끼치지 않고 배포가 가능하다. 각 서비스 간에 데이터를 조회하거나 트랜잭션을 발생시켜야 하는 경우 REST API나 이벤트로 통신한다.

각 서비스는 독립적으로 개발하고 배포해야 한다. 서비스별로 독립된 팀이 자체적으로 세운 일정에 따라 개발하고 배포하는 것처럼 독립적인 빌드 배포 파이프라인을 가지고 있어야 한다. 코드 저장소에서 코드를 다운로드받아 빌드한 후, 자동화 테스트를 거치고 검증 및 운영 환경에 배포하는 모든 과정이 독립적이어야 한다. 단계별로 구성된 빌드 배포 파이프라인을 반영하기 전에 하나로 합쳐진다면 독립적인 것이 아니다. 그리고 시스템 구성만 독립적인 것이 아니라 실제 프로세스도 독립적이야 한다. 팀이 독립적으로 나아가는 데 필요한 모든 권한을 위임하고 배포할 때 다른 서비스와 스케줄을 맞춘다거나 다른 서비스의 동의를 받는 과정 없이 배포할 수 있어야 한다.

정리하면, 마이크로서비스 아키텍처를 제대로 적용한 시스템은 서비스가 업무 단위로 분리되어 서로 정해진 인터페이스로만 통신하고, 독립적으로 실행하며 독립적으로 배포되어야 한다. 여기에 서비스가 몇 개인지 혹은 API 게이트웨이가 있는지는 상관없다. 하지만 데이터베이스를 분리하여 서로 조인Join하지 못하게 차단하는 것은 마이크로서비스 아키텍처를 제대로 적용했는가를 판단하는 데에 중요한 조건이 된다.

1.2.3 대규모 시스템 딜리버리 퍼포먼스 복원

모놀리식 아키텍처는 구조가 간결하고 오랜 기간 널리 사용되어 충분히 검증된 아키텍처 스타일이다. 모놀리식 아키텍처가 구시대의 산물 혹은 기피해야 할 아키텍처로 인식하는 경우도 있지만 마이크로서비스 아키텍처와는 다른 장점을 가지고 있기 때문에 둘 중 시스템에 더 적합한 것을 선택하여 적용하면 된다.

모놀리식 아키텍처와 마이크로서비스 아키텍처는 각각 어떤 경우에 선택하는 것이 적합할까?

작은 시스템을 새로 개발할 때는 모놀리식 아키텍처를 선택하는 것이 자연스럽다. 구조가 간단하고 많은 개발자에게 익숙하므로 개발 및 운영이 효율적이다.

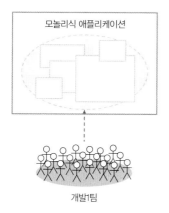

그림 1-2 소규모 모놀리식 시스템

하지만 더 많은 시스템이 사용되고 규모가 커지면 상황이 달라진다.

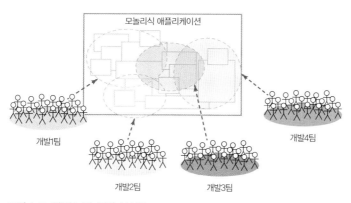

그림 1-3 대규모 모놀리식 시스템

시스템 규모가 커지면?

사용자가 증가함에 따라 기능이 고도화되고 새로운 기능이 추가된다. 20명으로 구성된 하나의 개발팀이 4개의 개발팀으로 규모가 커지면 어떻게 될까? 전에는 같은 팀에서 코드를 수정하고 검증하여 배포했지만, 이제 4개 팀인 총 80명이 한날한시에 함께 검증하고 배포해야 한다.

기능을 변경하기 위해 더 많은 사람이 협업해야 하므로 그만큼 커뮤니케이션이 힘들어진다. 예를 들어 공통 관리하는 데이터 스키마schema를 변경하려면 공통 개발팀에 공식적으로 변경을 요청하고, 공통 개발팀은 이를 검토한 후에 관련 팀에 문제가 없는지 각각 확인받아야 한다. 20명으로 구성된 팀 내부에서 협의하고 확인하는 것과 다른 팀에 확인을 요청하는 것은 전혀 다른 차원의 일이다.

배포할 때 큰 스트레스를 받는다. 코드 리포지터리를 프리징하고 배포 담당자가 전체 코드를 빌드한다. 빌드 에러가 발생하거나 스모크 테스트[9] 도중에 문제가 발생하면 문제를 일으킨 코드를 찾아서 담당팀에 전달해야 한다. 해당 팀이 문제를 해결하는 동안 다른 팀 사람들은 모두 대기하고 있어야 한다. 만약 여러 팀과 관련 있는 문제일 경우 패치 이후에 연달아서 변경해야 한다. 이런 지루한 과정을 반복하다 보면 예정보다 몇 배의 시간이 소요되는 경우가 생기기 마련이다.

시스템 장애가 발생하면?

시스템 규모가 클수록 장애 발생 시 큰 영향을 받는다. 장애가 발생할 때마다 배포 프로세스는 복잡해지고 엔지니어의 부담 역시 커진다. 큰 장애가 여러 차례 발생하면 철저히 검증할 시간을 확보하기 위해 배포 주기를 늘리게 된다. 처음에 주 1회 배포했다면 한 달에 한두 번으로 횟수를 줄이는 것이다. 월 1회 릴리스하면 긴 기간 동안 집중적으로 테스트할 수 있다. 하지만 4회에 걸쳐 배포할 변경 사항을 한 번에 몰아서 하는 것이므로 그만큼 리스크가 증가하고 담당자의 부담이 커진다.

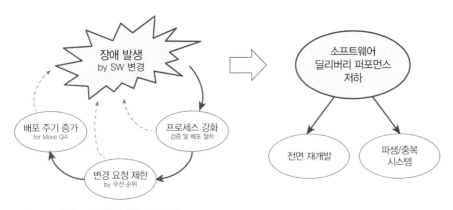

그림 1-4 대규모 시스템의 개발 속도 저하

----

9 시스템의 기본 기능이나 변경 사항이 정상적으로 동작하는지를 간단하게 확인하는 테스트.

이렇게 운영 환경에 변경 사항을 반영하는 게 부담되면 결국 요구 사항을 소극적으로 접수하게 된다. 사용자의 요구 사항이 거절되거나 반영 일정이 미뤄지는 경우도 많아진다. 심한 경우 다음 프로젝트까지 기다려야 할 수도 있다. 뿐만 아니라 시스템의 변경 리드 타임은 길어지고 사용자의 불만이 쌓여 더 이상 변경하기 어려운 시스템이 되고, 이는 결국 전면 재개발로 이어진다.

배포 주기가 느려지는 이유는 담당자가 실력이 없거나 일을 대충 해서가 아니다. 많은 인원이 투입되는 중요한 시스템일수록 우수한 인력이 모여 정교한 프로세스를 준수하면서 일하는 경우가 많다. 그런데 이들이 함께 합리적인 의사 결정 과정을 거쳐 내린 결과로 발생된 상황이기 때문에, 아예 문제라고 인식하지 못하거나 개선 방향을 찾기 어려워하는 경우가 많다.

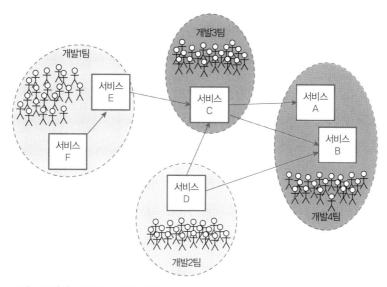

그림 1-5 마이크로서비스 아키텍처 시스템

그렇다면 시스템 장애를 어떻게 해결할까? **마이크로서비스 아키텍처를 도입하여 시스템을 독립적인 서비스로 분리하고 이를 각 팀에 배정할 수 있다.** 다르게 이야기하면 20명씩 4개의 팀이 각자의 작은 시스템을 갖는 것이다. 그러면 각 팀은 담당 서비스의 내부 기능을 변경할 때 다른 팀을 신경 쓰지 않아도 된다. 변경 영향 분석이나 배포도 그만큼 수월해진다.

[그림 1-5]에서 서비스 F나 서비스 D의 경우 다른 서비스의 기능을 사용하기만 하고 서비스를 제공하지는 않는다. 이 경우 기능을 변경할 때 다른 서비스와 보조를 맞출 필요가 없고, 내 서비스에 장애가 생기더라도 다른 서비스까지 장애가 같이 발생하지 않는다. 따라서 이를 담당하는 개발1팀이나 개발2팀은 기능을 변경하고 배포할 때 전혀 부담이 없다.

서비스 B의 상황은 다르다. 서비스 내부 변경 건만 있을 때는 비슷하겠지만, 외부에도 영향을 주는 변경은 모놀리식 아키텍처일 때보다 오히려 더 어렵다. 서비스 C나 서비스 D가 사용하는 API를 변경할 때는 팀이 다르므로 커뮤니케이션 비용이 더 든다. 따라서 가능하면 기존 API가 하위 호환성을 가질 수 있도록 하는 추가적인 고민이 필요하다. 또 운영 중에 장애가 발생하면 서비스 C와 서비스 D에 영향을 미치고, 다시 서비스 C를 사용하는 서비스 E와 서비스 F까지 영향이 전파되어 거의 전 시스템에 장애를 유발할 수도 있다. 따라서 이전보다 더 신중하고 점진적인 배포 방식을 고려해야 한다.

80명이 하나의 코드를 함께 작업하는 대신, 20명씩 독립적인 서비스를 개발하고 배포한다면 처음의 작은 시스템과 유사하게 개발 생산성을 회복할 수 있다. 특히 서비스 F나 서비스 D처럼 자주 변경되는 기능을 자유롭게 변경할 수 있도록 구성한다면 시스템의 전체 개발 속도가 향상될 것이다.

1.2.4 대규모 시스템 딜리버리 퍼포먼스 향상
배포 주기를 단축하면 개발 리드 타임 역시 단축된다.

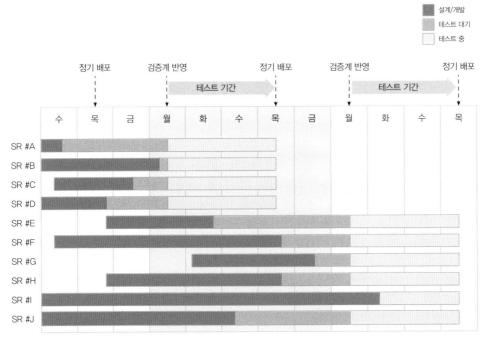

그림 1-6 주 1회 배포 시 반영 과정

[그림 1-6]은 주 1회 배포하는 시스템 내에서 기능을 개발하고 배포하는 전체 과정을 보여준다. 사용자가 기능 변경을 요청하고 담당자가 이를 접수하면 설계, 개발, 코드 통합, 테스트, 배포 과정을 거친다. 예시 시스템은 매주 목요일에 배포한다. 개발자가 변경된 기능을 목요일에 반영하려면 같은 주의 월요일 오전까지 개발 브랜치에 반영해야 한다. 배포 담당자는 월요일 오후에 개발 브랜치의 코드를 릴리스 후보 브랜치에 머지^{Merge}하여 빌드한 후에 검증계 서버에 반영한다. 그후 개발자 또는 기능을 요청한 사용자가 기능이 잘 구현되는지 확인한다. 모든 기능이 검증되면 배포 담당자가 목요일에 운영계에 배포한다.

기능 변경 요청 단계 중 '테스트 대기'는 아무런 생산성 없이 시간만 보내는 단계이다. '테스트 중'은 여러 건을 함께 테스트하기 위해 3일을 설정한 것인데 한 건을 테스트하기에는 지나치게 긴 기간이다. 이는 모두 목요일 배포를 기준으로 맞춰진 일정으로 배포 주기를 짧게 하면 이런 대기 시간이 줄어든다.

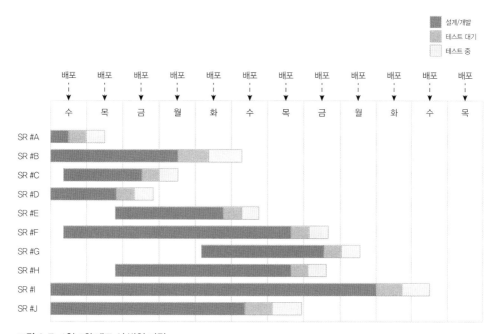

그림 1-7 1일 1회 배포 시 반영 과정

[그림 1-7]은 앞의 예시와 동일한 기능 변경 요청을 한 주에 1회 배포가 아니라 1일 1회 배포할 때의 과정이다. 배포 주기가 짧아지므로 변경 완료된 코드가 대기하는 시간이 줄어든다. 그리고 매일 반영하는 변경 건이 1~2개에 불과하므로 테스트에 필요한 시간도 하루를 넘길 이유

가 없다. 대기 시간과 테스트 시간이 줄어들기 때문에 리드 타임은 무조건 줄어든다. 예시의 경우 약 3.5일 정도의 시간이 절감된 것을 확인할 수 있다.

하지만 배포 주기를 단축하는 것이 마냥 쉬운 일은 아니다. 특히 시스템의 규모가 크면 개발자가 많이 투입되고 그만큼 코드를 통합하고 배포하는 것이 느려지기 마련이다. 배포 과정에서 배포 담당자는 개발 브랜치의 코드가 안정된 상태에서 릴리스 후보 브랜치에 머지하고 빌드한다. 빌드에 성공하면 기본 테스트를 수행하고, 기본 테스트를 통과하면 빌드 결과물을 검증계 및 운영계에 반영한다. 그리고 단계별로 개발자들의 코드 변경이나 테스트 등을 통제해야 한다. 단조로운 작업이지만 작은 실수가 큰 장애를 만들 수 있으므로 신중히 진행해야 한다. 이런 작업을 하루에 한 번씩 하면 배포 담당자는 온종일 배포만 해도 시간이 부족할 수 있다.

대규모 시스템은 기능 변경 건수가 많다. 단순하게 개발자 한 명이 한 달에 2개를 변경한다면 100명의 개발자가 담당하는 시스템에서는 기능 변경 개수가 한 달에 200개에 달할 것이다. 그러면 근무일 기준으로 매일 약 10개의 기능을 반영하는 것인데, 매일 10개씩 운영 환경에 변경을 반영하는 것은 현실적으로 매우 어려운 일이다.

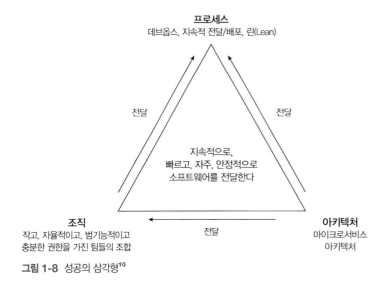

그림 1-8 성공의 삼각형[10]

....
10 https://chrisrichardson.net/post/microservices/2020/04/11/why-microservices-part-3.html

따라서 대규모 시스템은 지속적인 전달을 도입하여 딜리버리 퍼포먼스를 향상하는 것이 상대적으로 어렵다. 지속적인 전달을 효과적으로 도입하기 위해서는 조직을 여러 개의 작은 조직으로 만들어 협업하는 인원을 줄이고, 시스템을 작은 서비스로 분리하여 한 번에 배포하는 변경 건수를 줄여야 한다.

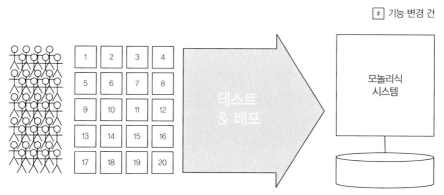

그림 1-9 20개의 변경 건을 40명이 한 번에 배포

[그림 1-9]는 40명이 담당하는 시스템으로 주 1회 평균 20개의 변경 기능을 배포한다. 배포할 때는 최대 40명이 모여 코드를 통합하고 검증한 후 배포한다. 많은 기능이 한 번에 반영되므로 장애를 방지하기 위해 철저히 기능 검증을 해야 한다. 만약 반영한 기능 중에 오류가 있어 장애가 발생하면 이전 버전으로 되돌리는 게 가장 빠른 조치겠지만, 그러면 다른 변경 건도 취소되므로 시간이 걸리더라도 긴급 패치를 진행해야 한다. 하지만 패치한 코드가 준비되더라도 바로 반영할 수 없다. 운영 중 기능을 변경하는 것은 시스템의 다른 기능에도 영향을 줄 수 있기 때문에 중요 업무에 지장이 없는 시점에 반영해야 한다. 만약에 원인을 알 수 없는 중요한 문제가 발생했다면 시스템 담당자 또는 사용자가 겪을 혼란을 감수하더라도 다른 19개의 변경 건과 함께 이전 버전으로 원상 복구해야 한다.

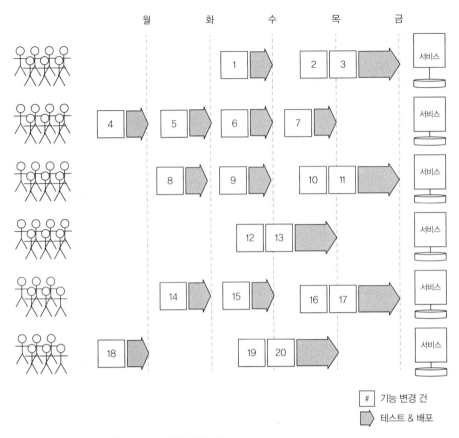

그림 1-10 20개의 변경 건을 6개 팀이 나눠서 매일 배포

[그림 1-10]은 [그림 1-9]의 시스템에 마이크로서비스 아키텍처를 적용한 모습이다. 40명의 개발자는 6~7명으로 구성된 6개의 팀으로 분할했고 모놀리식 시스템은 6개의 독립적인 서비스로 분리하였다. 한 주에 배포하는 변경 건은 20개로 동일하지만, 팀별로 한 주에 2~4개의 변경 건을 2~4회에 나눠 배포하고 있다. 결과적으로 함께 일하는 개발자의 수가 6분의 1로 줄어들었기 때문에 코드를 통합하기 쉽다. 그리고 한 번에 1~2개의 기능만 반영하므로 기능을 검증하기도 쉽다. 변경한 기능에 문제가 생겨도 다른 5개의 서비스에는 직접적인 영향을 미치지 않는다. 그리고 다른 변경 건을 신경 쓸 필요 없이 바로 이전 버전으로 복구할 수 있다.

대규모 시스템은 코드 베이스가 크고 협업 인원이 많아서 지속적인 전달을 적용하기 어렵지만, 마이크로서비스 아키텍처를 도입하여 마치 팀을 작은 시스템처럼 구성하면 지속적으로 빠르게 배포할 수 있다.

1.2.5 이해하기 어려운 이유

마이크로서비스 아키텍처로 해결하려는 목표는 기술적인 것이 아니다. 따라서 기술 관점으로만 바라보면 왜 적용하는지 이해하기 어렵다. 거대한 조직의 개발 생산성을 유지하거나 작은 조직들이 독립적이고 빠르게 나아가게 하는 것은 기존의 아키텍처에는 없던 목표이다. 따라서 이러한 비기술적인 목표에 공감하지 못한다면 마이크로서비스 아키텍처에서 독립적인 배포가 가능하다는 것을 장점으로 온전히 인식하기 어렵다. 확장성이나 장애 내성 같은 기술적 측면에서 긍정적인 점을 느낄 수도 있지만 개발 난도 및 관리 부담이 증가되는 것을 고려하면 큰 장점이 없다고 생각할 수 있다.

또 다른 이유로는 **지속적인 전달**Continuous Delivery**과 같은 최신 소프트웨어 배포 방식을 이해하지 못하기 때문이다.** 지속적인 전달은 널리 알려진 사례이지만 많은 경우에 자동화 툴만 적용하고 실제 배포하는 방식은 그대로인 경우가 많다. 따라서 실제로 빠르게 배포하는 사례를 경험하거나 지켜본 사람은 많지 않다. '독립적으로 개발 및 배포가 가능하다'는 장점은 이런 배경 속에서 큰 의미를 가지는데, 지속적인 전달에 대한 이해가 부족할 경우 단지 특이한 장점이라고 생각하고 지나치는 것 같다.

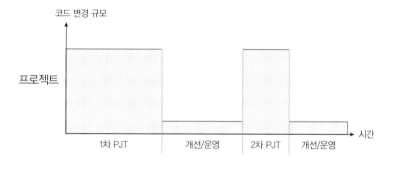

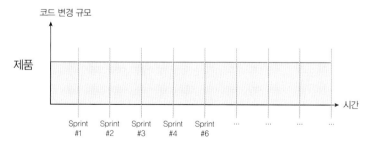

그림 1-11 프로젝트 중심의 개발 vs 제품 중심의 개발

프로젝트 중심으로 일하는 방식과도 연관이 있다. 마이크로서비스 아키텍처가 개발 속도 혹은 개발 생산성을 높인다는 것은 운영 중인 시스템이 빠르게 변경되고 진화해간다는 뜻이다. 그런데 현장은 프로젝트와 운영이 명확하게 분리된 경우가 대부분이다. 운영 중에는 변경을 최소화하고 큰 기능 변경이나 요구사항은 특정 프로젝트에 몰아서 반영하는 경우가 많다. 그래서 개발 속도를 빠르게 한다는 것을 프로젝트 기간이 짧아지는 것으로 이해하기도 하고, 독립적인 개발팀도 운영 시스템을 변경하는 운영팀이 아니라 프로젝트팀 내 개발팀으로 생각하기도 한다.

시장의 요구에 빠르게 대응하려면 운영 중에도 많은 변경을 할 수 있어야 한다. 어떠한 프로젝트가 진행될 때의 과정을 살펴보면 요구 사항을 모아 기획하고 예산을 확정한 다음, 사람을 모아 개발한 뒤에 검증하고 배포하는 과정을 거치게 되므로 요구 사항을 제시한 사용자의 입장에서 보면 매우 오랜 시간이 지난 후에야 그 기능을 사용할 수 있다. 그만큼 변경 리드 타임이 느리다. 따라서 시장의 요구를 신속하게 반영하기 위해서는 별도의 프로젝트가 필요 없다고 생각할 정도로 운영 중인 시스템이 빠르게 진화할 수 있어야 한다.

1.2.6 마이크로서비스 아키텍처와 직접적인 관련이 없는 것들

REST API는 마이크로서비스 아키텍처와는 직접적인 관련이 없다. 하지만 REST API를 마이크로서비스 아키텍처의 핵심으로 생각하는 경우가 종종 있다.

API는 기능을 재사용하기에 좋은 수단이므로 오픈 API로 새로운 비즈니스를 창출하기도 한다. 따라서 아키텍처 스타일을 결정할 만큼 구체적인 목표가 될 수 있다. API는 웹 2.0과 함께 소개되어 마이크로서비스 아키텍처보다도 더 먼저 알려졌다.

그래서 현재는 모놀리식 아키텍처든 마이크로서비스 아키텍처든 서버 단은 REST API를 제공하고 UI 단은 SPA^{Single-page Application}로 개발하는 것이 사실상 표준이 되었다. 따라서 API는 마이크로서비스 아키텍처를 차별화하는 특징이 아니다. 하지만 현장에선 아직 JSP처럼 비교적 오래된 기술을 사용하는 경우가 많고, 이런 기술 구조에만 익숙한 경우 마이크로서비스 아키텍처와 함께 소개되는 REST API를 가장 도드라진 특징으로 보는 경우가 있는 것이다.

때로는 재사용 관점에서 마이크로서비스 아키텍처를 바라보기도 한다. 서비스를 재사용 가능한 기능 단위로 놓고, 특정 시스템 군이나 기업의 전체 시스템을 유기적으로 연계하는 것이다. 중복 개발을 방지하여 개발 생산성을 높이고 전문 조직이 더 고도화된 기능을 제공할 수 있으므로 분명한 장점을 가진다. 만약 중복으로 개발하는 기능이 많거나 다른 시스템도 같이 공유해서 시너지를 발휘할 수 있는 업무가 있다면 분명히 추구할 만한 가치가 있다. 다만, 이는 마이크로서비스 아키텍처의 본질과는 거리가 있다. 재사용만을 위해서 시스템을 서비스로 분리할 필요는 없다. 구체적인 재사용 니즈가 확보되면 기존 시스템의 구조를 유지한 채로 기능을 공유하는 것도 가능하다.

재사용 관점에서 중요한 것은 '재사용할 수 있는 대상이 있는가'이다. 재사용할 수 있는 대상만 식별되면 이를 재사용하는 수단은 쉽게 선택할 수 있다. 재사용은 구체적인 경제 효과를 낼 수 있기 때문에 수십 년 전부터 목표로 해왔던 것이다.

CBD^{Component Based Development}나 SOA^{Service Oriented Architecture} 역시 같은 흐름 속에 있었다. 오랜 기간 반복해온 결과일 수도 있겠지만, 재사용 가능한 대상을 찾기는 생각보다 쉽지 않다.

'클라우드 네이티브' 혹은 '클라우드 네이티브 애플리케이션'은 마이크로서비스 아키텍처와 함께 거론되는 경우가 많다. 특히 최근에는 클라우드 인프라의 보급이 활발하여 이를 사용하지 않는 마이크로서비스 아키텍처가 드문 것 같다. 따라서 마이크로서비스 아키텍처를 기반으로 하는 대부분의 시스템은 클라우드 인프라를 잘 활용할 수 있는 구조를 갖춰야 하므로 '클라우드 네이티브 애플리케이션'이라고 말해도 무방할 것이다. 하지만 작은 모놀리식 시스템도 클라우드 인프라를 사용한다면 이를 잘 활용할 수 있는 구조를 갖춰야 한다. 따라서 클라우드 네이티브 애플리케이션은 모놀리식 아키텍처와 마이크로서비스 아키텍처를 포함하는 개념이라 할 수 있다.

1.3 마이크로서비스 아키텍처의 대표적인 사례와 특징

1.3.1 대표적인 사례

마이크로서비스 아키텍처를 도입한 기업들은 저마다 다양한 배경과 이유를 가지고 있다. 국내외 대표적인 사례를 살펴보고 각각 어떤 필요에 의해 도입했는지 알아본다.

온라인 DVD 대여 서비스로 사업을 시작한 **넷플릭스**^{Netflix}는 2008년 심각한 데이터베이스 손상으로 DVD 배송이 3일간 중단되었고, 이를 계기로 모든 시스템을 클라우드로 전환하기 시작했다. 2007년에 시작한 온라인 스트리밍 서비스는 2016년경 1,000배 규모로 확대되었는데, 클라우드 환경으로 단기간에 서버와 스토리지를 증설했고 불필요한 대기 자원을 줄여 인프라 비용을 절감했다. 그리고 다중화된 인프라와 장애를 고려한 디자인으로 가용성을 높였다. 또한,

클라우드 전환과 함께 단일 장애 지점이었던 모놀리식 시스템을 클라우드 환경에 최적화하여 느슨하게 결합한 작은 서비스들로 전환하였다. 이 과정에서 개발된 Zuul, Eureka, Hystrix 등을 오픈소스로 공개했다. 그리고 중앙에서 배포를 통제하는 방식에서 벗어나 각 팀이 독자적으로 배포하는 데브옵스^{DevOps} 체계로 전환하였다.

온라인 음악 유통 플랫폼인 **사운드클라우드**^{SoundCloud}는 새로운 기능을 빠르게 딜리버리하기 위해 마이크로서비스 아키텍처를 도입했다. 2010년경 새로운 아이디어를 고안한 후 UX 설계, UI 개발, 서버 개발을 거쳐 운영에 배포될 때까지 총 66일이 소요되었다. 프로세스 단축을 위해 프로덕트 매니저, 디자이너, UI와 서버 개발자를 모아 피처^{feature} 단위의 팀을 구성하였고 결과적으로 딜리버리 타임을 24일로 줄일 수 있었다. 그런데 각 피처 팀에 흩어진 개발자들이 통합되어 있는 소스 코드를 수정하고 배포하다 보니 효율이 저하되었고, 수정된 코드를 리뷰하는 데에만 평균 9일가량 소요됐다. 따라서 신규 기능을 중심으로 모놀리식 시스템의 코드를 분리하여 독립적인 서비스로 분할했고 결국 딜리버리 타임을 16일로 줄였다.

길트^{GILT}는 반짝 세일을 주로 하는 이커머스 기업이다. 2009년경 길트는 기술 이슈와 개발 이슈가 있었다. **기술 이슈**는 반짝 세일 특성상 특정 시간대에 사용자가 급증하면 1,000대의 루비 온 레일즈^{Ruby on Rails} 서버와 단일 데이터베이스만으로는 트래픽을 온전히 감당하기가 어렵다는 점이었다. 그리고 서버간의 로드밸런싱^{Load balancing}도 효율적이지 못했다. **개발 이슈**는 대용량 소스 코드를 100여 명의 개발자가 함께 작업함에 따라 배포 전 코드 통합 및 테스트를 하는 데 2~3일이 걸렸고 문제가 발생하는 경우 원인을 찾는 데도 오랜 시간이 걸린 것이다. 이를 해결하기 위해 시스템을 자바^{Java} 기반의 10개 서비스로 개발하고 이에 각각의 데이터베이스를 할당했다. 이로 인해 대부분의 기술 이슈를 해결할 수는 있었지만, 서비스의 크기가 커지면서 작은 모놀리식 시스템처럼 되었고 결국 개발 및 배포와 관련된 이슈들은 여전했다. 이에 대한 조치로 조직을 여러 팀으로 분리하고 팀에 권한을 부여함으로써 다른 팀과 조율하지 않고 독자적으로 서비스를 전담 및 배포할 수 있게 하였다.

운송 네트워크 회사인 **우버**^{Uber}는 2013년경 2개의 모놀리식 서비스를 가지고 있었는데, 비즈니스가 확산되고 개발자가 수백 명으로 증가함에 따라 몇 가지 문제가 생겼다. 코드를 잘못 수정할 경우 전체 우버 서비스가 중단될 가능성이 있었고 배포 시간도 길고 롤백도 잦았다. 그리고 거대한 코드 베이스의 품질을 관리하기가 어려웠다. 수백 명의 개발자가 하나의 코드에 기능을 추가하고 버그를 수정하고 기술 부채를 제거하는 것은 매우 어려운 일이었다. 그리고 배포 방법이 명문화되어 있지 않아서 새로운 개발자들은 배포하기 위한 방법을 찾아 헤매야 했다. 이런 이슈를 해결하기 위해 2015년에 500여 개의 마이크로서비스로 전환하였고, 2016년에는 1,000개 이상의 서비스와 2,000여 명의 개발자로 확대했다.

국내 이커머스 업체인 **쿠팡**은 기존 모놀리식 시스템의 한계를 극복하기 위해 2013년부터 2년에 걸쳐 마이크로서비스 아키텍처로 전환하였다. 그리고 2017년에 모든 인프라를 클라우드로 전환하였다. 쿠팡은 2010년 1.9억 규모였던 월 거래액이 2014년 2056억에 달할 정도로 가파르게 성장하고 있었다. 기존에는 여러 컴포넌트가 하나의 서비스에 결합되어 있어 서비스 변경 및 영향도 파악이 어려웠고 테스트 비용이 많이 들었다. 그리고 코드를 잘못 수정한 경우 전체 시스템의 장애로 이어질 수 있었고, 개발 조직이 커짐에 따라 배포 대기 시간이 비약적으로 증가하여 신규 기능의 배포가 늦어졌다. 또한 트래픽 증가로 전체 장애가 발생하거나 늘어나는 거래를 처리할 수 있을 만큼 스케일 아웃을 하기에 어려움이 있었다.

1.3.2 특징

앞에서 소개한 기업에서 마이크로서비스 아키텍처를 도입한 배경과 이유는 각각 다르지만, 공통적인 특징을 찾을 수 있다. **가장 눈에 띄는 특징은 인터넷 기반의 B2C 비즈니스 시스템이라는 점이다.** 한 나라에서 전 세계 사람들을 대상으로 서비스하기 때문에 사용자가 수백만에서 수억에 달한다. 그리고 불특정한 사람들이 대상이기 때문에 사용자의 니즈 파악이 어렵다. 어떤 기능을 잘 사용하고 있는지 어떤 개선점이 필요한지 확인하기 어려운 경우가 많다.

두 번째 특징은 경쟁이 심한 시장에서 경쟁력 있는 핵심 서비스를 제공하는 시스템이라는 점이다. 대부분 기존에 없던 새로운 비즈니스를 개척한 경우다. 시장에서 지배적인 위치를 선점하기 위해서는 치열한 경쟁을 하는 경우가 많다. 시스템을 잘 만들어 사용자 경험과 시장의 평판이 좋아지면, 사용자가 늘어나고 기업의 매출과 수익이 증가한다. 반대로 사용하기에 불편하거나 속도가 느리거나 큰 장애가 발생하는 시스템을 만든 기업은 평판이 떨어지고 시장에서 도태될 수 있다. 따라서 경쟁에 살아남기 위해 남들보다 더 좋은 기능을 빠르고 안전하게 제공할 수 있어야 한다.

세 번째 특징은 시스템을 개발하고 운영하는 엔지니어의 수가 많다는 점이다. 마이크로서비스 아키텍처를 도입한 시점에는 이미 수십에서 수백 명 규모가 대부분이고 많은 경우 수천 명에 달한다. 특히 우버는 1년 반 만에 개발자 수가 200명에서 2,000명으로 열 배가량 증가했다.

네 번째 특징은 마이크로서비스 아키텍처를 도입하던 당시의 상황은 경험해보지 못한 새로운 상황이었다. 이들의 시스템은 수천만 혹은 수억의 사용자가 사용하기 때문에 장애가 발생하면 기업 가치에 큰 타격을 입힌다. 따라서 이들은 경쟁에 뒤처지지 않도록 새로운 기능을 꾸준히 추가해야 한다. 매주 혹은 더 짧은 주기로 수백명의 개발자가 실수 없이 코드를 통합, 테스트, 배포해야 하는 것이다. 기존의 스탠다드는 미션 크리티컬mission critical한 대규모 시스템에서는 더 엄격한 프로세스를 적용하여 천천히 안정적으로 반영하는 것이었다. 하지만 이들이 기능을 천천히 전달하면 경쟁에서 뒤처질 수밖에 없다.

앞에서 소개한 사례는 대부분 10년 혹은 그 이전의 일들로 마이크로서비스 아키텍처가 널리 퍼지지 않았을 때의 일이다. 당시의 이 기업들에게 마이크로서비스 아키텍처는 피할 수 없는 선택이었을 것이다. 그래서 알려지지 않은 방법을 고민하여 개척하고 필요한 도구가 없다면 만들어서라도 도입을 했었다. 최근에는 클라우드 인프라나 도구들이 활성화되었고 디지털 전환Digital Transformation, 애플리케이션 현대화가 트렌드가 되면서 마이크로서비스 아키텍처의 도입이 활발해지고 있다. 이러한 흐름 속에 마이크로서비스 아키텍처를 도입하기 위한 비용이 낮아지고 이전보다 인프라 구축도 쉬워졌다. 하지만 그렇다고 너무 과하게 받아들이는 우를 범하지 않는 것도 중요하다. 예를 들어 우버나 넷플릭스처럼 수천 명의 개발자가 제공하는 시스템 구성을 50명의 개발자가 운영하는 시스템에 그대로 적용할 수는 없다. 따라서 각자의 니즈를 잘 파악하여 최적화된 형태로 받아들이는 지혜가 필요하다.

1.4 점진적인 전환 vs 빅뱅 전환

마이크로서비스 아키텍처를 적용하는 방식은 크게 2가지다. 하나는 스트랭글러strangler 패턴을 적용하여 점진적으로 전환하는 방식이고, 다른 하나는 프로젝트를 통해 한 번에 재개발하는 빅뱅 방식이다. 스트랭글러 패턴은 운영 중인 시스템의 일부 기능을 서비스로 분리하고 기존 코드를 대체하는 작업을 반복하여 궁극적으로는 마이크로서비스 아키텍처로 전환하는 방식이다. 점진적인 이 방식은 시간이 오래 걸리지만 리스크가 낮고, 빅뱅 방식은 기간이 단축되지만 리스크가 높을 수 있다.

종종 마이크로서비스 아키텍처를 도입하고자 할 때 마이크로서비스 아키텍처를 적용하는 것 자체를 목표인 것처럼 생각하는 경우가 있다. 아키텍처 스타일은 시스템의 상황과 목표에 맞게 최적화되어야 하는 것이지 아키텍처 스타일을 그대로 반영하는 것이 아니다. 결국 중요한 것은 **시스템의 목표를 어떻게 달성하는가**이다.

1.4.1 점진적인 전환

마이크로서비스 아키텍처를 점진적으로 적용한다는 것은 목표를 먼저 정하고 그 목표를 달성하기 위해 점진적으로 변화시킨다는 말이다.

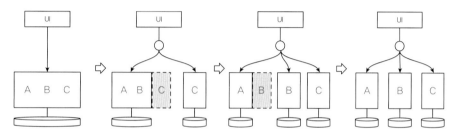

그림 1-12 점진적인 전환 절차

[그림 1-12]는 점진적인 전환 과정을 보여준다. 기존 기능을 대체하는 서비스를 만들고 기존 기능을 제거하는 과정을 반복하여 궁극적으로는 마이크로서비스 아키텍처로 전환한다. 아키텍처 전환 관점에서 보면 이런 과정이 그다지 실효성 없어 보일 수도 있다. 조금씩 변화한다고는 하지만 매 단계마다 많은 검증 및 노력이 필요하고 최종 전환까지 오랜 시간이 걸리기 때문이다.

마이크로서비스 아키텍처의 모습을 갖추는 것이 중요한 것이 아니다. 거대해진 시스템을 분할하여 시스템 개선 속도를 향상하는 것이 목표라면 시스템을 상대적으로 작은 덩어리로 나누는 것이 중요하지, 전체 시스템의 모양이나 어떤 기술이 사용되고 있는지는 중요하지 않다.

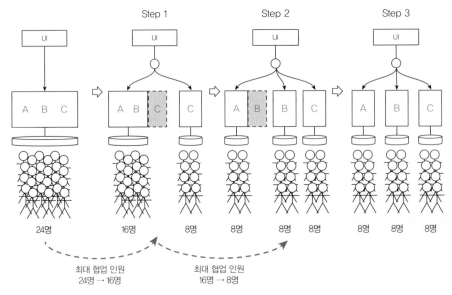

그림 1-13 점진적인 전환과 조직 매핑

[그림 1-13]은 점진적인 전환 과정에서 시스템과 담당팀을 매핑한 것이다. 서비스가 처음 분리된 Step1 부터 2개의 개발팀이 독립적으로 개발하고 배포할 수 있다. 팀의 최대 크기가 2/3로 줄어들었으므로 Step1부터 개발팀의 병목은 줄어들고 딜리버리 퍼포먼스가 향상되기 시작한다. 그리고 Step2에서는 8명으로 구성된 3개의 독립적인 개발 조직이 완성되었다. Step2의 레거시^{legacy}는 JSP와 같이 오래된 기술로 구축된 것이지만, 시스템 생산성 면에서는 Step3와 큰 차이가 없다.

스케일 아웃을 위해 마이크로서비스 아키텍처를 도입하는 경우 더 명확하다. 시스템에서 사용자 트래픽이 유난히 큰 폭으로 증가 또는 감소하는 업무가 있다면, Step1에서 해당 업무를 분리하는 것으로 이미 목표는 달성한다. 따라서 나머지 시스템을 서비스로 분리하는 것은 상대적으로 덜 중요하므로 그 이후의 단계는 필요에 따라 천천히 진행해도 된다.

운영 중인 시스템의 구조를 점진적으로 변경하는 것은 쉽게 선택할 수 있는 사항이 아니다. **하지만 빅뱅 방식으로 전면 재개발하는 것보다 리스크가 적고 마이크로서비스 아키텍처의 장점을 빠르게 발휘할 수 있다.** 특히 100여 명 이상의 인원이 담당하는 대규모 시스템은 전면 재개발 자체가 현실적이지 않은 경우가 많은데, 익숙하지 않은 아키텍처와 기술을 더해 재개발하면 감당하기 어려운 수준의 리스크가 발생할 수 있다. 따라서 대부분 점진적인 전환을 선택하는 것이 더 바람직하다.

1.4.2 빅뱅 전환

마이크로서비스 아키텍처를 적용하는 또 다른 방식은 시스템 개발 프로젝트를 통해 전면 재개발하는 것이다. 프로젝트를 통해 신규 시스템을 개발하거나 기존 시스템의 차기 버전을 개발하는 것은 매우 일반적인 방식이다. 특히 운영 시스템의 장애 걱정 없이 리소스에 집중하여 새로운 기능을 개발하고 검증할 수 있기 때문에 대규모 리팩터링을 거쳐 새로운 아키텍처 스타일을 적용하는 데 적합하다. 점진적인 전환이 불가능한 상황이거나 처음 만드는 시스템 혹은 전면 재개발 계획이 이미 수립된 경우라면 빅뱅 전환 방법이 자연스러운 선택일 것이다.

빅뱅 방식으로 마이크로서비스 아키텍처를 도입할 때 가장 큰 단점은 리스크가 높다는 것이다. 빅뱅 방식은 큰 비용을 들여 오랜 기간 진행하는 만큼 실패를 최소화하기 위한 리스크 관리가 매우 중요하다. 그런데 프로젝트 참여 인원 대부분이 마이크로서비스 아키텍처 적용 경험이 없다면, 리스크가 지나치게 커질 수 있다. 아직도 JSP로 서버에서 HTML을 생성하고 비즈니스 로직은 SQL로 개발하는 현장이 많다. 이런 경우 대부분의 개발자가 마이크로서비스 아키텍처 이외에 Vue.js 같은 SPA 프레임워크와 REST API 같은 기본적인 기술도 같이 학습해야 할 수도 있다. 가능한 한 경험 있는 개발자가 참여하는 것이 좋겠지만, 피할 수 없는 상황이라면 서비스를 더 크게 만들어 개발 난도를 낮추고 공통 기능을 제공하는 서비스를 일찍 개발하여 동작하는 샘플을 만드는 것이 좋다.

Chapter 2

어떻게 적용해야 할까?

어떻게 적용해야 할까?

현장을 돌아다니다 보면 마이크로서비스 아키텍처에 대해 다양한 질문을 받는다. 질문 중에는 기술 자료나 서적 등을 찾아보면 쉽게 답을 찾을 수 있는 것도 있지만, 아무리 찾아도 적절한 답을 찾기 어려운 질문도 많다. 국내 IT 업계의 환경이나 구현 스타일이 해외와 다르기 때문에 해외 도서나 기술 자료에서는 알맞은 답이 없기도 하고, 엔터프라이즈 시스템이나 금융권 시스템의 담당자가 볼 때 마이크로서비스 아키텍처의 사례로 종종 소개되는 B2C 업계와 본인들의 조직은 환경이나 여건이 다르기 때문에 잘 안 맞을 것이라고 여기기도 한다. 이번 장에서는 다른 서적이나 기술 자료에서는 답을 찾기 어려운 질문을 소개하고 답변하고자 한다.

질문의 주제는 시스템 기획부터 구축 운영까지 다양하다. 차기 시스템을 기획하는 시스템 책임자는 마이크로서비스 아키텍처가 적합하다면 어떤 점이 더 좋아질지 궁금할 것이다. 시스템을 개발하는 PM은 마이크로서비스 아키텍처로 시스템을 개발할 때 주요 태스크를 어떻게 정의하는지 혹은 비용을 어떻게 산정하는지 궁금할 것이다. 아키텍트는 서비스를 얼마나 엄격하게 분리해야 하는지 궁금할 것이다. 정석대로 모든 서비스를 서로 격리해야 할지 혹은 현장 상황을 고려하여 예외를 둘 수도 있는 건지 궁금해한다. 개발자는 데이터베이스를 분리해서 시스템이 어떻게 빠르고 안정적으로 동작할 수 있는지 궁금해 한다. 그리고 마이크로서비스 아키텍처로 시스템을 구축한 후에는 적절히 구축한 것인지를 확인하고 싶어하기도 한다.

이렇듯 시스템 책임자, PM, 아키텍트 등이 관심을 가질만한 질문을 모아서 답변을 담았다. 상세한 개발 방법에 대한 질문과 설명은 3장에서 소개한다.

질문 1 우리 시스템에 마이크로서비스 아키텍처가 적합할까?

현장에서 가장 많이 하는 질문이다. 단순히 마이크로서비스 아키텍처를 접하고 호기심에 궁금해하는 경우도 있지만, 마이크로서비스 아키텍처를 도입하도록 지시받은 담당자가 혼란 속에서 절박하게 답을 찾아 질문하는 경우도 많다.

어떤 아키텍처 스타일이 시스템에 적합하다는 것은 다른 아키텍처 스타일 보다 시스템의 중요한 비기능 요구 사항을 잘 달성할 수 있다는 의미이다. 마이크로서비스 아키텍처는 업무 단위로 시스템을 개발 및 배포하여 **변경 리드 타임을 개선할 수 있고, 업무 단위로 장애 영향을 차단하며, 업무 단위로 시스템을 확장할 수 있는** 장점을 가진다. 이 3가지 장점으로 시스템의 비기능 요구 사항을 잘 만족시킬 수 있다면 마이크로서비스 아키텍처가 적합한 시스템이라고 본다.

3가지 장점 중 **업무 단위로 변경 리드 타임을 개선**하는 것은 마이크로서비스 아키텍처를 도입하는 가장 보편적인 이유다. 대표적인 예로 딜리버리 퍼포먼스가 저하되어 있는 거대 시스템은 여러 개의 독립적인 시스템처럼 분할하여 딜리버리 퍼포먼스를 회복할 수 있다. 지속적인 전달을 적용하려는 시스템도 변경 및 배포하는 단위를 작게 유지하기 위해 마이크로서비스 아키텍처를 도입할 수 있다.

그런데 딜리버리 퍼포먼스가 저하된 경우에도 시스템 담당자가 변경 리드 타임을 개선할 필요성을 느끼지 못하는 경우가 종종 있다. 시스템의 딜리버리 퍼포먼스가 저하된 것을 인지하지 못하는 경우도 있고, 더 이상 개선할 방법이 없다고 생각하는 경우도 있다. 그래서 변경 리드 타임을 단축하라는 압박을 받더라도 근본적인 해결책을 찾지 않고 젠킨스^{jenkins}, 앤서블^{ansible}, 테라폼^{terraform}과 같은 자동화 툴을 도입하는 것으로 만족하기도 한다. 그러므로 변경 리드 타임을 개선하기 위해서는 담당 시스템의 딜리버리 퍼포먼스 수준을 인지하고 이를 개선할 수 있는 방법을 이해할 수 있어야 한다.

또한 **업무 단위로 장애를 차단하거나 확장하는 것도 마이크로서비스 아키텍처를 도입하는 이유가 된다.** 하지만 모놀리식 아키텍처도 이 점을 상당 부분 달성할 수 있으므로 차이점을 잘 구별할 필요가 있다. 적합 여부를 판단하는 기준은 4장에 좀 더 자세하게 소개했으니 참고하기 바란다.

질문 2 엔터프라이즈 시스템에도 어울릴까?

엔터프라이즈 시스템[1] 담당자는 엔터프라이즈 시스템과 마이크로서비스를 먼저 도입한 B2C 온라인 비즈니스 시스템은 근본적으로 차이가 있기 때문에 마이크로서비스 아키텍처가 어울리지 않는다고 생각한다.

먼저 엔터프라이즈 시스템의 특징 4가지를 살펴보자.

첫째, 엔터프라이즈 시스템은 모든 것을 계획하여 진행한다. 기업의 목표에 맞춰 시스템을 기획하고, 가용 범위 내에서 예산을 정하고, 세부 요구 사항을 정의한 후에 프로젝트 팀을 꾸려서 단기간에 집중적으로 개발한다. 그렇기 때문에 시장의 피드백을 기준으로 빠르게 따라가기보다는 잘 정의된 기능을 신속하게 구현하는 게 중요하므로 마이크로서비스 아키텍처를 사용해서 비즈니스 민첩성을 개선할 필요가 없다고 생각한다.

둘째, 직접적으로 경쟁 관계인 시스템이 없다. 기업 내부에서만 시스템을 사용하므로 다른 기업의 시스템과 동시에 사용하는 사용자가 없고, 또 동시에 사용하더라도 기업의 비즈니스 특성에 맞게 최적화되어 있어 다른 기업 시스템과 기능이나 변경 리드 타임을 일대일로 비교하기 어렵다. 따라서 획일적으로 변경 리드 타임이 느리다거나 개선이 필요하다고 말하기 어렵다.

셋째, 대상 사용자가 정해져 있고 상대적으로 사용 인원이 적다. 사용자가 기업의 임직원으로 한정되므로 사용자의 니즈 파악이 용이하고, 이를 바탕으로 개선안을 구체화할 수 있다. 기업과 시스템의 상황에 맞춰 요구 사항의 우선 순위를 정하거나 기각할 수도 있다. 시스템이 조금 불편하더라도 B2C 비즈니스처럼 사용자가 떠나가지도 않는다. 그렇기 때문에 사용자의 피드백을 빠르게 반영하기 위해 시스템을 복잡하게 만들어야 한다는 점에 공감하지 못하기도 한다. 그리고 B2C 시스템은 사용자가 수백만 명에서 수억 명에 달하지만 기업 시스템의 사용자는 수만 명을 넘기 어렵다. 따라서 시스템의 트래픽이 증가하고 감소하는 폭이 상대적으로 작기 때문에 자유롭게 확장 축소가 가능한 기능을 필요로 하지 않는다.

넷째, 도메인이 다양하게 세분화되고, 도메인에 따라 시스템이 만들어진다. B2C 비즈니스 시스템의 경우 비교적 적은 도메인에 많은 기능이 밀집되어 있지만, 기업 시스템은 전통적인 분류에 따라 이미 여러 개의 시스템으로 나뉘어 규모가 매우 큰 시스템이 많지 않다. 굴지의 글로벌 기업이라 해도 개발/운영 인원이 50명 넘는 시스템이 많지 않다. 따라서 많은 인원이 함께 개발하고 배

---

1 엔터프라이즈 시스템은 기업이나 정부 기관 등의 비즈니스를 돕기 위한 IT 시스템이다.

포하면서 발생하는 어려움은 많지 않다.

이처럼 엔터프라이즈 시스템은 기능 요구 사항과 딜리버리 일정을 자체적으로 정하고 직접 비교하는 경쟁 시스템이 없기 때문에 B2C 비즈니스 시스템보다는 변경 리드 타임이 중요하지 않아 마이크로서비스 아키텍처가 적합하지 않다고 생각할 수 있다. 하지만 실제로는 그렇지 않다. **내부에서는 항상 변경 리드 타임을 중요시하고 시스템의 중요 지표로써 관리하고 있다.**

또한 기업의 내부 시스템을 비교해보면 유독 변경 리드 타임이 저하된 시스템을 찾을 수 있다. 동일한 프로세스와 개발 문화를 갖고 있지만 매주 1회 이상 배포하는 시스템이 있는가 하면, 월 1~2회 배포하는 시스템도 있다. 배포를 적게 하는 시스템일수록 많은 사람이 담당하는 규모가 큰 시스템인 경우가 있고, 초기에는 자주 배포했지만 시간이 흐르면서 어쩔 수 없이 배포 횟수를 줄여 온 경우가 있다. 규모가 큰 기업이라면 마이크로서비스 아키텍처를 도입하여 변경 리드 타임을 단축할 수 있는 시스템을 어렵지 않게 찾을 수 있다.

최근에는 엔터프라이즈 시스템도 클라우드 인프라로 전환하는 사례가 늘어나고, 애플리케이션 현대화에도 큰 관심을 보이고 있다. 이에 따라 퍼블릭 클라우드 플랫폼을 사용하거나 자체 클라우드 플랫폼을 구축하는 경우가 많아졌고 마이크로서비스 아키텍처를 도입하는 사례도 점차 늘어나고 있다. 얼마 후에는 이런 질문이 없어질 수도 있을 것이다.

질문 3 프로젝트 일정은 어떻게 수립해야 할까?

프로젝트의 PM은 마이크로서비스 아키텍처를 적용하여 제안서를 작성하거나 프로젝트를 착수할 때 주요 일정을 어떻게 잡아야 하는지 궁금해한다. 마이크로서비스 아키텍처를 적용한다고 해서 프로젝트의 진행 방식이 크게 바뀌지 않지만, 일부 태스크task에는 차이점이 있다.

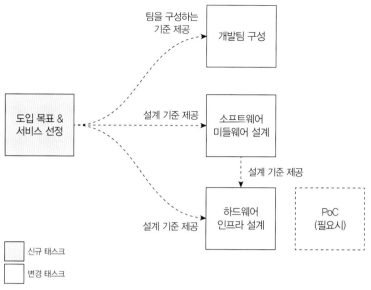

그림 2-1 태스크 간의 관계

[그림 2-1]은 마이크로서비스 아키텍처 도입으로 달라지는 태스크 간의 관계를 보여준다. 신규 태스크는 도입 목표를 정하고 서비스 목록을 정하는 것이다. 도입 목표와 서비스 목록은 다른 태스크의 입력값이 되므로 가장 먼저 정의해야 한다. 그리고 개발팀 구성, 소프트웨어 미들웨어 설계, 하드웨어 인프라 설계, PoC^Proof of Concept 등은 기존에도 존재하는 태스크인데 마이크로서비스 아키텍처에 맞춰 부분적으로 변경된다. 다음으로 각 태스크에 대해 더 알아보자.

도입 목표 및 서비스 선정

마이크로서비스 아키텍처를 도입할 때는 목표를 명확하게 정의하고 서비스를 선정해야 한다. 마이크로서비스 아키텍처를 도입하는 목표는 서비스 선정을 포함하여 시스템의 전반적인 방향을 제시한다. 그런 다음 시스템을 구성하는 서비스 목록을 선정하고 서비스 간의 관계를 도출해야 한다. 서비스 목록과 서비스 간의 관계는 개발팀을 구성하거나 소프트웨어 미들웨어와 하드웨어 인프라를 설계할 때의 기준이 되므로 가능한 한 초기에 정해야 한다. 이후에도 서비스 경계를 바꾸거나 합칠 수 있으므로 초기에 결정하는 것에 너무 부담을 가질 필요는 없다.

개발팀 구성

개발팀은 앞서 선정한 서비스를 전담할 수 있도록 구성한다. 하나의 개발팀이 여러 개의 서비스를 담당할 수도 있지만 하나의 서비스는 하나의 개발팀이 담당하는 것을 원칙으로 한다. 개발팀이 구성되면 각 서비스의 기능을 상세화하고 개발한다. 참고로 시스템 개발을 아웃소싱outsourcing하는 경우 프로젝트 개발팀과 시스템 운영팀이 이원화되는 경우가 많은데, 모든 기준은 운영팀이라는 것을 염두에 두어야 한다. 마이크로서비스 아키텍처는 독립적인 개발팀이 주체적으로 기술 스택이나 표준을 정하는 경우가 많은데 이는 시스템 운영 중에 각 서비스가 진화해가는 배경 속에서 행해진다. 간혹 이를 프로젝트 팀의 권리로 착각하고 운영팀이 감당할 수 없는 기술 스택을 선정하려는 경우를 볼 수 있다. 하지만 마이크로서비스 아키텍처는 운영 중의 개발 생산성을 높이는 것이다. 프로젝트 팀이 시스템을 개발하고 오픈 이후에는 운영팀에 인계하고 철수한다면 운영팀의 의견을 반영하는 것이 맞다. 같은 이유로 운영팀이 프로젝트에 많이 참여하는 것이 좋다. 특히 아키텍처만이 아니고 프로세스나 개발 문화도 함께 변경하는 경우에는 운영팀이 조기에 참여하여 익숙해질 수 있는 시간이 필요하다.

소프트웨어 미들웨어 설계

도입 목표와 서비스 목록은 소프트웨어 미들웨어를 설계하는 기준이 된다. 자유로운 스케일 인/아웃이 필요하거나 서비스의 개수가 많은 경우에는 API 게이트웨이나 서비스 레지스트리/디스커버리를 제공하는 미들웨어 또는 인프라를 구축해야 한다. 반대로 고정된 인프라에서 특별히 확장성에 대한 요건이 없고 서비스 수가 적다면, 별도의 API 게이트웨이 없이 웹 서버의 설정으로 정적인 라우팅 기능을 제공하는 것으로도 충분할 수 있다. 그리고 서비스 간에 인터페이스가 많다면 이벤트 통신을 위한 메시지 큐message queue를 추가하거나 서비스 매시service mesh와 같은 클라이언트 사이드 라우팅 기술이 필요할 수도 있다. 추가적으로 필요한 미들웨어가 확인되면 각 미들웨어를 설계하고 구축하는 세부 태스크를 정의해야 한다.

하드웨어 인프라 설계

서비스와 미들웨어 구성이 결정되면 필요한 하드웨어 구성과 용량을 결정할 수 있다. 이에 따라 필요한 컴퓨팅 자원과 네트워크 자원을 설계하고 구축하는 태스크를 계획해야 한다. 퍼블릭 클라우드와 같이 필요에 따라 하드웨어를 증설할 수 있는 환경이라면 복잡한 인프라 사이징 없이 최소 구성으로 시작할 수 있으므로 편리하다. 그리고 API 게이트웨이나 서비스 레지스트리/디스커버리 등을 직접 구축하는 대신 관련 요소가 잘 갖춰진 클라우드 플랫폼을 선택할 수도 있다.

PoC

검증이 필요한 새로운 기술 요소가 있다면 PoC Proof of Concept**를 수행할 수 있다.** 개발팀이 SPA, REST API 같은 API 중심의 아키텍처가 처음이거나 다른 서비스에 저장된 사용자, 기준 정보 등을 API로 조회하는 것이 낯설다면 먼저 PoC를 수행하여 동작하는 샘플을 확보하는 것이 좋다. 그리고 공통 기능을 제공하는 서비스는 정식으로 미리 개발을 시작하는 것이 좋다. SI 프로젝트처럼 특정 시점에 대규모의 개발자가 투입되는 경우는 실제로 동작하는 시스템이 있으면 개발자가 이해하는 데에 큰 도움이 되기 때문이다. 그리고 스케일 아웃이나 장애 격리가 시스템의 중요한 목표라면 사전에 PoC를 수행하는 것이 좋다. 의외로 생각하는 것과 다르게 동작하는 경우가 많으므로 유사한 구축 경험이 없다면 가능한 한 빨리 PoC를 실행하는 것이 나중에 구조 변경을 최소화할 수 있다.

다음으로 개발 프로젝트를 실행할 때 각 태스크가 수행되는 시점을 알아보자.

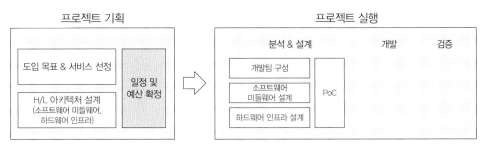

그림 2-2 프로젝트 프로세스

[그림 2-2]는 프로젝트를 기획하고 실행하는 프로세스에서 [그림 2-1] 태스크의 수행 시점을 보여준다. 시스템 개발은 기간이 길고 큰 비용이 투입되기 때문에 프로젝트 기획 단계에서 실행 계획을 꼼꼼하게 수립한다. 프로젝트의 비용과 일정은 마이크로서비스 아키텍처의 도입 목표, 서비스 목록, 소프트웨어 미들웨어, 하드웨어 인프라의 고수준high level 아키텍처에 영향을 받으므로 프로젝트 기획 단계에서 상당 부분 확정해야 한다. 프로젝트 중에도 소프트웨어 미들웨어와 하드웨어 인프라 설계를 수행하지만 이는 기획 단계에서 정의한 아키텍처를 구체화하는 작업인 경우가 많다.

질문 4 프로젝트 비용은 어떻게 산정해야 할까?

PM은 제안서를 작성하거나 프로젝트를 착수할 때 전체 비용을 어떻게 산정해야 할지 막막하다. **프로젝트 비용을 구성하는 요소는 다양하지만 마이크로서비스 아키텍처의 도입으로 영향을 받는 것은 크게 소프트웨어/하드웨어 비용과 소프트웨어 개발 비용이 있다.** 소프트웨어/하드웨어 비용은 서비스를 도출한 후에 아키텍처가 결정되면 산정할 수 있다. 새로운 종류의 미들웨어와 하드웨어가 추가될 뿐 모놀리식 아키텍처 시스템의 계산 방식과 동일하다. 반면에 소프트웨어 개발 비용 산정에는 조금 차이가 있다.

현장에서 소프트웨어 개발 비용을 산정하는 방식은 매우 다양하다. 소프트웨어 기능을 분석하여 기능 점수^{Function Point}를 계산하고 이를 비용으로 환산하기도 하고, 개발하는 화면 및 프로그램의 수와 난이도를 바탕으로 작업 공수를 산정하기도 한다. 여기에는 PM이 자신의 노하우를 바탕으로 나름의 보정값을 반영하기도 한다. 마찬가지로 마이크로서비스 아키텍처의 공수를 산정하는 획일적인 계산 방법은 없다. 대신 각자가 사용하던 소프트웨어 개발 비용 계산 방식에 마이크로서비스 아키텍처 적용으로 **개발 난도가 높아지거나 신규 개발이 필요한 부분을 식별하는 것으로 마이크로서비스 아키텍처 시스템의 소프트웨어 개발 비용을 산정할 수 있다.**

개발 난도가 높아지거나 신규 개발이 필요한 부분에 대해서 자세히 알아보자.

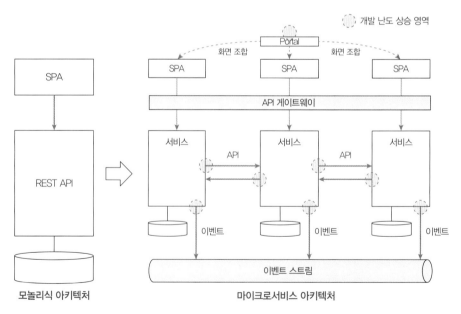

그림 2-3 개발 난도 비교

[그림 2-3]은 모놀리식 아키텍처 대비 마이크로서비스 아키텍처에서 구현 난도가 높아지는 부분을 보여준다. 시스템의 기능이 하나의 서비스 안에서만 동작한다면 모놀리식 아키텍처로 개발하는 것과 비용이 같다. 하지만 여러 서비스에 걸쳐 구현되는 기능은 API나 이벤트 같은 네트워크 통신이 필요하므로 구현 난도가 증가한다. REST API로 데이터를 참조하는 경우 프로그래밍 언어의 네이티브 API를 호출하는 것보다 고려할 것이 많아 난도가 높아진다. 그리고 UI가 사용하는 REST API 이외에 다른 서비스가 필요로 하는 API나 이벤트를 추가로 개발해야 할 수도 있다. 또한 REST API로 트랜잭션을 하는 경우는 보상 트랜잭션 등을 고려해야 할 수도 있다. 따라서 **모놀리식 아키텍처로 기능을 구현하는 비용에 다른 서비스와 연계하는 코드의 개발 난도를 반영하는 것으로 마이크로서비스 아키텍처의 개발 비용을 산정할 수 있다.**

그리고 런타임이 분리된 구조로 인해 새로운 기능이 추가될 수 있다. 서비스 단의 경우 사용자 인증, 인가, 통합 로깅, 트레이싱 등과 관련해서 새로운 기능을 개발해야 한다. 그리고 REST API나 이벤트 통신에 필요한 유틸리티 기능이 추가될 수 있다. UI 단에 각 서비스의 화면을 조합하기 위해 마이크로 프런트엔드micro frontends를 도입한다면 관련 개발 비용을 반영해야 한다.

그 밖에 참여하는 인력의 러닝 커브learning curve를 비용에 반영할 수도 있다. 예를 들어 프로젝트에 참여하는 대부분의 개발자가 SPA나 REST API 기반 개발이 익숙하지 않다면, 프로젝트 초기에 교육을 수행하기 위한 일정과 비용을 반영하는 것이 좋다.

질문 5 서비스는 분리하고 데이터베이스만 열어주면 안 될까?

현장에서 마이크로서비스 아키텍처를 적용할 때 가장 어려워하는 것 중 하나가 서비스별로 데이터베이스를 분리한다는 점이다. 마이크로서비스 아키텍처로 처음 개발하는 경우에는 다른 서비스의 데이터베이스에 액세스하지 못하고 API로만 연계해야 하므로 개발 공수가 크게 증가하고 적절한 품질로 구현이 어려울 것이라고 걱정한다. 특히 많은 불확실성을 내재한 대규모 프로젝트를 이끌어가는 PM에게는 감당하기 어려운 리스크로 느껴질 수 있다.

따라서 PM은 리스크 헤징risk hedging을 위해 다양한 방법을 모색하는데 그중 대표적인 것이 다른 것은 모두 분리하고 데이터베이스만 예외로 서로 접근을 허용하면 어떨까 하는 것이다. 'API 게이트웨이도 도입하고 WAS도 분리하고, REST API도 구현하고 소스 코드도 분리했으니 유일한 예외로 서비스가 다른 서비스의 데이터베이스에 액세스하여 조인하는 것을 허용하는 건 무방하지 않을까?'하고 말이다. 그렇게 하면 어떻게든 일정 내에 딜리버리할 수도 있을 것이다.

하지만 서비스 간에 조인을 허용하면, 결국 여러 서비스의 코드가 복잡하게 얽힌다. 개발자에게 꼭 필요한 경우에만 조인하고 이외에는 API를 사용하도록 가이드했더라도 일정 압박 속에서 개발자는 기존에 익숙한 방법을 찾게 되고 모두가 다른 서비스의 데이터베이스에 직접 액세스하기 마련이다. 결국 내가 코드를 변경하고 싶어도 다른 서비스에서 참조하지 않는다는 확신을 가질 수 없게 된다. 모놀리식 아키텍처에서는 소스 코드가 모여 있기 때문에 검색이라도 쉬웠는데 이제는 소스 코드도 분리되었기 때문에 이전보다 더 찾기 어려워진다.

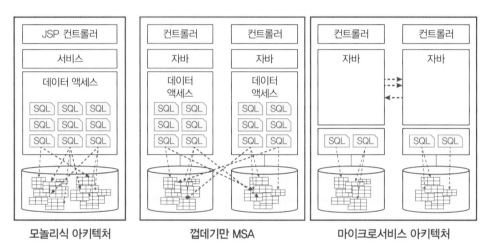

그림 2-4 껍데기만 마이크로서비스 아키텍처인 안티패턴

그 결과로 남는 것은 모놀리식 아키텍처와 마이크로서비스 아키텍처의 단점만을 모아 놓은 최악의 아키텍처이다. API 게이트웨이, 서비스 레지스트리/디스커버리, 통합 로깅 및 모니터링 등이 추가되고 서비스별로 WAS, 빌드 배포 파이프라인, 데이터베이스 등이 할당되어 비용과 관리 포인트는 늘어났음에도 불구하고 각 서비스를 독립적으로 개발하고 배포할 수는 없는 상태가 된다. 심하게는 장애가 발생하면 전체 서비스에 장애가 발생하고, 특정 서비스에 과부하가 걸릴 때는 다른 서비스도 같이 느려진다. 큰 비용과 노력을 투자했지만 겉모습만 그럴듯하고 실제로는 모놀리식 아키텍처보다도 변경하기 어려운 가짜를 만드는 것이다.

이는 마이크로서비스 아키텍처의 핵심 특징을 이해하지 못했기 때문에 발생하는 것이다. 모든 것을 충실히 했으니 SQL 조인만 허용하는 것이 아니라 오히려 SQL 조인을 차단하는 것을 가장 중요하게 생각해야 한다. 마이크로서비스 아키텍처의 가장 중요한 점은 서비스를 독립적으로 개발 및 배포할 수 있어야 한다는 것이고, 여기에 가장 큰 걸림돌은 다른 서비스를 코드 레벨에서 임의로 참조하는 것이다. 이는 SQL 비중이 큰 개발 시스템일수록 더욱 중요하다.

앞서 살펴본 것과 같이 **마이크로서비스 아키텍처를 도입할 때 서비스별로 데이터베이스를 분리하는 것은 피할 수 없다.** 물론 서비스간에 조인을 못하는 것은 매우 부담스럽게 느껴질 수 있다. 하지만 프로젝트 초기에 구현해보면 의외로 어렵지 않게 해결해 나갈 수 있다. 먼저 공통 기능을 제공하는 서비스와 업무 서비스를 PoC^{Proof of Concept}로 구현하고 부족한 부분을 보완한 다음, 개발 표준과 함께 개발자에게 동작하는 샘플로 제공하면 된다.

서비스 개수를 줄이는 것도 구현 부담을 줄일 수 있는 방법이다. 서비스 개수가 줄어들면 서비스 간의 API 참조가 줄어들어 전반적인 개발 부담이 줄어든다. 그리고 까다로운 서비스 간 트랜잭션을 피할 수 있다. 서비스 개수가 적으면 제대로 된 마이크로서비스 아키텍처가 아니라고 생각하는 경우가 있는데 전혀 그렇지 않다. 적은 개수의 서비스로 시작하여 시스템을 운영한 후에 점진적으로 세분화하는 것이 오히려 더 좋은 방법이다.

물론 **아주 예외적으로 구체적인 사유가 있다면 엄격한 관리하에 다른 서비스의 데이터베이스에 액세스를 허용할 수도 있다.** 예를 들어 정해진 기간 내에 해결하기 힘든 구현 이슈가 발견된다면, 주요 책임자들이 의사 결정을 하여 일시적으로 예외를 허용하고 향후에 수정될 수 있도록 관리 감독할 수 있다. 앞에서 거론한 사례와 중요한 차이점은 예외 케이스를 정확하게 인지하고 통제하고 있는가이다. 특별한 사유로 통제하에 제한적으로 액세스를 허용하는 것과 무분별하게 액세스를 허용하여 제어가 안 되는 것은 전혀 다른 결과를 만든다.

질문 6 데이터베이스는 어디까지 분리해야 충분할까?

데이터베이스와 관련해서 또 다른 주요 질문은 '데이터베이스를 어디까지 분리해야 하는가?'이다. 물리적인 서버를 분리해야 하는지 혹은 논리적으로 스키마만 분리하면 되는지를 종종 문의한다.

비즈니스 민첩성 관점에서는 서비스의 데이터베이스가 논리적으로만 차단되면 충분하다. 데이터베이스를 분리하는 목적은 서비스를 독립적으로 개발하고 배포하기 위해서인데, 이는 서비스에 다른 서비스가 데이터베이스를 직접 참조하지 못하고 제한된 API나 이벤트만 참조하게 하는 것으로 충족될 수 있다.

예를 들어 오라클 데이터베이스의 스키마는 논리적으로 완전히 격리된 데이터베이스를 제공할 수 있으므로, 각 서비스의 스키마를 분리하는 것으로도 충분하다. 하지만 스키마로 분리하고 있더라도 다른 서비스가 특정 서비스의 스키마를 시노님synonym으로 참조한다면 이는 적절히 분리되지 않은 것이다. 중요한 것은 어떤 레벨에서 어떤 메커니즘을 사용했느냐가 아니고 서비스가 다른 서비스의 내부에 임의로 액세스할 수 없어야 한다는 점이다.

하지만 비즈니스 민첩성 이외에 서비스 간의 장애 영향을 차단하거나 확장하는 것이 중요하다면 데이터베이스 서버를 분리해야 할 수도 있다. 논리적으로 데이터베이스를 분리한 경우 데이터베이스 서버에 장애가 발생하면 모든 서비스에 장애가 발생할 수 있고, 특정 서비스의 트래픽이 폭증하는 경우에는 다른 서비스에도 영향을 미칠 수 있다. 이런 상황에는 데이터베이스를 물리적으로 분리해야 영향을 차단할 수 있다.

질문 7 도메인 주도 설계를 배워야 할까?

마이크로서비스 아키텍처는 도메인 주도 설계가 함께 언급되는 경우가 많다. 하지만 도메인 주도 설계와 마이크로서비스 아키텍처 간의 직접적인 연관은 없다. 도메인 주도 설계는 마이크로서비스 아키텍처를 구축하는 방법의 하나일 뿐 다른 방법으로도 성공적으로 구축할 수 있다. 세미나나 다양한 기술 자료에서 도메인 주도 설계의 이벤트 스토밍을 이야기하는 것은 서비스 도출 과정을 짧은 시간에 비교적 정형화된 프로세스로 보여줄 수 있기 때문이다. 하지만 이는 서비스를 도출하는 방법의 하나일 뿐이다.

그리고 **도메인 주도 설계의 바운디드 컨텍스트**bounded context**는 독립적으로 모델링하는 단위이지 독립적으로 배포하고 실행하는 서비스 단위가 아니다.** 독립적인 모델링으로 바운디드 컨텍스트 간의 관계를 최소화하고 또 트랜잭션의 경계가 되는 특징을 살려 서비스를 선정할 때 바운디드 컨텍스트를 최소 단위로 활용할 수 있지만, 바운디드 컨텍스트를 하나의 서비스로 만들 필요는 없다. 그렇게 하면 자칫 너무 많은 서비스가 만들어져 관리 부담이 지나치게 커질 수도 있다.

간혹 도메인 주도 설계의 전술적 설계 요소를 활용해야 한다고 생각하는 경우가 있다. 데이터 모델링이 아니라 객체 지향 기반의 도메인 모델링을 적용해야 한다거나 애그리거트Aggregate, 서비스Service, 엔티티Entity, 밸류 오브젝트Value Ojbect 등을 설계 요소로 활용해야 한다고 주장하기도 한다. 하지만 이는 마이크로서비스 아키텍처와는 아무런 연관이 없다. 물론 도메인 모델링의 장점이나 검증된 코드 구조를 채택하여 내부 복잡도를 낮추고 변경을 더 쉽게 할 수 있을지도 모른다. 이에 익숙한 사람이라면 성공적으로 서비스를 설계하고 개발할 수 있을 것이다. 하지만 도메인 주도 설계는 그 자체로 심오한 주제이다. 도메인 주도 설계를 전혀 모르는 사람이 도메인 주도 설계와 마이크로서비스를 함께 배워서 시스템을 개발하려고 하면 자칫 시작도 못하고 좌초해버릴 수도 있다. 그리고 마이크로서비스 아키텍처는 코드 베이스가 작아지기 때문에 서비스 내부의 복잡도가 낮아지므로 좀 더 평이한 방법으로도 성공적으로 개발할 수 있는 여지가 많다고 할 수 있다. **중요한 것은 어떤 방법론으로 서비스를 나누거나 개발하는가가 아니고, 어떤 상태가 되도록 서비스를 나누는가이다.**

질문 8 우리 시스템은 왜 마이크로서비스 아키텍처를 도입했을까?

언뜻 이상한 질문으로 느껴질 수도 있지만, 실제로 시스템 담당자가 자신의 시스템이 왜 마이크로서비스 아키텍처로 개발했는지 궁금해하는 경우가 있다. 마이크로서비스 아키텍처가 적합하지 않은데 무리하게 도입했기 때문에 마땅한 장점을 찾지 못해서 물어보는 경우도 있고, 혹은 적절히 잘 도입했지만 모놀리식 아키텍처처럼 운영하고 있기 때문에 장점을 살리지 못해서 의구심을 갖는 경우도 있다. 이런 케이스의 근본 원인은 **마이크로서비스 아키텍처를 도입할 때 구체적인 목표를 정의하지 않았기 때문이다. 얻고자 하는 이익을 명확하게 기술했다면 무리한 도입을 사전에 차단했을 수도 있다. 또한 시스템 구조만 변경하는 것이 아니라 적절한 조직과 프로세스도 도입되었을 수 있다.** 큰 비용을 들여 동일한 모양으로 개발했지만 왜 도입했는지 뭐가 도움이 되는지 모른다면 너무나 안타까운 결과일 수밖에 없다.

이외에 마이크로서비스 아키텍처를 도입하는 목표가 명확하지 않으면 세부적인 의사 결정에도 어려움이 생긴다. 먼저 **어떤 기준으로 서비스를 도출할지 판단할 수가 없다.** 아키텍처 설계는 시스템의 중요한 비기능 요건을 목표로 설정하고 그 목표를 잘 달성할 수 있도록 설계하는 것이다. 그리고 설계 결과가 적절한지는 앞에서 설정한 목표가 기준이 된다. 단순히 눈에 띄는 업무들로 서비스를 도출한다고 해서, 서비스를 독립적으로 개발하고 배포할 수 있거나 중요한 업무가 다른 업무의 장애에도 영향받지 않는 것은 아니다. 구체적인 목표를 정의하지 않으면 구체화 과정에서 기존의 방식을 답습하여 결국 모놀리식 아키텍처와 같은 결과가 나올 수도 있다.

그리고 **기술 관점의 의사 결정을 적절히 내릴 수가 없다.** 마이크로서비스 아키텍처를 적용하는 과정은 단순히 레퍼런스 아키텍처를 그대로 복제하는 것이 아니라, 대상 시스템에 필요한 것은 선택하고 불필요한 것은 생략하는 과정이다. 그리고 서로 상충하는 요건이나 적용 난도가 높은 기술 요소는 목표 달성에 기여하는 정도와 필요한 비용을 고려하여 취사선택해야 한다. 하지만 도입 목표가 명확하지 않으면 어떤 것이 필요한지, 어떤 것이 불필요한지 판단할 수가 없고, 결국 남들이 좋다고 하는 모든 것을 적용한 비효율적인 아키텍처나, 목표 달성에는 별 도움이 안 되지만 적용하기 쉬운 것만 반영된 쓸모없는 아키텍처가 나올 수 있다.

질문 9 우리 시스템은 마이크로서비스 아키텍처일까?

현장을 돌아보면 의외로 자신의 시스템이 마이크로서비스 아키텍처인지 궁금해하는 경우가 많다. 마이크로서비스 아키텍처로 시스템을 구축해 놓고도 자신이 없어서 묻는 경우도 있고, 신경 쓰지 않고 시스템을 구축하고 보니 결과적으로 구조가 유사해서 마이크로서비스 아키텍처라고 불러도 되는지 궁금해하는 경우도 있다.

마이크로서비스 아키텍처라고 할 수 있는 조건은 서비스가 업무 단위로 구성되고, 각 서비스는 코드부터 DB까지 분리되어야 하며, 운영계에 독립적으로 배포할 수 있어야 한다. 각각 더 상세한 설명은 '1장 협의의 정의'를 참조하기 바란다.

마이크로서비스 아키텍처와 동일한 구성을 가졌지만 독립적으로 배포가 불가능하면 제대로 구축된 마이크로서비스 아키텍처라고 하기 어렵다. 클라우드 환경에 구축된 시스템이고 서비스별 소스 코드와 실행환경이 분리되었지만, 운영계에 배포하기 전에 전체 시스템의 통합 테스트를 거쳐야만 안전히 배포할 수 있다면 결국 모놀리식 아키텍처와 별 차이가 없다.

시스템은 서비스 단위로 독립적으로 배포할 수 있더라도, 요구 사항 접수에서 배포까지 시스템 단위의 공통 조직에서 통합 관리하고 있다면 마이크로서비스 아키텍처를 도입한 본래의 목적을 잘 살리지 못하고 있는 상황이다. 고급 스포츠카를 구매해서 화물 배송에만 사용한다면 스포츠카가 아니라 그냥 트럭이라고 불러도 무방할 것이다.

마이크로서비스 아키텍처인지 판단하는 데에 시스템 구조나 구성 요소가 유사한지는 고려하지 않아도 된다. 예를 들어 API 게이트웨이나 서비스 레지스트리/디스커버리 구성 요소가 있는지, 이벤트 스트리밍 미들웨어를 사용하고 있는지 등은 관련이 없다. 서비스 개수가 적고 다이내믹한 스케일 아웃이 필요하지 않아서 전문적인 API 게이트웨이를 채택하지 않고 웹 서버를 사용했다면, 오히려 마이크로서비스 아키텍처를 시스템 상황에 맞게 잘 최적화한 것이다.

앞에서는 마이크로서비스 아키텍처로 구현한 후에 적절한지를 궁금해했다면 반대로 마이크로서비스 아키텍처를 염두에 두지 않았지만 결과적으로 분산 시스템 구조이거나 사용하는 기술 스택이 비슷해서 문의하는 경우가 있다. 특히 퍼블릭 클라우드 서비스의 쿠버네티스를 사용하면서 자유롭게 스케일 인/아웃하는 경우에는 기술적으로는 거의 차이점이 없는 경우가 많다. 예를 들어 대량의 스트림 데이터를 실시간에 가깝게 가공하여 전달하거나 많은 데이터를 병렬로 분석하고 처리하는 시스템은 대부분 유사한 구조를 가지게 된다. 이런 분산 시스템이 중요시하는 비기능 요구 사항은 성능과 확장성이다. 많은 데이터를 빠르게 처리하기 위해 인스턴스를 늘려 병렬로 처리하거나 처리량의 증감에 따라 인스턴스를 증감하여 인프라 사용량을 최적화한다. 이는 마이크로서비스 아키텍처와 일맥 상통하는 점이 있다. 하지만 업무 기능에 따라 서비스를 분할하고, 개별 팀이 서비스를 전담하여 독립적으로 개발 및 배포하며 이를 위해 소스 코드와 데이터베이스를 분할하는 것을 강요하지 않는다. 따라서 이런 시스템은 분산 시스템이나 클라우드 네이티브 애플리케이션이라고 할 수 있겠지만 마이크로서비스 아키텍처라고 하기에는 적합하지 않다. 이런 종류의 분산 시스템은 마이크로서비스 아키텍처가 태어나기 훨씬 전부터 있던 것이고, 마이크로서비스 아키텍처는 많은 사람이 담당하는 인터넷 규모의 시스템이 늘어나면서 보다 나중에 생겨난 아키텍처 스타일이라고 할 수 있다.

데이터베이스를 분리한다고?

데이터베이스를 분리한다고?

현장에서 마이크로서비스 아키텍처에 대해 의견을 나누면 적절하게 구현하기 어려울 것 같다는 이야기를 많이 듣는다. 애플리케이션의 의존 관계가 복잡하기 때문에 데이터베이스를 분리하는 것이 실질적으로 불가능하고, 이를 애플리케이션단에서 처리하면서 개발 난도가 높아지고 네트워크 통신이 많아져 응답 속도가 많이 저하된다는 것이다. 그리고 서비스 간의 네트워크 통신에는 ACID 트랜잭션이 보장되지 않는 것에 대한 우려도 많다. 이런 걱정은 마이크로서비스 아키텍처의 도입을 망설이게 하는 주요 원인이 되기도 한다.

이미 많은 시스템이 마이크로서비스 아키텍처로 구축하여 동작하고 있음에도 불구하고 현장의 엔지니어들이 이런 반응을 보이는 이유는 무엇일까?

첫 번째 이유는 기존에 경험했던 구현 스타일과 마이크로서비스의 구현 스타일이 다르기 때문에 실제로 어떻게 구현되는지 짐작하기 어렵기 때문이다. 똑같은 스프링 프레임워크와 관계형 데이터베이스로 개발하더라도 아키텍처 스타일의 차이로 세부 구조와 동작 방식이 다르고, 서버 간 REST API나 이벤트로 통신을 하는 경우는 적기 때문에 세부적인 최적화 테크닉은 잘 모르는 경우가 많다.

두 번째 이유는 까다로운 구현 이슈가 많이 발생할 거라고 짐작하기 때문이다. 대부분 구체적인 대상 없이 기술의 차이점만 생각하는데, 걱정하는 기술 이슈가 많이 발생할지는 사실 알 수 없다. 그리고 어떤 이슈가 발생하는지 모르기 때문에 어렵지 않게 해결할 수 있을지 혹은 시스템 구조를 바꿔야 할 만큼 심각한 것인지 미리 판단할 수 없다. 따라서 구현에 대한 우려를 말끔히 해소하려면, 마이크로서비스 아키텍처의 작동 방식을 이해하고 대상 시스템을 정해서 서비스를 도출한 후에 전 기능의 동작을 시뮬레이션해봐야 한다.

이 장에서는 개발에 관련된 주요 질문과 답변을 소개한다. 앞에서 이야기한 것처럼 구현 이슈를 말끔히 해소할 수는 없겠지만 최대한 자세히 설명하고자 했다. 아키텍처 스타일과 동작 방식을 비교하여 서비스 간의 참조가 생각보다 적은 이유를 이론적으로 설명하며 REST API로 데이터를 조합하는 방식을 예시 코드로 보여준다. 또한 실제 속도를 측정하여 모놀리식 아키텍처로 구현한 경우와 비교해본다. 그리고 여러 서비스의 트랜잭션에서 자동 롤백과 동시성이 보장이 안 되는 상황을 살펴보고 실제 영향에 대해서 설명한다.

질문1 서비스 간의 통신이 너무 많지 않겠어?

시스템을 독립적인 서비스로 나누면 서비스 간의 네트워크 통신이 너무 많아서 구현하기 어렵다고 생각한다. 서비스는 서로 API나 이벤트로 통신하기 마련이므로 구현 난도가 높아지는 것은 맞지만, 실제로 서비스가 서로 네트워크 통신을 하는 빈도는 생각하는 것보다 훨씬 적은 경우가 많다. 이런 질문을 하는 이유는 SPA와 API를 기반으로 구축된 시스템이 어떻게 작동하는지 잘 몰라서인 경우가 많다. 예를 들어 JSP와 같이 서버 단에서 프레젠테이션을 담당하는 아키텍처에만 익숙한 경우 화면에서 여러 종류의 데이터를 표시하려면 서비스가 데이터를 조합해서 표시한다고 생각하기 쉽다. 왜 이렇게 생각하는지 자세한 예를 통해서 살펴보자.

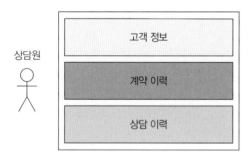

그림 3-1 고객 상담 화면

[그림 3-1]은 콜센터 상담원이 고객을 상담할 때 보는 고객 상담 화면으로 고객 정보, 계약 이력, 상담 이력 등 여러 서비스의 데이터를 함께 표시한다. 고객 정보는 고객 서비스, 계약 이력은 계약 서비스 그리고 상담 이력은 상담 서비스가 제공한다. 이 고객 상담 화면을 예시로 질문

자가 생각하는 시스템의 동작 방식은 어떠한지 살펴보자.

실제로 이렇게 구현하지는 않지만 비교를 위해서 서비스가 화면에 표시되는 데이터를 조합하도록 [그림 3-2]와 같이 구성하였다.

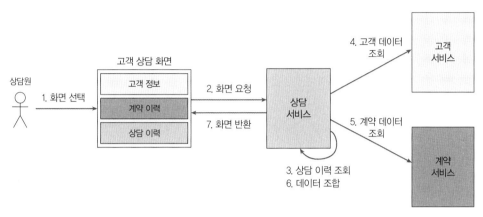

그림 3-2 JSP 스타일의 시스템 동작

상담원이 고객 상담 화면을 선택하면(1) 브라우저는 프레젠테이션을 담당하는 상담 서비스에 화면을 요청한다(2). 상담 서비스는 로컬 데이터베이스에서 상담 이력을 읽고(3), 고객 정보는 고객 서비스, 계약 이력은 계약 서비스에 API를 호출하여 조회한다(4~5). 그리고 세 정보를 조합하여(6) 웹 페이지를 생성하고 브라우저에 반환한다(7). 이 경우 고객 상담 화면을 로딩하는 순간에 상담 서비스는 고객 서비스와 계약 서비스에 API를 호출하고 데이터를 조합한 후에 반환한다. 따라서 모놀리식 아키텍처 대비 서버 단의 네트워크 통신 구간이 늘어나므로 처리 속도가 느려진다.

이런 구조는 여러 데이터를 표시하는 화면이 많아질수록 다른 서비스에 API를 호출하고 조합하는 기능이 많아지므로 구현 난도가 높아질 것이다. 하지만 실제로는 이와 같이 구현하지 않는다. 이번엔 실제 구현 방식을 살펴보자.

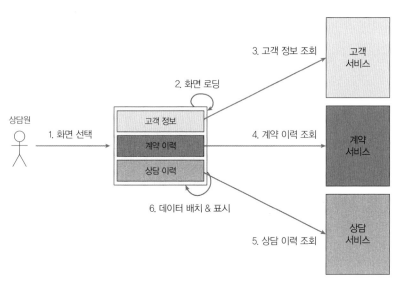

그림 3-3 SPA 기반 시스템 동작

[그림 3-3]은 마이크로서비스 아키텍처에서 SPA로 만들어진 고객 상담 화면의 동작을 보여준다. 상담원이 화면을 선택하면(1) 브라우저에 로딩되어 있던 웹 애플리케이션이 화면을 표시하고(2), 필요한 고객 정보, 계약 이력, 상담 이력을 고객 서비스, 계약 서비스, 상담 서비스에 각각 요청한다(3~5). 화면은 데이터 조회가 완료되는 대로 데이터를 표시한다(6). [그림 3-2]의 구조와는 다르게 고객 상담 화면에 데이터를 표시하는 과정에서 상담 서비스는 고객 서비스나 계약 서비스에 API 호출을 하지 않는다. 따라서 모놀리식 아키텍처 대비 서버 단의 네트워크 통신이 늘어나지 않고 고객 정보, 계약 이력, 상담 이력이 조회되는 순서대로 먼저 표시되기 때문에 응답 속도는 더 빨라질 수 있다.

서비스가 화면 구성에 관여하지 않기 때문에 화면이 여러 서비스의 데이터를 표시하더라도 서비스 간의 네트워크 통신이 늘어나지 않고, 응답 속도에도 영향을 주지 않는다. 각 서비스는 API를 통해 자신이 담당하는 데이터를 제공할 뿐이다[1]. 따라서 서비스 간의 통신은 생각보다 적은 경우가 많다.

다음에는 모놀리식 아키텍처와 마이크로서비스 아키텍처의 구조를 비교하여, 모놀리식 아키텍처의 기능 중에 어떤 기능이 마이크로서비스 아키텍처에서 서비스 간의 통신으로 전환되는지를 살펴보자.

---

1 참고로 화면에서 API를 호출하고 데이터를 표시하는 동작은 SPA의 기본적인 동작 방식으로 마이크로서비스 아키텍처와 무관하다. 모놀리식 아키텍처에서도 동일하게 작동한다.

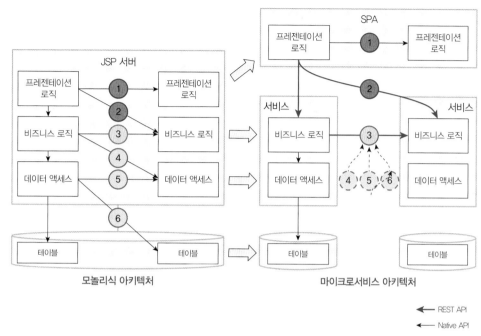

그림 3-4 마이크로서비스 아키텍처로 전환 시 코드 간의 관계

[그림 3-4]는 JSP 기반의 모놀리식 시스템을 마이크로서비스 아키텍처로 전환할 때 코드 간의 관계를 보여준다. 프레젠테이션 로직이 서버 단에서 SPA로 이관되면서 화면에서 데이터를 같이 표시하는 로직(①)과 서비스에 데이터를 호출하는 로직(②)은 SPA가 담당한다. 그리고 비즈니스 로직 간의 메서드를 호출(③)하던 것은 서비스 간의 REST API 호출로 구현해야 한다. ④, ⑤, ⑥의 참조는 강한 모듈화 규칙을 적용하는 경우에 존재하지 않아야 한다. 하지만 SQL 중심의 구현 스타일에선 이런 참조 관계가 흔하기 때문에 서비스로 전환하는 경우에는 ③과 같이 애플리케이션 레벨에서 참조하도록 구현해야 한다.

다음에는 ③, ④, ⑤, ⑥의 참조에서 서비스 간 통신이 필요한 부분을 살펴보자.

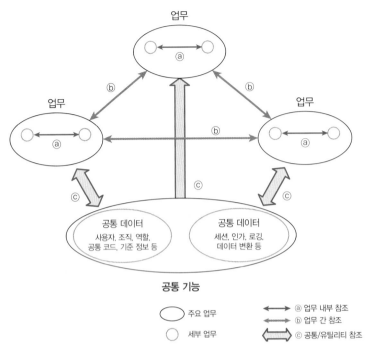

그림 3-5 비즈니스 레이어의 참조 유형

[그림 3-5]는 [그림 3-4]의 ③, ④, ⑤, ⑥에 해당하는 비즈니스 레이어와 데이터 레이어의 참조 관계를 형상화했다. 참조 관계는 크게 업무 내부의 참조(ⓐ), 업무 간의 참조(ⓑ), 업무 로직이 공통 데이터나 유틸리티 코드를 참조(ⓒ)하는 것으로 구분된다. ⓐ는 마이크로서비스 아키텍처로 전환하더라도 하나의 서비스 안에 머물기 때문에 기존과 동일하게 구현하면 된다. ⓑ 는 참조하고 참조받는 업무가 한 서비스에 배치된다면 기존과 동일하게 구현하고, 서로 다른 서비스에 배치된다면 서비스 간의 API나 이벤트 통신으로 구현한다. ⓒ의 경우 유틸리티성 코드는 각 서비스가 복제하여 갖고, 그 외의 공통 기능이나 데이터는 공통 서비스에 배치하여 각 업무 서비스가 API로 참조하거나 복제하여 사용한다. 따라서 이 중에서 서비스 간의 통신으로 전환되는 것은 ⓑ와 ⓒ 중 일부가 된다.

이제까지 살펴본 것을 정리하면 모놀리식 아키텍처에서 마이크로서비스 아키텍처로 전환할 때 서비스 간의 API나 이벤트 통신으로 구현하는 것은 [그림 3-5]의 ⓑ와 ⓒ처럼 비즈니스 로직과 공통 기능이 서로 다른 서비스에 배치되는 경우이다. [그림 3-4]의 ①과 ②처럼 프레젠테이션 레이어에서 서로 참조하거나 서비스의 비즈니스 로직을 참조하는 것은 서비스 단의 동작과는 상관이 없다. 그리고 [그림 3-5]의 ⓐ가 한 서비스에 배치되기 때문에 모놀리식의 구현과 동일한 것처럼 ⓑ와 ⓒ도 일부만 서비스 간의 통신으로 전환된다. 그리고 공통의 기능이나 데이터를 사용하는 ⓒ는 시스템별로 대동소이하기 때문에 대부분 어렵지 않게 구현할 수 있다. 따라서 실제 관심을 가지고 살펴볼 참조 관계는 순수 비즈니스 로직(ⓑ)에 집중된다.

그런데 서비스 간의 API나 이벤트 통신이 너무 많을 것이라고 질문하는 사람들과 이야기해보면 비즈니스 로직의 참조(ⓑ)보다는 프레젠테이션 레이어의 참조나 공통 기능 또는 데이터의 참조를 생각하는 경우가 많다. 이는 대부분 기존에 익숙한 아키텍처 스타일이 마이크로서비스 아키텍처와 차이가 커서 마이크로서비스 아키텍처의 동작 방식을 이해하지 못해 오해하는 경우이다.

질문 2 REST API 참조로 속도가 나오겠어?

현장에서 많이 하는 질문이다. 데이터베이스 내부에서 다수의 데이터를 조합하여 조회하는 것보다, 여러 데이터베이스에서 데이터를 조회하여 애플리케이션에서 조합하는 것은 네트워크로 전달하는 데이터의 양이 늘어나기 때문에 상대적으로 조회 속도가 느려지는 것은 당연할 것이다. 하지만 대부분은 실질적인 차이가 거의 없고 느리더라도 문제되는 경우는 별로 없다. 이 문제에 대한 답은 다양한 관점에서 설명할 수 있다. 먼저 실제로 API의 조회 속도가 저하될 수 있는 사례를 살펴봐야 한다. 그리고 나서 API의 응답 속도가 크게 느리다고 생각하는 이유를 알아본 후에 실제로 구현하는 방식을 살펴볼 것이다. 마지막으로 동일한 기능을 모놀리식 아키텍처와 마이크로서비스 아키텍처로 구현한 예시를 실행하여 실제로 얼마만큼의 차이가 발생하는지를 비교해본다.

API 응답 속도가 느려질 수 있는 경우

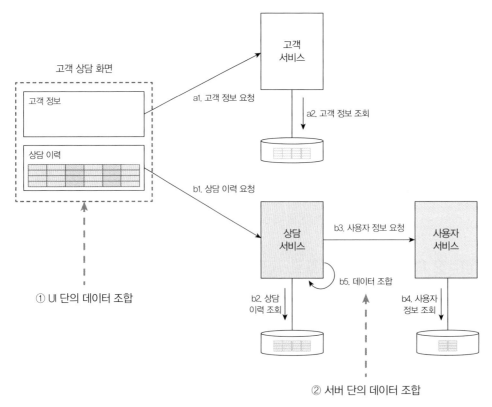

그림 3-6 데이터 조합 비교

[그림 3-6]은 두 가지 서비스의 데이터가 조합되는 사례를 보여준다. UI는 고객 정보와 상담 이력을 한 화면에서 보여준다. 고객 정보는 고객 서비스에서 조회하고 상담 이력은 상담 서비스에서 조회하여 화면에서 함께 보여준다. UI가 고객 정보를 요청하면(a1) 고객 서비스는 자신의 데이터베이스에서 데이터를 조회하여 반환하는데(a2) 모든 과정이 고객 서비스에서 진행된다. 상담 이력을 요청하면 상담 서비스는 상담 이력을 조회한(b2) 후에 사용자 서비스에 데이터를 요청하여(b3) 데이터를 조합한(b5) 후에 반환한다.

이때 고객 정보를 REST API로 조회(a1~a2)하는 것과 상담 이력을 REST API로 조회(b1~b5)하는 것은 동시에 진행된다. 화면은 로딩되는 순간에 2개의 REST API를 병렬로 호출한다. 그리고 REST API가 종료되면 다른 API의 결과를 기다리지 않고 바로 화면에 데이터를 표시한다. 따라서 고객 상담 화면이 고객 정보와 상담 이력 정보를 함께 표시하더라도 화면의 응답 속도가 저하되지 않는다.

하지만 상담 이력 조회 API가 실행되는 도중에 상담 서비스가 사용자 서비스에 REST API를 추가로 호출하게 된다. 이때 조회하는 상담 이력 건수가 많아지게 되면 사용자 서비스에서 더 많은 부가 정보를 조회해야 하기 때문에 실제 REST API의 응답 속도가 저하될 수 있다.

다음은 [그림 3-6]과 유사하게 실제 조회 속도가 느려질 수 있는 사례에 대해 자세히 살펴보자.

많이 느릴 것이라고 생각하는 이유 – 건별 API 요청

[그림 3-7]은 대량의 데이터를 조합하는 구현 방식을 설명하고 조회 속도를 측정하기 위한 시스템 구조이다.

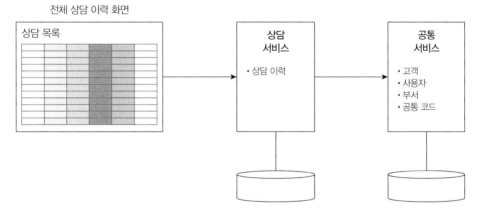

그림 3-7 시스템 구성도

이 시스템의 프런트엔드는 SPA 구조의 웹 애플리케이션으로 백엔드는 상담 서비스와 공통 서비스로 구성되었고 각 서비스는 독자적인 데이터베이스를 갖고 있다. 전체 상담 이력 화면은 [그림 3-6]의 고객 상담 화면의 상담 이력과 기본 구조는 동일하지만 특정 고객의 상담 이력만 조회하지 않고 전체 고객의 상담 이력을 표시하는 점이 다르다. 전체 상담 이력 화면은 상담 서비스에 API를 호출하여 데이터를 요청하고, 상담 서비스는 상담 이력을 조회하여 반환한다. 이때 상담 서비스는 추가로 필요한 데이터를 공통 서비스에서 조회하는데 다음 그림에서 자세히 살펴보자.

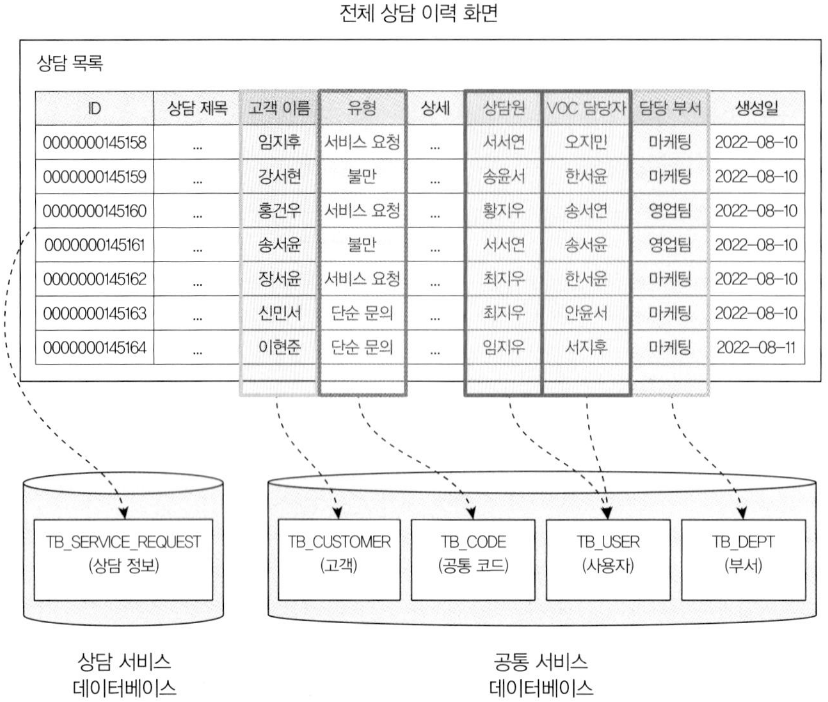

전체 상담 이력 화면

ID	상담 제목	고객 이름	유형	상세	상담원	VOC 담당자	담당 부서	생성일
0000000145158	...	임지후	서비스 요청	...	서서연	오지민	마케팅	2022-08-10
0000000145159	...	강서현	불만	...	송윤서	한서윤	마케팅	2022-08-10
0000000145160	...	홍건우	서비스 요청	...	황지우	송서연	영업팀	2022-08-10
0000000145161	...	송서윤	불만	...	서서연	송서윤	영업팀	2022-08-10
0000000145162	...	장서윤	서비스 요청	...	최지우	한서윤	마케팅	2022-08-10
0000000145163	...	신민서	단순 문의	...	최지우	안윤서	마케팅	2022-08-10
0000000145164	...	이현준	단순 문의	...	임지우	서지후	마케팅	2022-08-11

상담 목록

TB_SERVICE_REQUEST
(상담 정보)

TB_CUSTOMER
(고객)

TB_CODE
(공통 코드)

TB_USER
(사용자)

TB_DEPT
(부서)

상담 서비스
데이터베이스

공통 서비스
데이터베이스

그림 3-8 데이터별 서비스 매핑

[그림 3-8]은 전체 상담 정보 화면에서 표시되는 상담 정보를 구성하는 속성들이 저장된 위치를 보여준다. 화면은 상담 서비스의 전체 상담 이력 조회 API를 실행한 결과를 표시한다. 그런데 상담 정보는 상담 서비스에 저장되어 있지만 고객 이름, 상담 유형, 상담원, VOC 담당자, 담당 부서 등은 공통 서비스에 저장되어 있다. 따라서 전체 상담 이력 화면이 상담 서비스에 상담 목록을 요청하면 상담 서비스는 자신의 데이터베이스에서 상담 정보를 조회한 후 상담 정보에 저장된 각 데이터의 ID를 사용해서 공통 서비스에 API를 호출하고 고객 이름, 상담 유형, 상담원, VOC 담당자, 담당 부서 등을 조회한 뒤에 상담 정보와 조합한 다음 화면에 반환해야 한다. 다음은 상담 정보와 각 부가 데이터와의 관계를 자세히 살펴보자.

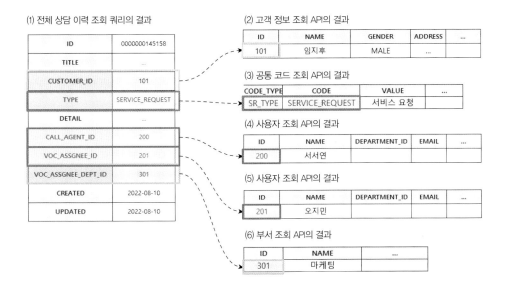

(1) 전체 상담 이력 조회 쿼리의 결과

ID	0000000145158
TITLE	...
CUSTOMER_ID	101
TYPE	SERVICE_REQUEST
DETAIL	...
CALL_AGENT_ID	200
VOC_ASSGNEE_ID	201
VOC_ASSGNEE_DEPT_ID	301
CREATED	2022-08-10
UPDATED	2022-08-10

(2) 고객 정보 조회 API의 결과

ID	NAME	GENDER	ADDRESS	...
101	임지후	MALE		

(3) 공통 코드 조회 API의 결과

CODE_TYPE	CODE	VALUE	...
SR_TYPE	SERVICE_REQUEST	서비스 요청	

(4) 사용자 조회 API의 결과

ID	NAME	DEPARTMENT_ID	EMAIL	...
200	서서연			

(5) 사용자 조회 API의 결과

ID	NAME	DEPARTMENT_ID	EMAIL	...
201	오지민			

(6) 부서 조회 API의 결과

ID	NAME	...
301	마케팅	

(7) 상담 정보와 조합한 결과

ID	상담 제목	고객 이름	유형	상세	상담원	VOC 담당자	담당 부서	생성일	변경일
0000000145158	...	임지후	서비스 요청	...	서서연	오지민	마케팅	2022-08-10	2022-08-10

그림 3-9 상담 정보와 부가 정보의 조합

[그림 3-9]는 상담 정보와 각 부가 정보의 관계를 보여준다. 상담 서비스의 데이터베이스에 저장된 상담 정보는 순수 상담 정보만을 저장하고 있고 고객 정보, 공통 코드 정보, 상담원 정보, VOC 담당자 정보, VOC 담당 부서 정보는 ID만 가지고 있다. 각 ID를 공통 서비스가 제공하는 고객 정보 조회 API, 공통 코드 조회 API, 사용자 조회 API, 부서 조회 API를 호출하여 부가 정보를 조회한 다음 데이터를 조합한다.

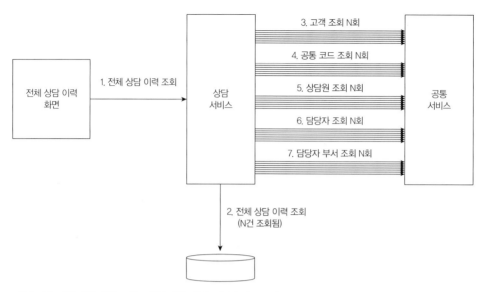

그림 3-10 전체 상담 이력 조회 – 상담 이력 건 별로 부가 정보 조회

[그림 3-10]은 전체 상담 이력을 조회하는 시스템 동작을 보여준다. 전체 상담 이력을 요청받으면(1) 상담 서비스는 데이터베이스에서 전체 상담 이력을 N건 조회한다(2). 그런 후에 각 상담 이력의 고객 ID, 공통 코드 ID, 상담원 ID, 담당자 ID, 담당 부서 ID로 공통 서비스에 REST API를 호출하여 고객 이름, 코드 이름, 상담원 이름 등의 데이터를 조회하고(3~7), 2번에서 조회한 전체 상담 이력에 조합한다. 그런 다음 상담 서비스는 전체 상담 이력을 반환한다.

이런 경우 상담 이력을 N건 조회할 때 부가 정보를 N번씩 호출하게 되므로 흔히 'N+1 문제'라고 한다. 상당히 비효율적으로 동작하지만 서비스는 서로 고속 네트워크를 통해 통신하기 때문에 데이터가 적은 경우에는 문제가 되지 않을 수도 있다. 하지만 데이터 건수가 많아지면 건수에 비례해서 네트워크 통신이 늘어나므로 조회 속도가 느려지고 서비스와 네트워크에 부하가 늘어나는 것은 피할 수 없다.

실제 구현 방식 – 일괄 API 요청

그런데 곰곰이 생각해보면 담당자 이름을 조회하려고 담당자 ID마다 매번 API를 호출할 필요는 없다. 데이터베이스에서는 ID로 여러 개의 데이터를 조회할 때, SQL의 SELECT 문을 여러 번 호출하지 않고 SELECT IN 구문에 ID를 여러 개 넣어 한 번에 조회한다. 마찬가지로 REST API로 조회할 때도 ID를 모아서 한 번에 조회할 수 있다.

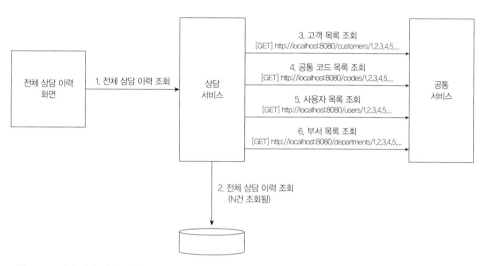

그림 3-11 전체 상담 이력 조회 – 부가 정보별로 일괄 조회

[그림 3-11]은 [그림 3-10]과 같이 전체 상담 이력을 조회하고 부가 정보를 종류별로 한 번씩 조회하는 방식이다. 전체 상담 이력 화면이 전체 상담 이력을 요청하면 상담 서비스는 전체 상담 이력을 N건 조회한다. 다른 점은 [그림 3-9]처럼 상담 이력별로 부가 정보를 조회하지 않고, 고객 ID, 공통 코드 ID, 상담원 ID, 담당자 ID, 담당 부서 ID를 수집한 후에 데이터 종류별로 REST API를 한 번씩 호출한다. 그리고 상담원 정보와 VOC 담당자 정보는 결국 시스템의 사용자 정보이므로, ID를 모아서 한 번의 API 호출로 조회할 수 있다. 이렇게 각 데이터를 모아서 조회하면 상담 이력 건수가 늘어나더라도 비교적 균일한 속도로 데이터 조회가 가능하다.

3~6번과 같이 공통 서비스에서 부가 정보를 조회할 때 URI에 ID를 콤마로 구분하여 전달했는데 스프링 프레임워크 같은 경우 아래와 같이 간단하게 구현할 수 있다.

```
// 호출 방식
[GET] /api/users/101,102,103,...,120

// 서버 단 코드
@GetMapping("users/{ids}")
public void getUsers(@Param("ids") List<Long> ids) {
    ..........
}
```

위 코드처럼 스프링 프레임워크의 Controller 클래스는 URI에 ID를 콤마로 구분하여 전달하면, 해당 ID 값을 추출하여 리스트나 배열에 담는다. 대부분의 서버가 URI 길이는 최소 8KB 이상 지원하고 필요에 따라 더 늘릴 수 있으므로 URI 길이는 걱정할 필요가 없다. 하지만 길이가 매우 길거나 복잡한 형태로 전송할 필요가 있다면 POST 메서드로 HTTP 요청의 페이로드payload에 포함하여 전송하는 것도 고려할 수 있다.

실제 구현 방식 – 속도 개선

앞의 예를 자세히 보면 상담 서비스가 공통 서비스에서 조회하는 부가 정보는 시스템 운영 중에 거의 변하지 않는다는 것을 알 수 있다. 예를 들어 담당자 이름, 전화번호, 부서 정보는 거의 변경되지 않는다. 물론 개명을 할 수도 있고 부서가 이동될 수도 있지만 대부분의 경우 하루에 한 번도 변하지 않을 것이다. 따라서 이런 정보를 매번 네트워크를 통해 조회한다는 것은 비효율적이다.

이런 데이터는 로컬 캐시를 활용하여 조회 속도를 대폭 개선할 수 있다.

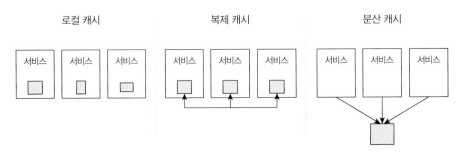

그림 3-12 캐시의 종류

로컬 캐시는 서비스를 실행하는 프로세스의 힙 메모리^{Heap Memory}에 저장되어 가장 빠르게 실행된다. 하지만 각 서비스 인스턴스의 캐시가 데이터를 중복으로 가지고 있으며 각각 저장하고 있는 데이터도 다르다. 복제 캐시는 로컬 캐시가 동기화된 형태로 로컬 캐시와 동등한 읽기 성능을 갖지만, 쓰기는 캐시 인스턴스 간의 동기화 작업이 동반되므로 상대적으로 느리다. 분산 캐시는 별도의 서버에서 실행되어 네트워크로 접근하므로 상대적으로 느리지만, 데이터 중복이나 동기화 이슈가 없어서 쓰기 비율이 높은 데이터 보관에 유리하다.

잘 변하지 않는 공통 데이터는 대부분 로컬 캐시가 가장 적합하다. 간혹 분산 캐시를 선호하는데, 네트워크를 통해 조회하므로 속도가 많이 느리고 단일 장애 지점이 되기 때문에 될 수 있으면 지양하는 것이 좋다.

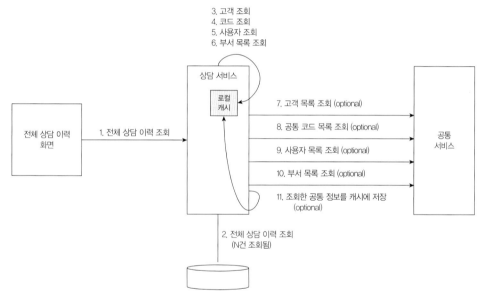

그림 3-13 전체 상담 이력 조회 – 로컬 캐시 사용

[그림 3-13]은 전체 상담 이력을 조회할 때 로컬 캐시에 저장된 공통 정보를 활용하는 방식을 보여준다. 화면이 전체 상담 이력을 요청하면 상담 서비스가 전체 상담 이력을 N건 조회한다. 이때 부가 정보를 공통 서비스에서 조회하기 전에 먼저 로컬 캐시에 필요한 정보가 있는지 확인하고 없는 ID만 모아서 공통 서비스에서 조회한다. 예를 들어, 처음 조회하는 담당자 정보는 로컬 캐시에 저장되어 있지 않을 것이므로 ID를 모아두었다가 일괄로 공통 서비스에서 정보를 조회한다. 조회한 담당자 정보는 상담 이력에 조합하여 결과로 전달하고 동시에 로컬 캐시에

저장한다. 다음 번에 같은 담당자를 조회하는 경우 로컬 캐시에 데이터가 있으므로 공통 서비스에서 API를 호출하지 않고 빠르게 처리할 수 있다. 따라서 로컬 캐시의 데이터가 자주 사용될 수록 공통 서비스의 API 호출이 줄어들어 전체 상담 이력 조회 속도가 향상되고 공통 서비스의 부하가 줄어든다.

코드가 복잡해보일 수 있지만 각 공통 데이터를 조회하는 클래스를 만들어 로컬 캐시를 참조하거나 API를 호출하도록 구현하면, 이를 사용하는 각 업무 코드는 반환된 데이터가 API로 조회한 것인지 로컬 캐시에서 조회한 것인지 신경쓸 필요 없이 간단하게 호출만하여 쓸 수 있다. 그리고 로컬 캐시는 데이터의 생명 주기를 관리하는 간편한 옵션을 제공하여, 개발자가 크게 신경쓰지 않아도 캐시 데이터의 최대 크기나 유효 시간을 정할 수 있고 이를 초과하는 경우의 동작도 처리한다.

속도 비교 – SQL vs API

이론적으로 백번 설명하는 것보다 실제로 코드를 확인하고 실행해보면 이해하는 데에 훨씬 더 도움이 될 것이다. 따라서 앞서 살핀 전체 상담 이력을 조회하는 기능을 모놀리식과 마이크로서비스 아키텍처로 구현하여 실행 속도를 비교하겠다. 먼저 비교에 사용할 시스템의 구조와 구현 코드를 살펴보자.

모놀리식 시스템 구조

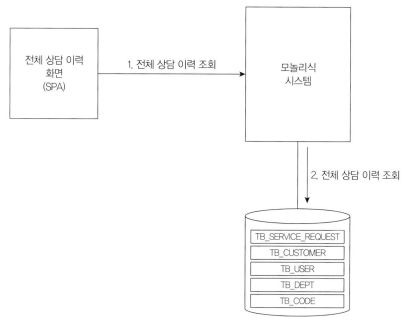

그림 3-14 모놀리식 시스템의 전체 상담 이력 조회 동작

[그림 3-14]는 전체 상담 이력을 모놀리식 시스템으로 조회하는 구조이다. 시스템은 SPA 구조의 웹 애플리케이션과 모놀리식 구조의 API 서버로 구성된다[2]. 데이터베이스에는 상담 이력(TB_SERVICE_REQUEST), 고객(TB_CUSTOMER), 사용자(TB_USER), 부서(TB_DEPT), 공통 코드(TB_CODE) 테이블이 함께 배치된다.

코드 3-2 테이블 생성 DDL

```
CREATE TABLE PUBLIC.TB_CODE (
    CODE_TYPE VARCHAR NOT NULL,
    CODE VARCHAR NOT NULL,
    VALUE VARCHAR NOT NULL,
    ACTIVE VARCHAR NULL,
    CREATED TIMESTAMPTZ NULL,
    UPDATED TIMESTAMPTZ NULL,
```

---

2 앞의 예시에서 모놀리식 시스템은 JSP와 같은 MVC 아키텍처로 구성하였으나, 마이크로서비스 아키텍처와 동등한 비교를 위해 서버 단이 REST API를 제공하는 구조를 선택하였다.

```
        CONSTRAINT " CODE_PK " PRIMARY KEY (CODE_TYPE, CODE)
);
CREATE INDEX CODE_INDEX_UPDATED ON PUBLIC.TB_CODE USING BTREE (UPDATED);

CREATE TABLE PUBLIC.TB_CUSTOMER (
    ID VARCHAR NOT NULL,
    " NAME " VARCHAR NOT NULL,
    BIRTHDAY VARCHAR NULL,
    GENDER VARCHAR NULL,
    ADDRESS VARCHAR NULL,
    PHONE_NUMBER VARCHAR NULL,
    " TYPE " VARCHAR NULL,
    CREATED TIMESTAMPTZ NOT NULL,
    UPDATED TIMESTAMPTZ NOT NULL,
    CONSTRAINT CUSTOMER_PK PRIMARY KEY (ID)
);
CREATE INDEX CUSTOMER_INDEX_NAME ON PUBLIC.TB_CUSTOMER USING BTREE (NAME);

CREATE TABLE PUBLIC.TB_DEPT (
    ID VARCHAR NOT NULL,
    " NAME " VARCHAR NULL,
    CREATED TIMESTAMPTZ NULL,
    UPDATED TIMESTAMPTZ NULL,
    CONSTRAINT " TB_DEPT_PK " PRIMARY KEY (ID)
);
CREATE INDEX DEPARTMENTS_INDEX_UPDATED ON PUBLIC.TB_DEPT USING BTREE (UPDATED);

CREATE TABLE PUBLIC.TB_SERVICE_REQUEST (
    ID VARCHAR NOT NULL,
    TITLE VARCHAR NULL,
    CUSTOMER_ID VARCHAR NOT NULL,
    " TYPE " VARCHAR NULL,
    DETAIL VARCHAR NULL,
    STATUS VARCHAR NOT NULL,
    CALL_AGENT_ID VARCHAR NULL,
    VOC_ASSGNEE_ID VARCHAR NULL,
    VOC_ASSGNEE_DEPT_ID VARCHAR NULL,
    CREATED TIMESTAMPTZ NOT NULL,
    UPDATED TIMESTAMPTZ NOT NULL,
    CONSTRAINT SERVICE_REQUEST_PK PRIMARY KEY (ID)
);
CREATE INDEX SERVICE_REQUEST_INDEX_BYCUSTOMER ON PUBLIC.TB_SERVICE_REQUEST USING
BTREE (CUSTOMER_ID);
CREATE INDEX SERVICE_REQUEST_INDEX_UPDATED ON PUBLIC.TB_SERVICE_REQUEST USING
```

```
    BTREE (UPDATED);

CREATE TABLE PUBLIC.TB_USER (
    ID VARCHAR NOT NULL,
    " NAME " VARCHAR NULL,
    PHONE_NUMBER VARCHAR NULL,
    EMAIL VARCHAR NULL,
    CREATED TIMESTAMPTZ NULL,
    UPDATED TIMESTAMPTZ NULL,
    DEPARTMENT_ID VARCHAR NULL,
    CONSTRAINT " TB_USER_PK " PRIMARY KEY (ID)
);
```

위 SQL은 앞서 언급한 모놀리식 시스템의 테이블을 생성하는 쿼리이다.

화면이 전체 상담 이력 조회 API를 호출하면 모놀리식 서버는 다음과 같은 SQL을 실행하여
데이터를 조회한다.

코드 3-3 모놀리식 시스템의 쿼리

```
SELECT
    TSR.ID,
    TSR.TITLE,
    TSR.CUSTOMER_ID CUSTOMERID,
    TC.NAME CUSTOMERNAME,
    TSR." TYPE ",
    (SELECT VALUE
       FROM TB_CODE TCO
      WHERE TCO.CODE = TSR." TYPE "
        AND TCO.CODE_TYPE= ' SR_TYPE ' ) TYPENAME,          --상담 유형 JOIN
    TSR.DETAIL,
    TSR.STATUS,
    (SELECT VALUE
       FROM TB_CODE TCO
      WHERE TCO.CODE = TSR.STATUS
        AND TCO.CODE_TYPE= ' SR_STATUS ' ) STATUSNAME,      --상담 상태 JOIN
    TSR.CALL_AGENT_ID CALLAGENTID,
    TUC." NAME " CALLAGENTNAME,
    TSR.VOC_ASSGNEE_ID VOCASSGNEEID,
    TUA." NAME " VOCASSGNEENAME,
    TSR.VOC_ASSGNEE_DEPT_ID VOCASSGNEEDEPTID,
    TD." NAME " VOCASSGNEEDEPTNAME,
```

```
        TSR.CREATED,
        TSR.UPDATED
    FROM
        TB_SERVICE_REQUEST TSR
        LEFT JOIN TB_CUSTOMER TC ON TSR.CUSTOMER_ID = TC.ID        --고객 JOIN
        LEFT JOIN TB_USER TUA ON TSR.VOC_ASSGNEE_ID = TUA.ID       --담당자 JOIN
        LEFT JOIN TB_USER TUC ON TSR.CALL_AGENT_ID = TUC.ID        --상담원 JOIN
        LEFT JOIN TB_DEPT TD ON TSR.VOC_ASSGNEE_DEPT_ID = TD.ID    --부서 JOIN
    ORDER BY TSR.UPDATED DESC
    LIMIT $1 OFFSET $2
```

상담 이력 테이블의 상담 유형 코드, 상담 상태 코드, 고객 ID, VOC 담당자 ID, 상담원 ID, 부서 ID를 기준으로 각각 공통 코드 테이블, 고객 테이블, 사용자 테이블, 부서 테이블 각각의 Primary Key에 조인하고 있다. 전체 데이터는 상담 이력 테이블의 변경 일시(UPDATED)를 기준으로 정렬되었는데 변경 일시 칼럼은 인덱스가 지정되어 있다.

다음 코드는 SQL로 조회한 데이터를 처리하는 비즈니스 레이어 코드로 별다른 처리 없이 SQL에서 조합한 데이터를 그대로 전달한다.

코드 3-4 모놀리식 서비스의 데이터 조합

```
public class MonolithServiceRequestService {
  ...
  public List<ServiceRequest> findAllBySQL(Pageable pageable) {
    return serviceRequestDao.selectAllWithJoin(pageable);
  }
}
```

마이크로서비스 아키텍처 시스템 구조

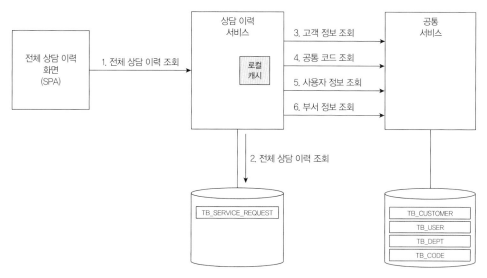

3-15 마이크로서비스 아키텍처 시스템의 전체 상담 이력 조회 동작

[그림 3-15]는 전체 상담 이력을 마이크로서비스 아키텍처 시스템으로 조회하는 구조이다. 시스템은 SPA 구조의 웹 애플리케이션을, 백엔드에는 상담 이력 서비스와 공통 서비스를 갖고 있다. 상담 이력 서비스의 데이터베이스에는 상담 이력(TB_SERVICE_REQUEST) 테이블이 있고, 공통 서비스의 데이터베이스에는 고객(TB_CUSTOMER), 사용자(TB_USER), 부서(TB_DEPT), 공통 코드(TB_CODE) 테이블이 배치되어 있다. 각 테이블의 구조는 앞의 모놀리식 시스템과 동일하다.

전체 상담 이력 화면이 전체 상담 이력 조회 API를 호출하면 상담 이력 서비스는 다음과 같은 SQL을 실행하여 데이터를 조회한다. 순수하게 상담 이력만 조회하므로 쿼리가 단순하다.

코드 3-5 상담 서비스의 상담 이력 조회 SQL

```
SELECT
    TSR.ID,
    TSR.TITLE,
    TSR.CUSTOMER_ID CUSTOMERID,
    TSR." TYPE ",
    TSR.DETAIL,
    TSR.STATUS,
```

```
        TSR.CALL_AGENT_ID CALLAGENTID,
        TSR.VOC_ASSGNEE_ID VOCASSGNEEID,
        TSR.VOC_ASSGNEE_DEPT_ID VOCASSGNEEDEPTID,
        TSR.CREATED,
        TSR.UPDATED
    FROM
        TB_SERVICE_REQUEST TSR
    ORDER BY TSR.UPDATED DESC
    LIMIT $1 OFFSET $2
```

지금까지 상담 이력 서비스가 부가 정보를 조회하는 3가지 방식을 살펴보았다.

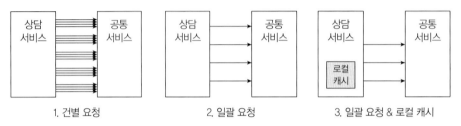

그림 3-16 상담 서비스의 공통 데이터 조회 방식 3가지

'건별 요청'은 조회한 상담 이력마다 고객, 공통 코드, 상담원, 담당자, 담당 부서를 공통 서비스에 API로 조회한다. '일괄 요청'은 상담 이력의 고객, 공통 코드, 사용자, 부서 ID를 중복 없이 모아 데이터 종류별로 한 번씩 조회한다. '일괄 요청 & 로컬 캐시'는 2번과 동일하나 로컬 캐시의 데이터를 조회한 후에 없는 ID만 모아서 API로 조회한다.

이제 데이터 조회 방식별 코드를 살펴보자. 먼저 부가 정보를 건별로 요청하는 코드이다(1).

코드 3-6 건별 요청 시의 데이터 조합

```java
public class ServiceRequestService {
  protected CustomerGateway customerGateway;
  protected UserGateway userGateway;
  protected DepartmentGateway departmentGateway;
  protected CodeGateway codeGateway;

  ...
  public List<ServiceRequest> findAllWithSingleRESTAPI(Pageable pageable) {
    //1. 상담 이력 조회
    List<ServiceRequest> result = serviceRequestDAO.selectAll(pageable);
```

```
    //2. 부가 정보를 REST API로 조회하여 조합
    Iterator<ServiceRequest> itr = result.iterator();
    while (itr.hasNext()) {
      ServiceRequest next = itr.next();
      next.setStatusName(getStatusName(next.getStatus()));
      next.setTypeName(getTypeName(next.getType()));
      next.setCustomerName(getCustomerName(next.getCustomerId()));
      next.setCallAgentName(getUserName(next.getCallAgentId()));
      next.setVocAssgneeName(getUserName(next.getVocAssgneeId()));
      next.setVocAssgneeDeptName(getDepartmentName(next.getVocAssgneeDeptId()));
    }
    return result;
  }

  public String getTypeName(String type) {
    return codeGateway.getCode("SR_TYPE", type).getValue();
  }

  public String getStatusName(String status) {
    return codeGateway.getCode("SR_STATUS", status).getValue();
  }

  public String getCustomerName(String customerId) {
    Customer body = customerGateway.getCustomer(customerId);
    return body.getName();
  }

  public String getUserName(String callAgentId) {
    return userGateway.getUser(callAgentId).getName();
  }

  public String getDepartmentName(String deptId) {
    Department department = departmentGateway.getDepartment(deptId);
    return department.getName();
  }

}
```

상담 이력 서비스가 전체 상담 이력 조회 요청을 받으면 findAllWithSingleRESTAPI 메서드가 호출된다. 로컬 데이터베이스에서 상담 이력을 조회하면 상담 이력마다 부가 정보를 REST API로 조회하고 각 상담 이력에 조합한다. 참고로 이 예시의 Gateway 클래스는 단순히 공통 서비스에 REST API를 호출할 뿐 별도의 로직을 가지고 있지 않다.

다음으로 부가 정보를 일괄로 요청하는 코드이다(2).

코드 3-7 일괄 요청 시의 데이터 조합

```java
public class ServiceRequestService {
  ...
  public List<ServiceRequest> findAllWithBatchRESTAPI(Pageable pageable) {
    //1. 상담 이력 조회
    List<ServiceRequest> result = serviceRequestDAO.selectAll(pageable);

    //2. 부가 정보 ID 취합
    Set<String> customerIds = new HashSet<>();
    Set<String> userIds = new HashSet<>();
    Set<String> departmentIds = new HashSet<>();

    Iterator<ServiceRequest> itr = result.iterator();
    while(itr.hasNext()) {
      ServiceRequest next = itr.next();
      customerIds.add(next.getCustomerId());
      userIds.add(next.getCallAgentId());
      userIds.add(next.getVocAssgneeId());
      departmentIds.add(next.getVocAssgneeDeptId());
    }

    //3. 부가 정보를 REST API로 조회
    Map<String, String> customerNames = getCustomerNames(customerIds);
    Map<String, String> userNames = getUserNames(userIds);
    Map<String, String> departmentNames = getDepartmentNames(departmentIds);
    Map<String, Map<String, String>> codeTypes =
                      getCodeNamesByTypes("SR_STATUS", "SR_TYPE");
    Map<String, String> srTypeCodes = codeTypes.get("SR_TYPE");
    Map<String, String> srStatusCodes = codeTypes.get("SR_STATUS");

    //4. 상담 이력에 부가 정보 조합
    Iterator<ServiceRequest> itr2 = result.iterator();
    while(itr2.hasNext()) {
      ServiceRequest next = itr2.next();
      next.setStatusName(srStatusCodes.get(next.getStatus()));
      next.setTypeName(srTypeCodes.get(next.getType()));
      next.setCustomerName(customerNames.get(next.getCustomerId()));
      next.setCallAgentName(userNames.get(next.getCallAgentId()));
      next.setVocAssgneeName(userNames.get(next.getVocAssgneeId()));
      next.setVocAssgneeDeptName(
```

```
                                departmentNames.get(next.getVocAssgneeDeptId()));
      }
      return result;
  }

  public Map<String, String> getCustomerNames(Set<String> customerIds) {
    Map<String, String> customerNames = new HashMap<>();
    //1. REST API로 고객 이름 조회
    List<Customer> customers = customerGateway.getCustomers(customerIds);

    //2. 조회한 고객 정보를 Map 형태로 변환
    for (Customer customer : customers) {
      customerNames.put(customer.getId(), customer.getName());
    }
    return customerNames;
  }

  ...
  }
```

상담 이력 서비스가 전체 상담 이력 조회 요청을 받으면 findAllWithBatchRESTAPI 메서드가 호출된다. 로컬 데이터베이스에서 상담 이력을 조회하면 조회한 상담 이력마다 부가 정보의 ID를 수집한다. 이때 ID는 Set 자료형에 저장되므로 중복된 ID는 제거된다. 그리고 수집한 ID를 데이터 종류별로 REST API로 조회한 후에 앞에서 조회한 상담 이력에 조합한다. REST API로 조회한 부가 정보는 HashMap 객체에 ID를 키로 저장하기 때문에 빠른 속도로 조합할 수 있다.

마지막으로 부가 정보를 일괄로 요청하고 로컬 캐시를 사용하는 코드이다(3).

코드 3-8 일괄 요청 & 로컬 캐시를 사용한 데이터 조합

```
public class ServiceRequestCachedService extends ServiceRequestService {
  private CacheProxy<Map<String, String>> codeCache;
  private CacheProxy<String> codeNameCache;
  private CacheProxy<Department> departmentCache;
  private CacheProxy<User> userCache;
  private CacheProxy<Customer> customerCache;
  ...

  public Map<String, String> getCustomerNames(Set<String> customerIds) {
```

```
    //1. 로컬 캐시에서 데이터 조회
    Map<String, String> customerNames = new HashMap<>(customerIds.size());
    Iterator<String> iterator = customerIds.iterator();
    while (iterator.hasNext()) {
      Customer customer = customerCache.get(iterator.next());
      if (customer != null) {
          //2. 로컬 캐시에 데이터가 있으면, 리턴 결과에 추가하고
          //   REST API 요청 목록에서 삭제
        customerNames.put(customer.getId(), customer.getName());
        iterator.remove();
      }
    }
    //2. 부가 정보를 REST API로 요청
    List<Customer> customers = customerGateway.getCustomers(customerIds);
    for (Customer customer : customers) {
      customerNames.put(customer.getId(), customer.getName());
        //2.1 조회한 정보를 리턴 결과에 추가
      customerCache.put(customer.getId(), customer);
    }
    return customerNames;
  }
  ...
}
```

ServiceRequestCachedService는 앞의 일괄 요청 방식에서 사용되었던 ServiceRequest
Service 클래스를 상속하여 로컬 캐시를 사용하도록 기능을 추가했다. 따라서 앞에서 보
았던 findAllWithBatchRESTAPI 메서드는 그대로 사용하지만, 부가 정보를 조회하는
getCodeNamesByTypes, getCustomerNames, getUserNames, getDepartmentNames
메서드만 재정의하여 사용한다.

ServiceRequestService 클래스의 getCustomerNames 메서드는 customerGateway
를 통해 매번 REST API를 호출했지만, ServiceRequestCachedService 클래스의 get
CustomerNames 메서드는 고객 ID 목록을 받으면 먼저 로컬 캐시에 데이터가 있는지를 확
인한다. 데이터가 있으면 그대로 리턴 결과에 추가하고 없는 경우에는 REST API를 요청하여
리턴 결과와 로컬 캐시에 고객 정보를 추가한다.

응답 속도 비교

모놀리식 아키텍처 시스템과 마이크로서비스 아키텍처 시스템의 응답 속도를 비교한 환경은
[그림 3-17]과 같다.

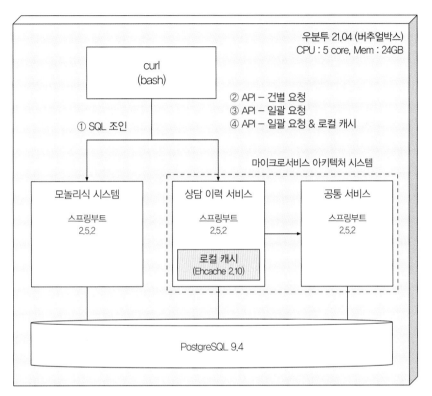

그림 3-17 테스트 환경

버추얼 박스로 구동되는 우분투 21.04에 PostgreSQL과 스프링부트Spring Boot로 테스트 시스템
을 구축하고 터미널에서 curl을 사용해서 테스트했다. 모놀리식 시스템과 마이크로서비스 아
키텍처 시스템은 별도의 인스턴스로 실행되지만 같은 데이터베이스와 테이블을 공유한다. 테
스트 데이터는 임의로 생성된 스트링 문자로 구성된다. 각 테이블에는 상담 이력 1백만 건, 고
객 2만 건, 사용자 1만 건, 부서 500건, 공통 코드는 11건이 저장되었다. 매우 정교한 수행 시
간을 측정하는 것이 아니고 서로 다른 구조 간의 상대적 비교를 위한 것이므로 이 정도의 환경
이면 충분할 것이다.

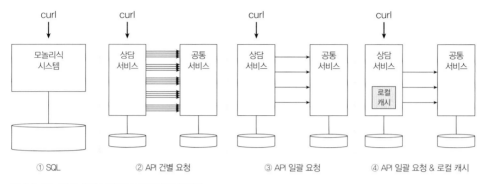

그림 3-18 상담 서비스의 공통 데이터 조회 방식

테스트는 [그림 3-18]과 같이 모놀리식 시스템이 SQL로 모든 데이터를 조회하는 방식(①)과 마이크로서비스 아키텍처 시스템이 상담 이력 건별로 부가 정보 요청 API를 호출하는 방식(②), 부가 정보를 모아서 일괄로 API를 호출하는 방식(③), 로컬 캐시와 일괄 API 조회를 함께 사용하는 방식(④)으로 실시했다. 4가지 방식으로 상담 이력을 호출 수(20건, 100건, 1,000건, 10,000건, 100,000건)에 따라 5번씩 측정하였다. 참고로 ④의 방식은 캐시가 로딩되지 않은 경우 ③과 같은 결과가 나오기 때문에 모든 부가 정보가 캐시에 로딩되도록 테스트 전에 한 번씩 실행했다.

표 3-1 측정 결과(초)

호출 수	① SQL	② API 건별 요청	③ API 일괄 요청	④ API 일괄 요청 & 로컬 캐시
20	0.02	0.19	0.06	0.02
100	0.02	0.63	0.07	0.03
1,000	0.06	5.58	0.20	0.07
10,000	0.46	63.56	1.43	0.40
100,000	3.43	726.88	10.01	3.25

[표 3-1]은 각 구성별 측정 결과이다. 테스트 환경은 엄격하게 통제하지 않아 실행할 때마다 조금씩 오차가 있었다. 따라서 세부적인 시간의 차이보다는 상대적인 비교가 중요하다. SQL로 모든 데이터를 조회하는 모놀리식 시스템(①)은 균일하게 빠른 속도로 데이터를 조회한다. 특히 조회하는 데이터 건수가 많아질수록 데이터 건수에 비례하여 시간이 소요되는 것을 볼 수 있다.

마이크로서비스 아키텍처에서 부가 정보를 건별로 호출하는 ②의 경우는 실행 속도가 확연히 느리다. 20건 조회는 0.19초가 걸려서 ①과 비교하면 10배가량 느리지만 사용자가 쾌적하게 느끼는 응답 속도를 0.2초 정도라고 볼 때 간신히 합격 수준이라고 할 수 있다. 100건 조회는 0.63초가 걸려 사용자가 체감할 수 있을 정도로 속도가 많이 느려지고, 1,000건부터는 응답 속도가 크게 느려짐을 볼 수 있다. 1천 건 호출 시 공통 서비스에 5천 번의 API 호출이 발생한다는 점을 고려하면 시스템 과부하를 방지하기 위해 차단해야 하는 수준이다.

반면에 부가 정보를 일괄로 요청하는 ③의 경우 실행 속도가 상당히 준수하다. 데이터 건수에 상관없이 ①과 비교하여 약 3배 정도의 시간이 더 걸리지만, 1천 건 조회에도 0.2초 밖에 걸리지 않으므로 1천 건까지는 사용자 입장에서 차이를 못 느낀다고 할 수 있다. 1만 건 조회에도 1.43초가 걸리므로 데이터 건수를 감안하면 UI에서 호출하는 데에는 부족함이 없다.

로컬 캐시를 활용하는 경우(④)에는 매우 흥미로운 결과를 보여준다. SQL로 데이터를 조회하는 것(①)과 비슷한 속도를 보이거나 데이터 건수가 많은 경우에는 오히려 더 빠른 모습을 보여준다. 이 원인은 동작 구간별 속도를 살펴보는 것으로 파악 할 수 있다.

표 3-2 10만 건 호출 시 구현 방식별 수행 시간

코드 실행 단계	① SQL	④ API 일괄 요청 & 로컬 캐시
a) 상담 이력 조회(SQL 수행 시간)	4.072	3.469
b) 부가 정보 조회 & 조합	n/a	0.364
c) 결과 변환 및 전달	0.593	0.742
총 수행 시간	4.665	4.575

[표 3-2]는 10만 건 호출 시 구간별 속도를 비교하여 보여준다. 모놀리식 시스템인 ①은 SQL을 조회하고 결과를 변환해서 네트워크로 전달하는 2단계로 진행된다. 반면에 ④는 부가 정보를 조회하고 조합하는 b) 단계가 추가된다. ④가 ①보다 더 빠른 첫 번째 이유는 SQL이 더 간단하여 상담 이력 조회 수행 시간이 약 85%(시간상 0.603초) 정도로 줄어들었기 때문이다. 그리고 모든 부가 정보를 서비스의 힙 메모리에서 조회하기 때문에 10만 건의 부가 정보를 조회하고 조합한다고 해도 0.364초밖에 걸리지 않는다.

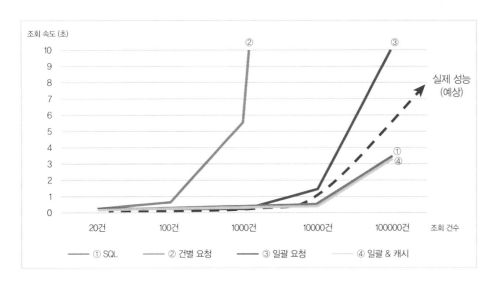

그림 3-19 예상 수행 시간

[그림 3-19]는 테스트 결과인 [표 3-1]을 그래프로 표현한 것이다. 건별로 요청하는 방식(②)은 데이터 건수가 늘어날수록 수행 속도가 크게 느려진다. 여기에 서버 단에 발생하는 부하까지 고려한다면 선택하지 않는 것이 좋다. 아마도 마이크로서비스 아키텍처에서 데이터 조회 속도가 느릴 것이라고 생각하는 경우는 ②번과 같은 구현 방식을 생각해서 일 것이다.

그리고 일괄로 요청하는 방식(③)은 매우 준수한 속도를 보인다. ②번과 비교하면 구현 난도가 별로 차이나지 않으므로 대부분의 경우 ③번으로 구현하는 것이 맞다. 테스트 기준으로 보면 1만 건 까지는 큰 부담없이 사용할 수 있으므로, 웹 화면이나 모바일 클라이언트가 조회하는 데는 무리가 없다. 그보다 더 큰 데이터를 조회한다면 아마도 일종의 배치 작업일 가능성이 높은데 이런 경우는 데이터를 각각 조회하여 임시 테이블에서 작업하는 등의 방법을 찾을 수 있을 것이다.

④번의 경우 모놀리식 시스템에 버금가는 속도를 보여준다. 특히 데이터베이스와 시스템의 네트워크 부담을 줄여준다는 점은 큰 장점으로 작용할 수도 있다. 하지만 이런 결과는 로컬 캐시의 적중률이 중요하게 작용하는데, 이는 부가 정보의 데이터 건수와 호출 빈도 등에 영향받는다. 따라서 실제 성능은 ③과 ④의 사이에 위치할 것이다. 예시의 경우 공통 코드, 콜센터 상담원, VOC 담당자, 담당 부서는 캐시 적중률이 100%에 가까울 것이고, 고객 정보는 상대적으로 낮을 것이다. 따라서 대부분의 경우 ③ 보다는 ④에 가까울 것이라고 예상할 수 있다.

그리고 일반적인 화면은 데이터를 조회할 때 전체 데이터를 조회하지 않고 페이지 단위 등으로 수십 개 정도의 데이터를 조회하는 경우가 많다. 따라서 일괄로 요청하는 방식(③)으로도 대부분 충분한 응답 속도를 보일 것이다. 따라서 ④번 로컬 캐시를 적용하는 실질적인 효과는 사용자가 체감하는 응답 속도를 낮추는 것보다 요청이 급격히 몰리는 경우에 상담 서비스와 공통 서비스의 부하 증가를 최소화하는 것이라고 할 수 있다.

질문 3 자동으로 롤백이 안 된다고?

하나의 트랜잭션이 여러 서비스에 걸쳐 발생하면 서비스 사이에는 ACID 트랜잭션이 보장되지 않는다. 데이터베이스 안에서는 트랜잭션이 중간에 실패하면 자동으로 롤백^{rollback}이 실행되어 트랜잭션이 시작하기 이전의 상태로 만들어 준다. 하지만 여러 서비스에 걸친 트랜잭션이 중간에 실패하면 롤백은 서비스 내부에서만 발생하므로 다른 서비스에서 발생한 트랜잭션을 취소하는 보상 트랜잭션을 실행해야 한다.

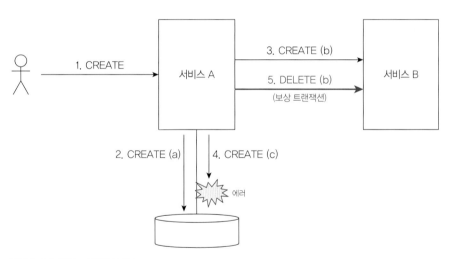

그림 3-20 보상 트랜잭션 예시

[그림 3-20]은 여러 서비스에 걸친 트랜잭션이 실패하여 보상 트랜잭션을 수행하는 과정을 보여준다. 클라이언트가 서비스 A에 API를 요청하면(1), 서비스 A는 데이터베이스에 데이터 a를 생성한(2) 후 서비스 B에 데이터 b를 생성하는 API를 호출한다(3). 그리고 나서 자신의 데

이터베이스에 데이터 c를 생성하다가(4) 에러가 발생하면 앞에 생성한 데이터 a는 데이터베이스가 자동으로 롤백해주지만, 서비스 B에 생성한 데이터 b는 그대로 남아있게 된다. 따라서 서비스 A는 서비스 B에 생성된 데이터 b를 삭제하는 보상 트랜잭션을 실행해야 한다(5).

이렇듯 기존에 데이터베이스가 자동으로 해주던 데이터베이스의 롤백이 안 된다고 하면 불안하게 느껴질 수도 있다. 하지만 다음 사례와 같이 모놀리식 시스템이 네트워크로 통신 할 때도 항상 해오던 일이다.

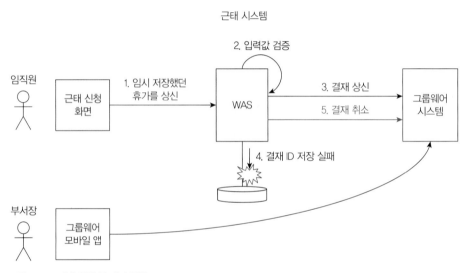

그림 3-21 결재 신청 중 에러 발생

근태를 관리하는 시스템에서 휴가 신청이 처리되는 과정을 살펴보자. [그림 3-21]에서 보듯이 임직원이 기존에 임시 저장했던 휴가 정보를 선택하고 상신 버튼을 클릭(1)하면, 근태 시스템은 사용자 요청을 검증(2)한 후에 그룹웨어에 결재 요청을 전달(3)한다. 그리고 결재가 완결된 경우 휴가 상태를 업데이트할 수 있도록 4번 단계에서 저장된 휴가 정보에 결재 ID를 저장한다. 그런데 이때 어떤 이유로 4번에서 결재 정보를 업데이트하지 못하는 경우에는 그룹웨어에 상신했던 결재 정보를 취소해야 한다.

이 과정은 시스템 간 네트워크 통신으로 항상 해오던 일이다. 따라서 기술적으로 새로운 점이 없다. 상황에 따라 적절히 보상 트랜잭션을 하거나, 보상 트랜잭션이 불가능한 경우에는 보상 트랜잭션이 발생하지 않도록 순서를 변경 또는 실패 이후 재시도할 수 있도록 처리해야 한다.

그런데 실제로 보상 트랜잭션이 필요한 경우는 생각보다 적다. 서비스는 응집도를 높게 구성하기 때문에 생각보다는 서로 참조 관계가 많지 않다. 그중 데이터를 조회하는 비중이 높고 데이터를 변경할 때에도 보상 트랜잭션이 필요한 경우는 일부이다. 따라서 보상 트랜잭션이 꼭 필요한 경우에만 적절히 구현하면 된다. 만약 트랜잭션의 중요도가 매우 높아서 구현 부담이 되는 경우에는 해당 트랜잭션이 발생하는 업무를 하나의 서비스에 배치하는 것도 고려할 수 있다.

보상 트랜잭션이 필요한 사례와 구현 시 고려 사항에 대해서는 7장의 내용을 참조하기 바란다.

질문 4 동시성 이슈는?

트랜잭션이 여러 서비스에 걸쳐 발생하면 ACID 트랜잭션이 보장되지 않는다. ACID 트랜잭션이 보장해주는 속성 중 하나는 독립성isolation으로 여러 트랜잭션이 동시에 실행되었을 때 서로 간에 간섭하지 않도록 보장한다.

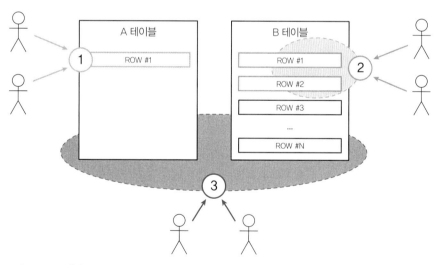

그림 3-22 동시성 이슈가 발생할 수 있는 사례

[그림 3-22]는 데이터베이스에서 동시성 이슈가 발생할 수 있는 사례를 보여준다. 동시성 이슈는 1번과 같이 여러 사용자가 같은 레코드를 읽거나 쓰는 경우와 2번처럼 같은 테이블의 여러 레코드를 읽고 쓰는 경우 그리고 3번처럼 다른 테이블의 레코드를 같이 읽고 쓰는 경우를

들 수 있다. 마이크로서비스 아키텍처에서 1번이나 2번은 서비스 내부에서 발생하기 때문에 ACID 트랜잭션이 보장된다. 따라서 신경써야 하는 부분은 3번이다.

서비스가 다른 서비스에 저장된 어떤 데이터를 전제로 자신을 변경하는 경우, 해당 서비스의 값을 조회하고 내 값을 변경하기 직전에 다른 서비스에 저장된 값이 변경될 수 있다. 예를 들어 서비스가 사용자의 계좌에 잔액이 남은 것을 확인하고 사은품을 제공한다면, 잔액을 확인하고 사은품을 제공하기로 결정하기 직전에 다른 트랜잭션이 잔액을 출금할 수 있다. 잔액과 사은품 정보가 같은 데이터베이스에 있다면 SELECT FOR UPDATE 같은 구문으로 사은품 정보를 변경할 때까지 잔액 정보에 락^{lock}을 걸어 놓을 수 있다. 하지만 잔액과 서비스 정보가 다른 서비스로 나누어져 있다면 데이터베이스가 제공하는 SELECT FOR UPDATE 같은 구문을 사용할 수 없다. 대신에 잔액 정보를 변경하지 못하게 하는 API를 만들어 잠시간 잔액 정보를 변경하지 못하게 하고 사은품 정보를 업데이트해야 한다. 애플리케이션 단에서 직접 구현하는 것이 부담스럽게 느껴질 수도 있다. 하지만 SELECT FOR UPDATE 같은 경우 락을 과다하게 잡게 되어 전체 시스템 속도를 저하시킬 수 있으므로, 모놀리식 아키텍처에서도 애플리케이션 로직으로 제어하도록 권장하는 경우가 많다.

그리고 여러 서비스의 값을 순차적으로 변경할 때, 다른 사용자가 변경 중인 데이터를 조회할 수 있다. 이런 경우 순간적으로 서비스가 갖고 있는 값이 서로 싱크^{sync}되지 않을 수 있다. 또 여러 값을 변경하다가 문제가 발생해서 다시 원상복구한다면 실제로는 존재한 적이 없는 값을 본 것이 될 수도 있다. 예를 들어 제품을 판매하는 매장 관리 시스템이 판매 정보와 재고 정보가 별도의 서비스에 나누어져 있다고 가정할 때 제품을 판매할 때마다 API나 이벤트로 재고 정보를 차감할 것이다. 제품이 판매된 수와 재고 수를 합하면 항상 같아야 하지만 판매 서비스와 재고 서비스에 API로 조회해보면 순간적으로 값이 일치하지 않을 수 있다. 이 경우는 실제 판매와 재고를 대조하여 결산하는 것이 아니고, 영업 시간 중에 현황을 모니터링하는 것이므로 순간적인 일치되지 않은 것일 뿐 업무적으로 문제가 없을 것이다. 하지만 문제가 되는 경우에는 트랜잭션 중인 값이 조회되지 않도록 데이터의 상태 값을 추가해야 한다.

또한 동시성 이슈는 과도한 락의 발생을 피하기 위해 실질적인 문제가 발생하지 않는 경우에는 엄격하게 구현하지 않을 수 있다. 민감한 데이터를 다루고 정확하게 구현하는 것이 너무 부담스러운 상황이라면, 서비스를 합치거나 경계를 변경하는 것도 고려할 수 있다. 7장에서는 이와 관련해서 조금 더 자세한 내용을 다룬다.

Part **2**

마이크로서비스 아키텍처 적용하기

2부에서는 마이크로서비스 아키텍처를 성공적으로 적용하기 위한 방법을 단계별로 살펴본다. 먼저 시스템의 특성이나 개선 목표에 따라 마이크로서비스 아키텍처 적용이 적합한지 판단하는 방법에 대해 설명한다. 그리고 도입 후 달성할 수 있는 목표를 정의하고 그 목표를 수립하는 과정을 살펴본다. 그다음 시스템의 주요 업무를 파악하고 서비스를 분할해서 도출하는 과정에 대해 설명하며 도입 목표를 만족시키는 서비스 선정 방법을 소개한다. 또한 서비스를 설계하는 데 필요한 기본 내용을 설명하며 서비스 역할과 관계 구체화 및 도입 목표 달성 검증 방법에 대해 살펴본다.

Chapter 4

서비스 선정하기

서비스 선정하기

마이크로서비스 아키텍처에서 서비스를 선정하는 것은 매우 중요하지만 적절한 가이드가 없어 서비스 선정에 어려움을 겪곤 한다. 이 문제는 마이크로서비스 아키텍처가 소개된 이후로 계속 난제로 남아 있다. 만약 서비스를 선정하는 기계적인 절차가 있다면 전 세계에 이미 널리 알려졌을 것이다. 이런 가이드의 부재로 인해 지나치게 작은 서비스를 만들어 관리 부담이 가중되거나, 서비스를 나눴지만 모놀리식 아키텍처와 다를 바 없는 시스템이 되기도 한다. 이 장에서는 서비스를 선정할 때 시행착오를 줄이고 안정적으로 서비스를 분할할 수 있는 방법을 소개한다.

4.1 서비스 선정 및 설계 절차

마이크로서비스 아키텍처의 서비스를 선정하고 설계하는 절차는 [그림 4-1]과 같다. 먼저 도입하고자 하는 시스템에 마이크로서비스 아키텍처가 적합한지를 판단한다(① 적합성 검토). 적합하다고 판단되면 마이크로서비스 아키텍처로 달성하고자 하는 목표를 정하고 그 목표가 달성된 상태를 기술한다(② 도입 목표 수립). 그런 다음 시스템을 분석해서 서비스로 분리할 수 있는 업무를 식별하고(③ 분할 단위 도출), 식별한 업무를 조합하여 서비스를 선정한다(④ 서비스 선정). 서비스가 선정되면 주요 업무 시나리오를 바탕으로 시스템 동작을 시뮬레이션하여 서비스의 역할과 인터페이스를 도출하고, 앞서 정의한 도입 목표를 만족하는지 검토한다(⑤ 서비스 설계).

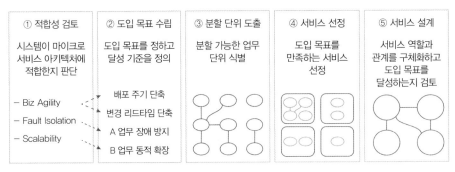

그림 4-1 마이크로서비스 아키텍처 서비스 선정 및 설계 절차

이와 같이 서비스를 선정하고 설계하는 작업은 시스템과 업무를 잘 알고 있는 사람들이 모여 1~2주 이내의 짧은 기간에 진행한다. 서비스 목록이 있어야 개발 일정과 비용을 산출할 수 있으므로 본격적인 개발 전에 서비스 설계가 완료돼야 한다. 그런데 이러한 설계 단계에서 많은 시간이 소요된다고 생각할 수도 있다. 서비스 구현에 이슈가 없는 것을 확인하고 서비스 목록을 확정하려면 구현 레벨의 설계를 완료해야 하므로 더 긴 시간이 필요하기 때문이다. 하지만 구현 이슈는 서비스 간 주요 동작을 살펴보는 것으로도 대부분 검증할 수 있으니 우려하지 않아도 된다. 이제 서비스 선정 절차의 각 단계를 자세히 살펴보자.

4.2 적합성 검토

마이크로서비스 아키텍처를 도입할 때 가장 먼저 결정해야 하는 것은 회사의 시스템에 마이크로서비스 아키텍처가 적합한지 판단하는 것이다. 마이크로서비스 아키텍처가 적합하다는 뜻은 시스템의 중요한 비기능 요구 사항[1]을 마이크로서비스 아키텍처로 달성할 수 있고, 마이크로서비스 아키텍처의 단점을 적절히 보완할 수 있다는 것이다.

마이크로서비스 아키텍처를 도입하여 달성할 수 있는 시스템의 비기능 요구 사항은 비즈니스 민첩성business agility, 장애 격리fault isolation, 확장성scalability이다. 이제 이 3가지의 비기능 요구 사항별로 마이크로서비스 아키텍처의 적합 여부를 판단할 수 있는 기준을 알아보자.

---

1 비기능 요구 사항은 시스템이 제공하는 기능에 기대하는 품질 수준을 의미한다. ISO/IEC 25010의 경우 성능 효율성, 사용성, 유지 보수성 등 8개의 품질 특성으로 분류하고 있다.

4.2.1 비즈니스 민첩성

비즈니스 민첩성은 변경 리드 타임을 단축하여 시장의 변화 요구에 빠르게 대응하는 것을 의미한다. 이를 가능하게 하는 IT 조직의 역량을 소프트웨어 딜리버리 퍼포먼스라고 하는데, 소프트웨어 딜리버리 퍼포먼스는 '배포 빈도', '변경 사항 리드 타임', '평균 복구 시간', '변경 사항 실패율'을 기준으로 측정할 수 있다.[2] 배포 빈도는 운영 시스템이나 앱스토어에 소프트웨어를 배포하는 주기를 의미한다. 변경 사항 리드 타임은 코드 커밋Commit 시점부터 운영 시스템에 반영하여 성공적으로 동작하는 시점까지 소요되는 시간이다. 평균 복구 시간은 시스템에 문제가 발생했을 때 복구하는 데까지 걸리는 시간이다. 변경 사항 실패율은 운영 시스템의 소프트웨어나 인프라를 수정했을 때 실패하는 확률이다. 이러한 기준으로 다양한 IT 조직의 소프트웨어 딜리버리 퍼포먼스를 측정하여 [표 4-1]과 같이 고성과, 중간 성과, 저성과 조직으로 분류했다.

표 4-1 소프트웨어 전달 성과

구분	고성과 조직	중간 성과 조직	저성과 조직
배포 빈도	요청에 따라(하루에도 여러 번 배포)	일주일에 한 번에서 한 달에 한 번 사이	한 달에 한 번에서 6개월마다 한 번 사이
변경 사항 리드 타임	1시간 이하	일주일에서 한 달 사이	일주일에서 한 달 사이
평균 복구 시간	1시간 이하	하루 이하	하루에서 일주일 사이
변경 사항 실패율	0~15%	0~15%	31~45%

고성과 조직은 변경 요청에 따라 수시로 배포하고, 코드를 커밋한 다음 1시간 이내에 운영 환경에 반영한다. 반면 저성과 조직은 배포 빈도가 한 달에 한 번 이하이고 커밋한 코드는 일주일에서 한 달가량 대기한 후에 운영 환경에 반영한다. 소프트웨어 딜리버리 퍼포먼스의 개선은 다음처럼 두 가지 유형으로 구분할 수 있다.

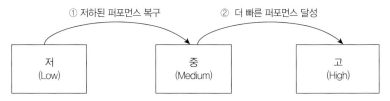

그림 4-2 IT 조직의 소프트웨어 딜리버리 퍼포먼스 개선

---

2 『디지털 트랜스포메이션 엔진』(에이콘출판사, 2020)

첫 번째는 [그림 4-2]의 ①과 같이 평균보다 저하된 딜리버리 퍼포먼스를 복구하는 것이다. 현장에서 살펴보면 한 기업의 여러 시스템은 체계적인 프로세스와 개발 사례를 공유하고 있지만, 그중에서도 유난히 소프트웨어 딜리버리 퍼포먼스가 낮은 시스템이 있다. 다른 시스템은 주 1회 배포하지만, 규모가 크고 많은 인원이 운영하는 시스템은 월 1회 배포하는 경우도 종종 볼 수 있다. 다른 시스템에 비해 프로세스나 담당자의 직업의식이 낮아서가 아니다. 오히려 크고 중요한 시스템을 담당하는 IT 조직일수록 우수한 인력이 프로세스를 엄격하게 지키는 경우가 많다. 많은 인원이 개선하고 운영하는 규모가 큰 시스템은 요구 사항 접수부터 배포하는 과정까지 구성원의 일정 조율과 협업이 잦아 업무 효율이 저하된다. 따라서 처음에는 다른 시스템들처럼 주 1회 배포로 시작하지만, 시간이 흐르면서 점차 주 2회 혹은 월 1회 등으로 길어지는 경우가 많다. 이런 경우 시스템을 여러 개의 작은 서비스로 분리하여 함께 일하는 인원의 규모를 줄이는 것으로 소프트웨어 딜리버리 퍼포먼스를 개선할 수 있다.

두 번째는 [그림 4-2]의 ②와 같이 보통의 소프트웨어 딜리버리 퍼포먼스를 가진 시스템이 작고 독립적인 조직을 구성하고, 프로세스는 지속적인 통합Continuous Integration, CI과 전달Continuous Delivery, CD을 적용하여 딜리버리 퍼포먼스를 더욱 향상하려는 경우이다. 조직을 여러 개의 CFTCross Functional Team로 구성하고 권한을 위임하여 자율적으로 진화하게 하는데 다른 팀과 시스템을 공유한다면, 팀이 기능을 기획하고 변경하더라도 다른 팀과 일정을 경합하여 배포해야하므로 결국 독자적으로 업무를 진행하기 어렵다. 원하는 일정에 배포가 불가능하거나, 큰 기능 변경을 하기 위해 다른 팀의 합의 요청 또는 인프라 확장을 위해 공통 팀에 허락을 구해야 할 수도 있다. 이런 경우 시스템을 서비스로 분리하여 각 팀이 코드와 인프라에 대해 전권을 가지도록 하는 것이 좋다. 또한 코드의 규모가 크고 함께 일하는 인원이 많은 상태에서 배포 주기를 단축하면 소스 코드 통합, 변경된 기능과 주변 기능 검증, 운영 환경에 반영 작업의 부담이 증가한다. 이런 경우 시스템과 담당 조직을 분할하여 변경 및 배포 작업의 부담을 줄이는 것이 효과적이다.

그런데 두 번째 사례처럼 딜리버리 퍼포먼스를 향상하기 위해 스스로 조직과 프로세스를 변경하는 경우에는 마이크로서비스 아키텍처가 필요한지 인지하기 어렵지 않지만, 첫 번째 사례처럼 시간이 흐르면서 천천히 변화한 경우에는 딜리버리 퍼포먼스가 저하되어 있는지를 판단하는 것이 생각보다 어렵다. 다음은 딜리버리 퍼포먼스가 저하되었는지 판단할 수 있는 기준에 대해 알아보자.

딜리버리 퍼포먼스가 저하되었는지 판단하는 기준

딜리버리 퍼포먼스는 시스템의 종류나 도메인에 따라 상황이 다르기 때문에 절대적인 기준을 정하기는 어렵다. 만약 경쟁 업체의 시스템보다 새로운 기능 출시가 늦어지고, 사용자나 부서에서 시스템이 시장의 변화 속도를 따라잡지 못한다고 불평하면 이는 딜리버리 퍼포먼스가 저하되었다는 분명한 신호이다. 하지만 이커머스 도메인 같은 일부 사례를 제외하면 시스템이 진화하는 속도를 일대일로 비교하기는 어렵다. 마이크로서비스 아키텍처를 잘 이해하는 누군가가 시스템의 다양한 요소를 진단하여 딜리버리 퍼포먼스를 측정하고 마이크로서비스 아키텍처를 도입하면 퍼포먼스 개선이 가능하다고 가이드해주면 좋을 것이다. 하지만 현장을 돌아보면 그런 이상적인 상황은 드물다. 따라서 딜리버리 퍼포먼스가 저하되었는지를 정확한 수치로 표현하는 절대적인 기준을 제시하는 것은 불가하더라도, 대략적으로나마 감을 잡을 수 있도록 필자가 경험하여 습득한 3가지 기준을 소개한다.

첫째, 시스템에 변경된 기능을 정기적으로 배포하는 주기는 비즈니스 민첩성을 측정할 수 있는 직접적인 지표가 된다. 규모가 큰 시스템이 월 1회나 그 미만으로 배포한다면 딜리버리 퍼포먼스가 저하된 것으로 보는 게 적합하다. 물론 기능 변경 요청이 적어서 월 1회 배포로도 아무도 불평하지 않는다면 해당하지 않는다. 사용자가 요청한 변경 사항이 더 빨리 반영되길 원하지만 시스템이 따라가지 못하는 경우에만 해당한다. 이때 비정기 배포나 긴급한 버그 패치는 제외해야 한다. 비정기 배포는 정기 배포 주기가 짧다면 애초에 필요 없는 경우가 많다. 그리고 정기 배포 주기가 월 2회 이하인 경우도 적합도가 높은 경우가 많다. 만약 주 1회 배포하는 것이 부담스러운 상황이라면 마이크로서비스 아키텍처 도입을 검토해볼 가치가 있다.

둘째, 운영 중인 시스템을 개선하고 유지하는 담당자의 수가 간접적인 지표가 될 수 있다. 함께 협업하는 담당자 수가 많아질수록 비즈니스 민첩성이 저하되는 경향이 있다. 예를 들어 시스템의 담당자 수가 100명이 넘는다면 담당자의 잦은 협업으로 딜리버리 퍼포먼스가 저하되어 있을 가능성이 높기 때문에 마이크로서비스 아키텍처의 적합도가 매우 높다. 이렇게 규모가 큰 시스템의 담당자는 이미 배포 작업의 어려움을 체감하고 있을 것이다. 여기서 '담당자'의 정의는 변경 요청을 접수하고, 요구사항을 상세화하여 설계하며 기능을 개발, 검증, 배포하는 모든 사람을 말한다. 만약에 운영팀이 기능 변경보다 시스템 오퍼레이션 중심이고, 별도의 프로젝트팀이 상주하여 비교적 굵직한 기능 변경을 담당한다면 프로젝트팀의 인원도 담당자 수에 포함한다. 만약 담당자 수가 50명 이상이면 마이크로서비스 아키텍처를 도입하는 것이 좋다. 15명 이상이면 마이크로서비스 아키텍처 도입을 검토할만한 가치가 있다.

셋째, 월평균 기능 개선이나 변경 건수도 간접적인 지표가 될 수 있다. 정기적으로 배포하는 모놀리식 시스템이 많은 기능을 변경하고 있다면, 내부적로는 이미 한계에 다다랐을 수 있다. 월평균 기능 변경이 80건 이상으로 기능 변경이 잦은 규모가 큰 시스템이라면 마이크로서비스 아키텍처의 적합도가 매우 높다. 버그를 수정하거나 단순 데이터 변경이 아니고 시스템 기능을 변경하는 경우에만 해당한다. 또한 지속적인 전달을 통해 매일 배포하는 경우는 제외하며, 주 1회 혹은 격주로 정기 배포일을 정해 담당자가 함께 검증하고 배포하는 경우에만 해당한다. 이러한 기능 변경이 60건이 넘어가면 마이크로서비스 아키텍처를 도입하는 것이 좋다. 30건을 초과한다면 마이크로서비스 아키텍처 도입을 고민해볼 수 있다.

표 4-2 저하된 딜리버리 퍼포먼스 판단 기준

구분	정기 배포 횟수	담당자 수	월 기능 변경 건수
적합도 높음	월 1회 이하	100명 이상	80건
대체로 적합	월 2회 이하	50명 이상	60건
검토해볼 필요가 있음	주 1회 (부담)	15명 이상	30건

앞서 살펴본 3가지의 기준을 요약하면 [표 4-2]와 같다. 언급한 인원 수나 변경 건수 등의 숫자에 크게 의미를 둘 필요는 없다. 각 숫자는 필자가 컨설팅을 하며 살펴봤던 시스템의 수치를 참고한 것일 뿐, 보편적으로 적용할 수 있는 숫자는 아니다. 예를 들어 담당자 수가 100명 이상이라고 하면 100명이 맞고 95명은 틀리다는 것이 아니다. 하나하나의 숫자보다는 항목별로 어느 정도가 되었을 때 보편적으로 딜리버리 퍼포먼스가 낮아지는지를 이해해야 한다.

그리고 앞서 살펴본 기준은 모두 하나의 시스템이 기준인데, 조직이나 환경에 따라 시스템이란 용어가 다르게 사용될 수도 있다. 여기서 시스템은 코드 저장소를 공유하거나 배포하는 단위가 같은 것을 의미한다. 예를 들어 어떤 시스템이 웹 애플리케이션, 안드로이드 애플리케이션, 모바일 애플리케이션으로 구성되고, 각자 다른 날에 배포하기도 한다면 서로 다른 3개의 시스템으로 본다. 혹은 하나의 시스템이지만 5개 대륙별로 소스 코드가 분리되고 각각 세부 기능이 다르다면 5개의 별도 시스템으로 본다. 왜냐하면 딜리버리 퍼포먼스가 저하되는 이유는 하나의 코드 베이스에 많은 사람이 기능을 변경하고, 검증하고 배포하면서 병목이 발생하기 때문이다. 따라서 하나의 시스템으로 분류하더라도 독립적으로 개발하고 배포할 수 있다면 다른 시스템으로 본다.

4.2.2 장애 격리

장애 격리는 시스템의 대규모 장애를 방지하는 것을 말한다. 쉽게 필요성을 인지할 할 수 있는 비기능 요구 사항으로 마이크로서비스 아키텍처가 등장하기 전에도 이미 다양한 해결 방법이 존재했다. 마이크로서비스 아키텍처가 기존의 분산 아키텍처 스타일과 다른 점은 업무를 기준으로 시스템을 분리하므로 업무 단위로 장애 확산을 방지할 수 있다는 것이다. 따라서 별도로 관리해야 하는 중요한 업무가 있고 단위별로 장애를 방지해야 하는 상황이라면 마이크로서비스 아키텍처가 적합하다. 하지만 꼭 업무에 따라 구분할 필요가 없고 비즈니스 민첩성이나 확장성 관점의 요구 사항이 없다면, 마이크로서비스 아키텍처보다 더 적합한 방법이 있는지 검토할 필요가 있다.

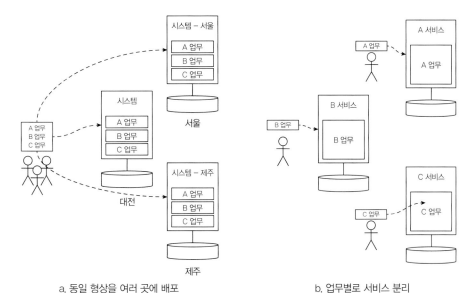

a. 동일 형상을 여러 곳에 배포　　　　　　　　b. 업무별로 서비스 분리

그림 4-3 시스템 분리 기준에 따른 구조 비교

만약 단순히 대규모 장애를 방지해야 한다면 시스템을 업무로 분할하지 않고, 지역별로(또는 대상 사용자별로) 동일한 형상의 시스템을 여러 개 배치할 수도 있다. 실행 환경을 완벽하게 분리하므로 대규모 장애를 피할 수 있고, 변경된 기능을 지역별로 점진적으로 반영하여 안정적으로 배포할 수도 있다. 각 지역의 통합된 데이터를 보기 위해 별도의 처리가 필요할 수도 있지만, 기존 시스템을 마이크로서비스 아키텍처로 리팩터링하는 것보다는 훨씬 간단할 것이다.

하지만 중요도가 높은 업무의 장애를 차단해야 한다면 마이크로서비스 아키텍처가 더 적절하다. 대규모 송금 업무나 제품 생산 과정을 다루는 미션 크리티컬한 업무가 포함된 시스템은 업무별로 서비스를 분리하여 서로 간의 장애를 차단할 수 있다. 시스템에 미션 크리티컬한 업무가 포함되면, 시스템의 모든 기능은 미션 크리티컬한 업무를 기준으로 변경 프로세스를 가져가게 된다. 이처럼 중요 업무를 일반 업무와 별도의 서비스로 분리하면 중요 업무는 다른 업무의 오류로 장애가 발생하는 것을 방지할 수 있고, 일반 업무는 보다 간편한 프로세스로 변경하고 배포할 수 있게 된다.

4.2.3 확장성

확장성은 시스템 규모를 필요에 따라 확장하고 축소하는 비기능 요구 사항이다. 다른 아키텍처 스타일 대비 마이크로서비스 아키텍처의 장점은 업무 단위로 최적의 기술 스택을 적용하여 스케일 인/아웃 할 수 있다는 것이다. 시스템보다 더 작은 서비스 단위로 확장하므로 더 빠르고 간단하게 확장할 수 있고, 스케일 아웃이 필요한 서비스는 더 가볍고 대용량 처리가 가능한 기술 스택을 사용하여 단위 처리량을 늘릴 수 있다.

단순히 트래픽이 증가하고 감소하는 것을 해결하려면 기존 머신의 스케일 업$^{Scale\ up}$을 고려할 수도 있다. 최근에는 퍼블릭 클라우드가 아니더라도 기업의 데이터센터에서 VM 인프라를 많이 사용하기 때문에 인프라의 스케일 업이 어렵지 않은 경우가 많다. 아니면 애플리케이션을 나누지 않고 스케일 아웃하는 것도 고려할 수 있다. 시스템이 스티키 세션$^{Sticky\ Session}$이나 세션 클러스터링$^{Session\ Clustering}$을 하고 있다면 스케일 아웃이나 스케일 인을 하는 경우에 문제가 발생할 수 있으므로 인증 및 세션 관리 방식을 변경해야 할 수도 있다. 하지만 기존 시스템을 리팩터링하는 비용과 비교한다면 더 좋은 선택일 수도 있다.

4.2.4 기타 기준

최근 클라우드 전환 사례가 많아졌는데 고성능 인프라를 사용하던 시스템이 인프라의 한계로 인해 어쩔 수 없이 마이크로서비스 아키텍처로 전환하는 경우가 있다. 예를 들어 오라클 엑사데이터^{oracle exadata}는 고속의 병렬 스토리지와 고대역 네트워크로 구성된 하드웨어와 소프트웨어를 결합한 상품으로 현재는 오라클 클라우드 서비스 이외에는 사용이 불가하다. 따라서 다른 클라우드 서비스를 사용하면 성능이 동등한 데이터베이스를 사용하지 못할 수 있다. 상용 데이터베이스에서 오픈소스 데이터베이스로 전환하는 경우에도 비슷한 상황이다. 이런 경우에는 시스템을 분할해서 데이터베이스의 부하를 분산 시켜야 한다.

그리고 클라우드 전환을 하면서 애플리케이션을 전면 리팩터링하는 경우에는 클라우드 인프라의 장점을 살릴 수 있도록 마이크로서비스 아키텍처로 개발하기도 한다. 이런 경우 서비스별 인프라 구성이나 변경이 간편하고, API 게이트웨이나 서비스 레지스트리 같은 아우터 아키텍처 요소를 별도 구축하지 않고 서비스로 사용할 수 있어 구축 및 운영 부담이 줄어든다. 앞서 살펴본 것과 같이 비즈니스 민첩성, 장애 격리, 확장성 관점에서 적합성을 검토하더라도 좀 더 낮은 허들을 적용할 수 있다.

4.3 도입 목표 수립

마이크로서비스 아키텍처를 적용하기로 결정하면 도입하는 목표를 구체적으로 기술해야 한다. 도입 목표는 이후의 서비스 선정과 설계 단계에서 중요한 기준점으로 활용된다. 그리고 수립한 목표는 참여하는 모든 사람에게 공유하여 공감대를 형성해야 한다. 도입 목표도 적합성 검토와 마찬가지로 비즈니스 민첩성, 장애 격리, 확장성을 기준으로 수립해야 한다. 먼저 비즈니스 민첩성 관점에서 마이크로서비스 아키텍처를 도입하는 목표를 살펴보자.

4.3.1 비즈니스 민첩성

비즈니스 민첩성 관점에서 마이크로서비스 아키텍처를 도입하는 목표는 다양한 관점에서 정할 수 있지만, 최종 목표에 가까운 시스템의 배포 주기나 변경 리드타임 단축으로 잡아야 한다.

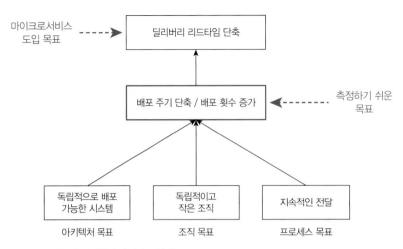

그림 4-4 비즈니스 민첩성 관점의 도입 목표

비즈니스 민첩성을 달성하는 데에는 아키텍처만이 아니고 조직과 프로세스가 함께 변경되어야 한다. 만약 아키텍처 기준으로만 목표를 잡으면 자칫 조직과 프로세스는 이전 방식을 그대로 적용할 수도 있기 때문이다. 만약 시스템은 마이크로서비스 아키텍처를 적용했지만 모든 서비스의 요구 사항을 같이 접수하여 심의하고, 모든 서비스를 한날한시에 배포한다면 마이크로서비스 아키텍처의 장점이 살아나기 힘들다. 따라서 아키텍처, 조직, 프로세스를 모두 아우를 수 있도록 비즈니스 관점에서 직접적인 효과를 측정할 수 있는 배포 주기, 배포 횟수 혹은 변경 리드 타임의 단축을 목표로 하는 것이 좋다.

예를 들어 떨어져 있는 딜리버리 퍼포먼스를 개선하려면 기업의 모든 시스템의 평균 변경 리드 타임 단축을 목표로 삼을 수 있다. 지속적인 배포를 도입하여 딜리버리 퍼포먼스를 극대화하려는 경우라면 가능한 한 구체적인 숫자로 목표를 정의하는 것이 좋다. 1일 1회 배포, 코드 변경 후 1일 이내 반영과 같이 구체적인 수치를 정의하여 구성원이 해결해야 하는 이슈를 인지하고 해법을 찾아갈 수 있도록 하게 한다.

다음은 비즈니스 민첩성을 기준으로 한 목표 수립의 예시이다.

- 정기 배포 주기를 월 1회에서 주 1회로 단축
- 정기 배포 주기를 주 1회에서 매일 1회로 단축
- 배포 횟수를 월 2회 배포에서 월 32회로 증가(8개 서비스를 주 1회 배포)

조직과 프로세스 관점의 목표도 필요하다. 조직을 구성하는 목표와 방식은 다양하지만, 마이크로서비스 아키텍처를 적절히 활용하기 위해서는 작고 자주적인 조직이 서비스를 전담해야 한다. 그리고 담당 조직이 독립적으로 요구 사항을 접수하고 배포하는 시점을 결정하며, 개발 환경부터 운영 환경까지 직접 배포할 수 있어야 한다.

다음은 조직과 프로세스 관점의 목표 예시이다.

- 작고 독립적인 조직이 서비스를 전담한다.
- 담당 조직이 배포 시점을 정하고 직접 운영 환경에 배포한다.

비즈니스 민첩성 관점에서 아키텍처의 목표는 서비스별로 개발과 배포를 독립적으로 하는 것이다. 여기서 독립적이라는 의미는 서비스 개발팀이 자신들의 코드를 변경 및 배포하거나 데이터베이스의 테이블 구조를 변경할 때 다른 서비스 개발팀과 협의할 필요가 없다는 것이다. 그러려면 배포한 코드의 오류가 있더라도 다른 팀의 코드에 오류가 발생하지 않고, 새로 업데이트한 서비스가 오동작하더라도 다른 팀의 서비스에 장애를 일으키지 않는다는 확신이 있어야 한다. 단순히 시스템 담당자만의 생각이 아니라 개발 프로세스를 관장하는 소프트웨어 엔지니어링 부서와 장애 현황을 모니터링하고 대책을 주관하는 부서도 이에 같이 공감하고 정식 프로세스에 반영할 수 있어야 한다. 이를 위해서 소스 코드를 분리하고 서비스 간의 데이터베이스 접근을 차단하여 API나 이벤트로만 인터페이스하게 한다.

다음은 아키텍처 관점을 기준으로 한 목표 수립의 예시이다.

- 서비스별 소스 코드와 빌드 배포 파이프라인을 분리한다.
- 서비스는 정해진 API와 이벤트로만 통신할 수 있다.
- 서비스는 다른 서비스의 데이터베이스에 접근할 수 없다(조인 불가).

아키텍처 관점의 목표는 시스템별로 크게 다르지는 않을 것이다. 하지만 구체적으로 명문화하는 것은 구성원에게 좋은 가이드라인이 된다.

4.3.2 장애 격리

장애 격리의 목표는 엔드 유저 관점에서 구체적으로 정의하는 것이 좋다. 서비스는 각각 독립적인 실행 환경에서 동작하기 때문에 서로 간의 영향이 줄어드는 것은 맞지만 서비스에 장애가 발생할 때 다른 서비스에 미치는 영향을 완벽하게 차단하는 것은 어렵다. 업무적으로건 시스템 기능적으로건 일정 부분 연관 관계가 있기 때문에, 다른 서비스에 장애가 발생하면 영향을 받을 수 있다. 따라서 장애가 발생했을 때 모든 기능을 100% 정상 제공하는 것은 불가능하므로, 장애를 완벽하게 차단하는 것이 아니라 엔드 유저 입장에서 임팩트를 최소화하는 것을 목표해야 한다.

그런데 서비스 사이에서 장애가 퍼져가는 메커니즘은 기존의 웹 개발에서는 경험해보지 못한 것이 많다. 오히려 고민하여 적용한 방법이 실제로는 아무런 효과가 없을 수도 있다. 따라서 엔드 유저가 체감할 수 있는 목표를 정해놓고 실제 효과가 있는 방법을 찾아서 적용하고 검증해봐야 한다. 이럴 때 고가의 솔루션을 도입하는 것보다 서비스가 호출하는 REST API에 타임 아웃을 설정하는 것이 더 효과적인 경우가 종종 있다.

다음은 장애 격리를 기준으로 한 목표 수립의 예시이다.

- 업무 A의 서비스에 장애가 발생하면 사용자가 업무 A를 실행할 때 화면에 적절한 안내 메시지가 제공되고 다른 서비스의 화면은 정상적으로 작동해야 한다.
- 업무 A의 서비스에 장애가 발생하면, 업무 B의 서비스 기능 중에 업무 A의 서비스에 의존하는 기능만 오류가 나고 사용자가 나머지 기능은 정상적으로 사용할 수 있어야 한다.
- 중요 기능을 담당하는 서비스 C는 다른 업무 서비스에 장애가 발생하더라도 사용자가 정상적으로 사용할 수 있어야 한다.

장애 격리 목표는 모든 사례를 기술할 필요가 없다. 위 예시처럼 중요 업무를 보호하는 것이 목표라면 중요 업무라는 구체적인 대상이 있으므로 관련하여 자세히 기술할 수 있겠지만, 전반적인 장애 확산을 방지하기 위한 것이라면 많은 상황을 정의하는 것이 불가능하다. 도입 목표를 정의하는 것은 모호한 상황을 명시하고 해결할 수 있게 하는 것이므로 시스템 배포 전에 기능을 검증하는 메뉴얼 테스트의 테스트 케이스처럼 모든 상황을 정의할 필요는 없다.

4.3.3 확장성

확장성과 관련된 도입 목표도 역시 구체적으로 정의해야 한다.

- 서비스 A의 인스턴스 증설 요청을 받으면, 인프라 담당자는 4시간 이내에 증설할 수 있다.
- 서비스 B의 인스턴스 평균 CPU 사용량이 70% 이상 유지되면, 기존 인스턴스 수의 10%에 해당하는 인스턴스가 신규로 실행된다.

트래픽이 급격히 증가했을 때 서비스를 스케일 아웃하여 대응하려는 시도는 신규 인스턴스가 시작하는 시간이 오래 걸리기 때문에 생각만큼 잘 동작하지 않는 경우가 많다. 따라서 신규 인스턴스가 준비되는 동안 기존 인스턴스가 요청을 차단하거나 서비스 품질을 떨어트려 더 큰 부하를 감당할 수 있게 하는 것이 필요하다. 그리고 나서 기존 인스턴스의 서비스 수준도 다음과 같이 정의한다.

- 추천 서비스의 CPU 사용량이 80% 이상으로 유지되면, 기존 인스턴스의 20%에 해당하는 인스턴스를 신규로 실행하고, 기존 인스턴스는 고객의 요청 중 50%에 대해 추천 알고리즘을 실행하지 않고 사전에 정의한 상품 정보를 제공한다.

위의 목표는 품질 속성 시나리오quality attribute scenario를 적용한 정의 방식이다. 품질 속성 시나리오는 잘 인지하기 어려운 비기능 요건을 시나리오처럼 기술하여 설계에 사용하는 것으로 소프트웨어 아키텍처 설계에서 종종 사용하는 방식이다. 그런데 품질 속성 시나리오는 순서상 아키텍처 설계 초기에 정의하는 것이므로 명확한 요구 사항이 없거나 실제로 측정해본 적이 없다면 앞의 예시처럼 구체적인 수치를 제시하기 어려울 수 있다. 품질 속성 시나리오는 모호한 속성을 시나리오 형식으로 명시해서 목표 달성 방법을 명확하게 하는 것이 중요한 만큼, 정확한 수치를 알 수 없다면 너무 고민하지 말고 대략적인 목표치로 수치를 정하고 시작해도 무방하다.

4.3.4 구체적인 목표 공유

마이크로서비스 아키텍처 도입 목표는 적용 과정에 관여하는 모든 참여자에게 공유해야 한다. 마이크로서비스 아키텍처를 도입하는 목표를 명확하게 전달하지 않으면 참여자 각자 나름의 상상으로 오판하기 쉽다. 특히 대규모 프로젝트에서 신규 개발자가 계속해서 투입되면 목표가 잘 전달되지 않을 수 있으므로, 전체 시스템 구성과 도입 목표를 참여자가 잘 인지할 수 있도록 해야 한다.

그리고 마이크로서비스 아키텍처를 도입하는 과정은 참여하는 대다수에게 새로운 경험인 경우가 많다. 소수의 리더가 모든 사람에게 세세하게 가이드하는 것은 불가능하기 때문에 각자 자신의 위치에서 필요한 것을 찾아야 한다. 그런데 참여자가 목표를 정확하게 인지하고 있지 않으면 각자 다른 방향으로 갈 수 있다. 특히 일정 압박을 받으면서 개발하는 경우에는 새로운 것을 시도하는 것이 리스크로 받아들여지기 때문에, 필요성을 인지하지 못하면 리스크가 적은 기존의 방법을 고수하게 된다. 예를 들어 다른 서비스의 데이터를 API로만 접근하는 이유를 이해하지 못한다면 API로 데이터를 조회하고 조합하는 알고리즘을 개선하는 대신에 무리하게 데이터를 복제해서 SQL로 데이터를 조합하려고 할 수도 있다.

4.4 분할 가능한 업무 식별

마이크로서비스 아키텍처 도입 목표를 정했다면 서비스로 분리 가능한 업무를 식별한다. 식별한 업무가 바로 서비스가 되는 것은 아니므로 구현 이슈 등은 고려하지 않고 업무를 식별해도 된다. 이렇게 식별된 업무는 4단계인 '서비스 선정'에서 하나의 업무가 하나의 서비스가 될 수도 있고 여러 개의 업무가 뭉쳐져서 하나의 서비스가 될 수도 있다.

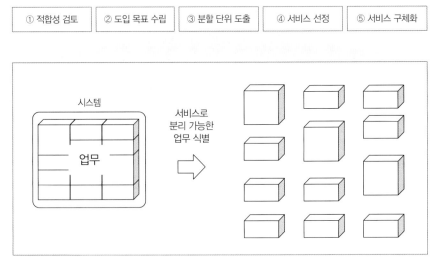

그림 4-5 분할 가능한 업무 식별

4.4.1 서비스를 왜 업무 기준으로 나눠야 하지?

마이크로서비스 아키텍처의 서비스는 업무를 기준으로 나눠야 한다. 업무를 기준으로 나누는 이유는 사용자에게 가치를 전달하는 리드 타임을 최소화할 수 있기 때문이다.

규모가 큰 시스템은 한 시스템에 여러 이해관계자의 기능을 담고 있는 경우가 많다. 모놀리식 시스템의 경우 여러 이해관계자의 기능 요청이 서로 경합을 벌인다.

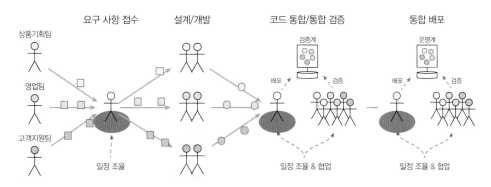

그림 4-6 모놀리식 시스템의 개발/반영 프로세스

[그림 4-6]은 모놀리식 시스템에서 사용자가 요청한 기능이 접수되어 반영될 때까지의 과정을 보여준다. 여러 이해관계자의 변경 요청은 시스템 단위로 접수되므로 중요한 업무의 기능 변경이 먼저 예약되면 나중에 요청한 요구 사항은 반영 일자가 밀릴 수도 있다. 그리고 변경해야 하는 기능이 많으면 다른 기능에도 영향을 미칠 수 있으므로 거절될 수도 있다. 혹은 요청사항이 차후의 프로젝트에 할당되어 오랜 기간을 기다려야 할 수도 있다. 그리고 많은 변경 사항을 함께 통합, 검증, 배포하기 때문에 단계별 소요 시간이 길어진다.

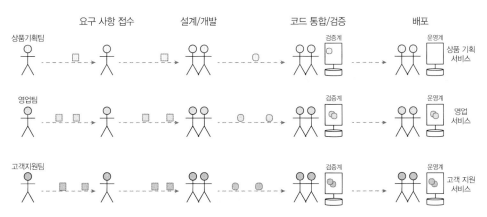

그림 4-7 마이크로서비스 아키텍처 시스템의 개발/반영 프로세스

[그림 4-7]은 마이크로서비스 아키텍처 시스템의 기능 변경 요청부터 반영될 때까지의 과정을 보여준다. 상품기획팀은 상품기획 업무의 담당팀이면서 동시에 상품기획 서비스의 유일한 이해관계자이다. 따라서 상품기획팀은 자신의 우선순위와 일정에 맞춰 기능을 변경할 수 있고, 변경해야 하는 기능이 많아도 다른 서비스에 영향을 최소화하여 진행할 수 있다. 또한 운영 환경에 반영하는 변경의 수가 적어지므로 단계별 소요 시간을 줄일 수 있다.

그리고 업무를 기준으로 서비스를 나누면 대부분의 기능 변경이 하나의 서비스에서만 일어나게 할 수 있다. 다만 마이크로서비스 아키텍처는 서비스와 조직이 나누어져 있으므로 여러 서비스를 동시에 변경하는 것은 모놀리식 아키텍처보다 더 어렵다. 여러 팀이 모여서 함께 변경 방향을 논의하고, 또 함께 타이밍을 맞춰서 검증하고 배포해야 하기 때문이다.

결국 업무는 사용자가 원하는 변경 요청의 단위이다. 특히 오너십을 가진 이해관계자가 다른 업무는 서로 변경 요청이 섞이지 않는다. 만약 함께 반영해야 하는 변경 사항이 있더라도 이미 업무 레벨에서 양측의 이해관계자가 합의한 경우가 많으므로 변경 일정을 조정하더라도 무리가 없다.

응집도가 높은 업무를 기준으로 서비스를 나누면 서비스 간의 참조 관계도 줄어든다. 서비스 간의 참조 관계가 적어지면 불필요한 API 호출이나 보상 트랜잭션도 줄어들게 되어 구현 난도도 낮아진다.

4.4.2 어떤 기준으로 업무를 나눌까?

분할 단위 도출 단계에서는 업무 기능을 응집도가 높은 것끼리 분류하는 데에 집중한다. 업무 식별 후 서비스 선정 단계에서 여러 관점으로 자세히 검토하므로 식별한 업무가 서비스로 적절한지 미리 고민할 필요는 없다. 같은 이유로 각 업무끼리 연관 관계가 많아 보이더라도 고민할 필요가 없다. 연관성이 많은 업무가 하나의 서비스로 모일 수도 있고, 다른 서비스로 나누어지더라도 생각보다 쉽게 구현이 가능할 수도 있다. 서비스가 나누어져서 정말로 심각하게 구현하기 어려워진다면 하나의 서비스로 합칠 수도 있다. 따라서 서비스로 구현했을 때의 이슈는 걱정하지 말고 순수하게 업무를 도출하는 것에 집중한다.

주요 업무 분류

업무를 식별하는 가장 보편적인 방법은 주요 업무를 분류하는 것이다. 담당자가 많은 시스템은 업무 또한 다양하여 공식적이든 비공식적이든 이미 업무를 기준으로 내부 조직이 편제되어 있다. 그렇기 때문에 시스템에서 기존에 분류한 주요 업무를 나열하면 된다.

시스템을 잘 이해하고 있다면 긴 시간을 들이지 않고 간단하게 업무 목록을 나열할 수 있다. 이해를 돕기 위해 3가지 분류 방법을 설명하겠다.

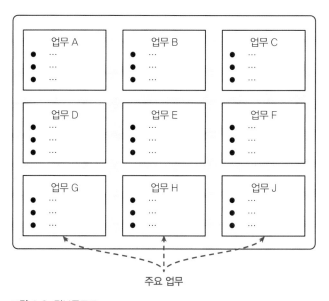

그림 4-8 정보구조도

첫 번째 방법은 [그림 4-8]과 같이 시스템의 업무 구성을 보여주는 정보구조도information architecture의 활용이다. 정보구조도는 아키텍처 정의서의 일부로 작성하는 경우가 많은데, 시스템 업무를 요약하여 구조적으로 보여준다. 정보구조도 작성 시 고려할 사항은 업무의 레벨, 중요도, 규모 등이다. 따라서 구조도에서 최상위 업무는 서로 비슷한 레벨이어야 하고, 업무 간의 관계나 중요도를 고려하여 배치한다. 상위 업무 아래의 하위 업무도 작성한다.

이러한 정보구조도가 있다면 최상위 업무를 서비스로 분할 가능한 주요 업무로 선택할 수 있다. 앞서 말했듯이 도출한 업무의 크기나 개수가 적절한지는 지금 단계에서 크게 고민할 필요가 없다. 서비스 선정 단계에서 판단했을 때 업무의 규모가 너무 커서 개수가 부족하면 차상위 업무를 기준으로 보면 되고, 업무가 너무 많으면 하나의 서비스에 여러 개의 업무를 배치하면 된다.

정보구조도와 비슷하게 '메뉴 구조'도 좋은 기준이 될 수 있다. 메뉴 구조는 주요 업무를 기준으로 분류하므로 정보구조도와 유사한 구조를 가질 수 있다. 하지만 메뉴 구조는 사용자 경험도 함께 고려한다. 서비스 도출과 직접적인 관련이 없는 사용자의 사용 빈도와 접근 편의성을 고려한 결과가 반영되므로 이를 감안해야 한다.

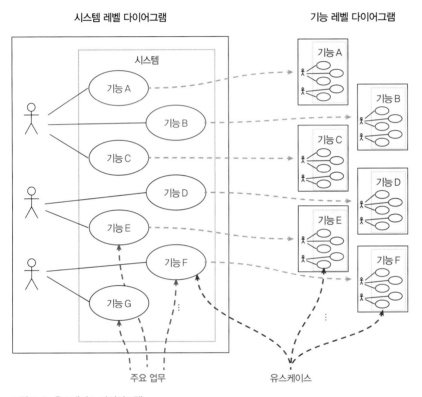

그림 4-9 유스케이스 다이어그램

두 번째 방법은 [그림 4-9]와 같이 여러 레벨로 구성한 유스케이스 다이어그램usecase diagram의 활용이다. 유스케이스 다이어그램이란 사용자 관점에서 시스템과 사용자의 상호작용을 다이어그램으로 표현한 것이다. 유스케이스 다이어그램의 유스케이스는 비교적 상세한 기능을 담고 있어서 서비스의 후보가 되기에는 너무 작은 경우가 많다. 그런데 규모가 큰 시스템은 유스케이스가 많아지므로 하나의 다이어그램으로 표시가 불가능하다. 이런 경우 시스템 전체의 기능을 보여주는 하나의 유스케이스 다이어그램과 업무별 세부 기능을 보여주는 다이어그램으로 구분하여 표시하기도 한다. 이때 시스템 레벨의 다이어그램에 포함되는 유스케이스는 시스템을 사용하는 상세 시나리오를 분류하여 표현한다. 이때는 서비스로 분할할 수 있는 주요 업무로 선택할 수 있다.

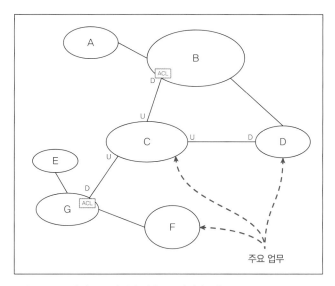

그림 4-10 도메인 주도 설계의 컨텍스트 다이어그램

세 번째 방법은 [그림 4-10]과 같이 도메인 주도 설계의 컨텍스트 다이어그램의 활용이다. 도메인 주도 설계Domain Driven Design의 바운디드 컨텍스트bounded context는 독립적인 모델링 단위가 된다. 바운디드 컨텍스트란 모델링할 때 독립적으로 모델을 설계하는 단위이고 구현할 때는 트랜잭션의 단위이다. 따라서 바운디드 컨텍스트가 식별되어 있는 경우에는 이를 서비스로 분할할 수 있는 주요 업무로 선택할 수 있다.

앞서 3가지의 분류 방식을 설명했지만 어떤 방식이 더 좋은 결과를 낸다고 할 수는 없다. 오히려 모든 방식이 서로 비슷한 결과를 내는 경우가 많다. 따라서 팀에 가장 익숙한 방식을 선택하는 것이 좋다.

비즈니스 프로세스

업무는 비즈니스 프로세스의 단계별로 나눌 수 있다. 긴 호흡을 가지는 비즈니스 프로세스는 각 단계의 전후가 명확하게 구분되는 경우가 많다. 각 단계의 진행 시간이 길고, 단계별로 담당 조직이나 담당자가 구분된다. 다음 단계로 넘어갈 때는 앞 단계의 산출물을 놓고 관련자의 합의나 상급자의 결재가 필요하기도 하다. 이런 경우 각 단계는 서비스로 전환 가능한 업무 단위가 된다.

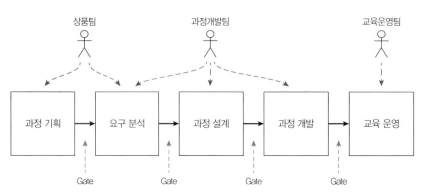

그림 4-11 교육 개발 과정

[그림 4-11]은 교육 과정을 개발하고 운영하는 단계를 나타낸다. 상품팀은 시장의 요구를 파악하여 교육 과정을 기획하고 요구 사항을 정의한다. 이어서 과정개발팀은 커리큘럼을 설계하고 교재나 동영상 같은 강의 콘텐츠를 개발한다. 과정 개발이 완료되면 교육운영팀은 과정 차수를 기획하고 수강생을 모집하여 교육 운영을 한다. 그리고 단계마다 다음 단계로 전환할 때는 심의 과정을 거친다. 예를 들어 요구 분석이 완료되어 과정 설계로 넘어갈 때는 상품팀과 과정개발팀이 모여 요구사항을 함께 리뷰하고 양측 책임자가 공식적으로 합의하는 과정을 거친다.

이러한 프로세스는 단계별로 각각의 서비스로 전환이 가능하다. 각 단계가 응집도 있게 많은 기능을 갖고 있고 이해관계자가 명확하게 구분된다. 이해관계자는 기능을 추가하거나 변경하는 주체이기 때문에 각 단계를 서비스로 전환한다면 서비스별로 이해관계자가 분리되기 때문에 요구사항이 서로 경합하지 않는다. 그리고 각 단계의 전환은 심의와 같은 이벤트로 명확하게 구분되기 때문에 업무 간의 참조나 트랜잭션이 최소화된다.

그런데 이 프로세스는 교육 과정의 생명주기이므로 모든 프로세스는 교육 과정이라는 공통의 엔티티를 지니게된다. 따라서 단계에 따라 서비스로 분리하면 모든 서비스가 과정 엔티티를 참조하기 위해 과도하게 API를 호출할 것이므로 서비스로 분리하기 어렵다고 생각할 수도 있다. 과정 정보 중 각 단계와 연관된 속성을 살펴보며 서비스를 분리하는 방법을 살펴보자.

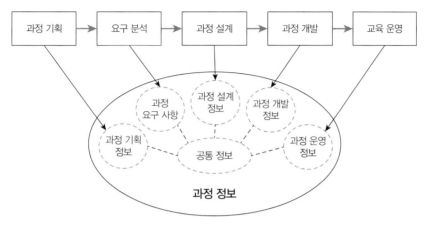

그림 4-12 과정 속성과 과정 개발/운영 단계의 관계

[그림 4-12]와 같이 과정 정보는 여러 단계가 공유하는 공통 정보와 각 단계의 특화된 정보로 구성된다. 이를 서비스로 분류하면 공통 속성만 같이 공유하게 된다.

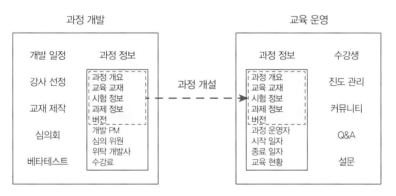

그림 4-13 과정 정보의 전달

[그림 4-13]을 보면 과정 개발과 교육 운영이 공유하는 속성은 과정 개요, 교육 교재, 시험 정보, 과제 정보, 버전이다. 그리고 과정 개발의 개발 PM, 심의위원, 위탁개발사, 수강료와 같은 속성은 교육 운영 단계에서는 참조할 필요가 없다. 마찬가지로 교육 운영의 과정 운영자, 시작 일자, 종료 일자, 교육 현황과 같은 정보는 과정 개발에서 참조할 필요가 없다.

그런데 과정 정보의 공통 속성은 스냅샷snapshot 성격을 가져 두 단계의 데이터는 값은 같지만 실질적으로는 다른 데이터이다. 공통 속성은 과정 개발 단계에서 과정을 개설하는 순간에 복제되어 교육 운영 업무 단계에 저장된다. 그리고 교육 후에 수강생의 피드백을 반영해서 커리큘럼을 변경해도 완료된 교육의 커리큘럼은 변경되지는 않는다. 처음에는 복제되어 같은 값을 가지지만 시간이 흐르면서 서로 다른 데이터가 된다. 따라서 과정 개발과 교육 운영은 실질적으로 다른 데이터를 참조하는 것이므로 서로 복제하여 가져가는 것이 자연스럽다.

만약 [그림 4-13]에서 교육운영팀의 요청으로 개설한 과정의 과정 개요나 시험 정보를 변경한다면 이는 교육 운영의 과정 정보에도 반영이 되어야 한다. 이런 종류의 변경은 업무적으로 변경 관리 절차를 두고 과정개발팀과 과정운영팀이 협의한 결과를 반영하는 것이므로 시스템에서 구현이 부담스러울 정도의 트랜잭션이 발생하지 않는다.

시장이나 제품

마지막으로 시장이나 제품에 따라 업무를 구분할 수 있다. 업무의 종류나 프로세스는 서로 동일해 보이지만, 대상에 따라 세부 속성이나 프로세스 규칙이 다르고 이해관계자도 다르다.

예를 들어 온라인 교육 과정과 오프라인 교육 과정은 많은 공통점이 있다. 먼저 과정 기획, 요구 분석, 과정 설계, 과정 개발, 교육 운영이라는 프로세스가 동일하다. 그리고 과정 정보, 시험 정보, 과제 정보, 교육 교재 같은 공통 속성이 많고, 단계별로 수료 기준을 판정하는 로직도 유사할 것이다. 하지만 온라인 교육과 오프라인 교육에는 차이점도 많다. 강사의 역할이나 교재 형태가 다르고 강의실 필요 여부 등 많은 점에서 다르다. 온라인 교육과 오프라인 교육을 시스템으로 개발한다면 다음과 같이 통합해서 구현하는 것이 자연스럽다.

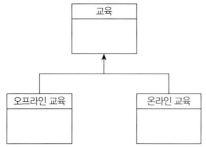

ID	TYPE	과정명	과정 소개
0001	ON-LINE	…	…
0002	OFF-LINE	…	…
0003	ON-LINE	…	…
0004	OFF-LINE	…	…
…	ON-LINE	…	…

그림 4-14 통합 예시

[그림 4-14]와 같이 공통된 속성을 모아 상위 클래스인 '교육'을 만들고, 각 교육의 특화 속성을 '오프라인 교육' 클래스와 '온라인 교육' 클래스로 만들면 서로 로직을 공유하여 코드 중복을 최소화할 수 있다. 그리고 하나의 테이블에서 스키마를 공유하므로 SQL에서 중복을 최소화하고 교육을 통합하여 검색하기가 좋다.

만약에 교육팀 규모가 작거나, 교육 업무를 외부 기관에 위탁하고 있어서 실제 수행하는 업무가 단순하다면 하나로 통합하여 구현해도 무방하다. 그런데 업무가 어느정도 규모가 있고 온라인 교육팀과 오프라인 교육팀의 이해관계자가 각각 기능 변경을 재촉한다면 위와 같은 구조는 시스템 변경을 더 어렵게 만든다. 이런 경우에는 온라인 교육과 오프라인 교육을 별도의 서비스로 분리하는 것이 교육팀의 요구 사항을 더 빠르게 받아들일 수 있게 한다. 실제 교육을 전문적으로 하는 기관이나 부서는 온라인 교육과 오프라인 교육을 다른 업무로 분리하는 경우가 많다. 만약에 온라인 교육팀과 오프라인 교육팀이 서로 다른 목표를 갖고 업무가 빠르게 진행된다면, 서로 다른 서비스에 분리하여 배치하는 것이 더 자연스럽다.

그런데 실제 현장에서는 이러한 판단이 쉽지 않다. 특히 기존 시스템이 이를 하나의 업무로 모델링해서 운영 중이라면 시스템을 서로 분리할 경우 중복 코드가 발생할 수도 있다는 생각에 난감할 수 있다. 이럴 땐 업무를 분류하는 단계에서는 일단 별도의 업무로 식별하고, 서비스를 선정하는 단계에서 검토하는 것이 좋다.

4.4.3 업무 간 연관 관계 식별

업무를 도출하면 업무 간의 관계를 기술한다. 업무 간의 관계는 업무를 분류하여 서비스를 선정하는 데에 참고가 된다. 만약에 시스템에 대한 이해도가 낮다면, 서비스 설계 단계에서 업무 시나리오를 기준으로 파악할 것이므로 간단하게 정리해도 무방하다.

이벤트 스토밍

만약에 시스템을 이해하고 업무 간의 관계도 파악하고 싶다면 도메인 주도 설계의 이벤트 스토밍event storming을 빅 픽처Big Picture 단계에서 실행하는 것도 좋은 방법이다. 빅 픽처 단계의 이벤트 스토밍은 시스템의 큰 그림을 파악하기 위해 하루 이내에 진행하는 것으로 업무 이벤트, 사람 그리고 시스템 이 세가지 요소만으로 주요 업무와 업무 간의 관계 그리고 바운디드 컨텍스트를 식별할 수 있다.

이벤트 스토밍 워크숍은 [그림 4-15]처럼 목적에 따라 크게 빅 픽쳐, 프로세스 모델링, 소프트웨어 디자인으로 나뉜다.[3] 프로세스 모델링이나 소프트웨어 디자인 단계의 워크숍은 빅 픽쳐에 비해 더 많은 요소를 검토하여 세세하게 설계하므로 더 많은 시간과 노력이 필요하다. 따라서 프로세스 모델링이나 소프트웨어 디자인 단계의 워크숍은 비즈니스 프로세스를 재정의하거나 새로운 시스템을 설계할 것이 아니라면 불필요한 노력을 소비하는 것이다. 시스템 업무의 주요 관계를 파악하고, 바운디드 컨텍스트를 식별하는 데에는 빅 픽쳐 단계의 워크숍으로도 충분하다.

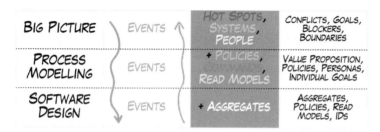

그림 4-15 이벤트 스토밍의 워크숍 유형별 비교[4]

그리고 이벤트 스토밍은 도메인 전문가가 직접 참여해야 한다. 간혹 여건이 안돼서 업무를 잘 아는 시스템 담당자가 대신할 수도 있는데 시스템 담당자는 모놀리식 시스템 구조에 익숙하기 때문에 업무 간의 차이점이나 담당자의 심리적 부담감을 파악하지 못한다. 이런 구조를 바꾸려면 실제 불편을 겪고 있는 당사자의 직접적인 의견이나 표정과 말투 같은 제스처를 느껴야 한다. 즉 서비스는 프로세스나 모델링의 관련성만 고려하는 것이 아니라 실제 비즈니스의 요구 사항이 반영되어야 하므로 가능한 한 도메인 전문가가 직접 참여하도록 해야 한다.

코드 레벨 분석

기존 시스템의 소스 코드를 분석하여 업무 간의 관계를 짐작할 수도 있다.

---

3 https://blog.avanscoperta.it/2020/03/26/remote-eventstorming/

4 https://www.agilepartner.net/en/eventstorming-from-big-picture-to-software-design/

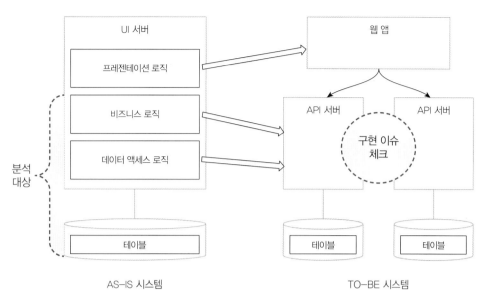

그림 4-16 모놀리식 아키텍처와 마이크로서비스 아키텍처의 코드 관계

[그림 4-16]은 모놀리식 시스템을 마이크로서비스 아키텍처로 전환할 때의 코드 관계를 보여준다. 업무 간의 관계는 서버 단의 비즈니스 로직과 데이터 액세스 로직을 분석하여 도출할 수 있다. 프레젠테이션 로직이 담당하는 업무 로직은 일반적으로 범위가 작아서 서비스로 분할한 후에도 하나의 화면에 그대로 유지되는 경우가 많다. 서비스 분할을 위해서 관심을 둘 만한 업무 간의 관계나 여러 업무에 걸친 트랜잭션은 비즈니스 로직과 데이터 액세스 로직에 있다. 단 기존 시스템이 JSP와 같이 서버가 화면을 생성하는 구조라면 프레젠테이션 레이어에 프레젠테이션 로직과 비즈니스 로직이 섞여 있는 경우가 있으므로 적절히 감안하여 분석한다.

소스 코드 분석은 난도가 상당히 높을 것이라고 생각할 수도 있지만, 일종의 경향을 파악하는 것이 목적이므로 매우 정교할 필요는 없다. 소스 코드나 컴파일된 바이너리를 분석해서 AST^Aabstract Syntax Tree를 생성하는 유틸리티, 의존 관계 분석 툴이나 CRUD 매트릭스를 자동으로 생성해주는 툴을 응용하는 것도 가능하다. 아니면 단순하게 텍스트 파일을 분석하여 자바 파일의 임포트^import 관계나 SQL에 다른 업무의 테이블 이름이 포함되었는지만 체크해도 의미있는 결과를 끌어낼 수 있다. 실제로는 코드를 파싱^parcing하고 관계를 추출하는 프로그램의 로직 분석보다 분석 전에 코드, SQL, 테이블을 업무별로 분류하거나 추출된 관계를 파악하는 작업이 더 오래 걸리는 경우가 많다.

소스 코드를 분석하면 서비스로 전환한 후에 API 호출이나 트랜잭션이 얼마나 발생할지 판단할 수 있다. 서로 참조하는 업무가 다른 서비스에 배치되면 업무 간의 참조가 서비스 간의 API나 이벤트 호출로 치환되기 때문에, 서비스 간의 API 호출이 얼마나 많을지와 서비스에 걸친 트랜잭션이 얼마나 많을지 예측 가능하다. 시스템을 전면 재개발하는 경우에도 서버 단의 비즈니스 로직이나 프로세스는 잘 안 바뀌므로 상당 부분 유용하게 참고할 수 있다.

그런데 코드 레벨에서 참조가 많아 바로 구현하기 어렵다고 판단할 수도 있는데 실제로는 그렇지 않다. 코드 레벨에서 참조하는 횟수는 실제 런타임에 참조하는 횟수와는 다르다. 잦은 참조로 서비스에 부하가 커질지를 감안하려면 실제 호출 빈도를 반영하여 판단해야 한다. 그리고 코드 레벨에서의 참조는 대부분 세션에서 데이터를 읽거나 권한 제어에 필요한 공통 기능 혹은 사용자와 공통 코드의 이름 같은 데이터를 조회하는 경우가 많다. 이 부분은 서비스로 분할하여 구현하면 새로운 구조에 맞게 대체될 것이므로 제외해야 한다. 그리고 참조 중에는 기준 정보를 조회하는 경우도 많다. 기준 정보처럼 잘 변하지 않는 데이터는 로컬 캐시나 데이터 복제로 제거할 수 있으므로 제외하고 판단해야 한다. 이러한 단순 참조를 제외하고 나면 실제 업무 간의 참조가 보인다.

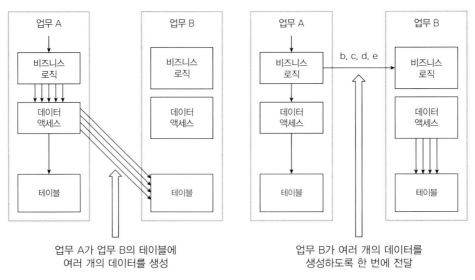

그림 4-17 모듈화 규칙에 따른 쓰기 방식 비교

쓰기 참조 중에 다른 업무에 무분별하게 액세스하는 것은 제외해야한다. 시스템의 구현 스타일에 따라 다른 업무의 테이블에 직접 데이터를 생성하는 경우이다. [그림 4-17]에서 업무 A

는 자신의 SQL로 업무 B의 테이블에 여러 종류의 데이터를 생성한다. 이런 경우 업무 간의 쓰기 참조 수가 증가하므로 두 업무를 서로 다른 서비스에 배치하면 구현 난도가 많이 올라간다. 그런데 원래도 다른 업무의 테이블에는 직접 데이터를 생성하지 않는 것이 바람직하다. 데이터를 생성하는 SQL이 중복되고 데이터 생성 전후의 비즈니스 로직이 시스템의 이곳저곳에 복제되기 때문이다. 이런 경우 업무 B의 담당자는 테이블 스키마를 변경하거나 관련 로직을 변경할 때 시스템 전체를 검색해서 하나하나 수정해야 한다. 따라서 오른쪽 그림처럼 업무 A의 비즈니스 로직이 업무 B의 비즈니스 로직에 요청하여 업무 B가 직접 데이터를 생성하게 해야 한다.

간혹 이런 코드 분석으로 서비스를 자동으로 선정할 수 있다고 오해하는 경우가 있다. 코드 간의 참조는 업무 간의 관계를 일정 부분 대변하고, 이를 통해 구현 난도를 유추해낼 수 있으므로 서비스 분할에 도움이 되는 것은 사실이다. 하지만 코드 간의 참조 관계만을 보고 서비스를 도출하는 것은 적절하지 않다. 그 이유는 3가지를 들 수 있는데 첫째, 서비스는 단순히 업무만을 고려하여 선정하는 것이 아니고 담당 조직이나 관리 부담 등을 고려해야 한다. 서로 관계가 없는 코드 묶음이 30개가 도출되었다고 해서 서비스를 30개로 만드는 것은 아니다. 둘째, 코드의 참조 관계가 반드시 업무 간의 관계와 일치하지는 않는다. 따라서 소스 코드의 관계만을 기준으로 서비스를 선정하면 단순히 서로 참조가 적은 서비스만 도출할 수 있다. 하나의 서비스에 여러 이해관계자의 요구 사항이 몰릴 수도 있고, 또 하나의 기능 변경 요구 사항으로 여러 서비스가 함께 변경되는 경우가 종종 발생할 수도 있다. 서비스는 담당 조직이 비즈니스 요구 사항을 빠르게 반영할 수 있도록 선정하는 것이지 구현을 쉽게 하기 위해 선정하는 것이 아니다. 마지막으로 시스템이 크고 복잡할 수록 여러 관계자가 모여 서비스를 선정하고 설계하는 것이 시스템의 코드 분석을 하는 것보다 훨씬 빠르고 정확한 경우가 많다.

앞에서 살펴본 것과 같이 기존 시스템의 코드를 분석하면 현재 시스템의 업무 간 관계를 수치로 볼 수 있고, 업무를 조합하여 서비스를 선정할 때 구현 난도를 짐작할 수 있다. 하지만 나름의 한계가 있는 것도 잘 인지하여 도움이 되는 만큼만 적절히 활용하는 것이 좋다.

4.5 서비스 선정

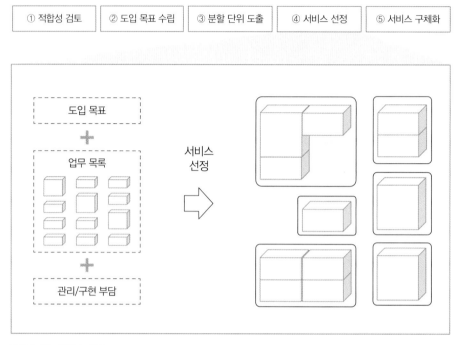

① 적합성 검토   ② 도입 목표 수립   ③ 분할 단위 도출   ④ 서비스 선정   ⑤ 서비스 구체화

그림 4-18 서비스 선정

서비스 선정 단계에서는 도입 목표를 기준으로 앞에서 식별한 업무를 조합하여 서비스로 선정해야 한다. 비즈니스 민첩성, 장애 격리, 확장성 관점에서 설정한 목표는 적정 수준의 서비스를 선정할 수 있는 기준을 제공한다. 앞서 도출한 업무들은 서비스를 구성하는 최소한의 블록이 된다. 여러 업무를 묶어서 하나의 서비스가 될 수도 있고 하나의 업무가 하나의 서비스가 될 수도 있다. 서비스 개수가 많아지면 관리 포인트가 많아지고 구현 부담이 증가하기 때문에 조직과 시스템의 특성을 고려하여 적절히 선택한다.

4.5.1 적절한 서비스 개수

이상적인 서비스 개수

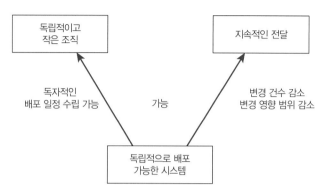

그림 4-19 마이크로서비스 아키텍처와 작은 조직 및 지속적인 전달의 관계

시스템을 독립적으로 개발하여 배포할 수 있는 서비스로 나누고, 시스템 담당 인원을 여러 개의 독립적인 팀으로 나눠 각 서비스를 관리하게 하면 비즈니스 민첩성이 향상된다. 하지만 담당 인력 대비 **서비스의 수가 너무 많아지면 그만큼 관리 부담이 증가**하므로 시스템을 너무 잘게 나눌 필요는 없다.

서비스는 코드, 빌드 배포 파이프라인, 실행 인프라가 분리되어 있으므로 서비스가 많아지면 많아질수록 관리 포인트가 많아진다. 이를 보완하기 위해 많은 부분을 자동화하지만, 자동화 프로세스가 모든 부담을 없애주는 것은 아니다. 시스템 담당자가 25명인데 시스템이 독립적인 업무를 50개 가지고 있다고 해서 50개의 서비스를 만드는 것은 넌센스이다. 각 서비스가 이중화되어 인스턴스가 2개씩이라면 총 100개의 서비스 인스턴스를 25명이서 담당하는 꼴이 된다. 그리고 서비스의 개수가 너무 많아지면 서비스 간의 인터페이스가 많아지므로 구현 난도도 높아진다.

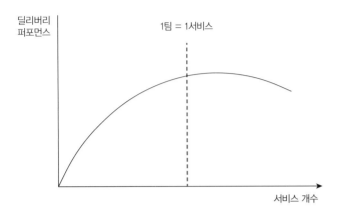

그림 4-20 서비스 개수와 딜리버리 퍼포먼스의 관계

따라서 일반적인 권장사항은 하나의 팀이 하나의 서비스를 전담하는 것이다.[5] 적절한 서비스의 개수는 시스템이 지닌 업무의 수나 특성으로 정해지는 것이 아니다. 작고 독립적인 팀이 독자적으로 개발하고 배포할 수 있도록 팀에 독립적인 시스템을 제공하는 것이 기본 목표이므로, 팀이 독자적으로 운용할 수 있는 서비스가 있다면 그것으로 충분하다. 특별한 이유가 없다면 그 이상의 서비스는 필요 없다. 코드를 더 적게 만들어 이해하기 쉽고 변경하기 쉽게 만들고 싶다면 굳이 서비스로 나눌 필요 없이 서비스 내부에 강한 모듈화 구조를 적용한다면 거의 비슷한 효과를 낼 수 있다.

따라서 적절한 서비스 수는 팀의 수를 계산해보면 대략적으로 짐작할 수 있다. 전통적인 조직이라면 10~12명, 애자일Agile 기반의 더 작고 빠른 조직을 추구한다면 5~8명 정도가 한 팀의 적정 인원일 것이다. 따라서 시스템의 전체 담당자를 팀당 인원 수로 나누는 것으로 적절한 서비스의 수를 계산해볼 수 있다. 예를 들어 시스템의 전체 담당자가 50명이고 적절한 팀원의 수를 6명에서 12명이라고 정의한다면, 서비스의 최대 개수는 9개에서 최소 5개가 된다(소숫점 일의 자리 올림). 이는 과학적인 방법으로 도출한 결과가 아니라 어림짐작으로 참고할 수 있는 숫자일 뿐이다.

이렇게 대략적인 범위로 무엇을 할 수 있을까도 싶겠지만, 실제 서비스를 식별할 때 큰 도움이 된다. 왜냐하면 실제 시스템의 담당 조직은 나누어질 수 있는 단위가 어느 정도 정해져 있는 경우가 많은데, 담당 조직의 수는 서비스 수에 영향을 미치므로 담당 조직 개수의 대략적인 범위를 정하는 것으로도 의외로 구체적인 가이드가 된다.

---

5 Service per team Pattern, https://microservices.io/patterns/decomposition/service-per-team.html

서비스 개수를 제한하는 요소

앞서 살펴본 것처럼 서비스가 많아지면 관리 부담이 증가하므로 서비스의 이상적인 개수는 담당 팀의 수와 같다고 했었다. 관리 부담 이외에도 서비스 개수를 제한하는 요소를 살펴보자.

(a) 구현 난도

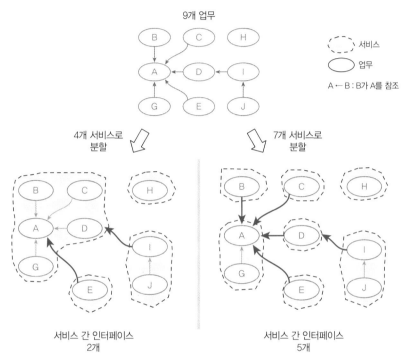

그림 4-21 서비스 분할에 따른 인터페이스 비교

서비스 개수가 많아지면 구현 난도가 증가하는 경향이 있다. [그림 4-21]처럼 9개의 독립적인 업무를 가진 시스템에 마이크로서비스 아키텍처를 적용하면 서비스 개수가 많아질수록 서비스 간의 인터페이스도 많아진다. 그림 상단을 보면 시스템의 9개 업무는 서로 7개의 참조 관계로 엮여 있다. 그림의 왼쪽 아래처럼 4개의 서비스로 나누는 경우 5개의 참조는 서비스 내부에서 일어나고 2개는 서비스 사이에서 일어난다. 오른쪽 아래 그림을 보면 7개의 서비스로 분할하는데 2개의 참조가 서비스 내부에서 일어나고, 5개는 서비스끼리 참조되는 것을 알 수 있다. 서비스 내부의 참조는 하나의 프로세스로 동작하므로 속도가 빠르고, 같은 데이터베이스를 사용하기 때문에 ACID 트랜잭션이 보장된다. 반대로 서비스 간의 참조는 네트워크 통신을 사용하고 ACID 트랜잭션 보장이 안 되므로 난도가 상승한다.

(b) 구현 기술 친숙도

서비스 개수는 개발팀이 구현 기술에 얼마나 익숙한지에 따라서 달라지기도 한다. 개발팀이 SPA, JPA 같은 ORM 프레임워크, 이벤트 주도$^{Event-Driven}$ 개발 등에 익숙하다면 시스템을 서비스로 분할하여 개발하는 것에 부담을 적게 가진다. 반대로 JSP와 같은 서버사이드 렌더링 기술과 특히 SQL 중심의 개발에만 익숙한 경우에는 데이터베이스를 나누는 것에 큰 부담을 가지는 경향이 있다. 특히 SI 프로젝트로 시스템을 전면 재개발하는 데 투입 예정인 개발자들이 마이크로서비스 아키텍처 구현 경험이 전혀 없고 사전 교육도 어려운 상황이라면 서비스 개수를 줄여서 부담을 줄이는 것이 좋다.

(c) 시스템 유형

시스템 유형에 따라 서비스로 분리하는 난도가 달라진다. 가장 부담 없는 시스템 유형은 다양한 업무를 모아 놓은 포털 시스템이다. 포털 성격의 시스템은 포함된 업무의 가짓수가 많고 서로 관련이 적은 경우가 많다. 예를 들어 기업의 다양한 업무를 지원하는 총무 시스템을 생각해보자. 총무 시스템에는 인장 관리 기능, 사내 병원 예약 기능, 법인 콘도 예약 기능처럼 서로 관련이 거의 없는 기능이 담겨있다. 업무들 간의 관계가 적으므로 서비스로 분리하여 담는 것에 부담이 적다.

반대로 민감한 트랜잭션이 많은 시스템은 서비스로 분리하는 것이 부담될 수 있다. 금융 거래처럼 중요한 트랜잭션이 서비스 간의 네트워크 통신으로 처리되는 경우 부담될 수 있다. 이런 경우 중요한 트랜잭션이 한 서비스 안에서 처리될 수 있도록 서비스의 수를 조금 줄이는 것도 좋은 선택이 될 수 있다.

그리고 페이스북^{Facebook}이나 트위터^{Twitter} 같은 시스템은 엔드유저에게 제공하는 기능의 가짓수가 적음에도 불구하고 많은 사람이 담당하게 되면(담당자 수를 기준으로 서비스를 분할하면) 연관 있는 기능이 너무 잘게 분리되어 서비스 간의 통신이 매우 많아질 수도 있다. 이런 경우 구현 난도를 고려하여 서비스 수를 조금 줄이는 것도 좋은 선택이 될 수 있다.

(d) 인프라 유형

유연한 인프라를 사용할수록 서비스 개수가 늘어나도 부담이 적다. 베어 메탈이나 VM 서버를 사용하는 경우는 아우터 아키텍처 요소를 직접 구축하고, 이를 실행할 인프라를 사전에 구매해야 한다. 따라서 리스크 관리를 위해서 서비스 수를 조금 적게 하여 좀 더 안정적으로 접근할 수도 있다. 반면에 클라우드 인프라를 사용한다면 시스템을 구체화한 후에 인프라 구성을 변경하더라도 부담이 적기 때문에 더 과감한 결정을 할 수 있다. 특히 쿠버네티스^{Kubernetes} 같은 PaaS^{Platform as a Service} 환경을 사용하면 API 게이트웨이 같은 아우터 아키텍처 요소가 기본으로 제공되므로 스스로 구축하는 범위가 줄어들어 더 과감한 선택을 할 수 있다.

마이크로서비스 아키텍처는 한 번의 프로젝트로 완성하는 것이 아니므로 처음부터 완벽하게 해야 한다고 생각할 필요는 없다.

NOTE_ 마이크로서비스 아키텍처는 바운디드 컨텍스트에 따라 나누어야 한다는 것은 널리 알려진 가이드 이다. 그런데 간혹 하나의 바운디드 컨텍스트는 무조건 하나의 서비스가 된다고 생각하는 경우를 볼 수 있다. 하지만 서비스는 하나 혹은 여러 개의 바운디드 컨텍스트로 구성할 수 있다. 그리고 구체화된 뷰^{Materialized View} 나 CQRS 등을 적용하는 경우에는 하나의 바운디드 컨텍스트에 여러 개의 서비스가 생겨날 수 있다.

엄밀히 말하면 바운디드 컨텍스트와 마이크로서비스 아키텍처의 서비스는 다른 것이다. 바운디드 컨텍스트 는 업무를 독립적으로 모델링하기 위한 단위이고, 서비스는 업무를 독립적으로 실행하고 배포하기 위한 단위 이다. 다만 바운디드 컨텍스트는 독립적인 모델링을 하고 또 트랜잭션의 경계이기도 하므로, 서비스 단위로 채택하기에 적합한 점이 많은 것이다. 같은 이유로 도메인 주도 설계는 바운디드 컨텍스트별로 데이터베이스 를 분리하도록 강요하지는 않는다.

바운디드 컨텍스트와 마이크로서비스 아키텍처의 서비스를 동일시하는 경우, 시스템 담당자의 수보다 더 많 은 수의 서비스를 도출하는 것을 볼 수 있다. 그러면 한 명의 담당자가 코드 리포지터리, 빌드 배포 파이프라 인, 서비스 등을 관리하는 데에 들어가는 공수가 지나치게 커질 수 있으므로 모델링 관점 이외에 다양한 요소 를 고려하여 서비스를 선정할 필요가 있다.

4.5.2 업무를 조합하여 서비스 선정

이제 업무를 조합하여 적절한 수의 서비스를 선정하면 된다. 업무와 서비스의 개수가 비슷하고 업무들의 규모가 서로 비슷하다면, 모든 업무가 각각 하나의 서비스가 될 수도 있다. 그런데 대 부분 경우 업무의 수가 서비스 수보다 많기 때문에 관련이 많은 업무를 모아서 적절한 수의 서 비스로 분류하게 된다.

업무를 서비스로 분류하는 데에는 서비스 수와 업무 간의 관계가 영향을 준다. 서비스의 수에 따라 어떻게 분류될 수 있는지 살펴보자.

적절한 수의 서비스로 업무를 조합

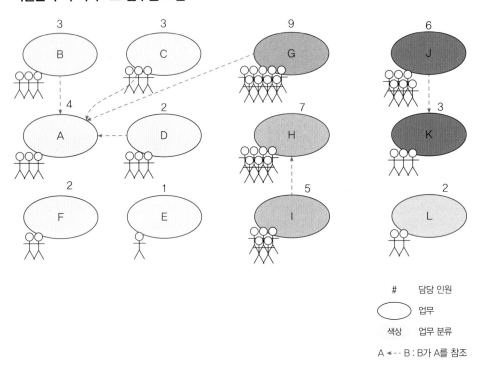

그림 4-22 시스템의 업무 및 담당자 구성

[그림 4-22]는 시스템을 구성하는 업무와 업무 담당자를 보여준다. 시스템은 12개의 업무로 구성되고 총 47명의 업무 담당자가 있다. 업무별로 1명에서 9명까지의 담당자가 배정된 것으로 보아 각 업무의 규모는 균일하지 않다는 것을 알 수 있다. 업무 A, B, C, D, E, F는 업무 A를 중심으로 참조 관계를 형성하고 있어 서로 일정 정도 연관이 있는 업무라는 것을 알 수 있다. 그리고 업무 I와 업무 H 그리고 업무 J와 업무 K도 서로 관계를 갖고 있다.

먼저 적절한 서비스의 수를 계산해볼 수 있다. 팀별로 적절한 팀원의 수를 최소 6명에서 12명으로 보면, 총 47명의 적절한 서비스 수는 최소 4개에서 최대 8개가 된다. 이를 기준으로 [그림 4-23]과 같이 서비스 도출이 가능하다.

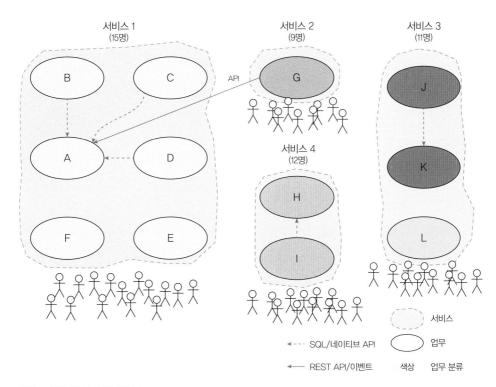

그림 4-23 서비스 선정 예시 1

이제 시스템은 4개의 서비스로 구성되는데, 서로 연관이 있는 업무는 모두 같은 서비스에 배치되었다. A, B, C, D, E, F 업무는 서비스 1에, G 업무는 서비스 2에, J, K, L 업무는 서비스 3에, H, I 업무는 서비스 4에 배정되었다. 각 서비스는 9~15명의 담당자가 배정되었는데, 서비스 1은 15명이 담당하여 다른 서비스보다는 유난히 인원이 많고, 적정 팀의 인원으로 생각했던 12명을 초과한다. 간단히 계산하면 2개 혹은 3개의 서비스로 분할하는 것도 가능할 것이다. 하지만 업무 간의 연관이 많은 업무를 분리하는 것이므로 구현 난도가 상승하여 다소 사람이 많지만 하나의 서비스로 배치하였다. 그리고 서비스 3의 경우 J, K 업무와 L 업무는 서로 성격이 다르지만 하나의 서비스에 포함되었다. L 업무를 별도의 서비스로 도출하기에는 규모가 작아서 다른 업무와 합친 경우이다.

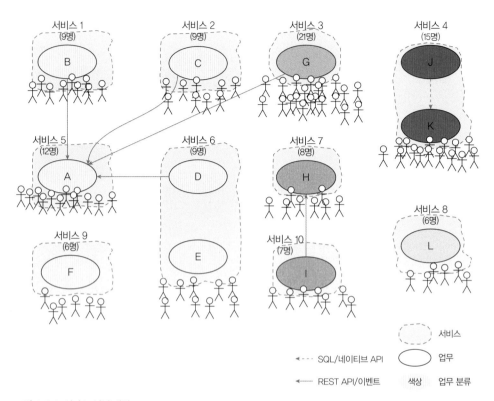

그림 4-24 서비스 선정 예시 2

만약 시스템을 담당하는 인원이 두 배 정도 늘어나면 어떻게 될까? 그러면 적절한 서비스 수는 6~12개 정도일 것이다. [그림 4-24]는 앞의 예시와 동일한 상태에서 담당자만 102명인 경우의 예시이다. 시스템은 10개의 서비스로 구성되고 각 서비스는 6~15명의 담당자가 배치되었다. [그림 4-23]처럼 A, B, C, D, E, F 업무를 하나의 서비스에 배치하면 45명의 거대한 팀이 된다. 따라서 업무끼리 관계가 있더라도 5개의 서비스로 분리하였다. 마찬가지로 H, I 업무도 2개의 서로 다른 서비스로 나누었다. 하지만 H, I 업무와 비슷한 구성인 J, K 업무는 하나의 서비스로 구성했고, G 업무는 단독으로 담당자가 21명이나 되지만 하나의 서비스로 구성했다. 더 적극적으로 서비스를 분리한다면 G 업무도 세분화하여 2~3개의 서비스로 분할할 수 있다.

그런데 시스템을 담당하는 인원이 훨씬 많다면 어떻게 될까?

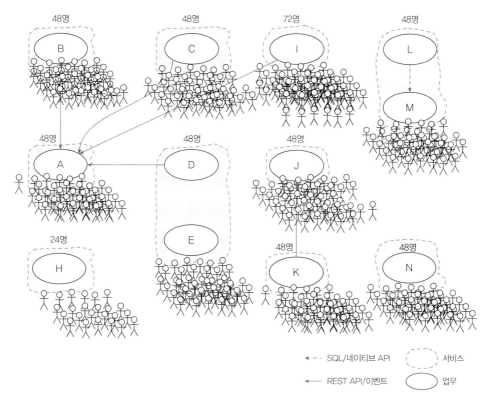

그림 4-25 서비스 선정 예시 3

[그림 4-25]는 [그림 4-24]와 서비스 구성이 같지만 담당자의 수가 약 4배 가량 증가했을 때의 모습을 보여준다. 여기서 중요한 점은 모든 업무를 하나의 서비스로 선정한다고 해도, 서비스별로 담당자가 너무 많다는 것이다. 이런 경우에는 더 하위 레벨의 업무를 기준으로 나누거나 같은 업무를 대상 시장이나 제품 단위로 세분화하여 서비스를 도출해야 한다.

[그림 4-25]의 각 업무를 보면 더 세분화 하는 것이 어렵다고 생각할 수도 있다. 하지만 담당자가 많다는 것은 그만큼 하위 업무도 상당히 많은 기능을 갖고 있고 이미 업무 분장이 되었다고 보는 것이 맞다. 어떻게 보면 500명에 가까운 사람이 함께 개발하고 배포하는 시스템이 존재한다는 것이 더 비현실적일 것이다.

업무 분류 기준

업무를 하나의 서비스로 모으는 기준은 업무 간의 유사성이다. 여기서 유사성이란 앞에서 보았던 정보구조도 등에서 업무를 분류하는 원리와 같다. 적절한 서비스 개수를 염두에 두고 그에 맞추어 업무를 분류하는 것이다. 막연하게 느껴질 수도 있지만 실제로 구체적인 시스템을 놓고 보면 의외로 선택지가 적은 경우가 많다.

다음으로 이런 분류 작업에 참고할 수 있는 몇 가지 유형을 알아보자.

유형1 업무별 담당 부서에 따라 분류하기

업무별로 담당 부서가 나누어진다면 담당 부서에 따라 분류한다.

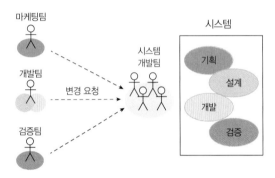

그림 4-26 시스템 기능과 담당 부서의 매핑

[그림 4-26]을 보면 제품 개발 과정을 관리하는 시스템으로 크게 기획, 설계, 개발, 검증 기능을 가지고 있는 것을 확인할 수 있다. 시스템을 사용하는 부서는 3개인데 마케팅팀은 기획 관련 기능을 담당하고, 개발팀은 설계와 개발, 검증팀은 검증 기능을 담당한다.

각 기능은 여러 팀에서 사용할 수도 있지만 중요한 것은 해당 업무의 담당 부서이다. 기획 기능은 마케팅팀 외에 개발팀도 사용할 수 있지만, 기획 기능을 정의하고 변화를 주도하는 것은 마케팅팀이다. 다르게 이야기하면 마케팅팀이 기획 기능을 변경시키는 근원이 된다.

다음은 [그림 4-26]의 시스템을 담당 부서에 따라 서비스로 분할한 예시이다.

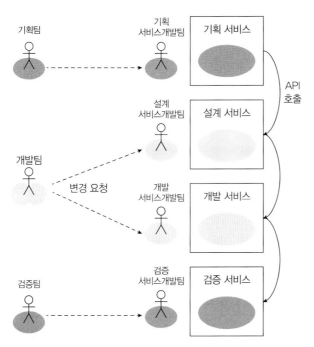

그림 4-27 담당 부서를 고려한 서비스 분할 예시

기획, 설계, 개발, 검증 업무의 담당 부서를 기준으로 각각 기획 서비스, 설계 서비스, 개발 서비스, 검증 서비스로 도출되었다. 설계와 개발은 하나의 서비스로 합쳐질 수도 있지만, 각 업무의 규모가 클 것으로 가정하고 별도의 서비스로 분할하였다.

이런 구조에서 가장 큰 장점은 업무팀의 변경 요청이 다른 업무팀의 요청이나 반영 일정에 간섭받지 않고 반영될 수 있다는 점이다. 기획팀의 변경 요청은 기획 기능을 전담하는 개발팀이 접수하여 개발하고 반영하므로 기획팀이 필요한 일정에 반영을 할 수 있다. 그리고 내부 구조를 크게 변경하는 것도 더 쉬워진다. 예를 들어 [그림 4-11]에서 살펴봤던 교육 개발 과정에서 과정 정보 테이블에는 최신의 과정 정보만 저장하고 변경 이력은 별도의 이력 테이블에 저장한다고 가정하자. 그런데 기획 중인 제품의 버전 관리를 더 강화하기 위해 과정 테이블에 버전 칼럼을 추가하고 최신 버전부터 기존 버전까지의 모든 과정 정보를 함께 저장한다고 해보자. 다른 업무는 기준 정보로서 참고하는 과정 테이블의 프라이머리 키primary key가 변경되는 상황인 만큼, 하나의 시스템에서라면 과정 정보를 참조하는 다른 기능의 SQL도 같이 변경해야 하므로 쉽게 변경이 불가능하다. 하지만 서비스로 분리되어 있다면 기획 서비스의 내부 테이블 구조는 변경하면서 외부에 노출하는 API는 기존과 동일하게 제공하여 변경 영향을 최소화할 수 있다.

하지만 항상 업무와 담당 부서가 매핑되지는 않는다. 예시의 설계 업무와 개발 업무처럼 하나의 부서가 여러 기능을 담당하는 경우도 있고, 여러 부서가 하나의 기능을 공동으로 담당하는 경우도 있다. 그럼에도 가능한 한 담당 부서의 변경 요청이 다른 담당 부서의 변경 요청과 경합하지 않도록 서비스를 배치하는 것이 좋다.

유형2 제품이나 시장별 담당 부서에 따라 분류하기

때로는 업무 단위가 아니고 제품이나 시장별로 부서가 나누어지는 경우도 있다.

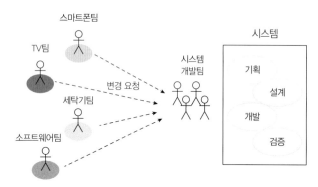

그림 4-28 시스템 기능과 주요 부서 매핑

[그림 4-28]은 제품의 개발 과정을 관리하는 시스템을 나타내고 있는데 앞의 예시와 동일하게 기획, 설계, 개발, 검증 기능을 갖고 있음을 보여준다. 그런데 이 시스템을 사용하는 부서는 개발하는 제품에 따라 TV팀, 세탁기팀, 스마트폰팀, 소프트웨어팀으로 나누어져 있다. 그리고 각 팀은 기획 파트, 개발 파트, 검증 파트로 구성된다. 모든 제품은 기획, 설계, 개발, 검증 단계를 거쳐 개발되고 공통된 속성을 가진다. 하지만 동시에 제품마다 고유한 특성과 프로세스도 가진다. 물리적인 제품인지 소프트웨어 제품인지에 따라 고유의 속성을 갖고, 소비자에게 판매하는 제품인지 파트너를 통해서 판매하는 제품인지 등에 따라 제품을 기획하고 개발하는 프로세스가 다르다. 다음은 [그림 4-28]의 시스템을 주요 기능에 따라 서비스를 분할한 예시이다.

주요 기능에 따른 서비스 도출 예시

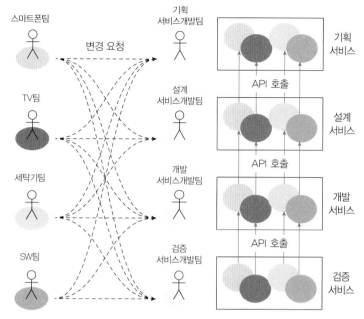

그림 4-29 주요 기능을 고려한 서비스 분할 예시

[그림 4-29]는 [그림 4-28]의 모놀리식 시스템을 주요 업무인 기획, 설계, 개발, 검증에 따라 각각 기획 서비스, 설계 서비스, 개발 서비스, 검증 서비스로 분할하였다. 각 서비스는 4개 제품의 특화 로직을 담고 있고, 서로 API로 통신한다. 기존에 비해 소스 코드 크기가 줄어들어 변경 및 배포가 쉬워질 수도 있지만, 각 소스 코드에는 제품의 고유 로직을 처리하기 위한 많은 분기문이 그대로 존재하여 단위 업무의 복잡도는 그대로 유지된다.

그리고 각 제품의 업무팀 간에는 여전히 병목이 존재한다. TV팀의 기획 파트가 기획 서비스에 TV를 위한 새로운 기능을 요청하면, 스마트폰팀의 기획 파트가 요청한 기능 변경이 완료될 때까지 기다려야 반영할 수 있다. 혹은 스마트폰의 기획 파트가 요청한 내용이 소프트웨어 제품의 기획 기능과 구조적으로 양립이 불가하여 거절당할 수도 있다.

이런 경우 다음과 같이 제품에 따라 서비스를 나눠서 변경 리드 타임을 최소화 할 수 있다.

제품에 따른 서비스 도출 예시

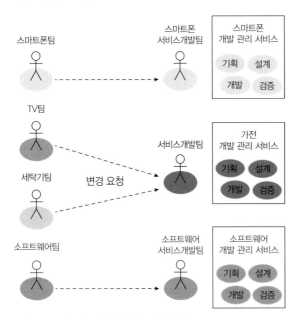

그림 4-30 제품을 고려한 서비스 분할 예시

[그림 4-30]은 [그림 4-28]의 모놀리식 시스템을 제품 담당 부서에 따라 서비스를 분할한 예시이다. 스마트폰과 소프트웨어 제품은 각각의 개발 관리 서비스를 갖고, 상대적으로 공통점이 많은 TV와 세탁기의 개발 관리는 가전 개발 관리 서비스가 함께 담당한다.

이 구조의 가장 큰 장점은 각 제품팀의 요청을 다른 제품팀의 간섭을 받지 않고 반영할 수 있다는 것이다. 스마트폰을 개발하는 팀의 요구 사항이 다른 제품팀의 요구 사항 때문에 일정이 밀리거나 거절당하지 않는다. 각 제품팀이 자신이 정의한 우선순위에 따라 기능을 제공할 수 있게 된다. 그리고 서비스별로 담당하는 제품에 관련 코드만 남길 수 있으므로 복잡도는 더 낮아진다. 따라서 병목 없이 새로운 기능을 빠르게 반영할 수 있다.

중복에 대한 우려

그런데 이렇게 제품에 따라 서비스를 분리하면 서비스마다 같은 이름의 기능을 갖게 된다. [그림 4-30]의 스마트폰 개발 관리 서비스, 가전 개발 관리 서비스, 소프트웨어 개발 관리 서비스는 모두 기획, 설계, 개발, 검증 기능을 갖고 있다. 따라서 [그림 4-29]처럼 업무를 기준으로 나누는 것 보다 서비스에 중복된 코드가 늘어나서 여러 단점이 생길 것이라고 생각할 수 있다.

첫째, 업무를 기준으로 서비스를 분할하면 하나의 변경으로 여러 제품의 기능을 개선할 수 있지만, 제품별로 서비스를 분할하면 서비스마다 변경해야 하기 때문에 비효율적일 것이라고 생각할 수 있다. 하지만 모놀리식 시스템에서도 업무가 복잡하고 제품별로 고유의 로직을 가진 경우에는 제품별로 코드를 독립적으로 관리하는 경우가 많다. 예를 들어 하나의 제품에서 기능 변경을 요청하면 다른 제품에는 영향이 없도록 요청된 제품의 코드만 변경한다. 규모가 크고 복잡한 시스템은 변경 영향을 최소화하려고 노력하기 마련인데, 공식적으로 변경 요청으로 인한 리스크를 최소화하려고 하기 때문이다. 그리고 의외로 여러 제품의 기능을 같이 변경하는 경우가 많지 않다. 따라서 코드가 중복되어도 생각보다 문제가 없다. 각 제품팀은 자신의 제품에만 관심이 있기 때문에 다른 제품을 함께 변경하고 싶어하지 않는다. 무엇보다 모든 제품의 개발 관리 프로세스와 규칙을 한 번에 변경하는 주체가 없다. 따라서 이러한 광범위한 기능 변경은 잘 발생하지 않는다. 이는 기존의 시스템 변경 이력을 추적해보면 정확하게 판단할 수 있다.

둘째, 전체 시스템의 코드 양이 증가하여 시스템의 개발 비용과 운영 비용이 상승할 것이라는 점이다. 중복 작업은 많지 않더라도 업무를 기준으로 서비스를 도출하는 것보다 시스템의 전체 코드 양이 다소 증가하고 이에 따라 초기 개발 및 유지 비용이 상승할 수 있다. 하지만 마이크로서비스 아키텍처는 시스템의 전체 운영 비용을 낮추려고 도입하는 것이 아니다. 반대로 비용을 조금 더 들여서라도 더 빠르게 비즈니스 요구 사항을 반영하려는 것이다. 어느정도 비용이 상승하더라도 각 제품의 요구 기능을 빠르게 반영하여 변화하는 시장을 따라갈 수 있다면 충분히 투자 가치가 있다. [그림 4-30]의 TV팀과 세탁기팀은 하나의 서비스에서 제품을 개발한다. 다른 제품에 비해 서로 비슷한 부분이 많다는 이유 때문이겠지만 사실 TV와 세탁기 간의 차이점도 많을 것이다. 기본적으로 제품을 개발하고 양산하는 조직이 다를 것이고, 검증 프로세스도 다를 것이다. 이럴 때 서비스를 통합할지 분리할지를 결정하는 것은 코드나 데이터 스키마의 유사성을 가지고 판단하는 것보다 투자 대비 이익이 얼마가 될지를 가지고 판단하는 경우가 현실적으로 많다. 만약 통합되어 있는 서비스개발팀에서 각기 다른 제품을 개발 관리함에 따라 기능 변경이 느려 시장 대응이 어렵다고 판단하고, 추가 비용을 들여 개선이 필요하다는 공감대가 형성된다면 별도의 서비스를 만들 수도 있다. 결국 중요한 것은 시스템에 투자하는 비용이 아니고 투자로 얻을 수 있는 이익이 얼마나 큰가에 달려있다.

마지막으로 통일된 프로세스나 규칙이 깨지는 것을 걱정하기도 한다. 같은 코드베이스와 데이터 스키마를 공유하면 표준을 따르는 데에 더 유리한 점이 있겠지만, 구현 코드가 분리되었다고 하나의 표준이나 프로세스를 따르지 못할 이유는 없다. 만약 전체 제품의 개발 현황을 살펴볼 수 있는 기능이 필요하다면, 관련 데이터를 모아서 제공하면 된다.

유형 3 **담당 조직이 다른 업무의 분리**

일부 업무를 다른 회사나 해외 조직처럼 협업하기 어려운 곳이 담당한다면, 해당 업무는 별도의 서비스로 분할하는 것이 좋다. 다른 파트너 회사가 시스템의 일부 기능을 담당하면 보안 이슈로 코드 접근이 제한적일 수밖에 없다. 파트너사가 개발에서 운영까지 모든 과정을 담당하지 못하고 본사의 직원이 대행하는 경우도 있다. 이런 경우 파트너사가 담당하는 업무를 별도의 서비스로 분리하면 보안 규정을 준수하면서도 빠르게 개발하고 배포할 수 있다.

글로벌 회사에서 현지 특화 기능을 반영하기 위해 해외 법인이 기능 변경을 구체화해서 요청하면 본사에서 구현하는 경우도 있다. 이런 경우에도 시차나 언어적인 이슈로 변경 리드 타임이 길어지기 마련인데 현지 법인의 특화 기능을 별도의 서비스로 만들어 현지에서 직접 개발하고 배포하게 할 수 있다. 모놀리식 아키텍처인 경우 국내와 해외 개발자가 하나의 코드 베이스를 수정하면 협업이 어렵거나 문제가 발생했을 때 책임 소재가 애매하여 꺼려 하기도 한다. 하지만 마이크로서비스 아키텍처를 도입하여 해외 조직이 현지 특화 기능을 제공하는 서비스를 개발부터 운영까지 책임지게 하면 스스로 필요한 기능을 빠르게 반영할 수 있고, 장애가 발생하더라도 본사의 서비스에는 영향이 크게 가지 않는다.

유형 4 **반영 프로세스가 남다른 업무의 분리**

간혹 시스템 업무 중에는 더 복잡한 반영 프로세스를 가진 것이 있다. 예를 들어 국가 기관에서 금전적인 지원을 받는 업무나, 법규에 의해서 엄격한 관리를 받는 업무를 보유한 시스템은 기능 변경 내역을 외부 기관에 사전 허락받거나 사후에 신고해야 하는 경우가 있다. 따라서 변경 및 반영 프로세스가 까다로워질 수밖에 없는데, 문제는 시스템의 다른 기능도 같은 반영 프로세스를 따라야 한다는 점이다. 이런 경우 해당 기능을 별도의 서비스로 분리하여 더 간편한 반영 프로세스를 따르게 할 수 있다.

유형 5 **미션 크리티컬한 업무의 분리**

매우 크리티컬한 시스템의 장애 영향도를 줄이기 위해 마이크로서비스 아키텍처를 도입할 수 있다. 이런 경우 시스템에서 장애 영향도가 높은 중요 업무를 별도 서비스로 분리하여 다른 업무 기능의 버그나 장애로 인한 영향을 최소화 시킬 수 있다. 그리고 다른 업무는 장애에 민감한 업무와 분리되기 때문에 상대적으로 가벼운 프로세스를 적용하여 변경을 빠르게 할 수 있다.

유형6 사용자 트래픽이 크게 증가/감소하는 업무의 분리

사용자 트래픽이 크게 증가하고 감소하는 업무가 있다면 별도의 서비스로 분할하는 것이 좋다. 별도의 서비스로 분리하여 많은 트래픽을 처리하는 데에 최적인 기술을 적용하고, 필요에 따라 독자적으로 스케일 아웃하고 스케일 인할 수 있다.

지금까지 서비스로 분류할 수 있는 유형을 살펴봤다면, 다음은 반대로 선택하면 안 되는 유형을 알아보자.

안티패턴1 데이터 참조나 트랜잭션을 기준으로 서비스 분류하기

구현 이슈에 걱정이 많은 경우에는 서비스 간의 데이터 참조나 트랜잭션이 최소화되도록 서비스를 분할하는 경우가 있다. 업무 간의 관계는 시스템의 참조 관계와 비례하는 경향이 있지만 꼭 그렇지 않은 경우도 많다. 따라서 구현 레벨의 참조 관계를 우선하여 서비스를 분류하면, 서비스 간의 API 호출이 줄어들어 구현이 좀 더 쉬워질 수도 있지만, 연관이 적은 업무가 한데 모여 서로 변경을 어렵게 할 수도 있다. 따라서 서비스는 업무 구분이나 업무 간의 관계를 우선적으로 고려하여 분류하고 구현 이슈는 보조적인 지표로 활용해야 한다.

안티패턴2 기준 정보 관리 서비스

간혹 기준 정보 서비스를 만들기도 하는데 대부분의 경우 적절하지 않은 안티패턴이다. 기준 정보는 시스템에서 동일한 기준으로 사용하는 데이터이다. 기준 정보 관리는 각 업무의 기준 정보를 모아 관리하여 시스템의 데이터 표준을 정의하고 정합성을 맞추는 역할을 한다. 업무구조도에 기준 정보 관리가 표현되는 경우가 많은데 간혹 이를 서비스로 도출하려곤 한다.

이런 기준 정보 관리 서비스는 기준 정보 관리가 메인이 되는 시스템이 아니라면 대부분은 안티패턴이다. 모놀리식 시스템에선 여러 업무의 기준 정보를 통합하여 별도의 업무로 분류하더라도 구현이나 시스템 동작에 아무런 페널티가 없다. 하지만 마이크로서비스 아키텍처에선 서비스 간 불필요한 API 통신이나 데이터 동기화를 유발한다. 그리고 장애에 대한 대책을 세우지 않는다면 기준 정보 서비스는 시스템의 단일 장애 지점이된다. 따라서 기준 정보는 별도의 서비스보다는 원래 각 업무 고유의 데이터로 해당 업무 서비스에서 관리하는 것이 맞다.

4.5.3 시스템 기능을 제공하는 서비스

시스템에는 업무와 관련 없이 순수한 시스템 관점의 기능이 있다. 이런 기능은 업무와는 조금 다른 관점에서 서비스로 분류될 수 있다.

대표적인 예는 로그인, 접근제어, 사용자 관리 같은 기능이다. 이는 대부분의 시스템에 필요한 기능인만큼 어느 정도 정형화된 패턴을 따르는 경우가 많다. 특히 별도의 IdP^{Identity Provider} 솔루션을 사용하는 경우에는 선택한 솔루션에 의해 큰 구조가 정해지기도 한다.

두 번째는 배치 서비스이다. 모놀리식 시스템에서의 배치 작업은 일반 업무와 부하가 발생하는 타이밍과 패턴이 다르기 때문에 별도의 서버에서 실행하는 경우가 많다. 마이크로서비스 아키텍처의 경우 시스템이 여러 개의 서비스로 분할되면서 배치 서비스의 위치가 애매해질 수 있다. 서비스마다 자신의 배치 서비스를 갖는다면 규모가 큰 일부 서비스를 제외하고 자원의 낭비가 클 수 있다. 그렇다고 공통의 배치 서비스를 만들어 공유하기에는 각 서비스의 독립성을 해칠 수 있다.

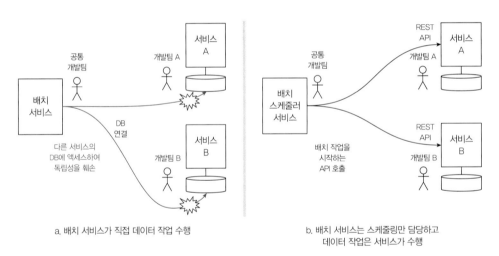

a. 배치 서비스가 직접 데이터 작업 수행   b. 배치 서비스는 스케줄링만 담당하고
데이터 작업은 서비스가 수행

그림 4-31 배치 서비스의 역할에 따른 의존 관계

[그림 4-31]은 공통의 배치 서비스를 가져갈 때 역할에 따른 의존 관계의 차이를 보여준다. 왼쪽 그림을 보면 배치 서비스가 직접 배치 작업을 수행함을 나타내고 있다. 공통 개발팀에서 담당하는 배치 서비스가 개발팀 A와 개발팀 B의 데이터베이스에 직접 액세스하므로, 개발팀 A와 개발팀 B가 내부 구조를 자유롭게 변경하는 데에 제약이 발생한다. 그렇다고 개발팀 A와

개발팀 B가 배치 서비스를 공통으로 관리하기에는 자원의 배분이나 변경 관리 같은 다양한 이슈가 발생할 수 있다.

이런 경우 오른쪽 그림처럼 공통의 배치 서비스는 스케줄러 역할만 하게 하고, 실제 배치 작업은 업무 서비스가 실행하게 할 수 있다. 배치 스케줄링과 관련된 기능은 공통으로 가져가고, 업무 서비스는 배치 실행 API를 요청받은 인스턴스가 배치 작업을 수행한다. 배치 서비스가 업무 서비스의 내부 구조에 직접 액세스하지 않으므로 업무 서비스의 독립성을 해치지 않는다. 업무 서비스는 전용 배치 서비스를 두지 않고 최소한의 리소스로 배치를 실행할 수 있다.

세 번째는 인터페이스를 담당하는 서비스이다. 모놀리식 시스템에서는 외부 시스템과의 인터페이스가 많다면 별도의 인터페이스 서버를 두는 경우가 종종 있다. 인터페이스 서버는 단순히 외부 시스템과 API로 연계하기도 하지만, 외부 시스템의 데이터를 배치로 가져와 가공하거나 주기적으로 동기화하기도 한다. 마이크로서비스 아키텍처에서도 외부 시스템과의 인터페이스를 전담하는 서비스가 필요할 수 있다. 그런데 단순히 외부 시스템에 API 호출을 릴레이하는 경우라면 인터페이스 서비스 없이 업무 서비스가 직접 호출하는 것이 더 효율적이다.

네 번째로 구체화된 뷰^{Materialized View}나 CQRS 패턴을 적용하여 읽기 전용 서비스가 추가될 수도 있다. 이런 경우 읽기 전용 서비스는 데이터 조회에 최적화된 구조로 개발하거나, 조회 확장성을 강화하는 경우가 많다. 따라서 업무를 중심으로 서비스를 선정하는 것과는 다른 이유로 서비스가 만들어지는 케이스이다.

마지막으로 리포트, 통계 기능은 다양한 업무의 데이터를 종합하여 만들어 내는 경우가 많다. 따라서 서비스로 분할하였을 때 참조하는 데이터의 양이 많거나, 의존 관계가 복잡해지는 것에 대한 우려가 있을 수 있다. 일반적인 원칙은 한 서비스에서 제공할 수 있는 데이터는 해당 서비스가 직접 제공하게 하고, 여러 서비스의 데이터를 조합해서 제공해야 하는 경우에는 이를 전담하는 별도의 서비스를 두는 것이다. 업무의 데이터를 조합하는 경우라도 데이터 크기가 이슈되는 경우는 생각보다 많지 않다.

4.5.4 체크리스트

다음은 서비스가 잘 선정되었는지를 확인할 수 있는 간단한 체크리스트이다. 모든 항목이 맞을 필요는 없지만 잘 들어맞는 항목이 많다면 좋은 신호로 볼 수 있다.

업무/조직의 구분을 당연하게 여기는 사람이 많다. 단, 구현에 대한 걱정은 제외한다.

- 서비스의 담당 부서가 하나만 있다.
- 서비스 수가 팀 수와 비슷하다.
- 각 서비스의 규모가 비슷하여 대체적으로 균형이 맞다.
- 서비스 간의 관계가 적다.

4.6 서비스 선정 예시

이제 예시를 통해 앞서 설명한 서비스 선정 과정을 살펴본다. 예시는 KUdemy라는 가상의 사례를 들어 마이크로서비스 아키텍처의 적합성 검토, 도입 목표의 수립, 분할 가능한 업무 식별 및 서비스 선정에 필요한 요소들을 정의하였다. 해당 시나리오를 따라오다 보면 현업에서 서비스 선정을 어떻게 해야 하는지 감이 잡힐 것이다.

4.6.1 KUdemy 기본 설정

KUdemy는 국내의 참여형 온라인 학습 플랫폼으로 프로그래밍, 그래픽, 디자인, 음악, 경영 비즈니스 등 다양한 분야의 강의를 저렴하게 수강할 수 있는 서비스를 제공한다. KUdemy의 특징은 누구나 강의 콘텐츠를 업로드하여 강의를 개설할 수 있다는 점이다. 강사 신청을 하고 강의 콘텐츠를 제작하여 업로드하는 것으로 강의를 시작할 수 있고, 이에 대한 수익금의 일부를 받는다. 강사가 원하는 경우 KUdemy의 촬영 스튜디오를 사용하여 강의를 촬영할 수 있고, 영상 편집 서비스도 받을 수 있다. 강사는 강의 진도율, 강의 만족도에 대해 실시간 모니터링을 할 수 있고, 필요시 홍보 콘텐츠를 제작하여 홍보할 수도 있다.

2년전 부터 KUdemy는 사업 영역을 넓히기 위해 기업 위탁형 교육을 진행해오고 있다. 기존의 강의 콘텐츠를 활용하여 기업체 고객이 무료로 수강할 수 있게 하고, 기업체 고객이 원하는 맞춤형 온라인 과정을 개발하여 제공한다. 맞춤형 과정에는 법정 필수 교육이 포함되어 있는데 법정 필수 교육의 경우 대상자를 선정하여 특정 기간에 교육을 진행한다. 기업 담당자에게는 대상자의 교육 수강 진도율과 수료 결과를 모니터링할 수 있도록 서비스를 제공한다.

시스템 아키텍처

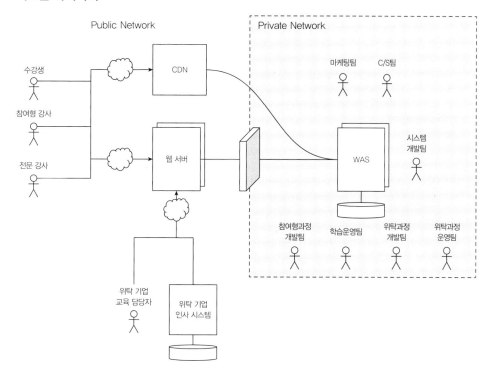

그림 4-32 시스템 컨텍스트 다이어그램

[그림 4-32]는 KUdemy 시스템의 개략적인 구조 및 주요 사용자와 관련 업무팀을 보여준다. KUdemy 시스템은 전통적인 웹 아키텍처로 DMZ 영역에 웹 서버가 배치되어 있고 내부 네트워크에 웹 애플리케이션 서버Web Application Server, WAS가 있다. 그리고 멀티미디어 기반의 학습 콘텐츠를 원활히 제공하기 위해 외부의 콘텐츠 전송 네트워크Content Delivery Network, CDN 서비스를 사용한다. 수강생은 퍼블릭 네트워크public network를 통해 시스템을 사용하며, 내부 임직원은 사내 네트워크를 사용한다. 또한 교육을 위탁한 기업의 인사 시스템이 임직원의 학습 정보를 조회해 갈 수 있도록 전용 인터페이스를 제공한다.

주요 이해관계자

다음으로 KUdemy의 주 사용자와 업무팀에 대해 간략하게 알아보자.

- 수강생: 교육을 수강한다.
- 참여형 강사: KUdemy에 자신의 강의 콘텐츠를 등록하고, 강의에서 발생한 수익의 일부를 수입으로 가져 간다.
- 전문 강사: KUdemy에서 초빙한 강사로, 위탁 교육 개발 및 강의한다.
- 위탁 기업 교육 담당자: 교육을 위탁한 기업의 담당자로 수강생의 진도/수료 현황을 모니터링하고, 필요시 독 려 메일을 보낸다.
- 참여형과정개발팀: 참여형 강사를 모집하고 강의 제작을 지원하여 학습 콘텐츠를 개발한다.
- 학습운영팀: 수강 신청부터 완료까지 학습에 필요한 업무를 담당한다.
- 위탁과정개발팀: 고객사의 요구를 파악하여 교육 커리큘럼을 수립하고, 필요한 교육 과정을 설계하고 개발 한다.
- 위탁과정운영팀: 위탁 교육 과정을 운영한다.
- 마케팅팀: 교육과정 및 참여강의 플랫폼을 홍보하고 이벤트 등을 진행한다.
- C/S팀: 고객 및 파트너 관련 지원을 담당한다.
- 시스템개발팀: 시스템을 개발하고 운영한다.

주요 업무 및 담당자

다음은 시스템의 주요 기능과 관련 업무팀을 알아본다. 38개의 기능이 9개의 대분류로 구분되고, 각 기능은 시스템개발팀을 포함하여 7개의 업무팀이 담당하고 있다. 시스템개발팀의 담당자는 총 83명이다.

표 4-3 주요 업무 및 담당팀

대분류	업무	시스템 담당 인원	담당 업무팀
강사/강의 관리	강사 관리	2	참여형과정 개발팀
	강의 관리	2	
	강의 콘텐츠 제작 지원	2	
내 강의 관리	내 강의 콘텐츠 관리	7	
	내 강의 대시보드	2	
	내 강의 홍보	6	
	내 소득 관리	3	

학습	수강 신청	3	학습운영팀
	학습	8	
	시험	4	
	과제		
	커뮤니티	5	
	만족도 평가	3	
	설문		
수강생	내 학습	4	
	장바구니		
위탁 교육 개발	위탁 교육 커리큘럼 관리	5	위탁과정개발팀
	과정 기획		
	과정 설계		
	과정 개발		
위탁 교육 운영	차수 편성	7	위탁과정운영팀
	진도율 관리		
	수료 확정		
	과정 종료		
마케팅	프로모션	6	마케팅팀
	행사		
CRM	SR	5	C/S팀
	VOC		
시스템	로그인/권한/코드	2	시스템개발팀
	사용자	4	
	메일		
	SMS		
	결재		
	공지 사항	3	
	게시판		
	배치		
	Audit		

시스템 현황

온라인 교육 시장은 국내외의 업체들이 치열한 경쟁을 벌이고 있다. KUdemy도 시장의 트렌드를 따라잡고 리딩할 수 있도록 다양한 기능을 선보이고 있다. 그런데 기업 위탁 교육은 각 기업이 자신만의 특화 기능을 요구하는 경우가 많다. 따라서 사업 영역의 확대와 함께 시스템에 새로운 기능이 많이 추가되었고, 시스템을 운영하고 개선하는 시스템개발팀의 인원도 몇 년 사이에 3배 이상으로 커져 80명 정도가 되었다.

KUdemy는 300만 명의 사용자를 보유하고 있으며 이 중 위탁 교육 중인 기업의 사용자는 100만 명이다. 위탁 교육은 각 기업 담당자가 전 임직원의 법정 필수 교육을 진행하기 위해 월별로 교육 계획을 수립하므로, 대부분의 경우 월초에 자동으로 수강이 신청되고 월말에 수료한다. 따라서 매월 말일에 학습 콘텐츠 조회와 시험 응시, 과제 제출로 인해 급격한 트래픽이 발생한다. 이로인해 KUdemy는 과거 몇 차례 수강생이 학습을 할 수 없을 정도로 큰 서비스 장애가 발생했었다. 당시에 이 내용이 언론에 노출되면서 회사의 이미지에 악영향을 미쳤었다.

현재 KUdemy의 시스템은 2주 1회 목요일 저녁 시간에 정기 배포를 실시한다. 정기 배포에는 평균 30~40개 정도의 기능 변경이 포함된다. 그리고 긴급한 변경 건이 있으면 별도로 비정기 배포를 실시한다.

시스템 개선 배경

최근 들어 다수의 업무팀은 자신들이 사용하는 시스템의 기능 변경 요구가 받아들여지지 않는다는 생각을 했다. 경쟁사의 새로운 기능을 벤치마킹하여 신규 기능을 제안했지만 시스템개발팀이 난색을 표하는 경우가 종종 있었다. 특히 학습운영팀과 위탁교육운영팀이 불만이 많았다. 학습 운영과 관련된 시스템 기능은 원래 참여형 강의를 제공했는데, 위탁 교육 사업을 시작하면서 위탁 교육과 관련된 기능이 많이 반영되었다. 이에 참여형 과정을 운영하는 학습운영팀은 위탁 교육과 관련된 기능을 받아들임으로써 자신들의 요구 사항 반영이 늦어지는 것에 불만이 생겼다. 그리고 위탁과정운영팀은 기존 기능의 콘셉트와 맞지 않거나 구조상 기능 구현이 어렵다는 이유로 자신들의 요구 사항이 거절당하는 경우가 종종 있었고, 특히 기능 변경을 할 때마다 학습운영팀의 합의를 받아야 했기 때문에 불만이 커졌다.

이로 인해 KUdemy는 기존 시스템이 비대해지고 노후화됨에 따라 마이크로서비스 아키텍처, 지속적인 전달, CFT^{Cross Functional Team}[6]를 도입하는 계획을 세우기로 했다.

---

6 다양한 전문 지식을 가진 사람들이 공통 목표를 가지고 작업하는 조직.

4.6.2 서비스 선정

적합성 검토

먼저 KUdemy 시스템이 마이크로서비스 아키텍처에 적합한지를 판단한다. [표 4-4]에서 정리한 바와 같이 KUdemy 시스템은 마이크로서비스 아키텍처를 도입하여 비즈니스 민첩성을 향상하고 대형 장애를 방지할 수 있다. 그리고 더 효율적으로 확장성을 확보할 수 있다.

표 4-4 마이크로서비스 적합도

구분	적합도	비고
비즈니스 민첩성	상	• 정기 배포 주기가 2주로 리드 타임이 길고, 80여 명의 인원이 매번 많은 기능을 반영함 • 배포 주기 단축으로 딜리버리 퍼포먼스를 향상시키고, 변화하는 시장에 더 빠르게 대응 가능함 • 업무별로 독립적으로 개발 및 배포하여 새로운 기능을 빠르게 반영 가능함
장애 격리	상	• 많은 대중에게 학습 서비스를 제공하는 시스템으로 장애 시 영향도가 매우 높음 • 수강생이 사용하는 업무를 다른 업무와 분리하여 다른 기능의 문제로 학습 기능에 장애가 발생하는 것을 최소화할 수 있음
확장성	중	• 매월 말일에는 위탁 교육자의 시험/과제 제출로 트래픽이 크게 증가함 • 월말에 트래픽이 몰리는 시험/과제 기능은 별도 서비스로 분리하고 확장에 유리한 기술 구조를 적용하여 유연한 트래픽 처리가 가능함

도입 목표 수립

KUdemy 시스템은 마이크로서비스 아키텍처를 도입하여 다음과 같은 시스템 목표를 달성한다.

(a) 비즈니스 민첩성 향상

- 배포 주기를 주 2회로 단축하여 딜리버리 퍼포먼스를 향상시킨다.
- 규모가 작은 팀이 서비스를 전담하여 독립적으로 배포한다.
- 서비스별로 독립적으로 개발 및 배포를 한다.
  - 서비스별로 소스 코드와 빌드 배포 파이프라인 분리
  - 다른 서비스는 지정된 API와 이벤트로만 서비스에 접근 가능
  - 내부 데이터베이스에는 다른 서비스가 액세스할 수 없도록 차단

(b) 장애 격리

- 수강생이 사용하는 기능은 다른 기능의 문제로 장애가 발생하지 않아야 한다.

(c) 확장성 개선

- 시험/과제 기능은 매월 말일에 서비스 중단없이 스케일 아웃하고 월초에는 축소 가능해야 한다.

분할 가능한 업무 식별

[표 4-3]의 대분류를 기준으로 보면 강사/강의 관리, 내 강의 관리, 학습, 수강생, 위탁 교육 개발, 위탁 교육 운영, 마케팅, CRM, 시스템으로 총 9개의 주요 업무가 있다.

적절한 서비스 개수

시스템 담당자의 전체 인원이 83명이다. 따라서 적절한 팀의 인원을 최소 6명에서 최대 12명으로 가정하면 서비스 수는 대략 7~14개 사이가 적절하다.

서비스 선정

(a) 비즈니스 민첩성의 반영 (1차)

다음으로 [표 4-5]에 [표 4-3]에서 도출한 업무를 기준으로 가장 쉽게 구분할 수 있는 단위로 서비스를 분할하여 1열에 기입하였다.

표 4-5 서비스별 업무 배치

서비스 (시스템 담당 인원)	대분류	업무	시스템 담당 인원
강사/강의 서비스 (6명)	강사/강의 관리	강사 관리	2
		강의 관리	2
		강의 콘텐츠 제작 지원	2
내 강의 서비스 (18명)	참여형 강의	내 강의 콘텐츠 관리	7
		내 강의 대시보드	2
		내 강의 홍보	6
		내 소득 관리	3

학습 서비스 (27명)	학습	수강 신청	3
		학습	8
		시험	4
		과제	
		커뮤니티	5
		만족도 평가	3
		설문	
	수강생	내 학습	4
		장바구니	
위탁 교육 서비스 (12명)	위탁 교육 개발	과정 관리	5
		과정 기획	
		과정 설계	
		과정 개발	
	위탁 교육 운영	차수 편성	7
		진도율 관리	
		수료 확정	
		과정 종료	
마케팅 서비스 (6명)	마케팅	프로모션	6
		행사	
CRM 서비스 (5명)	CRM	SR	5
		VOC	
IdP (2명)		로그인/권한/코드	2
공통 서비스 (7명)	시스템	사용자	4
		메일	
		SMS	
		결재	
		공지 사항	3
		게시판	
		배치	
		Audit	

서비스는 강사/강의 서비스, 내 강의 서비스, 학습 서비스, 위탁 교육 서비스, 마케팅 서비스, CRM 서비스, IdP, 공통 서비스로 총 8개가 도출되었다. 이를 서비스별로 시스템 담당팀을 매핑하여 도식화하면 [그림 4-33]과 같다.

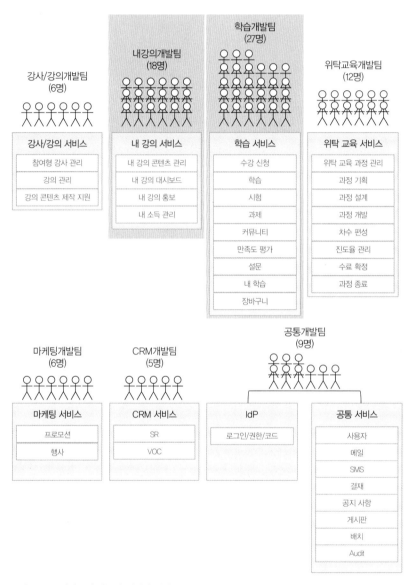

그림 4-33 서비스별 업무와 담당팀 배치

기존에는 80여 명이 하나의 시스템을 같이 개발하고 배포했지만, 이제는 훨씬 적은 인원으로 구성된 팀별로 규모가 작은 시스템을 개발하고 배포하게 되었다. IdP는 전용 솔루션을 도입하여 분리되었고, 담당 인원이 2명에 불과하여 별도 개발팀을 편성하지 않고 공통개발팀이 담당한다.

그런데 서비스별로 담당팀을 보면 내강의개발팀과 학습개발팀은 각각 18명, 27명으로 규모가 상당히 크다. 따라서 두 팀을 더 작게 구성해볼 수 있다.

(b) 비즈니스 민첩성의 반영 (2차)

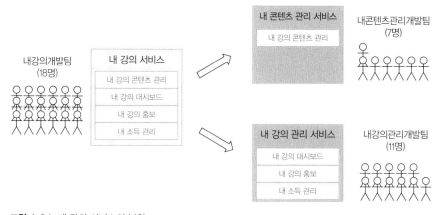

그림 4-34 내 강의 서비스의 분할

[그림 4-34]와 같이 18명이 담당하던 '내 강의 서비스'는 '내 콘텐츠 관리 서비스'와 '내 강의 관리 서비스'로 분할하였다. 적정 팀의 인원 수를 6~12명 정도로 고려하면, '내 콘텐츠 관리 서비스'의 담당자는 7명, '내 강의 관리 서비스'의 담당자는 11명으로 하는 게 적정한 규모가 된다.

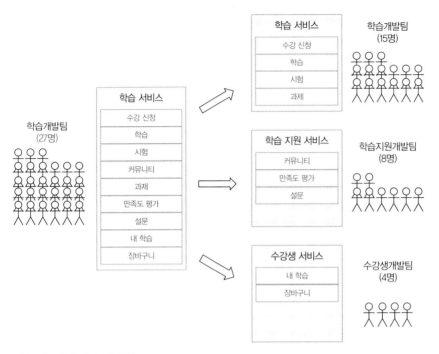

그림 4-35 학습 서비스의 분할

[그림 4-35]와 같이 '학습 서비스'를 '학습 서비스', '학습 지원 서비스', '수강생 서비스'로 분할하였다. '학습 서비스'의 담당자는 15명으로 한 팀의 규모로는 조금 큰 편이다. 앞에서(4.6.2의 적절한 서비스 개수 참고) 적절한 팀원의 규모를 6~12명으로 가정한 것에 따르면 2개의 팀으로 나눌 수 있겠지만, 꼭 필요성이 느껴지지 않는다면 그대로 둬도 무방한 수준이다. '학습 지원 서비스'의 담당자는 8명으로 적절한 범위에 들어온다. '수강생 서비스'의 담당자는 4명으로 규모가 작아 다른 팀과 합치는 것도 가능하겠지만, 향후 중점적으로 기능을 확대할 계획이 있어 별도의 팀으로 분리하였다.

(c) 장애 격리와 확장성의 반영

장애 격리 관점에서의 도입 목표는 수강생이 사용하는 기능이 다른 기능의 문제로 장애가 발생하지 않게 하는 것이다. 앞의 서비스 구성을 보면 이미 수강생이 사용하는 기능은 학습 서비스, 학습 지원 서비스, 수강생 서비스로 분리되어 있다. 따라서 이미 목표는 충족된 상태이다.

그리고 확장성 관점에서의 도입 목표는 시험/과제 기능이 매월 말일에 서비스 중단없이 스케일 아웃하고 월초에 축소하는 것이다. 현재 시험/과제 기능은 다른 기능과 함께 '학습 서비스'에 합쳐져 있으므로 이를 서비스 구성에 반영한다.

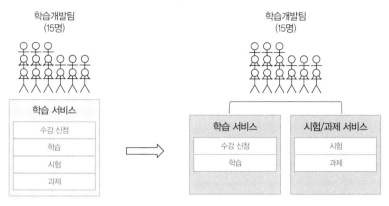

그림 4-36 학습 서비스의 추가 분할

[그림 4-36]과 같이 '학습 서비스'에서 시험과 과제를 '시험/과제 서비스'로 분리하였다. 시험과 과제 기능은 월말에 트래픽이 증가하고 월초에 함께 감소하는 특징을 공유한다. 따라서 스케일 인/아웃 주기가 같으므로 하나의 서비스로 도출하였다. 그리고 학습개발팀이 학습 서비스와 시험/과제 서비스를 담당한다. 학습개발팀을 나누어 시험/과제 서비스를 전담하는 개발팀을 만들려고 하는 여러 논의가 있었지만, 규모가 작고 학습 기능과 연관성이 많으므로 학습개발팀이 학습 서비스와 시험/과제 서비스를 함께 담당하는 것으로 결정하였다.

다음은 이제까지 선정한 서비스의 최종 구성이다.

그림 4-37 서비스별 업무와 담당팀 배치

총 12개의 서비스와 10개의 담당 팀이 도출되었다. 대부분 하나의 팀이 하나의 서비스를 담당하며 예외적으로 학습개발팀만 '학습 서비스'와 '시험/과제 서비스'를 함께 담당하고, 공통개발팀은 IdP와 '공통 서비스'를 함께 담당한다. 반대로 여러 팀이 하나의 서비스를 담당하는 사례는 없다.

이제 선정한 12개의 서비스가 마이크로서비스 아키텍처를 도입하는 목표를 잘 반영하고 있는지 살펴보자.

(d) 선정 결과 리뷰

앞에서(4.6.2의 도입 목표 수립 참고) 마이크로서비스 아키텍처를 도입하는 목표를 비즈니스 민첩성, 장애 격리, 확장성 개선 관점에서 정의하였다. 서비스와 담당 팀을 정의한 결과가 각 목표를 잘 달성할 수 있도록 도출되었는지를 알아본다.

● 비즈니스 민첩성

먼저 비즈니스 민첩성의 목표는 다음과 같다.

> **1** 배포 주기를 주 2회로 단축하여 딜리버리 퍼포먼스를 향상시킨다.
> **2** 규모가 작은 팀이 서비스를 전담하여 독립적으로 배포한다.
> **3** 서비스별로 독립적으로 개발 및 배포할 수 있다.

[그림 4-37]을 보면 4~15명으로 이뤄진 작은 조직들이 서비스를 전담하고 있다. 따라서 2번 목표는 잘 만족한다. 그리고 12개의 서비스가 업무 단위로 분리되어있어 독립적으로 개발 및 배포할 수 있게하므로 3번 목표를 달성할 수 있다. 물론 3번 목표를 완벽하게 만족시키려면 세부 구조와 실행 환경에서도 충분히 분리되어야 한다.

추가로 변경 요청을 하는 업무팀, 서비스, 시스템팀을 매핑하여 업무팀의 기능 변경 요청이 병목 없이 반영될 수 있는지를 확인해본다.

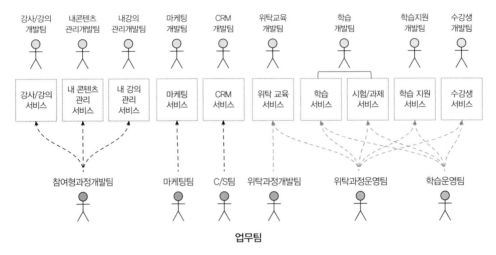

그림 4-38 서비스와 업무팀의 매핑

[그림 4-38]은 서비스와 업무팀 간의 관계를 보여준다. 과정 개발, 마케팅, C/S 관련 서비스는 업무팀과 단독으로 잘 매칭되어 있지만 학습 서비스, 시험/과제 서비스, 학습 지원 서비스, 수강생 서비스는 학습운영팀과 위탁과정운영팀의 요구 사항을 함께 처리하므로 두 팀의 갈등은 여전히 지속될 것으로 보인다. 이와 관련하여 위탁과정운영팀이 기능을 전담하는 서비스를 분리하는 논의가 있었지만 일단 현 상태로 시스템을 전환한 이후에 다시 검토하는 것으로 결정하였다.

● **장애 격리**

다음은 장애 격리 관점의 목표이다.

　수강생이 사용하는 기능은 다른 기능의 문제로 장애가 발생하지 않아야 한다.

서비스 선정 결과인 [그림 4-37]을 보면 수강생이 사용하는 기능은 수강 신청, 학습, 시험, 과제, 커뮤니티, 만족도 평가, 설문, 내 학습, 장바구니이다. 이 모든 기능은 학습 서비스, 시험/과제 서비스, 학습 지원 서비스, 수강생 서비스에 배치되어 있고, 다른 사용자가 사용하는 기능과 섞여있지 않다. 따라서 장애 격리 목표를 만족한다.

● **확장성**

다음은 확장성 관점의 목표이다.

시험/과제 기능은 매월 말일에는 서비스 중단없이 스케일 아웃하고 월초에는 축소할 수 있어야 한다.

[그림 4-37]의 서비스 선정 결과를 보면 시험, 과제 기능은 '시험/과제 서비스'로 분리되어 있다. 따라서 '시험/과제 서비스'만 단독으로 스케일 인/아웃이 가능하므로 수강생의 트래픽 변화에 효율적으로 대체할 수 있으므로 목표를 만족한다.

지금까지 살펴본 것과 마찬가지로 [그림 4-37]의 서비스 선정 결과는 비즈니스 민첩성, 장애 격리, 확장성에 대한 목표를 달성할 수 있도록 서비스가 잘 선정되었다.

고려 사항

앞서 살펴본 KUdemy 시나리오는 서비스를 선정하는 과정을 보여주기 위해 전체 업무를 한 번에 분할하는 모습을 보여주었다. 만약에 프로젝트를 통해 마이크로서비스 아키텍처로 한 번에 전환하는 경우에는 서비스 선정 결과가 바로 차기 시스템의 고수준 설계가 될 것이다. 반면에 점진적으로 마이크로서비스 아키텍처로 전환하는 경우에는 긴 기간 동안 우선순위에 따라 단계적으로 전환한다. 따라서 [그림 4-37]의 서비스 및 조직 구성은 모든 전환 단계가 완료되었을 때의 청사진이 되고, 당장은 우선순위를 정하여 먼저 서비스로 전환할 대상을 식별할 수 있게 한다.

만약에 점진적인 재개발을 하는 경우에는 어떤 업무를 먼저 분리해야 하는가도 함께 고민해야 할 것이다. 이런 경우에는 분리하기 쉬운 업무를 먼저 선택하는 것도 하나의 방법이다. 그리고 예시의 위탁 교육처럼 새로 확장해가는 비즈니스의 기능을 별도 서비스로 분리하는 것도 좋은 선택지가 될 것이다. 앞의 예에서는 유사한 학습 기능을 두 세트로 만드는 것이 어색했지만, 점진적인 전환을 하면서 기존 시스템의 참여형 학습 기능을 건드리지 않고 새로운 기능을 많이 추가하고 있는 위탁 교육 기능을 아예 새로운 서비스로 개발하여 분리한다고 생각하면 부담이 훨씬 줄어든다. 특히 위탁 교육의 특성상 고객사마다 색다른 기능이 요구되는 상황이라고 보면, 어떤 대형 고객사를 위한 전용 서비스를 추가하는 시나리오도 가능성이 있을 것이다.

> **NOTE_** 이 예시는 서비스를 선정할 때 고려할 수 있는 요소를 기준으로 가상의 시스템을 꾸민 것으로 실제 현장과는 차이가 있다. 특히 실제 교육 도메인의 전문가가 볼 때는 현실과 맞지 않는 것이 많이 보일 수도 있다. 따라서 최종 서비스의 목록을 일종의 레퍼런스로 생각하지 않기를 바란다. 물론 예시에서 서비스 도출에 어떤 요소를 고려하는지 살펴보면 실제 시스템에 레퍼런스로 삼을 수 없다는 것을 짐작할 수 있을 것이다.

Chapter 5

서비스 설계 원칙

서비스 설계 원칙

이 장에서는 서비스를 설계하는 데에 필요한 기본 지식을 소개한다. 먼저 마이크로서비스 아키 텍처에 널리 사용되는 REST API, SPA 그리고 클라우드 네이티브 애플리케이션에 대해 알아 보고, 전통적인 웹 아키텍처와의 차이점과 전통적인 웹 시스템을 마이크로서비스 아키텍처로 전환할 때 고려해야 하는 점을 살펴본다. 그리고 서비스처럼 화면을 업무 단위로 분할할 때 필 요한 프런트엔드의 분리 및 조합 기술을 알아본다. 또한 서비스 간의 건전한 의존 관계를 형성 하기 위한 기본 원칙과 서비스 간의 의존 관계를 약하게 하여 변경을 쉽게 하고 장애 영향도를 낮추는 설계 원칙에 대해 알아본다.

5.1 아키텍처

5.1.1 모던 아키텍처 스타일

최근 대부분의 웹 시스템에서 백엔드는 REST API를 제공하고 프런트엔드는 SPA 구조로 개발 한다. 이는 서버에서 HTML 페이지를 생성해주는 JSP 같은 전통적인 웹 아키텍처와 많은 기술 을 공유하지만, 실제 바탕이 되는 사상에는 큰 차이가 있다. 먼저 REST API와 SPA에 대해 간 략하게 알아본 후 JSP 기반의 웹 시스템과의 차이점을 살펴보자.

REST API

REST API는 웹 API의 일종으로 애플리케이션이나 서비스 간 통신에 가장 널리 사용된다. REST API는 전송 방식이 효율적이지 않고 정교한 표준도 갖추지 못했지만, 구조가 심플하고 누구나 쉽게 사용할 수 있다는 장점이 있다. 또한 REST API를 부분적으로 대체하는 프로토콜을 사용하기도 한다. 프런트엔드가 백엔드에 통신할 때는 다양한 검색 조건을 쉽게 전달할 수 있는 GraphQL을 사용하고, 백엔드 간 대용량 데이터를 전송할 때는 효율을 높이기 위해 바이너리 데이터를 주고받는 gRPC 등을 사용하기도 한다.

최근에는 서버 단에서 화면을 생성하지 않고 API로 순수 비즈니스 기능만을 제공하는 스타일이 널리 사용된다. 이렇게 서버가 API만 제공하는 방식에는 다양한 장점이 있다. API 단위로 기능을 재사용하거나 API를 조합하여 새로운 기능을 만들어낼 수 있고, 때로는 API 자체가 새로운 수익을 창출하는 수단이 되기도 한다. 그리고 백엔드가 제공하는 API를 사용해서 여러 개의 웹 혹은 모바일 애플리케이션을 만들 수 있다. 또, 프런트엔드와 백엔드가 분리되기 때문에 룩 앤 필look and feel을 바꾸기 위해 UI를 변경하더라도 백엔드의 변경을 최소화할 수 있다. 그리고 일반적으로 비즈니스 프로세스나 규칙은 잘 변하지 않기 때문에 백엔드의 대대적인 재개발을 최소화하여 오랜 기간 사용할 수 있다.

이런 API는 제공자와 사용자의 관계에 따라 Open, Internal, Private API로 나눌 수 있다. Open API는 누구나 사용할 수 있도록 공개한 API이다. 네이버 지도, 구글 맵 API 등이 대표적인 사례이다. Open API는 API 제공자가 누가 어떤 방식으로 API를 사용할지 예측할 수 없다. 따라서 API를 잘 활용할 수 있도록 자세한 가이드와 테스트 환경을 제공해야 한다. 그리고 API가 변경되더라도 모든 API 사용자를 한날한시에 변경하는 것이 불가능하기 때문에 API의 하위 호환이 중요하고, 완전히 새로운 버전의 API를 제공할 때는 모든 사용자가 전환할 때까지 신/구 버전의 API를 동시에 제공해야 한다. Internal API는 기업 등에서 내부 시스템에 제공하는 API를 말한다. Open API의 특징을 갖고 있지만 상대적으로 API 제공자와 사용자의 관계가 더 가깝다. 하지만 여기서도 각자 시스템의 일정과 사정이 있기 때문에 협업이 원활하지 않은 경우도 많다. 장애가 발생하면 더 직접적인 비난을 받을 수도 있다. Private API는 하나의 시스템 내부에서만 사용하는 API를 의미한다. API 제공자와 사용자가 같은 팀이거나 같은 사람일 수도 있다. 이런 경우 재사용 개념은 시스템 내부에서 중복을 방지하는 차원으로 적용될 때가 많고, 보통 외부 시스템에 제공하는 것은 고려되지 않는다.

SPA

SPA^{Single-Page Application}는 하나의 웹 페이지에서 자바스크립트가 모든 화면을 동적으로 작성하는 웹 애플리케이션을 말한다. MPA^{Multi-Page Application}는 사용자가 페이지를 전환하면 브라우저가 매번 서버에서 새로운 페이지를 로딩하여 표시하지만, SPA는 하나의 페이지가 모든 화면의 코드를 로딩한 후에 브라우저에서 동적으로 화면을 작성한다. 따라서 화면을 전환할 때 데스크톱 애플리케이션이나 모바일 애플리케이션처럼 자연스럽게 느껴진다.

대표적인 SPA 프레임워크로는 앵귤러^{Angular}, 리액트^{React}, 뷰^{Vue.js}가 있다. 2010년에 앵귤러가 발표된 이후 다른 경쟁 SPA 프레임워크가 등장했으며 지금까지 열띤 경쟁을 펼치고 있다. 특히 국내와 다르게 서구권에서는 이런 SPA 프레임워크가 지배적인 위치에 오른 지 오래되었고 JSP와 같은 기술은 자취를 감춘듯하다.

SPA 프레임워크는 Virtual DOM을 사용하여 전체 페이지를 로딩하지 않고 일부만 업데이트하므로 속도가 빠르고 깜빡임이 없다. 그리고 클라이언트 PC의 리소스를 사용하므로 서버의 부담이 적다. 반면에 필요한 리소스를 처음에 다운로드받기 때문에 초기 구동 속도가 상대적으로 느리다. 또 고정된 페이지가 없으므로 검색 엔진 최적화^{Search Engine Optimization, SEO} 관점에서도 불리하다.

대부분의 SPA 프레임워크는 배포하기 전에 매번 빌드해야 한다. JSP와 같이 MPA일 때는 페이지 단위로 독립적으로 배포하는 것이 가능했지만, SPA의 경우 배포 시점에 관련 개발자들이 모여서 모든 소스 코드를 함께 빌드하고 배포해야 하므로 대형시스템에선 불편한 작업이 된다. 최근에는 이러한 단점을 보완하기 위해 모듈 페더레이션^{module federation} [1]처럼 웹 앱을 모듈 단위로 빌드하고 동적으로 로딩하여 실행할 수 있는 기술 등이 소개되었다.

----

[1] https://webpack.js.org/concepts/module-federation/

전통적인 아키텍처와의 차이

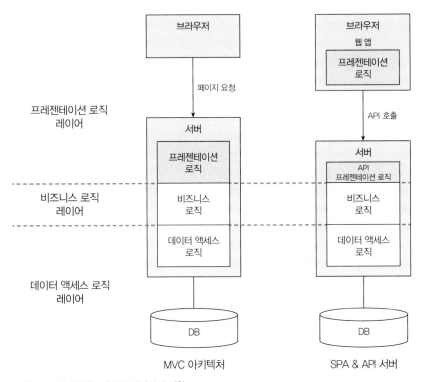

그림 5-1 아키텍처 스타일별 레이어의 역할

[그림 5-1]은 전통적인 MVC 아키텍처와 SPA & API 서버로 구성된 아키텍처의 레이어별 역할을 보여준다. 시스템 로직을 화면 배치, 데이터 표현, 사용자와의 인터랙션 등을 담당하는 '프레젠테이션 레이어 로직'과 접근 제어나 비즈니스 규칙 등을 담당하는 '비즈니스 레이어 로직' 그리고 데이터의 읽기와 쓰기 등을 담당하는 '데이터 액세스 레이어 로직'으로 분류하였다. 두 아키텍처 스타일의 가장 큰 차이점은 MVC 아키텍처는 프레젠테이션 로직을 서버가 직접 담당하지만 SPA & API 서버 아키텍처는 SPA 구조의 웹 애플리케이션이 담당한다는 것이다. 따라서 API 서버의 프레젠테이션 로직은 화면과 관련된 프레젠테이션 로직이 없고 API를 표현하는 로직만 갖는다. API 요청은 파라미터를 추출하고 응답 결과를 JSON 등으로 변환하여 제공하는 등의 역할을 하는데, 이마저도 웹 프레임워크가 자동으로 변환해주기 때문에 API 서버의 프레젠테이션 로직의 자체 로직은 많지 않고 API 명세서 생성을 위한 주석이 코드의 대부분을 차지한다.

MVC 아키텍처의 프레젠테이션 로직은 특정 화면 디자인에 종속되지만, API 서버의 프레젠테이션 로직은 불특정 다수의 클라이언트를 가정하는 경우가 많다. 따라서 처음 접하는 사람도 API를 쉽게 이해하고 적절히 사용할 수 있도록 API First Design이란 이름으로 별도의 설계를 하는 경우도 많다. 특히 Open API나 Internal API처럼 API 자체를 별도 제품으로 제공할 때에는 자세한 API 문서와 API 목록을 조회하여 프로세스를 관리하는 시스템 그리고 API 사용자가 API를 테스트하기 위한 별도의 환경도 같이 제공한다.

두 아키텍처 스타일의 비즈니스 로직과 데이터 로직은 서로 동일해보이지만 실제로는 그렇지 않은 경우가 많다. MVC 아키텍처의 경우 특정 화면을 기준으로 비즈니스 로직과 데이터 액세스 로직을 설계하기 때문에 비즈니스 로직과 데이터 로직에 특정 화면의 데이터 구성이 반영되는 경우가 많다. 예를 들어 화면에 2개의 테이블 속성이 10개가 표시되면, SQL은 2개의 테이블을 조회하여 10개의 데이터만 보여준다. 이런 경우 비즈니스 로직은 권한 체크 정도만 수행하고 요청과 결과를 전달할 뿐 그 외 역할을 하지 않는다. 이렇게 SQL이 대부분의 기능을 처리하는 것을 현장에서는 '한 방 쿼리'라고도 부르는데, 꼭 이런 개발 스타일이 아니더라도 프레젠테이션 로직과 비즈니스 로직의 구분이 모호하게 작성된 경우를 흔히 볼 수 있다.

따라서 MVC 아키텍처에 새로운 클라이언트가 생겨서 API를 추가하는 경우에도 기존의 비즈니스 로직과 데이터 액세스 로직을 활용하기 어렵게 된다.

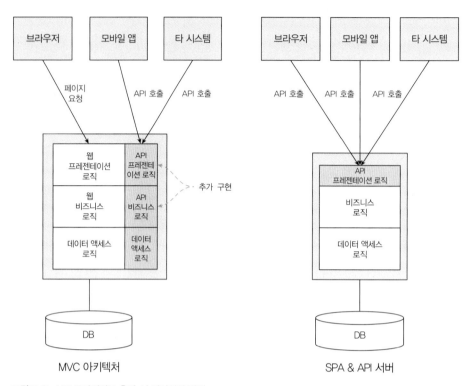

그림 5-2 API 클라이언트 추가 시 레이어별 변경

[그림 5-2]는 웹 화면을 제공하던 시스템에 모바일 클라이언트와 타 시스템이 연계하여 기존에 화면으로 제공하던 기능을 API로도 제공할 때의 변경 영향을 보여준다. MVC 아키텍처 시스템은 전 레이어에 걸쳐 API 관련 기능을 추가로 개발해야 한다. 원래 화면을 제공하는 시스템이므로 프레젠테이션 로직은 재사용할 수가 없기 때문에 API를 제공하는 프레젠테이션 로직을 신규로 개발해야 한다. 그리고 기존의 비즈니스 로직과 데이터 액세스 로직도 웹 앱의 화면에 맞춰 개발했기 때문에 API를 위한 별도의 비즈니스 로직과 데이터 액세스 로직을 추가로 개발해야 하는 경우가 많다. 따라서 기존 코드를 재사용하기 어렵고 대부분 신규로 개발해야 한다. 반면에 API 서버는 신규 클라이언트가 기존의 API를 그대로 재사용할 수 있고, 필요한 경우에 각 클라이언트를 위한 전용 API를 추가하면 된다.

마이크로서비스 아키텍처로 전환 시 비용

앞서 살펴본 MVC 아키텍처와 SPA & API 서버로 구성된 아키텍처의 시스템을 마이크로서비스 아키텍처로 전환할 때 기존 코드를 재사용하는 비율을 봐도 확연한 차이를 볼 수 있다. [그림 5-3]은 JSP 구조로 개발된 모놀리식 시스템을 마이크로서비스 아키텍처로 전환할 때의 레이어별 로직 매핑을 보여준다. 먼저 프레젠테이션 레이어의 로직은 UI 아키텍처가 변경되기 때문에 전면 재개발이 필요하다(1). 또한 서비스의 API 프레젠테이션 로직은 신규 개발이 필요하다(2). 비즈니스 로직과 데이터 액세스 로직은 기존 시스템의 구현 스타일에 따라 영향을 받는 정도가 다른데(3~4), 오래전에 개발된 시스템일수록 화면과 SQL의 비중이 크고 SQL이 화면 구조에 최적화되는 경향이 높아서 활용도가 떨어지는 경우가 많다.

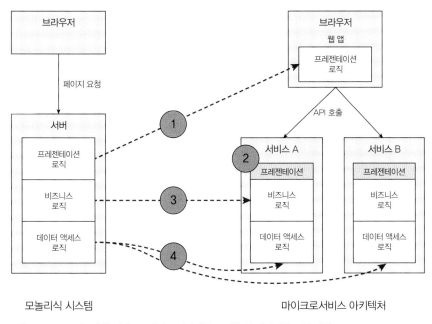

그림 5-3 JSP 시스템을 마이크로서비스 아키텍처로 전환 시 레이어별 로직 매핑

결국 JSP 구조로 개발된 모놀리식 시스템을 마이크로서비스 아키텍처로 전환하는 작업은 프레젠테이션 로직, 비즈니스 로직, 데이터 액세스 로직을 전부 재개발하거나 수정해야 하므로 전면 재개발에 가까운 경우가 많다. 따라서 UI를 개편하거나 프로세스를 크게 변경하려는 계획이 없다면, 마이크로서비스 아키텍처를 전면적으로 도입하는 것은 투자 대비 효과가 나쁘고 리스크가 높은 작업이 된다. 만약에 시스템을 전면 재개발할 계획은 없지만 마이크로서비스 아키텍처를 도입해야 한다면 필요한 부분만 별도의 서비스로 분리하고 나중에 시스템을 전면 개편할 때 나머지 기능도 서비스로 전환하는 것이 좋다.

두 가지 아키텍처 스타일 간의 차이는 이 외에도 다양하다.

화면 변경 시 영향 범위

MVC 프레젠테이션의 역할에 따라 시스템 기본 동작 방식이 결정된다.

[그림 5-4]는 화면이 여러 종류의 데이터를 표시할 때 아키텍처 스타일에 따른 차이를 보여준다. MVC 아키텍처 시스템은 서버가 프레젠테이션 로직을 수행하므로, 서버가 직접 데이터를 조회하여 웹 페이지에 배치한 후 페이지를 반환한다. 마이크로서비스 아키텍처에서는 웹 앱이 직접 REST API로 고객 정보와 계약 정보를 조회하여 배치한다. 이는 SPA 특성상 브라우저에서 화면을 그리는 단계와 API로 데이터를 조회하는 단계가 구분되기 때문이다. 하지만 이러한 차이로 인해 SPA의 프레젠테이션 레이어 로직이 변하더라도 서비스에는 영향을 주지 않는다.

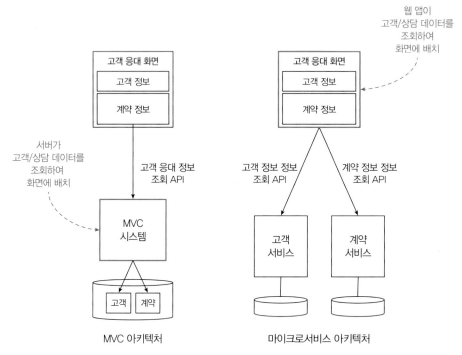

그림 5-4 데이터 조회 및 화면에 배치하는 주체의 차이

[그림 5-5]는 화면에 새로운 정보를 추가할 때의 변경 사항을 보여준다. 고객 응대 화면이 상담 정보를 조회하고 배치하는 작업을 모두 수행하므로 서비스 단에는 변경이 없다. MVC 아키텍처라면 JSP와 함께 화면에 필요한 데이터를 공급하는 Controller 클래스[2]도 변경되어야 한

---

2 일반적으로 MVC 아키텍처를 Controller, Service, DAO로 구성했을 때 프레젠테이션 로직을 담당하는 Controller 클래스를 의미한다.

다. 하지만 마이크로서비스 아키텍처에서는 각 개발팀이 독자적으로 구성되어 있기 때문에 불필요한 협업을 줄일 수 있다.

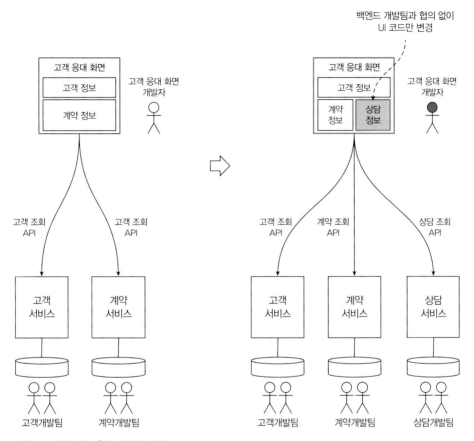

그림 5-5 상담 정보 추가 시 변경 내역

다국어 리소스와 에러 코드

[그림 5-6]은 고객 정보를 등록하는 도중에 발생한 에러 화면이다. 사용자가 고객 정보를 입력하고 저장했을 때 동일한 정보를 가진 고객이 이미 시스템에 등록되어 있음을 팝업 메시지로 알려주고 있다. 이때 표시되는 메시지는 다국어를 지원하여 사용자의 설정에 맞는 언어로 표시된다. MVC 아키텍처 시스템은 이 알림 메시지를 서버가 생성하여 화면에 제공한다.

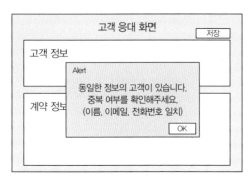

그림 5-6 고객 등록 중 에러 화면

[그림 5-7]은 MVC 아키텍처에서 고객 정보를 등록 요청한 후 에러 메시지가 반환되는 과정을 보여준다. 사용자가 화면에서 고객 정보를 입력한 후 저장 버튼을 클릭하면 고객 정보 등록 API가 호출된다. 서버는 요청받은 고객 정보를 검증하여 동일한 고객이 등록된 것을 확인한다. 서버는 에러 메시지를 사용자의 언어 설정에 맞게 다국어 번역을 한 후 반환하고, 화면은 에러 메시지를 세팅하여 팝업 형태로 알림 창을 띄운다.

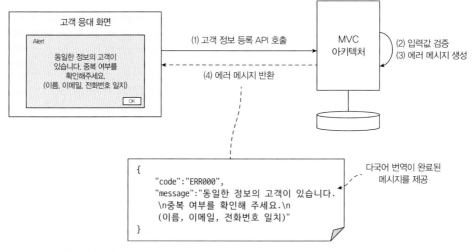

그림 5-7 에러 메시지 반환

MVC 아키텍처는 서버 단이 화면을 제공하므로 서버가 다국어 메시지를 제공하는 것이 자연스럽다. 하지만 API 서버는 프레젠테이션 로직을 가지고 있지 않으므로, 화면에 표시되는 다국어 메시지는 웹 앱으로 옮겨져야 한다. 만약에 이 메시지를 API 서버에서 제공한다면 화면에 표시되는 안내 메시지를 바꾸기 위해서는 API 서버를 변경하고 배포해야 한다. 화면 변경을 위해 웹 앱이 아니라 영향 범위가 더 큰 서버를 배포하는 것도 적절하지 않지만, 백엔드 개발팀과 프런트엔드 개발팀이 분리된 경우라면 서로 간의 불필요한 협업이 발생하게 된다.

API 서버의 클라이언트가 여러 개일 때를 생각하면 이는 더 명확하다.

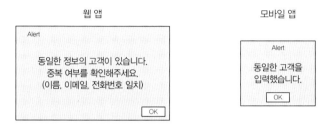

그림 5-8 웹/모바일 프런트엔드별 출력 메시지

[그림 5-8]은 웹과 모바일의 프런트엔드별 에러 메시지이다. 웹 앱의 메시지는 자세한 가이드 문구와 함께 중복된 필드의 이름을 나열한다. 그리고 모바일 앱은 작은 화면에 어울리도록 상대적으로 간략한 문구를 보여준다. 모바일 앱에서는 중복된 필드 목록이 표시되지 않기 때문에, 모바일 앱 정보 입력 화면에 중복된 필드는 색상이 다르게 나타나도록 한다. 이는 각 프런트엔드의 조건 속에서 최상의 사용자 경험을 주기 위한 프레젠테이션 로직이 반영된 결과이다. 그런데 API 서버가 클라이언트의 종류에 따라 다국어 메시지를 선택해서 제공하는 것은 비효율적이다. 만약 큰 화면의 태블릿 기기가 클라이언트로 등록되어 더 긴 에러 메시지를 표현하고 싶다면, API 서버에 해당 기기의 다국어 메시지를 추가로 등록해야 한다. 또 관련 기능이 변경될 때마다 웹 앱, 모바일 앱, 태블릿 앱의 담당자들과 계속 협의해야 한다.

따라서 화면에 표시되는 에러 메시지는 프레젠테이션 로직을 갖는 각 프런트엔드 애플리케이션이 담당하고 서버에서 제공하는 에러 메시지는 [그림 5-9]처럼 수정하는 것이 좋다.

```
{
    "code":"ERR000",
    "message":"동일한 정보의 고객이 있습니다.\n
중복 여부를 확인해주세요.\n(이름, 이메일,
전화번호 일치)"
}
```
⇒
```
{
    "error" : {
        "code":"ERR000",
        "fields":{"name", "email", "phone"},
        "debug msg" : "duplicated information"
    }
}
```

그림 5-9 에러 메시지의 구조 변경

[그림 5-9]는 프레젠테이션 로직을 제거한 이후의 에러 메시지를 보여준다. 사용자에게 표시되는 다국어 메시지는 없어지고 에러 코드와 문제가 되는 필드 정보를 표시해준다. 각 프런트엔드는 에러 코드와 필드 목록 정보를 사용해서 각자에게 맞는 사용자 메시지와 화면을 보여준다. 마지막의 'debug msg'는 에러 코드를 설명하는 필드로 사용자에게 표시되는 정보가 아니라 프런트엔드 개발자가 에러 코드표를 찾지 않고도 원인을 알 수 있도록 제공하는 메시지이다.

지금까지 살펴본 것처럼 사용자 메시지의 다국어 리소스는 프런트 웹 앱과 함께 배포하는 것이 적절하다. 사용자에게 표시되는 메시지의 오타를 수정하기 위해 프런트엔드 개발자가 서버 개발자에게 서버 재배포를 요청하는 것은 옳지 않다. 이는 네이티브 애플리케이션 개발자에게는 매우 자연스러운 일이지만, MVC 아키텍처에 익숙한 웹 개발자에게는 낯선 상황이다.

웹 앱의 상태 관리

JSP와 같은 MVC 아키텍처는 사용자가 페이지를 전환할 때마다 매번 서버에서 새로운 페이지를 로딩한다. 따라서 브라우저는 애플리케이션 상태를 저장하기 어려우므로 브라우저에 쿠키로 저장하거나 서버의 세션에 저장한다. 그런데 쿠키는 크기 제한이 있고 쉽게 노출되기 때문에 민감한 정보를 저장하기에는 적당하지 않기 때문에 대부분 서버의 세션 저장소에 저장한다. 반면 SPA 구조의 프런트엔드는 항상 로딩되어 있어 마치 네이티브 애플리케이션처럼 상태 정보를 들고 있을 수 있다. 그리고 브라우저의 로컬 스토리지를 활용하면 페이지를 벗어나거나 브라우저가 종료되더라도 데이터를 보존할 수 있다.

대표적인 애플리케이션의 상태 정보는 사용자가 선택한 타임존, 언어, 사용자가 사용한 시간 등이다. 사용자가 시스템을 사용하면서 계속 변경되는 정보인데, 화면에서 관련 설정을 변경하면 서버는 이에 따라 사용자의 요청을 처리한다.

다음에는 상태를 가지는 Stateful MVC 아키텍처와 상태를 가지지 않는 Stateless API 서버가 상태 정보를 다루는 방식에 대해 살펴보자.

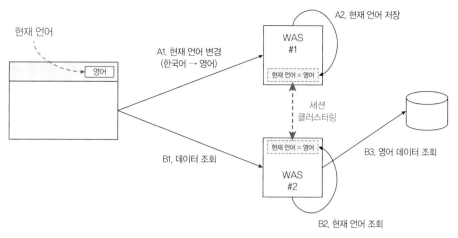

그림 5-10 세션에 저장된 현재 언어 정보 변경

[그림 5-10]은 세션 클러스터링을 적용한 MVC 아키텍처 시스템이 사용자가 브라우저에서 선택한 현재 언어 정보를 공유하는 과정을 나타낸다. 사용자가 현재 언어를 변경하면 화면에 표시되는 언어가 변경되고, 서버는 사용자가 요청한 데이터를 해당 언어로 조회하여 반환한다. 사용자가 화면에서 현재 언어를 영어로 선택하면 WAS #1에 API가 호출된다. WAS #1은 변경된 언어 정보를 세션에 저장한다. 이후에 사용자가 데이터를 조회하여 WAS #2가 요청을 받으면, WAS #2는 세션에서 사용자의 현재 언어를 조회하고, 요청된 데이터를 영어로 변환하여 반환한다.

이처럼 WAS 인스턴스가 현재 언어 정보를 공유할 수 있는 것은 각 WAS의 세션 정보가 동기화되기 때문이다. WAS #1에서 현재 언어 정보를 변경하여 세션에 저장하면 WAS #2의 현재 언어 정보도 변경된다. 그런데 자유롭게 스케일 인/아웃을 할 수 있도록 무상태로 구현한 서버에서는 인스턴스 확장 시 세션 동기화로 발생하는 부하 때문에 세션 클러스터링 방식을 적용하지 못한다. 외부에 고속 저장소를 두고 이를 세션 저장소로 사용하는 방식을 선택할 수도 있지만 세션 저장소가 단일 장애 지점이 된다는 단점이 있고 규모가 작은 시스템에서는 사용하기에 적합하지 않다. 이 경우 현재 언어 정보는 서버 단에 저장하지 않고 웹 애플리케이션이 현재 상태를 스스로 지니고 있다가 서버에 요청할 때 함께 제공하는 방식이 적절하다.

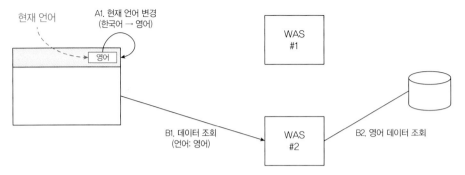

그림 5-11 웹 애플리케이션에 저장된 현재 언어 정보 변경

[그림 5-11]은 무상태로 구현된 시스템에서 애플리케이션의 언어 정보가 공유되는 과정을 보여준다. 사용자가 화면에서 현재 언어를 영어로 선택하면 이는 웹 애플리케이션에 저장된다. 이후 사용자가 API를 호출할 때마다 현재 언어 정보를 같이 포함하여 전송하고, 요청받은 서비스는 API에 동봉된 언어 정보를 추출하여 데이터를 조회한다.

접근 제어 방식

프레젠테이션 로직이 브라우저로 넘어가는 것은 보안 관점에서도 생각해 볼 문제이다.

시스템의 내부 네트워크는 외부의 악의적인 침입이 차단되는 안전한 영역이다. 그리고 내부의 네트워크나 시스템에 접근 허가받은 시스템 담당자는 신뢰할 수 있는 사람이다. 반대로 시스템의 외부에는 다양한 사용자가 있다. 대부분의 사용자는 선의의 사용자지만 그중에 단 한 명이라도 악의적인 사용자가 섞여 있을 수 있으므로, 시스템은 모든 사용자가 악의적인 사용자일 수 있다고 가정하고 접근을 제어한다.

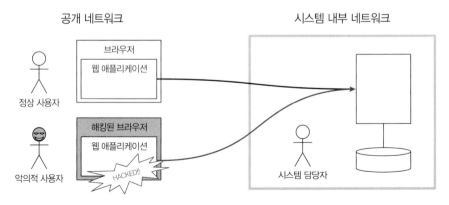

그림 5-12 시스템 네트워크 구분

시스템은 사용자가 로그인 과정에서 적절한 아이디와 패스워드 등을 제공하면 정상적인 사용자로 믿고 애플리케이션에 증표를 제공한다. 이후에 애플리케이션이 이 증표와 함께 기능을 요청하면 해당 사용자의 요청으로 믿고 기능을 제공한다. 그런데 악의적인 사용자는 보안 메커니즘을 무력화한 브라우저를 사용하여 웹 애플리케이션을 조작할 수 있다. 로딩된 소스 코드나 데이터를 조회하여 변조하고, 네트워크로 주고받는 데이터도 임의로 조작할 수 있다. 이런 방식으로 악의적인 사용자는 정상적으로 로그인하고 허가되지 않은 기능이나 데이터에 접근할 수도 있다.

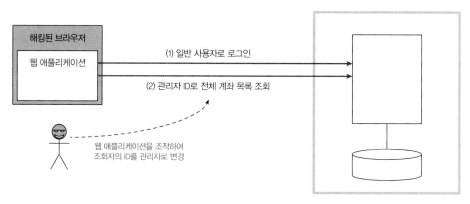

그림 5-13 기능 요청 변조

[그림 5-13]은 악의적인 사용자가 애플리케이션을 조작하여 자신에게는 조회 권한이 없는 전체 계좌 목록을 조회하려고 하는 경우를 나타낸 것이다. 예를 들어 로그인 시도 시 브라우저에 저장된 사용자 ID를 시스템 관리자의 ID로 변조한 후에 전 고객의 계좌를 조회하는 화면에 접근하여 모든 계좌 정보를 추출할 수 있을 것이다. 서버는 네트워크를 타고 들어오는 이런 요청이 정상인지 아닌지 구분하지 못한다. 서버가 할 수 있는 역할은 로그인 시 사용자 요청에 포함되어 발급한 증표를 기준으로 사용자에게 허락된 기능이나 데이터만 접근하도록 제어하는 것이다. 사용자가 조작된 애플리케이션으로 기능을 요청하더라도 해당 사용자가 원래 사용할 수 있는 기능만 제공한다면 보안적으로 이슈는 없을 것이다. 이는 서버 단의 기본적인 접근 제어 방식이다. 그런데 MVC 아키텍처와 API 서버의 서버 단 역할이 다르기 때문에 접근을 제어하는 대상도 다르다.

두 아키텍처 스타일의 접근 제어 대상에 대해 더 자세히 알아보자.

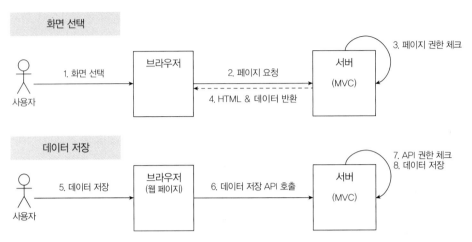

그림 5-14 MVC 아키텍처의 접근 권한 제어

[그림 5-14]는 MVC 아키텍처 시스템에서 사용자가 화면을 조회하고 데이터를 저장하는 과정을 보여준다. 사용자가 화면을 선택하면(1) 브라우저는 서버에 페이지를 요청한다(2). 서버는 세션에 저장된 사용자 정보를 기반으로 사용자가 해당 페이지에 접근할 수 있는지 확인한다(3). 접근 가능하다면 서버는 데이터를 조회하고 HTML 페이지를 생성하여 반환한다(4). 사용자가 화면에서 데이터를 변경한 후 저장하면(5) 브라우저에 로딩된 페이지가 데이터를 저장하는 API를 호출한다(6). 서버는 사용자가 해당 API를 호출할 권한이 있는지 확인한(7) 후에 데이터를 저장한다(8).

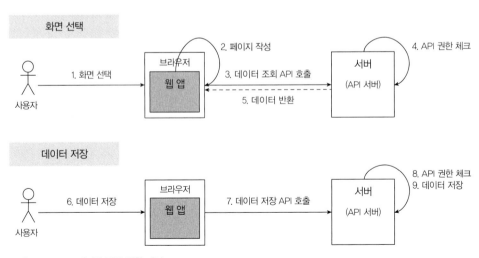

그림 5-15 API 서버의 접근 권한 제어

[그림 5-15]는 API 서버에서 사용자가 화면을 조회하고 데이터를 저장하는 과정을 보여준다. 사용자가 화면을 선택하면(1) 브라우저에 로딩된 웹 애플리케이션은 페이지를 표시하고(2) 데이터 조회 API를 실행한다(3). 서버는 세션이나 토큰에 저장된 사용자 정보를 확인하여 사용자가 해당 API를 실행할 수 있는지 확인한다(4). 실행할 수 있다면 서버는 데이터를 조회하여 반환한다(5). 이후에 사용자가 화면에서 데이터를 변경한 후 저장하면(6) 브라우저에 로딩된 페이지는 데이터를 저장하는 API를 호출한다(7). 서버는 사용자가 해당 API를 호출할 권한이 있는지 확인한(8) 후에 데이터를 저장한다(9).

앞서 살펴본 두 아키텍처 스타일에서 서버 단에 요청하는 내용을 요약하면 [그림 5-16]과 같다. MVC 아키텍처는 데이터가 포함된 웹 페이지를 요청하고 서버에 데이터를 저장하는 API를 호출한다. 반면 API 서버는 데이터를 조회하는 API를 호출하고 서버에 데이터를 저장하는 API를 호출한다. 따라서 MVC 아키텍처 시스템은 클라이언트가 요청하는 대상이 페이지와 API이므로 페이지와 API에 대해 접근을 제어하고, API 서버는 클라이언트가 요청하는 대상이 API밖에 없으므로 API에 대해서만 접근을 제어한다.

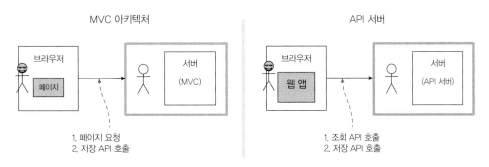

그림 5-16 브라우저 요청 내용 비교

물론 API 서버에서도 웹 애플리케이션이 화면에 대한 접근 제어를 한다. 하지만 이는 보안 관점에서는 안전하지 않은 방법이다. MVC 아키텍처는 브라우저가 웹 페이지를 요청하고 서버는 사용자가 권한이 있는 경우에만 페이지를 제공하므로, 악의적인 사용자가 브라우저를 조작하더라도 권한이 없는 페이지에는 접근할 수 없다. 반면에 SPA 구조의 웹 애플리케이션은 브라우저에 모든 화면의 코드를 로딩한 후에 실행한다. 따라서 전체 화면의 코드는 이미 브라우저에 저장되어 있기 때문에 악의적인 사용자가 코드나 데이터를 변조하여 원래 사용할 수 없는 화면에 접근할 수도 있다. 혹은 관리자 화면의 소스 코드를 읽어 관리자만 호출할 수 있는 API 정보를 추출하여 서버에 호출할 수도 있다. 따라서 웹 애플리케이션이 화면에 대한 접근을 제어하는 것은 꼭 필요한 기능이지만 보안 관점에서는 불완전한 방법이고, 실질적인 접근 제어는 API 서버 단에서 수행해야 한다.

그런데 MVC 아키텍처로만 개발하다 SPA로 전환할 때 화면만 접근 제어를 하고 서버 단에서는 API 접근 제어를 소홀히 하는 경우를 볼 수 있다. 이는 실질적으로 아무런 보안 조치를 하지 않은 것과 다름없다. 어쩌면 시스템 오픈 직전 보안 점검을 통해 허점을 발견하여 대대적인 보완을 하는 것이 그나마 운이 좋은 상황일 것이다.

지금까지 SPA와 API 서버 기반의 아키텍처 스타일과 전통적인 MVC 아키텍처와 차이점을 살펴보았다. 간단하게는 UI 단 기술이 변경되었다고 생각할 수도 있지만, 세부적으로 살펴보면 프레젠테이션 레이어의 로직을 담당하는 주체가 서버 단에서 UI 단으로 변경됨에 따라 시스템의 기본적인 동작 방식부터 보안까지 의미 있게 바뀐다고 볼 수 있다. 따라서 이러한 차이점을 잘 이해해야만 시스템을 적절히 설계하고 완성도 있게 구현할 수 있을 것이다.

5.1.2 클라우드 네이티브 애플리케이션

이제 클라우드 인프라는 보편적인 기술로 자리 잡았고 관련 사업도 다양하게 활성화되었다. 그에 따라 클라우드 네이티브 혹은 클라우드 네이티브 애플리케이션도 자주 소개된다. 클라우드 네이티브 애플리케이션에 대한 정의는 조금씩 다른데, 좁게는 클라우드 인프라를 잘 사용하는 것에서 넓게는 REST API, 마이크로서비스 아키텍처, 지속적인 전달을 적용하는 것을 포함하기도 한다. 다음 절에서는 범위를 좁혀서 클라우드 인프라의 특징을 살펴보고, 클라우드 인프라를 잘 활용하기 위해 애플리케이션 아키텍처가 어떻게 달라져야 하는지 알아보자.

클라우드 인프라의 특징

인프라 확장 용이

클라우드 인프라는 서버, 네트워크, 저장 장치 등을 필요한 시점에 간편하게 확장하고 축소할 수 있게 해준다. 따라서 시스템 구축 초기에 불확실한 근거로 인프라 규모를 예측하여 구매하는 것이 아니라, 초기에 필요한 만큼의 인프라를 구매한 후에 실제 시스템의 부하를 확인하여 증설하거나 축소할 수가 있다. 결과적으로 불필요한 인프라 투자를 방지할 수 있고, 예상보다 더 많은 부하가 발생하더라도 신속하게 확장할 수 있다.

이런 장점을 살려 시스템 부하의 최대치와 최저치의 차이가 큰 시스템은 트래픽에 따라 인프라를 증설하고 축소할 수 있다. 트래픽이 적은 시점에는 불필요한 유휴 자원을 줄여 인프라 비용을 절감할 수 있고, 반대로 사용자 트래픽이 많이 늘어나는 시점에는 인프라를 증설하여 대응할 수 있다. 반대로 고정적인 인프라를 사용한다면 트래픽이 적은 시기의 인프라 비용을 고려하여 최대 인프라 규모를 제한할 수밖에 없다. 따라서 사용자 트래픽이 최대 용량을 벗어나면 장애를 차단하기 위해 사용자의 사용을 제한하게 되어 사용자 경험이 저하된다.

다른 사례를 살펴보자. 실시간으로 데이터를 처리하는 시스템에 장애가 발생하면 장애 시간 동안 처리하지 못한 데이터가 쌓인다. 시스템이 복구되면 처리하지 못한 데이터를 빠르게 처리해야 완전한 복구가 되는데, 실시간 데이터를 처리하면서 밀린 데이터를 빠르게 처리하려면 평소보다 더 큰 인프라가 필요하다. 클라우드 인프라를 적용한 상황이라면 인프라를 단기간에 크게 증설할 수 있어 빠른 시간에 장애를 복구할 수 있다.

동일한 환경에 배포

클라우드 인프라는 실제 동작하는 물리 인프라를 추상화하기 때문에 벤더나 하드웨어 특성에 영향받지 않고 애플리케이션을 동일한 환경에 배포할 수 있다. 예를 들어 솔루션처럼 다양한 고객의 인프라에 소프트웨어를 제공하는 경우 인프라 환경의 차이로 인한 오류를 최소화할 수 있다. 그리고 고객 사이트에서 문제가 발생한 경우에 문제를 재현하려면 동일한 환경에서 동일한 버전의 소프트웨어를 실행해야 하는데, 이런 환경을 만들기도 쉽다. 또한 평소에는 사용하지 않다가 필요한 시점에만 기동할 수 있으므로 인프라 비용도 절감할 수 있다. 꼭 솔루션이 아니더라도 시스템의 개발 환경, 스테이지 환경, 운영 환경을 동일하게 구성할 수 있고, 대규모 테스트 시점에 검증용 환경을 추가로 생성하는 것도 용이하다.

단점

하지만 상대적으로 고성능의 인프라를 사용하지 못할 수 있다. 전용 데이터센터에서 고성능의 인프라를 기반으로 개발된 애플리케이션은 클라우드로 전환할 때 동등한 성능의 인프라가 없어 전환이 어려울 수 있다. 스토리지는 물리적으로 여러 개의 스토리지를 묶어서 하나의 스토리지로 제공할 수 있지만, 가상 서버의 CPU나 메모리는 기반이 되는 물리 서버의 용량을 초과할 수 없다. 예를 들어 오라클 엑사데이터는 대용량 데이터의 빠른 처리를 위해 데이터베이스 소프트웨어, 서버, 스토리지를 함께 제공하는 어플라이언스 제품이다. 현재에는 자사의 클라우드 서비스에서만 지원하고 다른 클라우드 서비스에서는 사용이 불가하다. 따라서 AWS 등의 클라우드 서비스를 사용하는 경우 동등한 성능의 오라클 데이터베이스 구축이 현실적으로 불가하므로, 애플리케이션의 구조 변경이 필요할 수도 있다.

그리고 네트워크 안정성이 떨어질 수 있다. 클라우드 인프라는 데이터센터에 비해 더 구성이 복잡하므로 일시적인 에러가 발생할 가능성이 높아질 수 있다. 또한 클라이언트가 공개 인터넷 망을 통해 접속하거나 애플리케이션이 클라우드 서비스를 기반으로 넓은 지역에 서비스를 하게 될 수도 있다.

잘 활용하기 위해 고려해야 할 것

무상태 & 무공유

클라우드 인프라는 스케일 아웃이 용이하지만 스케일 업에는 한계가 있다. 따라서 애플리케이션은 스케일 아웃이 용이하도록 무상태stateless로 개발해야 한다. 무상태는 애플리케이션 인스턴스가 애플리케이션이나 사용자의 상태 값을 가지고 있지 않다는 의미이다. 스케일 아웃으로 인스턴스가 늘어나면 신규 인스턴스는 기존 인스턴스가 처리하던 로드를 분배받아야 한다. 그런데 기존 인스턴스가 사용자 A의 요청을 처리하는 데에 필요한 데이터를 갖고 있다면, 새로 추가된 인스턴스는 기존 인스턴스의 데이터를 공유받기 전에는 사용자 A의 요청을 분배받을 수 없다. 반대로 스케일 인으로 기존 인스턴스를 종료하면, 사용자 A의 상태 정보는 유실되므로 사용자가 강제 로그아웃되는 것과 마찬가지인 상황이 된다. 이는 롤링 업데이트 등으로 인스턴스를 배포할 때도 동일하게 적용된다.

그리고 애플리케이션 인스턴스가 공통으로 의존하는 외부 리소스는 적을수록 좋다. 애플리케이션 인스턴스가 외부 저장소를 사용한다면, 인스턴스가 증가했을 때 외부 저장소에 부하가 증가하여 병목 현상이 발생할 수 있다. 또한 모든 인스턴스가 의존하는 외부 저장소가 단일 장애 지점이 되어 장애가 발생하면 전 시스템이 멈출 수 있다. 마이크로서비스 아키텍처에서 캐시를 세션 저장소로 사용하는 이유를 명확하게 보여주는 사례이다. 이와 관련해서는 7장에서 더 자세히 살펴본다.

달라지는 부분은 설정으로

클라우드 네이티브 애플리케이션은 수정을 최소화하여 다양한 환경에 배포할 수 있다. 특히 컨테이너를 사용하면 서버와 애플리케이션을 하나의 이미지로 배포할 수 있기 때문에 애플리케이션의 수정을 최소화할 수 있다. **그러기 위해서는 애플리케이션이 실행되는 환경이 변경되거나 인스턴스 수가 변하더라도 애플리케이션 코드나 컨테이너 이미지는 변경 없이 설정으로 변경할 수 있어야 한다.** 따라서 환경에 따라 달라질 수 있는 요소는 모두 환경 변수나 별도의 설정 파일로 정의해야 한다.

마이크로서비스 아키텍처의 경우 자신의 서비스 이외에 다른 서비스도 함께 배포될 수 있어야 한다. 예를 들어 개발자의 로컬 PC에서 필요한 서비스가 실행되어야 할 수도 있다. 이런 경우 로컬 PC에 다른 서비스도 간편하게 배포하고 구동할 수 있게 하는 것이 좋다.

배포 환경별로 애플리케이션이 사용하는 외부 시스템이 다르더라도, 애플리케이션 코드에는 영향이 최소화되도록 설계해야 한다. 애플리케이션이 컨테이너로 배포된다고 하더라도 외부 환경은 달라질 수 있다. 예를 들어 스테이지나 운영 환경에는 레디스^{Redis} 같은 인메모리 데이터베이스가 있지만, 개발자의 로컬 PC에는 없을 수 있다. 그리고 이메일이나 SMS 서비스는 대륙이나 국가가 변경되면 다른 서비스를 사용할 수도 있다.

5.1.3 프런트엔드 마이크로서비스 아키텍처

서버 단의 규모가 커지면 독립적인 서비스로 분할하는 것처럼, 프런트엔드도 업무 단위로 분할해야 하는 경우가 있다. 분할이 필요한 3가지 경우를 살펴보자.

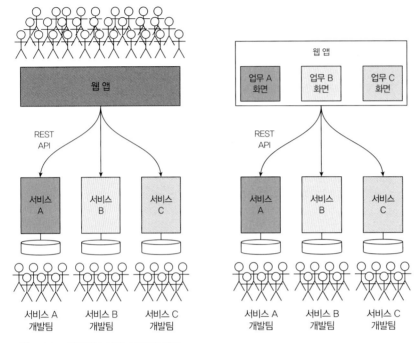

그림 5-17 프런트엔드 분리가 필요한 경우

첫째, [그림 5-17]의 왼쪽 그림처럼 프런트엔드와 백엔드를 별도의 팀이 담당하지만 프런트엔드 팀의 규모가 지나치게 커서 개발 생산성이 떨어지는 경우이다. 특히 SPA를 사용하면 서버와 마찬가지로 모든 개발자가 한날한시에 모여 검증하고 배포해야 한다. 이 경우 프런트엔드 개발팀을 업무 단위로 분리하고, 각 프런트엔드 개발팀이 각각 독립적으로 개발 및 배포하여 딜리버리 퍼포먼스를 향상할 수 있다.

둘째, [그림 5-17]의 오른쪽 그림처럼 프런트엔드와 백엔드를 한 팀이 모두 전담하는 경우이다. 이런 경우 서비스 개발팀이 백엔드는 독립적으로 개발하고 배포할 수 있지만 프런트엔드는 다른 팀과 협업하여 배포해야 한다. 따라서 실질적으로 독립적인 배포가 불가능하다. 이럴 때는 프런트엔드를 업무 단위로 분류하여 각 개발팀이 프런트엔드와 백엔드를 함께 개발하고 배포할 수 있게 해야 한다.

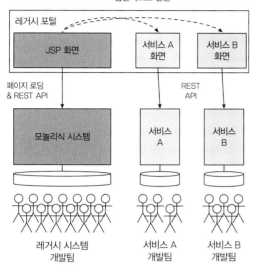

그림 5-18 기존 시스템을 점진적으로 전환하는 경우

마지막으로 [그림 5-18]처럼 JSP로 개발된 기존 시스템을 점진적으로 전환하는 경우이다. 서비스와 함께 화면도 같이 전환하는 과정으로, 전환 중에는 기존의 JSP로 만들어진 페이지와 SPA로 개발된 두 서비스의 화면이 공존하게 된다. 따라서 JSP 페이지와 SPA 앱 간의 네비게이션을 하나로 보여주고 서로 간의 네비게이션 방법 등을 고려해야 한다.

UI를 조합하는 기술

분리된 UI를 조합하는 방식은 다양하다. 가장 심플한 방식은 HTML의 링크를 사용하는 것이다. 서비스마다 별도의 사이트를 두고 메뉴를 선택할 때 해당 사이트로 전환한다.

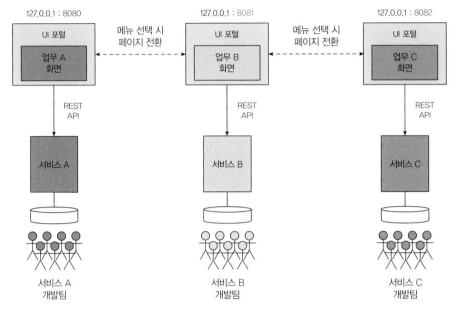

그림 5-19 화면 선택 시 사이트 전환

[그림 5-19]는 링크 선택 시 페이지가 전환되는 모습을 보여준다. 사용자가 서비스 A의 포털에 접근하여 화면을 사용하다가 서비스 B의 화면을 선택하면 서비스 B의 포털로 전환한다. 이때 서비스 A와 서비스 B는 같은 인증 체계를 갖고 있으므로 별도의 로그인 없이 화면을 사용할 수 있다. 서비스 A와 서비스 B의 화면을 이동할 때는 상대적으로 시간이 오래 걸리지만, 각 서비스의 업무 종류가 다르기 때문에 사용자는 대부분 서비스 A나 서비스 B에만 머무르게 되므로 사용자가 업무 중에 이러한 차이를 체감할 가능성은 낮다.

이는 보편적인 기술을 사용하므로 구현이 쉽고 의외로 사용자가 불편해하지 않는 방법이다. 특히 JSP로 구축된 레거시 시스템을 점진적으로 전환하는 경우 JSP와 SPA를 혼용해서 사용해야 하므로 가장 적합한 방법일 수 있다. 다만 모든 사이트가 동일한 모양의 UI 포털 코드를 갖게 되는데, UI 포털이 자주 변경된다면 별도의 담당팀이 코드를 지속해서 갱신해야 할 수 있다.

이와 다르게 [그림 5-20]과 같이 한 화면에서 여러 서비스의 화면을 동적으로 로딩하여 조합하는 방식도 가능하다.

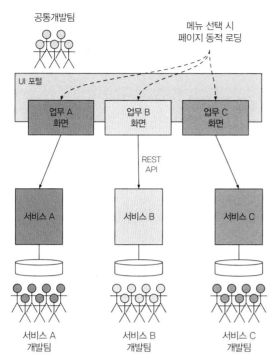

그림 5-20 화면 선택 시 페이지 동적 로딩

[그림 5-20]의 공통개발팀이 담당하는 UI 포털이 항상 화면에 표시되고 사용자가 선택하는 콘텐츠 화면을 동적으로 로딩하여 표시한다. 페이지를 처음 로딩할 때는 시간이 조금 오래 걸릴 수도 있지만, 역시 각 서비스의 업무 종류가 다르기 때문에 사용자가 체감하는 차이는 크지 않다.

이러한 방식은 최근에 마이크로 프런트엔드micro frontends[3]라는 주제로 많이 다뤄지고 있다. 화면을 동적으로 로딩하여 조합하는 기술은 전통적인 iframe, 자바스크립트JavaScript, 웹 컴포넌트 등을 이용할 수 있고, 화면이나 화면 조각 간의 통신은 브라우저의 커스텀 이벤트 그리고 데이터 공유는 브라우저의 로컬 스토리지로 사용할 수 있다. 최근 웹 팩 5.0부터는 모듈 단위로 별도로 빌드하고 런타임에 조합할 수 있는 모듈 페더레이션module federation[4] 기능이 추가되었다. 또한 single-spa[5] 같은 마이크로 프런트엔드 프레임워크도 사용되고 있다.

----

3 https://micro-frontends.org/

4 https://webpack.js.org/concepts/module-federation/

5 https://single-spa.js.org/

마이크로 프런트엔드는 상대적으로 최신 기술로 앞으로 많이 도입될 가능성이 있다. 하지만 훨씬 더 간단한 기술로 간편하게 구현할 수 있는 경우가 많으므로, 요구 사항을 잘 분석해서 적정 기술을 선택하는 것이 좋다.

5.2 설계 원칙

마이크로서비스 아키텍처는 서비스를 독립적으로 만들기 위해 소스 코드를 분리하여 각각 배포하고, 독립적인 환경에서 실행하면서 다른 서비스와는 API와 이벤트로 통신한다. 그런데 단순히 코드와 실행 환경을 나누는 것만으로 모든 변경이 쉬워지고 다른 서비스의 장애로부터 완벽히 자유로워지는 것은 아니다. 따라서 서비스로 분리했을 때 얻을 수 있는 실질적인 효과에 대해 살펴볼 필요가 있다.

5.2.1 서비스 분리 효과와 한계

서비스 분리 효과는 3가지가 있다. **첫째, 서비스별로 소스 코드를 분리하므로 크기가 작아진다. 따라서 코드를 이해하고 변경하기 쉽다.** 그리고 코드를 변경한 후에 다른 부분에 오류를 만들지 않았는지 확인하기도 쉽다. 특히 다른 서비스의 소스 코드 및 데이터베이스가 분리되어 있으므로 남들이 몰래 사용하고 있는지 걱정할 필요가 없다.

하지만 **소스 코드가 분리되더라도 서비스를 변경하면 다른 서비스도 함께 변경해야 할 수 있다.** 예를 들어 서비스끼리 공유하는 공통 개념이 변경되면 같이 변경해야 한다. 교육 시스템에서 교육 과정의 분류 체계가 변경되면, 이 분류 체계를 사용하는 다른 서비스도 함께 변경해야 한다. **혹은 시스템의 공통된 동작이 변경될 수도 있다.** 시스템 모니터링을 위해 새로운 로깅 항목을 추가해야 할 수도 있고, 보안을 위해 새로운 알고리즘이 도입되면 모든 서비스에 같이 반영해야 한다. 따라서 단순히 소스 코드를 분리하는 것이 아니라 서비스의 기능이 잘 응집되고 다른 서비스와의 결합도가 낮아지도록 설계해야 한다.

둘째, 서비스는 각각의 코드와 빌드 파이프라인을 가지므로 다른 서비스와 독립적으로 배포를 할 수 있다. 서비스는 서로 API나 이벤트로 연계하기 때문에 다른 서비스가 새로 배포될 때 같이 시작할 필요가 없다. 따라서 각 서비스는 다른 서비스와 배포 일정을 협의할 필요 없이 스스로 필요한 시점에 테스트하고 운영 환경에 배포할 수 있다.

하지만 서비스를 독립적으로 배포할 수 있더라도 여전히 서로 배포 일정을 약속하고 함께 반영해야 할 수 있다. **서비스가 제공하는 API나 이벤트 모양이 변경되면 이를 사용하는 서비스는 함께 변경되어야 한다.** 독자적으로 움직이는 개발팀들이 변경 내용을 사전에 협의하고 테스트한 이후에 동시에 변경하는 것은 매우 비효율적인 작업이다. 따라서 다른 서비스가 같이 변경될 필요가 없도록 API나 이벤트가 변경되더라도 하위 호환성을 보장하고, 하위 호환성을 유지할 수 없다면 일정 기간 기존 버전과 신규 버전을 동시에 제공하여 서비스들이 각자 편한 일정에 변경할 수 있도록 해야 한다.

마지막으로 **서비스는 독립된 실행 환경을 가지므로, 한 서비스에 장애가 발생하더라도 다른 서비스에는 영향을 주지 않을 수 있다.** 서비스가 실행되는 WAS 인스턴스가 분리되므로, 다른 서비스가 CPU나 메모리를 독점하더라도 영향을 받지 않는다. 그리고 서비스별로 데이터베이스를 가지므로 다른 서비스가 트랜잭션을 과하게 일으키거나 데드락^{Deadlock}을 발생시키더라도 직접적인 영향을 받지 않는다.

하지만 실행 환경이 분리되어 있더라도 **서비스 실행 중에 서로 영향을 끼칠 수 있다. 서비스가 장애로 멈추면 이 서비스의 API를 사용하는 다른 서비스도 장애가 발생할 수 있다.** 서비스의 API 응답 속도가 느려지면 이 API를 사용하는 다른 서비스의 처리 속도도 느려진다. 다른 서비스에 API를 호출하는데 해당 서비스의 동시 처리량을 초과한다면 API를 호출하는 서비스의 처리량도 제한될 수밖에 없다. 따라서 다른 서비스에 장애가 발생하거나 느려지더라도 문제가 없거나 이를 사용하는 기능만 영향을 받도록 제한해야 한다.

이와 같이 서비스의 코드와 실행 환경을 분리함으로써 서비스를 일정 부분 독립적으로 만들 수 있지만 여전히 서로 영향을 주고받는다. 따라서 구체적인 목적의식을 갖고 세부 디자인에 노력을 기울여야 한다. 다음 절에서는 서비스 간의 의존 관계를 관리하여 변경 영향을 최소화하고 장애 영향을 줄일 수 있는 설계 원칙에 대해 살펴보자.

5.2.2 건전한 의존 관계를 위한 원칙

서비스의 의존 관계는 크게 코드 레벨의 참조와 런타임 레벨 참조로 나눌 수 있다. 코드 레벨의 참조는 다른 서비스의 API나 이벤트 정의를 따르는 것이다. 따라서 코드 레벨에서 다른 서비스를 참조하고 있다면 해당 서비스의 API가 변경될 때 자신도 같이 변경되어야 한다. 런타임 레벨 참조는 실행 중에 다른 서비스의 API나 이벤트를 호출하는 것이다. 런타임 레벨에서 다른 서비스의 기능을 호출한다면, 해당 서비스에 장애가 발생했을 때 자신도 같이 영향을 받을 수 있다.

코드 레벨 참조와 런타임 레벨 참조는 대부분 동일한 방향을 갖는다. 하지만 코드 레벨의 참조를 역전시키는 경우에는 둘의 방향이 반대가 된다.

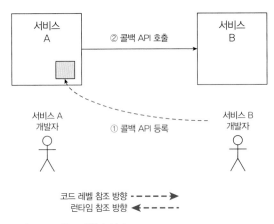

그림 5-21 참조 방향의 역전

코드 레벨 참조와 런타임 레벨 참조의 방향이 바뀌는 대표적인 예는 [그림 5-21]과 같은 콜백[6] API를 들 수 있다. 위의 예에서 콜백 API의 인터페이스를 정의하는 것은 서비스 A의 개발자이다. 서비스 A가 필요하여 콜백 API의 인터페이스를 변경하면 서비스 B도 이에 맞게 변경해야 한다. 반대로 서비스 B의 개발자가 콜백 API의 구현 디테일을 변경한다고 해도 서비스 A의 개발자는 신경 쓸 필요가 없다. 따라서 코드 레벨의 참조 방향은 B가 A를 참조한다. 그리고 런타임에는 서비스 A가 서비스 B의 콜백 API를 호출하게 된다. 서비스 B에 장애가 발생하면 서비스 A도 같이 영향을 받는다. 반대로 서비스 A에 장애가 발생하더라도 서비스 B는 멈추거나 느려지지 않는다. 따라서 런타임 레벨의 참조 방향은 A가 B를 참조하는 것이다.

다음 절에서는 이런 참조 방향을 제어하여 변경을 쉽게 하고 장애 영향을 줄이는 설계 원칙을 알아본다.

---

6 프로그래밍에서 콜백(callback)은 다른 코드의 인수로서 넘겨주는 실행 가능한 코드를 말한다. 콜백을 넘겨받는 코드는 이 콜백을 필요에 따라 즉시 실행할 수도 있고, 아니면 나중에 실행할 수도 있다(출처: 위키피디아).

서비스 간의 순환 참조를 피해야 한다

서비스를 식별하고 나면 [그림 5-22]와 같은 관계를 맺을 수 있다. [그림 5-22]는 코드 레벨에서 순환 참조를 갖는 서비스의 관계를 보여준다. 서비스 A는 서비스 C를 참조하고, 서비스 C는 서비스 B를 참조하고 다시 서비스 B는 서비스 A를 참조한다. 따라서 서비스 A, 서비스 B, 서비스 C는 순환 참조 관계를 갖는다.

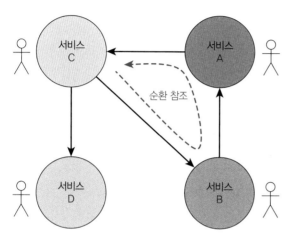

A←B : B가 A의 API/이벤트를 참조

그림 5-22 순환 참조 관계

이런 순환 참조는 서비스의 변경을 어렵게 한다. 서비스 A가 변경되면 이를 참조하는 서비스 B가 변경이 되고, 서비스 B를 참조하는 서비스 C도 변경되어 다시 서비스 C를 사용하는 서비스 A도 변경되어야 할 수 있다. 따라서 서비스 A의 개발팀이 어떤 기능을 변경하려면 사전에 서비스 B와 서비스 C의 개발팀과 같이 협의해야 하고, 때로는 세 팀이 한날한시에 변경 사항을 배포해야 하는 경우가 발생한다.

이럴 때에는 다음과 같이 순환 참조를 제거하면 변경을 더 쉽게 할 수 있다. 앞에서 보았던 [그림 5-22]의 서비스 C는 서비스 B를 참조하고 있었는데 [그림 5-23]을 보면 거꾸로 서비스 B가 서비스 C를 참조하도록 변경하였다. 서비스 A의 경우 자신을 참조하는 서비스는 서비스 B밖에 없으므로 서비스 A의 개발팀은 기능 변경 시에 서비스 B에 끼치는 영향만 신경 쓰면 된다.

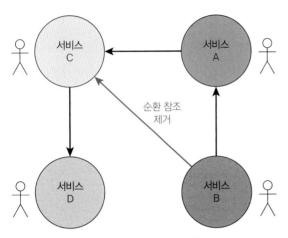

A←B : B가 A의 API/이벤트를 참조

그림 5-23 순환 참조의 제거

그리고 서비스 B는 다른 서비스를 참조하기만 하고 다른 서비스가 서비스 B를 참조하지는 않는다. 따라서 변경 시에 다른 서비스와 협의할 필요가 없이 자유롭게 기능을 변경할 수 있다. 반면에 서비스 C는 서비스 A와 서비스 B의 참조를 받고 있으므로 여전히 변경에 신중해야 한다. 이렇게 서비스 간의 순환 참조를 제거하는 것으로 시스템의 전반적인 변경 용이성을 향상시킬 수 있다.

순환 참조를 줄이는 것은 장애 영향을 최소화하는 데에도 도움이 된다.

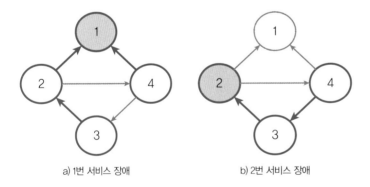

a) 1번 서비스 장애   b) 2번 서비스 장애

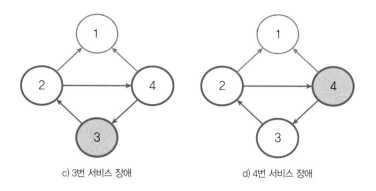

c) 3번 서비스 장애   d) 4번 서비스 장애

① ◄─ ② : 2가 1의 API를 호출
⬤ : 처음 장애가 발생한 서비스
◯ : 장애가 전파된 서비스
◯ : 정상 서비스

그림 5-24 순환 참조 시 장애 영향

[그림 5-24]는 서비스의 런타임 레벨 참조가 순환되었을 때 장애가 퍼져가는 양상을 보여준다. 위 구조에서 2~4번 서비스는 서로 순환 참조하고 있다. a의 경우 1번 서비스에 장애가 발생하면 이를 참조하고 있는 2번, 4번 서비스도 같이 장애가 발생할 수 있다. 그리고 2번 서비스를 참조하는 3번 서비스도 장애가 발생할 수 있으므로 전체 시스템의 장애로 확산된다. b의 경우 2번 서비스에 장애가 발생하면 이를 참조하는 3번 서비스에 장애가 발생하고, 다시 3번 서비스를 참조하고 있는 4번 서비스에도 장애가 발생할 수 있다. 마찬가지로 서로 순환 참조하고 있는 3번 서비스나 4번 서비스에 장애가 발생하면 2~4번 서비스에 장애가 발생할 수 있다.

이런 경우 [그림 5-25]와 같이 순환 참조를 제거하여 장애 발생 시 영향 범위를 줄일 수 있다. [그림 5-25]는 [그림 5-24]와 동일한 수의 서비스와 런타임 의존 관계를 갖고 있지만, 서비스의 의존 관계가 순환하지 않고 단방향으로 구성되어 있다. a의 경우 1번 서비스에 장애가 발생하면 이를 참조하고 있는 2~4번 서비스에 장애가 발생하여 전체 시스템의 장애로 확산된다. 이때 a는 [그림 5-24]의 a와 동일한 영향 범위를 갖는데, 앞의 사례는 1번을 직접 참조하지 않는 3번에도 영향을 미치지만, 여기서 3번 서비스는 1번 서비스를 직접 참조하기 때문에 영향을 받고 있다. b의 경우 2번 서비스에 장애가 발생하면 직접 참조하고 있는 4번 서비스만 영향을 받고 다른 서비스는 영향을 받지 않는다. 3번 서비스에 장애가 발생하면 참조하고 있는 서비스가 없으므로 장애가 확산되지 않는다. 4번 서비스에 장애가 발생하면 이를 참조하는 3번 서비스에만 영향을 준다.

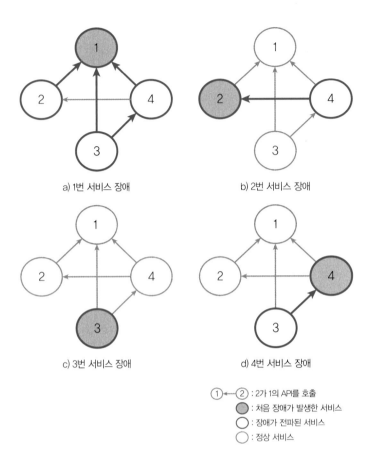

a) 1번 서비스 장애   b) 2번 서비스 장애

c) 3번 서비스 장애   d) 4번 서비스 장애

①◄—② : 2가 1의 API를 호출
⬤ : 처음 장애가 발생한 서비스
◯ : 장애가 전파된 서비스
◯ : 정상 서비스

그림 5-25 단방향 참조 시의 장애 영향

시스템의 장애 전파 정도를 간단하게 비교해보자. [그림 5-24]와 [그림 5-25]의 모든 사례에서 장애가 발생하는 서비스 수를 합해 보면, 앞의 예시에서는 13개의 서비스에 장애가 발생하고 뒤의 예시에서는 8개의 서비스에 장애가 발생한다. 서비스의 참조 개수는 같지만 장애 시 영향을 받는 서비스의 수는 크게 차이가 난다. 간단한 예시이지만 순환 참조로 인한 장애의 영향을 가늠해볼 수 있다.

서비스를 자주 변경하려면 참조를 적게 받아야 한다

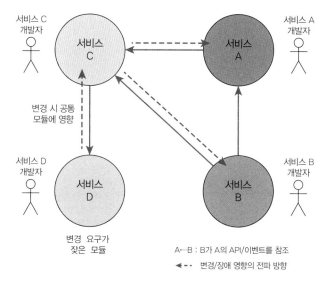

그림 5-26 서비스 D의 변경 영향

[그림 5-26]은 서비스 D가 변경되는 경우 영향이 전파되는 모습을 보여준다. 서비스 D는 서비스 C가 참조하고 있으므로, 서비스 D가 변경되면 서비스 C가 같이 변경돼야 할 수 있다. 서비스 C는 서비스 A와 서비스 B의 참조를 받고 있으므로, 서비스 C가 변경되면 서비스 A와 서비스 B도 영향을 받을 수 있다. 서비스 D 개발자는 기능을 변경할 때 서비스 C 개발자와 협의해야 할 수 있고, 장애 발생에 대한 부담으로 변경 요청에 소극적으로 대할 수 있다.

그런데 만약에 서비스 D가 기능 변경 요구가 많은 업무라면 곤란한 상황에 빠지게 된다. 치열한 서비스 경쟁 속에서 앞서기 위해 현장에서는 다양한 기능 변경을 요구하는데, 정작 서비스는 기능 변경과 장애에 대한 압박으로 천천히 안정적으로 변경할 수밖에 없기 때문이다. 특히 변경에 대한 압박 속에서 몇 번의 장애를 겪고 나면 빠른 변경보다는 장애 방지를 더 중요하게 생각하기 마련이다.

이런 경우 다음과 같이 참조 방향을 변경하면 서비스 D는 변경을 더 쉽게 할 수 있다.

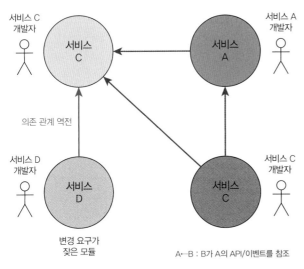

그림 5-27 서비스 D의 의존 관계 변경

[그림 5-27]은 서비스 D와 서비스 C의 의존 관계를 역전시킨 모습을 보여준다. 서비스 D가 서비스 C를 참조함에 따라 서비스 D는 자신을 참조하는 서비스가 하나도 없게 되어 기능을 변경하거나 장애가 발생하더라도 다른 서비스에는 영향을 끼치지 않는다. 따라서 변경이나 장애에 대한 부담을 덜고 더 빠르게 변경 요구에 대응할 수 있게 된다.

참조를 많이 받는 서비스는 추상화 레벨을 높인다

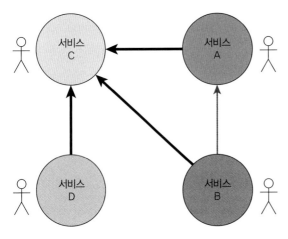

A←B : B가 A의 API/이벤트를 참조

그림 5-28 서비스 C의 참조 관계

[그림 5-28]의 서비스 C는 다른 모든 서비스의 참조를 받고 있다. 따라서 서비스 C에 장애가 발생하면 전 시스템 레벨의 장애가 발생할 수 있다. 따라서 서비스 C를 변경하는 것은 항상 조심스러울 수밖에 없다. 하지만 서비스 C가 참조를 많이 받는다고 해서 기능 변경 요청을 피할 수는 없다. 이런 경우 서비스의 추상화 레벨을 높여 내부 변경을 더 쉽게 할 수 있다.

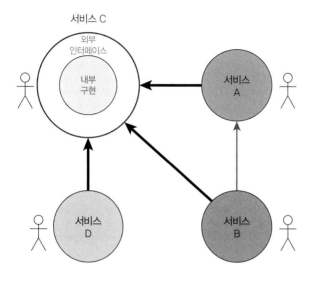

A←B : B가 A의 API/이벤트를 참조

그림 5-29 서비스 C의 내부 구현과 외부 인터페이스의 분리

[그림 5-29]는 서비스 C가 외부에 제공하는 인터페이스와 내부 구현을 분리한 모습을 보여준다. 추상화 레이어의 추가로 클래스가 증가하여 관리 포인트가 늘어나고, 실행 중에는 데이터 변환으로 인해 미세하게나마 시스템 부하가 가중될 수도 있다. 하지만 API로 제공하는 기능과 데이터가 서비스의 내부 구현 방식과 분리되어 있으므로, 내부 구현을 변경하더라도 외부에 제공하는 API를 유지하거나 여러 버전을 동시에 제공할 수 있게 된다. 따라서 다른 개발팀과 협의 없이 내부 구조를 개선할 수 있고, 기존 API를 업그레이드할 때도 다른 팀과 한날한시에 반영하는 것을 피할 수 있다.

참조 방향의 제어

앞에서 설명한 의존 관계 원칙들은 엉클 밥Robert C. Martin[7]의 객체 지향 설계 원칙 중에서 패키지 결합coupling 원칙인 의존성 비순환 원칙Acyclic Dependency Principle, ADP, 안정된 의존성 법칙Stable Dependency Principle, SDP, 안정된 추상화 법칙Stable Abstraction Principle, SAP을 마이크로서비스 아키텍처에 맞게 응용하여 설명한 것이다.

엉클 밥이 객체 지향 설계 원칙을 만든 목적은 소스 코드의 의존 관계를 잘 관리하여 소프트웨어를 변경하기 쉽고, 튼튼하고, 재사용하기 좋게 만들기 위함이다. 이 패키지 결합 원칙 3개는 변경을 쉽게 하기 위한 것이다. 그중 의존성 비순환 원칙과 안정된 의존성 법칙은 코드 레벨의 의존 관계를 다루는데, 바람직한 의존 관계를 만들기 위해 소스 코드의 참조 방향을 제어하는 방법을 사용한다.

소스 코드 레벨의 참조 관계를 제어하는 대표적인 방법은 의존 관계 역전 법칙Dependency Inversion Principle, DIP을 사용하는 것이다. 상위 클래스가 하위 클래스를 직접 호출하지 않고, 상위 클래스가 정의한 인터페이스에 맞춰 하위 클래스가 기능을 구현하여 코드 간의 의존 관계를 역전 시키는 것이다. [그림 5-30]은 소스 코드 간의 참조 관계를 변경하여 의존 관계를 역전하는 방법을 보여준다.

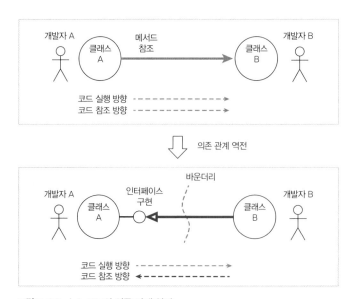

그림 5-30 소스 코드의 의존 관계 역전

---

7 『Clean Code』의 저자로 유명한 로버트 C 마틴. 보통 '엉클 밥'이라는 애칭으로 더 유명하다.

[그림 5-30]의 위에 있는 그림은 클래스 A가 클래스 B의 메서드를 참조하고 있다. 이때 시스템의 변경 영향이 전파되는 방향은 코드 참조 방향의 반대이다. 클래스 B의 메서드가 변경되면 이를 사용하는 클래스 A의 메서드도 같이 변경되어야 하지만, 클래스 A의 메서드가 변경되어도 클래스 B의 메서드의 변경은 필요 없다. 따라서 변경이 전파되는 방향은 B에서 A로 코드 참조의 반대 방향이 된다.

그리고 시스템 실행 중에 오류가 전파되는 방향은 코드가 실행되는 방향의 반대이다. 클래스 A의 메서드가 호출되면 그 안에서 다시 클래스 B의 메서드를 호출하므로 코드가 실행되는 방향은 A에서 B이다. 만약에 B 클래스의 메서드가 실행 중 오작동하면 클래스 A의 기능에도 역시 문제가 발생지만, 반대로 A의 메서드가 오작동하더라도 클래스 B에는 영향이 없다. 따라서 오류가 퍼지는 방향은 반대인 B에서 A이다. [그림 5-30]의 위 그림을 보면 코드의 변경 영향이 퍼지는 방향과 장애 영향이 퍼지는 방향이 동일하다는 것을 알 수 있다.

그런데 [그림 5-30]의 아래 그림처럼 코드의 참조 방향이 바뀌면 변경 시 영향을 미치는 방향이 반대가 된다. 클래스 B는 개발팀 A가 정의한 인터페이스를 구현한다. 따라서 해당 인터페이스만 준수하면 개발팀 B는 자유롭게 클래스 B를 변경할 수 있다. 반대로 클래스 A의 개발팀이 인터페이스를 변경하려면 클래스 B의 개발팀과 같이 변경 내역과 일정을 협의해야 한다. [그림 5-30]의 위 그림에서 클래스 B의 개발팀은 클래스 A가 참조하고 있으므로 구현 디테일을 변경하는 경우 클래스 A의 개발팀과 같이 협의할 수 있다. 하지만 [그림 5-30]의 아래 그림처럼 참조 관계를 역전시키면 개발팀 B는 개발팀 A와 협의 없이 클래스를 변경할 수 있는 자유를 얻게 된다.

이렇게 참조 관계를 변경하여 변경 영향의 방향을 바꾸는 것을 마이크로서비스 아키텍처에도 유사하게 적용할 수 있다.

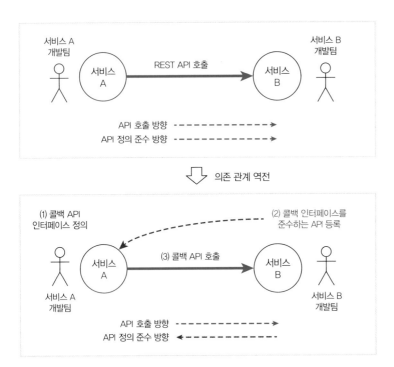

그림 5-31 서비스 간의 의존 관계 역전

[그림 5-31]은 서비스 간의 참조 관계를 변경하는 사례를 나타낸다. [그림 5-31]의 위 그림에서는 서비스 A가 서비스 B의 API를 호출하고 있다. [그림 5-31]의 아래 그림은 서비스 A가 서비스 B의 API를 호출하고 있지만 호출하는 API의 정의는 서비스 A의 개발팀이 정의하고 있음을 보여준다. 서비스 A 개발팀이 콜백 API를 정의하면, 서비스 B 개발팀은 콜백 API를 준수하는 API를 개발한 후 서비스 A에 등록한다. 따라서 [그림 5-31]의 위 그림 구조에서 서비스 B 개발팀이 서비스 A가 호출하는 API의 URI나 매개변수 등을 변경하려면 서비스 A 개발팀과의 협의가 필요하지만, 아래 구조에서의 서비스 B 개발팀은 콜백 API의 인터페이스만 준수하면 콜백 API를 교체하거나 구현 디테일을 변경하는 것이 자유롭다.

하지만 장애 영향을 제어하는 것은 상황이 다르다. 서비스 A가 서비스 B의 API를 호출하는 것은 마찬가지이므로, 서비스 B에 장애가 발생하거나 등록된 API를 변경할 때 버그가 생긴다면 여전히 서비스 A에도 장애가 발생할 수 있다. 따라서 마이크로서비스 아키텍처에서 서비스 간에 장애가 번지는 것을 차단하려면 별도의 방법이 필요하다.

이와 같이 코드 레벨에서 참조하는 관계와 독립적인 프로세스로 실행하는 서비스 간의 API로 참조하는 관계는 비슷하면서도 다르다. 차이점을 잘 숙지하고 활용하면 서비스 개발팀이 더 독립적으로 개발할 수 있고, 서비스의 장애 시 영향을 최소화하는 데에 도움이 된다.

5.2.3 느슨한 의존 관계를 위한 원칙

서비스는 서로 아무런 관계를 맺지 않는 것이 가장 좋지만, 일정 정도의 관계는 있을 수 밖에 없다. 따라서 서비스 간의 의존 관계를 가능한 한 약하게 만들어 영향도를 낮출 필요가 있다. 이번 절에서는 이런 의존 관계를 약하게 만드는 설계 원칙을 살펴보자.

통합 모델링보다는 분산 모델링

일반적으로 데이터 모델링을 하면 엔티티가 어떤 업무에서 사용되는지는 고려하지 않고 같은 엔티티의 속성은 하나의 엔티티에 모아놓는다. 예를 들어 보험 시스템에서 고객 정보를 모델링한다면 보험 업무에서 사용하는 고객 속성과 융자 업무에서 사용하는 고객 속성 그리고 콜센터 업무에서 사용하는 고객 속성을 모아서 하나의 고객 엔티티에 담아놓는다. [그림 5-32]는 이에 대한 간단한 예시이다.

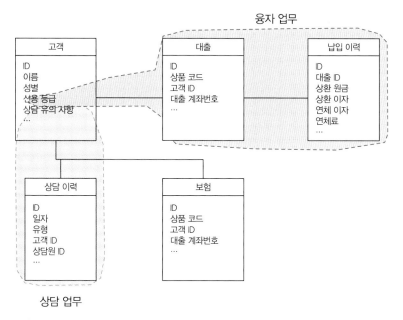

그림 5-32 고객 정보의 모델링 예시

[그림 5-32]의 고객 엔티티는 고객에 대한 기본적인 속성 이외에 신용 등급과 상담 유의 사항 속성을 가진다. 신용 등급은 융자 업무에서 사용한다. 신용 등급은 고객이 새로운 대출을 받을 때 대출의 가능 여부나 이자율의 계산에 사용되는데, 고객의 대출 건수, 대출 이자, 원금의 납입 이력 등을 기준으로 산정한다. 상담 유의 사항 속성은 상담 업무에서 사용한다. 상담 중에 고객 관련 특이사항이 있는 경우, 다음 상담원이 상담할 때 참고할 수 있도록 남겨놓는 항목이다. 이렇게 각 업무에서 사용하는 고객과 관련된 속성은 모두 고객 엔티티에 모아둔다.

이런 방식은 뚜렷한 장점을 가진다. 데이터 종류별로 하나의 엔티티에 정의되므로, 중복되지 않고 체계적으로 관리할 수 있으며 필요한 데이터를 찾기에도 용이하다. 하지만 마이크로서비스 아키텍처에서는 상황이 조금 달라진다.

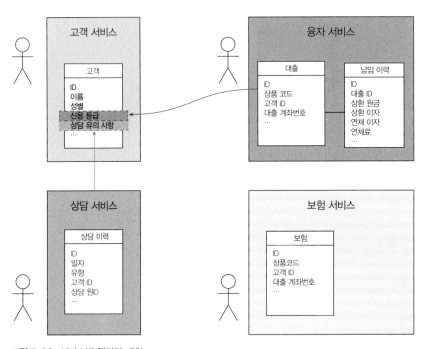

그림 5-33 서비스별 엔티티 배치

[그림 5-33]은 앞의 데이터 모델을 4개의 서비스에 배치한 것이다. 고객 엔티티는 고객 서비스에, 대출과 납입 이력 엔티티는 융자 서비스에, 상담 이력 엔티티는 상담 서비스에, 보험 엔티티는 보험 서비스에 배치되었다. 융자 업무에서 사용하는 신용 등급과 상담 업무에서 사용하는 상담 유의 사항은 모두 고객 서비스의 고객 엔티티에 포함된다.

이런 배치는 서비스 간의 잦은 API 통신을 일으킨다.

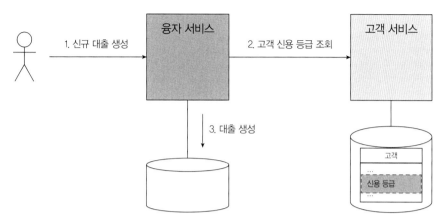

그림 5-34 신규 대출 프로세스

[그림 5-34]는 신규 대출을 생성하는 프로세스를 보여준다. 대출 상담원이 신규 대출 생성을 요청하면 융자 서비스는 고객 서비스에서 고객의 신용 등급을 조회한다. 그런 후에 신용 등급을 고려하여 대출을 진행한다. 여기서 중요한 점은 고객의 신용 등급 속성은 원래 융자 서비스가 생성하고 관리하는 속성이란 것이다. 하지만 고객 서비스가 관리하고 있으므로 고객 서비스에 API를 호출하여 조회해야만 한다.

신용 등급의 구조를 변경하려면 일이 더 복잡해진다. 예를 들어 융자 서비스가 5개로 분류되었던 신용 등급을 10개로 세분화하고 싶다면 고객 서비스 개발팀에 요청해야 한다. 고객 서비스 담당자의 일정상 여유가 있다면 빠르게 반영할 수 있지만, 다른 중요 업무로 바쁜 상황이라면 생각보다 훨씬 오랜 시간이 걸릴 수도 있다. 융자 서비스 입장에선 신용 등급은 대출 수익 시뮬레이션의 중요한 요소이므로 다양한 실험을 해보고 싶을 수도 있다. 하지만 다른 팀과의 협업이 필요한 경우라면 아무래도 소극적일 수밖에 없다. 이렇게 고객의 신용 등급 속성이 융자 서비스에서 중요하게 사용되는데 매번 API로 참조해야 하고 변경도 어렵다면, 고객 신용 등급 속성을 고객 서비스가 관리하는 것이 적절한지 고민해봐야 한다.

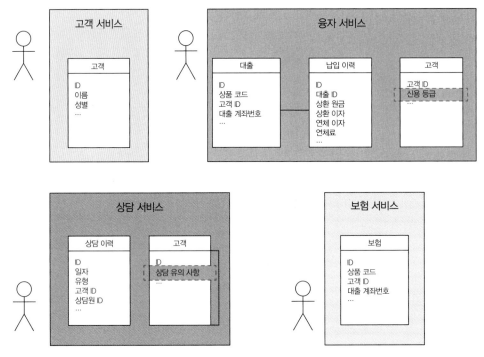

그림 5-35 서비스별 엔티티의 재배치

[그림 5-35]는 고객의 신용 등급과 상담 유의 사항을 각각 융자 서비스와 상담 서비스에 배치한 모습을 보여준다. 융자 서비스는 자신의 고객 엔티티를 갖고 신용 등급 속성을 관리하므로, 신규 대출을 생성할 때 번거로운 API 호출 없이도 신용 등급을 참조할 수 있다. 그리고 고객의 대출 현황이 변했을 때도 ACID 트랜잭션의 보호 아래 신용 등급을 업데이트할 수 있다. 고객 서비스도 마찬가지로 불필요한 API 통신을 하지 않고 자체적으로 상담 유의 사항을 참조하고 변경할 수 있다. 더 중요한 점은 신용 등급과 상담 유의 사항을 융자 서비스와 상담 서비스가 직접 정의하고 개선할 수 있다는 것이다. 다른 고객 서비스 담당자에게 변경 필요성을 설득하고 일정을 조율할 필요 없이 독자적으로 변경할 수 있다. 하지만 고객 관련 속성들이 여러 서비스에 분산되는 것은 불편할 수 있다.

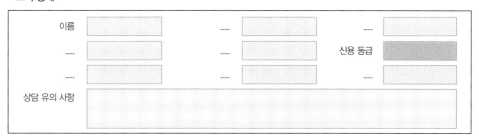

그림 5-36 고객 응대 화면 중 고객 상세 정보 부분

[그림 5-36]은 콜센터 상담원이 고객의 전화를 응대하면서 사용하는 화면의 일부를 나타낸다. 고객의 기본 정보는 고객 서비스, 상담 유의 사항은 상담 서비스, 신용 등급은 융자 서비스에서 제공한다.

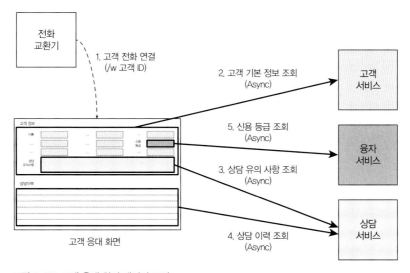

그림 5-37 고객 응대 화면 데이터 로딩

[그림 5-37]은 고객 응대 화면이 로딩되면서 고객 정보를 조회하는 과정을 보여준다. 고객이 ARS에서 상담원 연결을 요청하면 전화 교환기는 상담원에 전화를 연결하고 상담 시스템에 전화가 연결되었음을 알린다. 그러면 고객 응대 화면은 고객의 기본 정보, 상담 유의 사항, 상담 이력, 신용 등급을 조회하는 API를 각 서비스에 호출한 후 데이터를 표시한다.

이 경우 고객의 데이터가 분산되어 있다 보니 화면 조회 시 API 호출이 늘어나게 된다. 고객 응대 화면과 상담 서비스는 모두 상담 개발팀이 담당하는 화면으로 3~4번처럼 상담 서비스의 API를 여러 번 호출하더라도 큰 불만은 없을 것이다. 필요하다면 자체적으로 논의하여 두 API를 하나로 통합할 수도 있을 것이다. 하지만 융자 서비스서 조회하는 신용 등급 조회는 조금 다를 수 있다. 고객 응대 화면은 상담원이 고객의 전화를 받을 때마다 호출하는 화면으로, 융자 서비스 입장에서는 다른 서비스가 지나치게 자주 해당 API를 호출하는 것이 달갑지 않을 수도 있다.

만약에 융자 서비스 개발팀의 불만이 크다면 고객 응대 화면에서 신용 등급 정보를 제외하는 것도 하나의 방법이다. 업무적으로 꼭 필요한 것이 아니라면 상담 후 처음으로 로딩되는 고객 응대 화면에서 신용 등급 정보를 제외하고 융자 관련 상담을 시작했을 때 표시하더라도 무방할 수 있다. 하지만 이 예시에서는 꼭 필요한 상황이라고 가정하고 고객 서비스가 신용 등급 정보의 사본을 직접 제공하는 방법을 생각해 볼 수 있다.

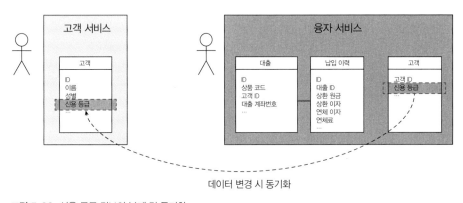

그림 5-38 신용 등급 정보의 복제 및 동기화

[그림 5-38]은 고객 서비스가 융자 서비스의 신용 등급 정보를 복제하여 갖는 것을 보여준다. 신용 등급은 여전히 융자 서비스가 오너십을 갖고 관리하고, 고객 서비스는 이를 복제하여 읽기 전용으로 제공한다. 융자 서비스가 신용 등급 정보를 변경하면 고객 서비스는 이벤트나 배치 작업 등으로 변경된 데이터를 복제해간다. 데이터는 단방향으로 반영되므로 그 과정이 복잡하지 않고, 준 실시간성 배치로도 충분하므로 비교적 쉽게 구현할 수 있다. 그리고 고객 기본 정보 API에 신용 등급 속성을 추가하면 화면이 호출하는 API의 수도 줄일 수 있다.

[그림 5-38]에서 고객 서비스가 신용 등급 정보를 복제하는 이유는 화면이 API를 호출하는 개수나 융자 서비스의 부하를 줄이기 위함이었지만 실제로는 다양한 이유로 서비스 간 데이터

복제가 발생할 수 있을 것이다. 중요한 점은 서비스가 스스로 정의하고 생산하는 데이터는 직접 관리해야 한다는 것이다.

참고로 데이터를 복제할 때 유의해야 하는 점은 융자 서비스 내부의 스키마를 직접 노출하면 안 된다는 것이다. 예를 들어 융자 서비스의 고객 테이블을 고객 서비스에도 동일하게 만들어 놓고 CDC^{Change Data Capture} 등을 사용해서 다이렉트로 동기화하면, 융자 서비스가 자신의 고객 테이블 구조를 변경하기 어려워진다. 변경된 데이터를 전달하는 데이터 구조를 별도로 정의하여 융자 서비스가 내부 테이블 스키마를 변경할 때 다른 서비스에 줄 수 있는 영향을 걱정하지 않고 변경할 수 있어야 한다.

라이브러리보다 코드 복제

코드 중복은 개발자의 대표적인 금기 사항이다. 중복된 코드는 불필요한 복제 작업으로 변경 효율을 떨어트린다. 때로는 복제 코드 중 일부만 변경하여 버그를 만드는 원인이 되기도 한다. 따라서 코드 중복을 제거하는 것은 항상 강조되어 왔고, DRY^{Don't Repeat Yourself} 같은 원칙도 널리 알려져 있다. 하지만 코드 베이스가 커지고 개발팀의 사람이 많아지면 중복을 제거하려는 노력 자체가 부담될 수 있다. 이럴 때에는 일정 부분 중복을 허용하는 것이 더 효과적일 수 있다.

여러 서비스에 동일한 기능이 필요하다면 먼저 떠오르는 방법이 해당 코드를 라이브러리로 만들어 배포하는 것이다. 그런데 독립적으로 나아가는 팀에게 라이브러리를 반영하게 하는 것은 의외로 까다로운 작업이다. 라이브러리를 사용하는 개발팀의 입장에선 라이브러리에 추가된 기능이나 버그 패치가 자신들이 기다리고 있던 것이 아니라면, 혹시 모를 장애를 무릅쓰고 라이브러리를 교체하는 것을 가급적 피하고 싶기 때문이다. 라이브러리를 반영하도록 공지했지만 다른 개발팀이 라이브러리를 반영하지 않고 시간이 흐르면 결국 시스템에는 여러 버전의 라이브러리가 존재하게 되고, 라이브러리 개발팀은 사용하는 모든 버전에 대해 기술 지원을 하게 되어 관리 부담이 커지게 된다.

따라서 라이브러리를 배포하더라도 각 개발팀이 적기에 반영하기 어려운 상황이라면, 공통 기능의 구현 코드를 제공하고 각 개발팀이 코드를 복사해서 각자 관리하게 하는 것이 좋다. 그러면 개발팀마다 원하는 타이밍에 반영이 가능하고, 사용하는 기능의 코드만 복제하여 관리하면 되기 때문에 사용하지 않는 기능 변경에는 대응할 필요도 없어진다.

버전 관리보다 하위 호환성 유지

서비스가 제공하는 API나 이벤트는 가능한 한 하위 호환성을 유지해야 한다. API가 변경될 때마다 이를 사용하는 서비스를 같이 변경해야 한다면, 사소한 변경에도 공지하고 문제가 없는지 함께 확인한 후에 반영하고 검증해야 한다. 따라서 다른 서비스가 별다른 수정 없이 API를 사용할 수 있도록 항상 하위 호환성을 유지해야 한다.

코드 5-1 사용자를 조회하는 API의 변경 이력

```
[GET] /api/v1/users/342849962cb5
{
    "usrId" : "342849962cb5"           // 06.01 최초 개발
    "usrNm" : "홍길동",                  // 06.01 최초 개발
    "usrDpt" : "개발팀",                 // 06.01 최초 개발
    "usrEnNm" : "Gildong Hong",        //10.01 필드 추가
    "usrGD" : "책임",                    //11.07 필드 추가
}
```

위 예시는 사용자를 조회하는 API의 변경 이력을 보여준다. 처음 API가 릴리스된 6월 1일에는 사용자 정보가 아이디, 이름, 부서의 3개 필드를 가지고 있었다. 그 후 10월 1일에 사용자의 영문 이름이 추가되었고 11월 7일에는 직급이 추가되었다. 만약에 어떤 서비스가 6월 1일에 사용자 조회 API를 호출하는 기능을 개발했다면, 이후에 추가된 사용자의 영문 이름과 직급은 사용하지 않는다. 하지만 그렇다고 서비스가 사용하는 필드 3개는 변경이 없으므로 서비스 작동에는 전혀 문제가 없다.

그리고 이 API를 사용하는 서비스는 API에서 꼭 필요한 속성만 참조하고 그 이외의 속성은 무시하는 것이 좋다. 이것을 관대한 독자 패턴Tolerant Reader Pattern[8]으로도 불린다. 엄격한 규약에 따라 API를 관리하는 경우에는 API를 호출할 때 리소스의 스키마를 검증하는 경우도 있는데, 이는 API를 제공하는 개발팀과 사용하는 개발팀의 긴밀한 협업을 필요로 하고 결국 변경 속도를 떨어뜨리게 만든다. 이런 식의 느슨한 관리는 조금 불안하게 느낄 수도 있지만, 각 서비스가 독립적으로 동작하기 위해서는 꼭 필요한 부분이다.

그런데 시간이 지나면 더 이상 기존의 API를 유지하기 어려워, 새로운 API를 만들어야만 하는 순간이 온다.

---

8 https://martinfowler.com/bliki/TolerantReader.html

코드 5-2 사용자를 조회하는 API V2 버전

```
[GET] /api/v2/users/342849962cb5
{
    "id" : "342849962cb5"              // 12.01 최초 개발
    "name" : "홍길동",                  // 12.01 최초 개발
    "department" : "개발팀",            // 12.01 최초 개발
    "englishName : "Gildong Hong",      // 12.01 최초 개발
    "grade" : "책임",                   // 12.01 최초 개발
}
```

위 예시는 사용자를 조회하는 API의 V2 버전이다. 앞에서 봤던 V1 API와 비교하면 리소스의 속성 이름이 모두 변경되었다. 기존의 축약된 이름을 일반적인 REST API 리소스의 스타일에 맞게 자연어 스타일로 변경한 것은 바람직하지만, 기존의 V1 API를 사용하던 서비스는 V2에 맞게 자신들의 코드를 변경해야만 한다. 그런데 독립적인 여러 팀이 API를 변경하고 한날한시에 동시에 반영하는 것은 큰 부담이 된다.

따라서 이렇게 API가 크게 변경되어 하위 호환성을 유지할 수 없는 경우에는 구버전과 신버전을 동시에 제공하여 서비스들이 API를 전환할 수 있는 시간을 제공해야 한다. 그런 후에 V1 API를 사용하는 서비스가 없다는 것을 확인한 후에 V1 API의 서비스를 종료한다. API 버전을 변경하고 신/구 버전을 같이 제공하는 기간은 API를 제공하는 시스템과 사용하는 시스템의 관계에 따라 크게 다를 것이다. Open API의 사례를 보면 API 버전이 보통 수년 동안 유지되고 신/구 버전을 동시에 제공하는 기간도 그에 버금가게 걸리기도 한다. 상황에 따라 더 짧을 수도 더 길 수도 있겠지만 중요한 것은 가능한 한 오래 유지하려고 노력한다는 점이다.

서비스의 캡슐화(Encapsulation) 강화

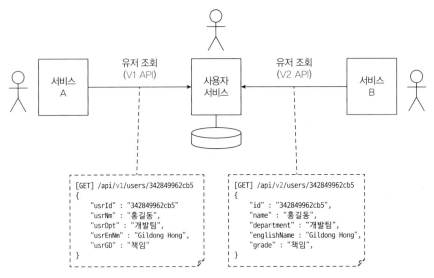

그림 5-39 여러 버전의 API 동시 제공

[그림 5-39]는 사용자 서비스가 V1/V2 API를 동시에 제공하는 모습을 보여준다. 사용자 서비스는 V2 API를 신규로 릴리스하면서 다른 서비스에 기간 내에 V2로 전환하도록 공지하고 V1/V2 API를 동시에 운영한다. 서비스 A는 아직 V1 API를 사용하고 있고, 서비스 B는 신규 API로 전환하여 V2 API를 호출하고 있다. 여기에서 사용자 서비스의 내부 구조를 살펴볼 필요가 있다.

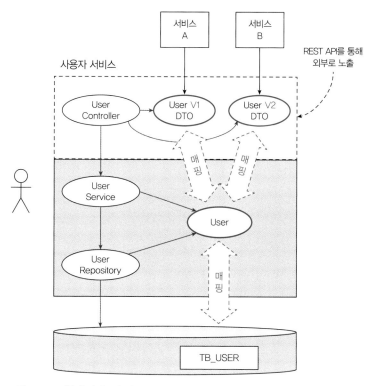

그림 5-40 사용자 서비스의 내부 구조

[그림 5-40]은 사용자 서비스의 내부 구조를 보여준다. 위 구조에서 REST API의 URI와 메서드는 UserController 클래스의 메서드와 매핑되어 있고, 반환하는 리소스는 메서드가 반환하는 DTO의 모양에 따라 결정된다. 그림에서 V1 API는 UserV1DTO를 반환하고 V2 API는 UserV2DTO를 반환한다. 실제 사용자 데이터는 TB_USER 테이블에 저장되어 있고, 이는 다시 User 클래스에 로딩된다. User 클래스에 로딩된 데이터는 호출된 API의 버전에 따라 UserV1DTO나 UserV2DTO로 변환되어 반환된다.

위 구조에서 중요한 점은 REST API를 제공하는 프레젠테이션 레이어가 나머지 레이어와 분리되어 있다는 것이다. 더 구체적으로는 REST API의 리소스로 반환되는 UserVxDTO와 내부의 비즈니스 로직을 처리하기 위한 User 클래스가 분리되어 있다는 점이다. 만약에 UserVxDTO 없이 User 클래스를 REST API의 결과로 직접 반환한다면, User 클래스를 변경할 때 REST API의 응답 결과도 함께 변경되어 버린다. 따라서 User 클래스를 변경하려면 관련 REST API를 사용하는 서비스에 영향이 있을지 검토하고, 때로는 해당 서비스 개발팀과 변경에 대해 협의해야 한다. 하지만 User 클래스와 UserVxDTO가 분리되어 있으므로, User 클래스의 속성이나 구조를 변경하더라도 데이터 변환 코드를 수정하여 기존과 동일한 UserVxDTO를 반환할 수 있다. 이는 V1 API와 V2 API를 동시에 제공할 수 있는 이유이기도 하다.

이와 같이 REST API를 외부에 제공하는 시스템이 API 요청이나 응답 결과에 해당하는 DTO를 내부 엔티티와 분리하는 것은 보편적인 접근 방식이다. 최초 개발 시에는 내부 엔티티와 DTO가 흡사하기 때문에 불필요한 중복이라고 느끼기도 한다. 하지만 위의 예시처럼 시간이 흐르면서 서로 점점 달라진다. 내부 엔티티를 POJO로 개발한 경우 디자인 패턴 등이 적용되면서 객체가 일반화되어갈 수 있고, DTO는 모바일이나 웹 클라이언트가 사용하기 편리하도록 다른 엔티티의 속성이 포함되거나 불필요한 속성은 제거할 수도 있다.

이렇게 내부 구현을 캡슐화하는 것이 모든 시스템에 꼭 필요한 것은 아니다. 불특정 다수에게 Open API를 제공하거나, 기업 내에서 여러 시스템에 Internal API를 제공하는 경우라면 강한 캡슐화 전략이 필요하다. 하지만 애초에 API를 외부에 공개할 계획이 없고 같은 시스템의 웹 애플리케이션만 사용하는 경우라면 REST API를 위한 별도의 DTO를 두는 것을 생략할 수도 있다.

그리고 한 시스템의 서비스라고 해도 캡슐화가 필요한 정도는 다르다.

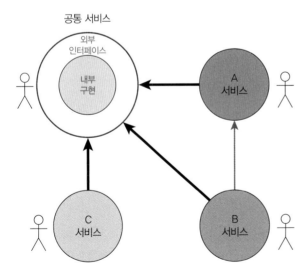

그림 5-41 참조를 많이 받는 공통 서비스의 구조

[그림 5-41]은 앞에서 설명한 안정된 '추상화 법칙'의 예시이다. 안정된 추상화 법칙을 따르면 다른 서비스가 많이 참조하는 공통 서비스는 더 강한 캡슐화가 필요하다. 또한 외부 인터페이스와 내부 구현을 분리하여 추상화 레벨을 높여야 한다. 반대로 다른 서비스가 참조하지 않는 서비스 B와 서비스 C는 캡슐화를 적용해야 할 필요성이 적다.

손상 방지 계층(Anti-corruption Layer)

앞의 [그림 5-39]에서 보았던 서비스 A는 사용자 서비스의 V1 API를 사용하고 있고, 조만간 V2 API로 변경해야 하는 상황이다.

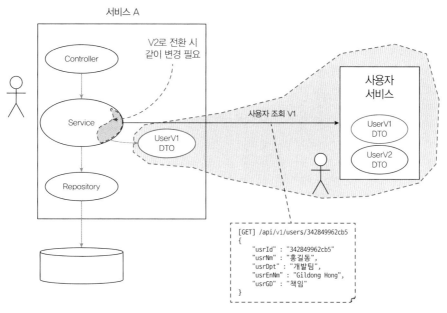

그림 5-42 서비스 A의 레이어 구조

[그림 5-42]는 서비스 A가 사용자 서비스를 호출하는 구조를 보여준다. 서비스 A의 Service 클래스는 사용자 조회 API를 호출한다. 사용자 조회 API에서 JSON으로 표현되는 리소스는 사용자 서비스의 UserV1DTO가 변환된 것이고, 이를 담기 위해 서비스 A도 UserV1DTO와 동등한 클래스를 갖고 있다. 서비스 A의 Service 클래스는 UserV1DTO의 데이터를 참조하므로 사용자 조회 API를 V2로 전환하는 경우 같이 변경되어야 한다.

다음 코드는 사용자 조회 API를 V1에서 V2로 변경할 때 Service 클래스의 변화를 보여준다.

코드 5-3 V2 API로 전환할 경우 Service 코드의 변경 모습

• Before (V1)	• After (V2)

```
ServiceRequest sr = new
ServiceRequest();
sr.setXXX();

...

sr.setAgentId(user.getUsrId());
sr.setAgentName(user.getUsrName());
sr.setAgentGrade(user.getUsrGD());
sr.setAgentDepartmentName(user.
getUsrDpt());

...
```

```
ServiceRequest sr = new
ServiceRequest();
sr.setXXX();

...

sr.setAgentId(user.getId());
sr.setAgentName(user.getName());
sr.setAgentGrade(user.getGrade());
sr.setAgentDepartment(user.
getDepartment());

...
```

조회한 사용자 정보를 담은 클래스가 UserV1DTO에서 UserV2DTO로 바뀌면서 데이터를 조회하는 여러 메서드의 이름이 변경되었다. 따라서 Service 클래스의 소스 코드에서 UserV1DTO의 메서드를 호출하는 코드를 찾아서 수정해야 한다. 이 예시는 DTO 클래스의 속성 이름만 변경되었고, Service 클래스에서 변경되는 코드의 분량도 적으므로 별로 어려워 보이지 않을 수 있다. 하지만 현실에선 수천 라인 규모의 클래스 구석구석에 이런 코드가 흩뿌려져 있는 경우를 쉽게 볼 수 있다.

이렇게 사용자 서비스의 API 변경으로 인해서 서비스 A의 내부 구현이 영향을 받는 것을 방지하기 위해 ACL[Anti-Corruption Layer]을 추가한다.

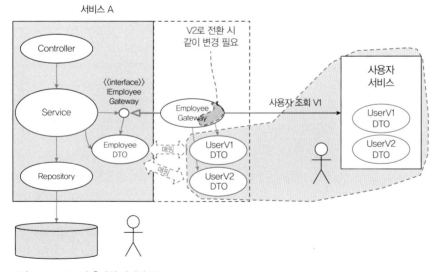

그림 5-43 ACL이 추가된 레이어 구조

[그림 5-43]은 서비스 A에 ACL을 적용한 구조를 보여준다. 기존의 클래스 구성에서 IEmployeeGateway, EmployeeDTO, EmployeeGateway 클래스가 추가되었다. IEmployeeGateway와 EmployeeGateway는 각각 인터페이스와 구현 클래스로 사용자 정보 조회를 담당한다. EmployeeDTO는 UserDTO 중에서 서비스 A가 사용하는 속성만을 담아놓은 클래스이다. UserDTO라고 이름을 지어도 되겠지만 서비스 A의 비즈니스 개념을 고려하여 이름을 Employee로 정했다. Service 클래스는 IEmployeeGateway와 EmployeeDTO만 참조한다.

사용자 조회 API를 V1에서 V2로 변경하는 경우에는 EmployeeGateway를 수정한다. 그리고 UserV2DTO에 담긴 조회 결과는 다시 EmployeeDTO로 변환하여 반환한다. 이때 Service 클래스는 IEmployeeGateway와 EmployeeDTO만 참조하고 있으므로 변경할 필요가 없다.

EmployeeGateway처럼 REST API를 래핑wrapping하는 클래스는 종종 사용되는데, 변경 영향을 차단하는 관점에서 중요한 점은 서비스의 자체적인 언어로 DTO를 정의해야 한다는 것이다. 다음 [그림 5-44]는 자체적으로 정의한 DTO의 유무에 따라 변경 영향 범위가 달라지는 것을 보여준다.

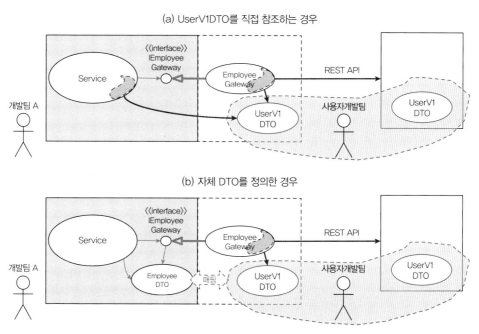

그림 5-44 EmployeeDTO 유무에 따른 변경 영향 범위 차이

[그림 5-44]의 (a)는 Service 클래스가 자체 DTO 없이 UserV1DTO를 직접 참조하고, (b)는 Service 클래스가 자체적으로 정의한 DTO를 참조한다. 두 사례 모두 API의 URI나 메서드가 변경되어도 Service 클래스는 영향을 받지 않는다. 하지만 (a)의 경우 REST API의 리소스가 변경되는 경우 Service 클래스도 같이 변경이 필요하다. 그리고 서비스 A의 비즈니스 언어로 DTO를 정의하기 때문에 사용자 개발팀이 사용자 관련 용어나 속성을 변경하더라도 직접적인 영향을 받지 않는다. 이런 경우 ACL은 자연스럽게 테스트의 경계가 된다.

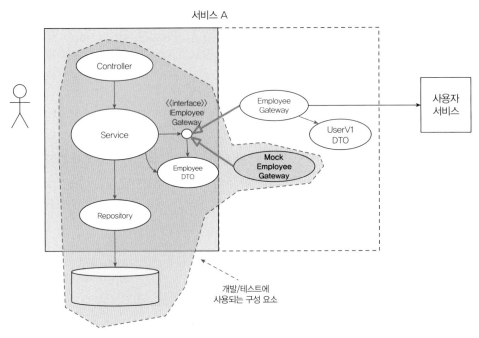

그림 5-45 개발/테스트 시 시스템 구성

[그림 5-45]는 API 테스트 수행 시의 서비스 A의 구조를 보여준다. 서비스는 데이터베이스에 접속하고 EmployeeGateway를 제외하면 실제 운영에 가까운 구성으로 실행된다. 하지만 외부 서비스를 호출하는 UserGateway는 MockUserGateway로 대체되어 실행된다. 이때 ACL 역할을 하는 IEmployeeGateway는 자연스럽게 Mock 클래스로 대체할 수 있는 지점이 되고 EmployeeDTO는 테스트 데이터를 담아서 사용하게 된다. 그리고 IEmployeeGateway와 EmployeeDTO로 인해 Service 클래스가 사용자 조회 API가 변경되어도 영향을 받지 않는 것처럼, 테스트 케이스도 사용자 조회 API의 변화로 인해서 같이 변경되지 않는다.

5.2.4 요약

그림 5-46 느슨한 의존 관계를 위한 전술

[그림 5-46]은 지금까지 살펴본 원칙을 요약하여 보여준다. ① API를 제공하는 서비스는 API 의 하위 호환성을 유지해야 한다. 그러면 API가 변경되더라도 API를 사용하는 서비스가 변경되지 않으므로 개발팀 간 협의 없이 변경을 할 수 있다. ② API를 제공하는 서비스는 외부 인터페이스와 내부 구현을 분리해야 외부 인터페이스는 그대로 유지하면서 내부 구현을 변경할 수 있다. ③ API를 호출하는 서비스는 API에서 사용하는 부분만 관심을 가져야 한다. 그래야 API 에서 사용하지 않는 부분이 변경되었을 때, 불필요하게 같이 변경할 필요가 없어진다. ④ ACL 을 적용하여 API를 호출하는 코드와 내부 구현을 분리하면 사용하는 API가 변경되더라도 내부 구현과 테스트 케이스가 같이 변경되는 것을 방지할 수 있다.

Chapter 6

서비스 설계하기

서비스 설계하기

이 장에서는 앞에서 선정한 서비스 동작을 설계하여 서비스 역할을 구체화하고 서비스 간의 관계를 도출하는 방법을 소개한다. 또한 각자 익숙한 설계 방법으로 서비스 동작을 기술하여 서비스 간의 참조나 여러 서비스에 걸친 트랜잭션으로 발생할 수 있는 구현 이슈를 탐지하는 방법에 대해 알아본다. 그리고 서비스별로 변경 및 배포를 독립적으로 할 수 있도록 프로세스와 조직을 확인해보고 장애 격리, 확장성 등을 검토하여 마이크로서비스 아키텍처 도입 목표를 만족할 수 있는지 살펴본다. 해결하기 힘든 구현 이슈가 없고 마이크로서비스 아키텍처의 도입 목표를 만족한다면 서비스 구성을 확정할 수 있다. 마지막으로 마이크로서비스 아키텍처 서비스를 설계하는 데 도움이 될만한 다양한 예시를 살펴볼 것이다.

6.1 개요

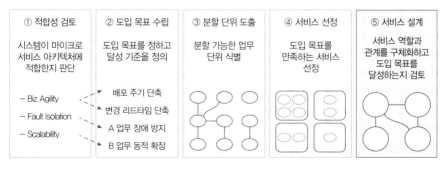

그림 6-1 마이크로서비스 아키텍처 서비스 선정 및 설계 절차

서비스를 선정하면 시스템 주요 기능을 중심으로 동작을 설계하여 각 서비스의 역할과 관계를 구체화한다. 동작 시뮬레이션을 진행하면 서비스가 API나 이벤트로 다른 서비스와 통신하는 것을 찾을 수 있다. 또한 서비스 간의 잦은 참조나 여러 서비스에 걸친 트랜잭션으로 인한 구현 이슈를 탐지하고 해결 방법을 찾을 수 있다. 해결 방법의 구현 난도가 높거나 적절한 해결 방법이 없다면 서비스 경계를 재조정할 수도 있다.

그다음 마이크로서비스 아키텍처를 도입하는 목표를 기준으로 서비스가 적절히 구성되었는지 검토해야 하는데 서비스 구성, 배포 프로세스, 조직 등을 고려하여 서비스가 실제 독립적으로 변경 및 배포할 수 있는지를 검증한다. 그리고 단일 장애 지점의 유무를 확인하여 시스템에 대형 장애가 발생할 수 있는지 검토한다. 또한 중요 기능의 장애 격리가 목표라면 다른 서비스에 장애가 발생하더라도 중요 서비스에 영향을 차단할 수 있는지 검토한다. 확장성이 목표라면 대상 서비스가 적절히 늘어나고 줄어들 수 있는 구조인지 검토한다.

서비스 구성이 시스템의 기능을 구현하는 데에 적절하고 마이크로서비스 아키텍처 도입 목표를 만족한다면 서비스를 확정하고 다음 단계로 나아갈 수 있다.

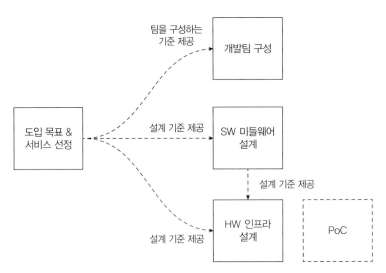

그림 6-2 태스크 간의 관계

[그림 6-2]는 서비스 선정 과정이 서비스 설계 태스크에 어떤 기준을 제공하는지를 보여준다. 서비스 목록은 개발팀을 구성하는 기준이 된다. 서비스를 도입하는 목표 그리고 서비스 목록과 서비스 간의 관계는 소프트웨어 미들웨어를 설계하는 기준이 된다. 서비스 목록과 소프트웨어

미들웨어 구성이 결정되면 필요한 하드웨어 구성과 용량을 결정할 수 있다. 이에 따라 필요한 컴퓨팅 자원과 네트워크 자원을 설계하고 구축하는 태스크를 진행한다. 새로운 기술 요소가 있다면 PoC를 수행하여 사전에 검증할 수 있다.

프로젝트를 진행 중이라면 이 단계의 산출물(고수준 설계의 결과이기 때문에)로 시스템 전체를 조망할 수 있다. 또한 이것은 팀이 각자의 서비스 내부를 설계하고 개발할 수 있게 하는 인풋이 된다. 개발자는 각자의 개발팀으로 흩어져 담당 서비스가 외부에 제공하는 기능을 기준으로 서비스의 내부 기능과 구조를 설계하고, 새로운 API가 필요하다면 해당 개발팀에 API 개발을 요청한다.

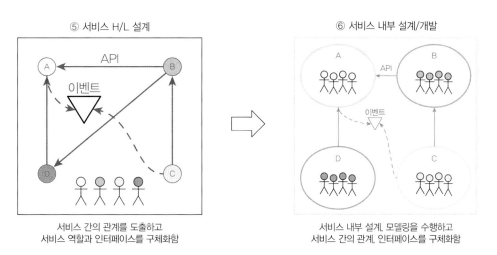

그림 6-3 서비스 설계 및 개발 절차

프로젝트로 차기 시스템 개발을 기획하는 경우라면 소프트웨어 미들웨어와 하드웨어를 정의하고 주요 태스크를 식별하여 프로젝트의 일정과 비용을 추정해본다. 단계적 전환을 계획한다면 최종 시스템의 모습을 고민하여 어떤 것을 먼저 서비스로 전환할지를 판단한다.

설계 대상 선정

서비스 설계는 시스템의 기본 기능과 주요 업무 시나리오를 기준으로 시스템 동작을 설계하고 도입 목표를 만족하는지를 확인한다. 시스템 기본 기능은 사용자 로그인, 사용자 요청 인가, 화면 로딩처럼 업무와 상관없는 시스템 동작이다. 이런 시스템 동작은 서비스 분할과는 직접적인 관계가 없지만, 시스템의 기본 동작을 이해해야 업무 동작 역시 정의할 수 있으므로 먼저 정의하고 시작해야 구현 이슈를 탐지하거나 단일 장애 지점 같은 장애 요소를 식별이 가능해진다. 그리고 API 게이트웨이, 세션 DB 같은 애플리케이션 이외의 아키텍처를 구체화할 수 있다.

그다음 시스템의 주요 업무 시나리오를 선정한다. 자주 사용되고 중요도가 높은 업무는 좀 더 많이 포함시키고, 예상되는 구현 이슈의 업무 시나리오도 추가한다. 이러한 가능성 있는 구현 이슈는 사전에 도출할 수 있지만 설계를 구체화하면서 인지하고 추가할 수도 있다. 주요 업무 시나리오는 일정 수를 넘어서면 큰 틀은 잘 변하지 않기 때문에 모든 케이스를 다 검토할 필요는 없다. 이때 기존 혹은 차기 시스템의 화면이나 API 명세서가 있다면 참조하는 것이 좋다. 구체적인 조회 필드나 업데이트하는 항목을 파악할 수 있으므로 자세한 시스템 동작을 정의할 수 있고, 구현 이슈 검증에도 도움이 된다.

마지막으로 마이크로서비스 아키텍처의 도입 목표를 검증한다. 마이크로서비스 아키텍처의 도입 목표는 검증 가능한 형태로 달성 상태를 기술하는 것이므로 각 목표에 맞게 검토한다. 독립적인 배포는 아키텍처 관점 이외에 프로세스와 조직 관점에서도 검토하여 실제 서비스 단위로 변경 및 배포가 가능한지 검토한다.

시스템 동작을 기술하는 방법론이나 툴은 자유롭게 선택한다. 마이크로서비스 아키텍처를 설계한다고 해서 새로운 방법론이나 표기법이 필요하지 않다. 도메인 주도 설계의 이벤트 스토밍 도메인 주도 설계의 이벤트 스토밍 워크샵을 프로세스 모델링이나 소프트웨어 설계 레벨로 수행할 수도 있고, 전통적인 객체 지향 분석 설계(OOA&D)나 컴포넌트 기반 개발(CBD) 방법론을 활용해도 좋다. 혹은 화면 설계서를 기준으로 서버 단의 동작을 기술하는 것도 좋은 방법이다. 설계 결과를 기술하는 표기법이나 툴도 익숙한 것을 사용하면 된다. 상대적으로 좀 더 적합한 방법이 있을 수도 있지만, 낯선 방법론이나 기법을 새로 익힐 만큼의 차이는 없으므로 각자 익숙한 방법을 활용하는 것이 좋다.[1]

방법론이나 표기법보다 더 중요한 것은 어떤 과정으로 무엇을 도출하고 검증하는가이다. 다음 절에는 설계 중에 검토해야 하는 것이 무엇인지 살펴보자.

---

[1] 같은 이유로 이 책에서도 비교적 자유로운 표기법을 선택했다. 더 체계적이고 정교한 방법으로 기술하는 것도 좋겠지만 최근에는 과거의 UML과 같은 지배적인 표기법이 없기도 하며, 이렇게 정교한 표기법 없이도 가능하기 때문이다.

6.2 검토 항목

6.2.1 구현 이슈

시스템 동작으로 서비스 간의 연계를 구체화하면서 구현이 어려운 참조나 트랜잭션을 탐지하고 해결 방법을 고민한다. 고려할만한 구현 이슈는 다음과 같다.

- 부하 집중: 특정 API가 자주 호출되거나 여러 API가 공통으로 호출하는 API가 있다면 특정 서비스나 인프라에 부하가 집중되어 장애가 발생할 수 있다.
- API 응답 속도 저하: API가 내부적으로 다른 서비스의 API를 여러 번 호출하여 응답 속도가 저하될 수 있다.
- 보상 트랜잭션: 여러 서비스에 걸친 트랜잭션이 중간에 실패하면 보상 트랜잭션을 해야 한다. 민감한 트랜잭션인 경우 이벤트 통신으로 전환하거나 데이터를 정리하는 대사 작업을 고민해야 한다.
- 동시성 이슈: 여러 서비스에 걸친 트랜잭션은 트랜잭션 중간값을 다른 서비스가 조회하거나, 트랜잭션 내에서 확인한 데이터가 중간에 변경될 수 있다. 업무적으로 문제가 되는 경우에는 다른 트랜잭션이 값을 조회하거나 변경하지 못하도록 처리해야 한다.

실제 현장에서 시스템을 들여다보면 어떤 서비스가 다른 서비스와 연계하는 경우가 생각보다 많지 않다. 시스템 기능의 많은 부분이 하나의 서비스 내에서 동작하거나 복수의 서비스가 관계한다고 해도 별다른 이슈 없이 구현할 수 있는 경우가 많다. 하지만 구현 난도가 매우 높은 이슈가 발견되면 서비스 경계를 변경하는 것도 고려할 수 있다.

구현 이슈를 검토하기 위해서는 시스템이 어떻게 동작하는지 이해해야 한다. 마이크로서비스 아키텍처의 서비스는 REST API로 기능을 제공하고 UI는 SPA로 구현한다. SPA는 JSP와 달리 브라우저에서 화면을 직접 표시한 후 서버에 데이터를 요청한다. 그런데 이런 동작 방식을 잘 이해하지 못하면 시스템 동작을 잘못 기술할 수 있다. 특히 차기 시스템을 기획하면서 서비스를 도출한다면, 앞으로 사용할 기술을 검토하지 못했을 수도 있으므로 서비스 설계 전에 시스템이 어떻게 동작하는지 잘 숙지해야 한다. 더 자세한 구현 이슈와 해결 방법은 3장과 7장의 내용을 참고하기 바란다.

6.2.2 독립적인 개발과 배포

마이크로서비스 아키텍처의 서비스는 독립적으로 개발하고 배포해야 한다. 이를 위해서는 서비스 구조, 프로세스, 조직이 모두 갖춰져야 한다.

서비스 구조 및 관계

서비스는 내부 응집도를 높이고 서비스 간의 결합도는 낮추도록 설계해야 한다. 응집도와 결합도는 항상 언급되지만 지키면 좋은 설계 원칙 정도만 여겨지고 실제로는 엄밀히 검토하지 않는 경우가 많다. 여러 이유가 있겠지만 그중 하나는 이 원칙을 잘 지켰을 때와 지키지 않았을 때의 차이를 체감하기 어렵기 때문이기도 할 것이다. 그런데 마이크로서비스 아키텍처에서는 이를 지키지 않을 경우의 폐해가 구체적으로 나타난다. 마이크로서비스 아키텍처에서 서비스의 응집도가 낮고 결합도가 높으면 서비스 간의 API나 이벤트 통신이 많아진다. 따라서 사용자 요청을 처리하는 데에 더 많은 서비스 연계가 필요하게 되어 API 응답 속도가 느려진다. 그리고 서비스 간의 트랜잭션이 많아지면 실패 시 보상 트랜잭션 등이 필요하므로 구현 난도가 올라간다. 다른 말로 표현하면 대부분의 업무가 하나의 서비스 내부에서 처리되고 서비스 간의 연계는 최소화되도록 설계해야 한다.

서비스는 서로 건전한 의존 관계를 가져야 한다. 서비스가 다른 서비스를 참조하게 될 때 참조되는 서비스가 변경되면 해당 서비스를 변경해야 할 수도 있고, 참조되는 서비스가 운영 중 장애가 발생하면 해당 서비스에도 장애가 발생할 수 있다. 따라서 다른 서비스가 많이 참조하는 서비스는 변경이 어렵기 마련이다. 서비스를 변경하려면 다른 서비스와 바뀐 인터페이스 반영 일정에 대해 협의가 필요할 수 있고, 변경으로 인한 장애가 발생하는 경우에도 다른 서비스에 주는 영향이 클 수 있기 때문에 조심해야 한다. 따라서 빠르게 변경되어야 하는 서비스는 다른 서비스가 참조하는 것을 최소화해야 한다. 그리고 장애 영향도가 높은 중요 서비스나 참조를 많이 받는 서비스는 다른 서비스를 가능한 한 적게 참조하도록 해야 한다.

서비스 역할을 정의할 때는 데이터 오너십에 대해 유의해야 한다. 모놀리식 아키텍처는 하나의 데이터 저장소를 사용하므로 데이터 위치가 어디에 있건 참조하거나 변경하는 데에 어려움이 없다. 그래서 데이터가 사용되는 업무의 경계를 넘어 데이터 종류에 따라 분류해도 무방하다. 하지만 마이크로서비스는 서비스별로 독립된 데이터 저장소를 갖고 API로 통신하므로 다른 서비스의 데이터를 참조하거나 변경하기 위해서는 추가적인 노력이 든다. 특히 데이터의 스키마를 변경하기 위해 다른 서비스의 담당팀과 협의해야 한다면 시스템의 변경 속도를 크게 낮출 수 있다. 따라서 특정 업무에서 생성하고 변경하는 데이터를 다른 서비스에 배치하는 일은 지양하는 것이 좋다. 더 자세한 설계 원칙은 '5장 서비스 설계 원칙'을 참조하기를 바란다.

변경과 배포 프로세스

마이크로서비스 아키텍처를 적절히 활용하기 위해서는 작고 독립적인 조직이 자신의 일정에 맞춰 개발하고 배포할 수 있어야 한다. 그런데 기업에서 마이크로서비스 아키텍처를 처음으로 적용하면 기존의 변경 및 배포 프로세스나 이를 관리하는 시스템이 마이크로서비스 아키텍처와 엇박자를 내는 경우가 있다. 그 차이가 작은 경우도 있지만 때로는 기존에 사용하던 변경 관리, 형상 관리, 배포 툴을 모두 교체해야 할 수도 있다. 그리고 기존의 프로세스가 중앙에서 엄격하게 통제되는 방식이라면 새로운 프로세스 도입과 함께 기존 담당 조직의 역할과 책임도 변경해야 한다. 그런데 기업에서 프로세스를 담당하는 조직은 각 시스템 조직과는 별도로 구성되어 있고, 각 시스템에 적절한 프로세스를 가이드하고 그대로 잘 지키는지 감독하는 역할을 하는 경우가 많다. 따라서 될 수 있으면 초기에 시스템 책임자가 프로세스를 담당하는 조직과 사전에 논의해서 공감대를 형성하고 마이크로서비스 아키텍처에 잘 맞는 프로세스와 시스템이 적절한 시기에 준비되도록 해야 한다.

서비스를 독립적으로 변경하고 배포하기 위해서는 다음과 같은 변경 및 배포 프로세스를 가져야 한다. 첫째, 변경 요청과 반영 프로세스가 시스템이 아니라 서비스 단위로 나누어져야 한다. 변경 요청을 시스템 단위로 접수해서 한날한시에 배포하면 변경에 대한 부담과 불필요한 대기 시간이 줄지 않게 되어 리드 타임 단축 효과가 감소한다. 시스템 단위로 한날한시에 배포하면 각 서비스에 할당된 변경 건의 중요도와 일정보다는 시스템 전체의 변경 영향을 고려하기 마련이다. 따라서 특정 서비스에 중요한 변경이 반영되는 시기에는 다른 서비스의 변경 요청을 거절하거나 지연시킬 수도 있다. 데이터베이스까지도 분리해서 서비스를 독립적으로 배포할 수 있게 한 의미가 없어지는 것이다. 그리고 서비스 배포 일정이 시스템 단위로 통일되므로 변경된 코드를 검증하고 운영계에 반영하는 사이에 불필요한 대기 시간이 단축되지 않는다. 최악의 경우 시스템이 서비스 단위로 분리되어 한 번에 변경하는 코드 단위가 줄어들었을 뿐 실제 리드 타임은 기존에 대비하여 차이가 없어질 수도 있다.

둘째, 각 서비스의 담당팀은 배포 시기를 정하고 운영 단계까지 배포할 수 있는 권한이 위임되어야 한다. 규모가 큰 중요 시스템은 배포 전에 엄밀한 테스트를 수행하고 책임자의 결재를 받는 경우가 있다. 예를 들어 개발팀이 담당 부서장의 결재를 받고 전사 배포를 담당하는 공통팀에 요청하면 공통팀이 실제 운영 환경에 반영한다. 마이크로서비스 아키텍처는 각 서비스를 담당하는 팀의 리더가 직접 결정하고 운영계에 배포할 수 있어야 한다. 결재라는 상징적인 이벤트는 지양하고 배포 시기와 테스트 일정 수립 등 모든 것을 서비스 담당팀이 스스로 결정할 수 있게 해야 한다.

셋째, 시스템 단위로 획일적인 프로세스를 지양하고 서비스 특성에 맞는 프로세스를 적용할 수 있어야 한다. 한 시스템의 업무라고 하더라도 중요도와 변경 빈도가 각기 다르므로 각 서비스에 최적인 프로세스를 선택해야 한다. 예를 들어 장애에 민감한 중요 업무를 담당하는 서비스를 1주일에 한 번 배포한다면, 장애 영향도가 낮고 빠르게 변경이 필요한 서비스는 수시로 배포할 수 있어야 한다.

조직과 서비스 매핑

서비스가 도출되면 서비스와 담당 조직을 매핑하여 실제로 독립적으로 배포할 수 있는지 검토해야 한다.

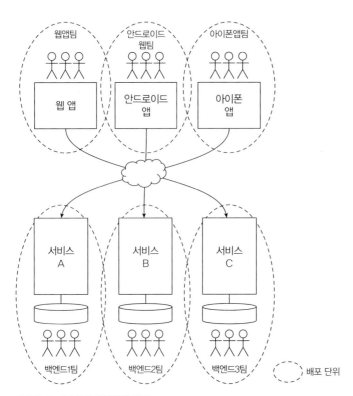

그림 6-4 시스템과 개발팀의 매핑

[그림 6-4]는 시스템 구성과 각 담당팀의 매핑을 보여준다. 백엔드는 마이크로서비스 아키텍처로 구성되어 각각의 서비스를 전담하는 백엔드 개발팀이 매핑되어 있다. 그리고 프런트엔드는 백엔드와 별도로 웹앱팀, 안드로이드앱팀, 아이폰앱팀으로 구성되어 있다. 점선으로 표현된 배포 단위를 보면 6개 팀이 독립적으로 각자의 시스템을 배포할 수 있게 되어 있다.

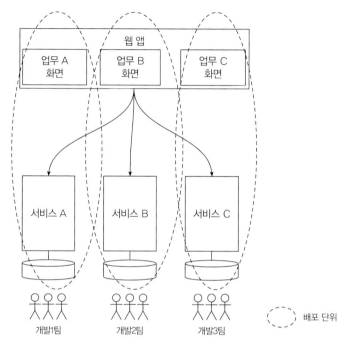

그림 6-5 시스템과 개발팀의 매핑

[그림 6-5]는 시스템과 개발팀의 또 다른 매핑을 보여준다. 시스템의 프런트엔드에는 웹 앱만 있다. 백엔드는 업무 단위로 마이크로서비스 아키텍처로 구성된다. 개발팀은 업무 단위로 프런트엔드와 백엔드를 같이 담당하도록 구성되어 있다. 점선으로 표현된 배포 단위를 보면 백엔드는 각 팀이 독립적으로 배포할 수 있지만 프런트엔드는 그렇지 않다는 것을 볼 수 있다. 프런트엔드가 하나로 묶여 있으므로 모든 팀이 배포 일정에 맞추어 코드를 프리징하고 검증 및 배포하는 작업을 해야 한다.

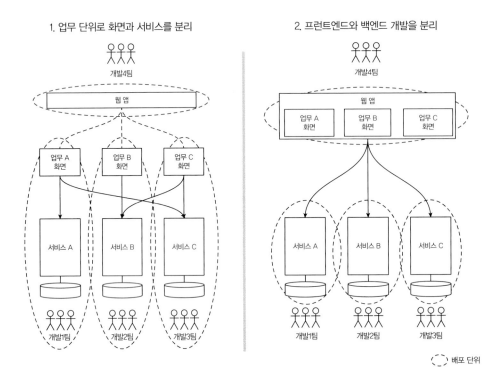

그림 6-6 시스템과 개발팀의 매핑

이런 경우 [그림 6-6]의 왼쪽처럼 화면을 업무 단위로 독립적인 배포가 가능하게 분리하여 각 팀이 프런트엔드와 백엔드 서비스를 함께 배포할 수 있게 한다. 만약에 프런트엔드와 백엔드의 연관도가 낮다면 오른쪽 그림처럼 프런트엔드와 백엔드 조직을 분리하여 각각 배포할 수 있게 해야 한다.

> **NOTE_** 여기서 백엔드와 프런트엔드를 담당하는 팀을 어떻게 구성할지는 생각보다 선택지가 적다. 일반적으로는 사용자가 사용하는 기능 단위로 프런트엔드와 백엔드가 같이 나누어지는 것이 바람직하다. 이렇게 하면 기능 단위로 서비스와 담당 조직이 구성되므로 사용자나 시장의 요구에 빠르게 대응할 수 있다. 하지만 백엔드가 여러 프런트엔드에 API로 기능을 제공하는 경우는 프런트엔드와 백엔드가 자연스럽게 나뉜다. 프런트엔드는 다양한 용도나 기획으로 생겨나서 해당 목적에 맞출 수 있도록 독립적인 팀을 운용한다. 백엔드는 어떤 프런트엔드에서건 사용할 수 있도록 좀 더 범용적인 API를 생산하고 새로운 API 클라이언트가 추가되어도 문제없도록 세세한 문서를 작성한다. 반대로 같은 웹과 모바일이 동일한 고객을 타깃으로 개발되더라도 기능 단위로 팀에 웹, 안드로이드, 아이폰을 개발할 수 있는 엔지니어를 배치하는 것이 어려울 수 있다. 이런 경우 부족한 기술 인력을 모아서 하나의 팀으로 만들거나 때에 따라서는 외부 회사에 맡기기도 한다. 따라서 대부분 현실적인 제약에 따라 자연스럽게 팀이 나뉘는 면이 있다.

공통 기능의 배포

서비스를 구성하다 보면 서비스별로 중복되는 기능이 발생하기 마련이다. 이런 기능을 배포하는 가장 일반적인 방법은 라이브러리 형태로 공유하는 것이다.

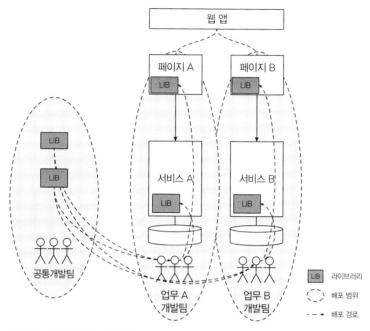

그림 6-7 공통 라이브러리의 배포

[그림 6-7]은 공통 라이브러리의 배포 과정을 보여준다. 공통 기능을 담당하는 팀에서 백엔드 서비스나 프런트엔드의 라이브러리를 업데이트하여 릴리스하면, 해당 라이브러리를 사용하는 개발1팀과 개발2팀에서 릴리스된 라이브러리를 가져와 검증하고 배포한다. 여기서 주목할 포인트는 라이브러리를 개발하는 팀과 실제 운영 환경에 반영하는 팀이 다르다는 것이다. 공통개발팀은 최신 버전을 모든 업무팀의 백엔드 서비스와 프런트엔드에서 사용하기를 바란다. 그런데 업무 개발팀의 입장에선 변경된 라이브러리를 운영 환경에 반영하는 것은 부담되는 일이다. 라이브러리 내부의 변경 사항을 정확하게 파악할 수 없어서 라이브러리가 정상 동작하는지 확실하게 판단하기 어렵고 혹시나 알 수 없는 버그로 인해 큰 장애가 발생할 수도 있다는 부담이 있기 때문이다. 다르게 말하면 아무런 이득은 없고 리스크만 있는 것이다. 각 서비스가 최신 라이브러리의 반영을 미루기 시작하면 운영 환경에는 다양한 버전의 라이브러리가 존재하게 되고 공통개발팀은 그 모든 버전에 대해 기술 지원을 해야 한다. 이렇게 라이브러리 배포가 원활

하지 않게 되면 라이브러리 대신에 코드 전체나 일부를 레퍼런스로 제공하여 각 팀이 필요한 부분만 참조하여 구현하게 하는 것이 좋을 수 있다.

여기서 중요한 판단 기준은 팀 간의 협업이 얼마나 잘 이루어질 수 있는가이다. 서비스를 담당하는 팀 간 유기적인 관계가 멀다면 공통 라이브러리를 배포하는 것은 비효율적일 수 있다. 반대로 각 서비스 팀이 강한 유대감을 갖고 있거나 모든 팀에게 코드를 공개할 수 없는 등 다른 팀은 구현하기 어려운 전문적인 지식이 필요한 경우라면 라이브러리 형태로 배포하는 것도 가능하다.

6.2.3 장애 격리

장애 영향을 줄이기 위한 설계는 대형 장애를 방지하는 것과 중요한 업무가 다른 업무의 장애로부터 영향을 받지 않게 하는 것으로 나뉜다.

대형 장애 최소화하기

대형 장애를 피하는 가장 중요한 원칙은 단일 장애 지점Single Point of Failure, SPOF을 피하는 것이다. 마이크로서비스 아키텍처로 전환하면서 발생하는 기술 이슈를 크고 비싼 인프라나 소프트웨어로 해결하려는 경우가 종종 있다. 서비스가 자주 참조하는 사용자나 기준 정보 같은 데이터를 고성능 인메모리 데이터베이스에 저장하여 공유하거나, 모든 서비스가 하나의 세션 DB를 공유하는 경우이다. 언뜻 좋은 방법으로 보이지만, 실제로는 이렇게 여러 서비스가 공유하는 인프라는 단일 장애 지점이 되어 시스템이 대형 장애에 취약한 구조가 된다.

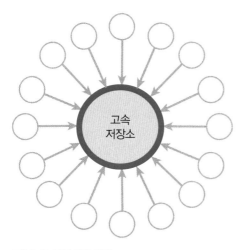

그림 6-8 단일 장애 지점

가능한 한 이런 단일 장애 지점은 피하려고 노력해야 한다. 사용자나 기준 정보처럼 잘 변하지 않는 데이터는 로컬 캐시나 사용하는 속성만 복제하여 조회 속도를 높일 수 있다. 그리고 세션 DB는 밸류 토큰을 사용하거나 인증 서비스에 토큰 검증을 최소화하도록 튜닝하여 대체할 수도 있다. 꼭 사용해야 하는 상황이라면 중요도에 걸맞은 안전장치와 관리 체계를 확보해야 한다.

그리고 서비스 간의 의존 관계를 잘 관리하여 장애가 발생하더라도 영향 범위를 최소화시켜야 한다. 서비스 간의 장애는 서비스가 런타임에 형성하는 의존 관계의 반대 방향으로 전파된다. 따라서 기본 원칙은 서비스의 런타임 참조가 순환되지 않고 한 방향으로 흐르게 하는 것이다.

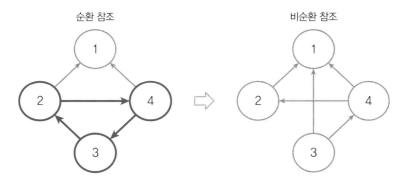

1←2 : 2번 서비스가 1번 서비스의 API를 호출

그림 6-9 순환 참조의 해체

[그림 6-9]에서 왼쪽 그림의 2번 서비스는 3번 서비스를, 3번 서비스는 4번 서비스를 그리고 4번 서비스는 2번 서비스를 참조하는데, 하나의 서비스에 장애가 발생하면 나머지 서비스에도 장애가 발생할 수 있다. 따라서 오른쪽 그림처럼 순환 참조를 갖지 않도록 해야 한다. 런타임 참조를 원하는 방향으로 조작하는 데 한계가 있지만 기본 원칙을 정하고 지키려고 노력하면 기능 재배치, 콜백 API 등을 사용하여 상당 부분 조절할 수 있다. 그리고 개발 시에는 참조 관계에 따라 장애가 전파되는 것을 제한할 수 있도록 타임아웃, 서킷 브레이커circuit breaker 패턴, 벌크헤드bulkhead 패턴 등의 적용을 고려해야 한다.

중요 업무의 보호

미션 크리티컬한 업무를 보호하기 위해 해당 업무를 별도의 서비스로 분리할 수 있다. 하지만 중요 업무를 담당하는 서비스 동작에 꼭 필요한 서비스가 있다면 해당 서비스도 동등한 레벨의 장애 영향도를 가지는 점을 고려해야 한다.

중요 업무 분리

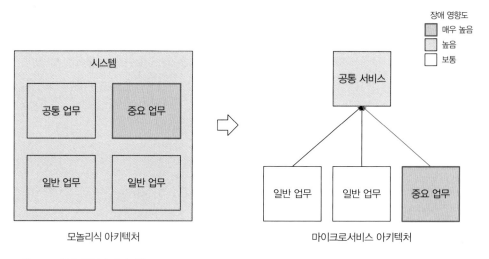

그림 6-10 중요 업무의 서비스화

[그림 6-10]에서 왼쪽 그림처럼 모놀리식 시스템은 중요 업무를 포함하는데, 시스템의 모든 기능 변경은 엄격한 프로세스를 준수해야만 한다. 일반 업무의 버그로 시스템에 장애가 발생하면 중요 업무 기능도 멈추게 되므로 시스템의 전 기능은 동등한 수준의 엄격한 검증을 통과

해야 한다. 오른쪽 그림은 마이크로서비스 아키텍처를 적용하여 중요 업무를 별도의 서비스로 분할된 것을 보여준다. 따라서 일반 업무 A나 B에 장애가 발생하더라도 중요 업무에 직접적인 영향을 주지 않는다. 하지만 공통 서비스는 중요 업무가 참조하고 있으므로 여전히 서비스 변경이나 장애 발생에 대한 부담을 갖게 된다.

따라서 다음처럼 중요 업무가 참조하는 기능을 분리하여 영향도를 줄일 수 있다.

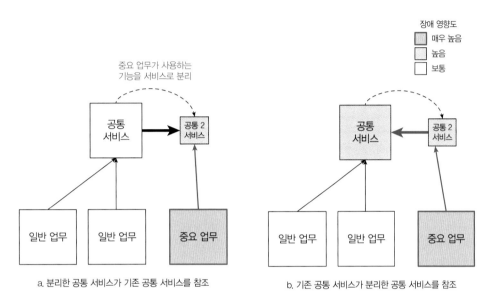

a. 분리한 공통 서비스가 기존 공통 서비스를 참조　　　　b. 기존 공통 서비스가 분리한 공통 서비스를 참조

그림 6-11 중요 서비스의 영향 전파

[그림 6-11]의 왼쪽 그림처럼 중요 업무가 직접적으로 참조하는 공통 2 서비스는 변경이 어렵지만 그 이외의 공통 기능은 일반 업무와 마찬가지로 쉽게 변경할 수 있다. 그런데 우측 그림처럼 중요 업무가 참조하는 공통 2 서비스가 원래의 공통 서비스를 참조하는 경우에는, 공통 서비스에 장애가 발생하면 공통 2 서비스에도 장애가 발생하여 결국 중요 업무 서비스에 영향을 끼칠 수 있으므로 공통 2 서비스를 분리한 효과가 감소한다.

이때 참조 방향을 변경하여 공통 서비스가 공통 2 서비스를 참조하지 못하게 한다면, [그림 6-12]와 같이 필수 기능이나 데이터를 복제하는 것도 방법이다. [그림 6-12]는 참조하는 기능을 라이브러리로 배포하는 구조를 나타낸다. 런타임 환경이 분리되어 있으므로 운영 중에 서로 영향을 주지 않는다. 공통 서비스와 공통 2 서비스는 모두 공통개발팀이 담당하므로 라이브러리 배포를 거부하는 일은 생기지 않는다. 하지만 공통 2 서비스는 중요 업무가 참조하고 있으므로 라이브러리를 배포하는 것에 여전히 조심스럽기 마련이다. 이럴 때에는 일반 업무가 사용하는 공통 서비스에 먼저 배포하여 정상 동작을 확인하고, 문제가 없으면 중요 업무가 사용하는 공통 2 서비스에 배포하는 방식으로 점진적 배포를 할 수 있다.

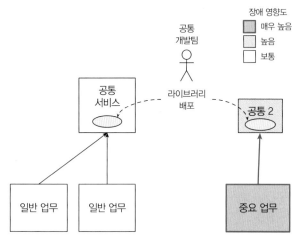

그림 6-12 공통 기능의 라이브러리 배포

[그림 6-13]과 같이 중요 업무를 더 세분화하여 미션 크리티컬한 특정 기능만 별도 서비스로 추출하는 방법도 있다.

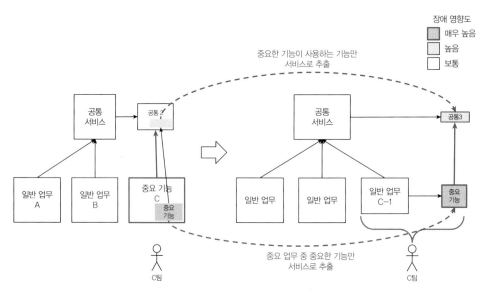

그림 6-13 중요 업무의 추가 분리

6.2.4 확장성

확장성 관련 목표는 크게 두 가지로 나누어진다. 하나는 필요한 시점에 시스템을 중단하거나 번거로운 작업 없이 시스템을 확장 또는 축소하는 것이고, 다른 하나는 트래픽의 증감에 따라 사전에 정의한 대로 인스턴스를 자동으로 늘리거나 줄이는 것이다.

서비스가 자유롭게 스케일 인/아웃 할 수 있으려면 먼저 서비스가 무상태여야 한다. 특정 서비스 인스턴스가 사용자나 애플리케이션의 상태값을 갖고 독점하고 있으면, 사용자가 사용 중에 종료하지 못하며 인스턴스가 늘어나도 기존 인스턴스의 로드를 분담하지 못한다. 그리고 서비스 인스턴스가 늘어나고 줄어듦에 따라 API를 적절히 라우팅할 수 있어야 한다.

또한 스케일 아웃으로 인스턴스가 늘어남에 따라 서비스가 사용하는 자원에 병목이 생기지 않는지 고려해야 한다.

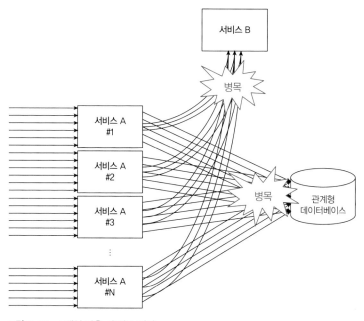

그림 6-14 스케일 아웃 시 병목 지점

[그림 6-14]는 서비스 A가 늘어남에 따라 데이터베이스와 서비스 B에 부하가 가중되어 병목이 발생하는 모습을 보여준다. 스케일 아웃될 수 있는 서비스는 주변의 의존 관계를 파악하여 이런 병목이 발생할 가능성이 있는지 확인해야 한다. 서비스 B는 기본 처리량이 크지는 않더라도 서비스 A를 스케일 아웃 할 때 함께 스케일 아웃 할 수 있다면 문제가 없을 것이다. 그런데 관계형 데이터베이스는 스케일 아웃이 어려운 경우가 많다. 따라서 사전에 데이터베이스의 성능을 높이거나, 데이터 샤딩sharding이나 쿼리 오프로딩Query-off Loading 같은 기법으로 처리량을 늘려야 한다. 반대로 다음과 같이 서비스의 호출을 줄여서 데이터베이스의 부하를 감소시킬 수도 있다.

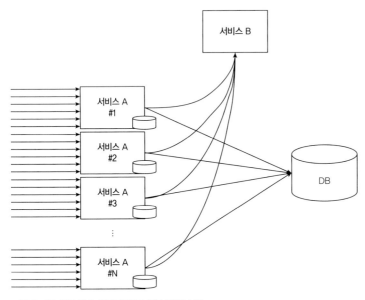

그림 6-15 인스턴스 증가에 따른 병목 지점 식별

[그림 6-15]는 서비스 인스턴스 안에 로컬 캐시나 메모리 기반의 데이터베이스를 두고 데이터를 복제하여 메인 데이터베이스의 부하를 줄인 모습을 나타낸다. 잘 변하지 않거나 변경되는 시점이 정해져 있는 데이터라면 매번 메인 데이터베이스에서 읽을 필요가 없다. 이 경우 메모리에 저장된 데이터를 읽기 때문에 네트워크를 통해 관계형 데이터베이스에서 읽는 것보다 훨씬 빠르다. 따라서 서비스 인스턴스당 처리 성능이 높아지고 동시에 데이터베이스의 부하가 줄어들어 데이터베이스가 감당할 수 있는 서비스 인스턴스의 수가 늘어난다.

자동 스케일 인/아웃을 목표로 한다면 전통적인 구현 방식과는 다르므로 의외의 지점에서 시행착오를 겪을 수 있다. 따라서 PoC 구현으로 실제 생각대로 동작하는지 검증하는 것이 좋다. 특히 서비스는 기능이 많아질수록 인스턴스의 시작 시각이 지연된다. 그렇게 때문에 트래픽이 늘어나는 순간 새로운 인스턴스가 기존 인스턴스의 로드를 분담하기 위해 더 빠르게 시작되도록 노력하기보다 늘어나는 로드를 기존 인스턴스가 차단하거나 새로운 인스턴스가 시작하는 동안 서비스 품질을 저하시켜 버티게 하는 방법이 효과적일 때가 많다. 따라서 구현을 통해서 필요한 방법을 찾아야 한다.

6.3 설계 예시

서비스를 설계하는 전반적인 과정을 살펴볼 수 있는 간략한 예시를 보자. 예시는 4장에서 사용했던 KUdemy 시스템을 사용한다.

6.3.1 도입 목표와 서비스 선정 결과

KUdemy가 마이크로서비스 아키텍처를 도입하는 목표와 선정한 서비스는 다음과 같다.

마이크로서비스 아키텍처 도입 목표

1. 비즈니스 민첩성 향상
   - 배포 주기를 주 2회로 단축하여 딜리버리 퍼포먼스를 향상시킨다.
   - 작은 팀이 서비스를 전담하여 독립적으로 배포한다.
   - 서비스는 독립적으로 개발 및 배포할 수 있다.
     - 서비스별로 소스 코드와 빌드 배포 파이프라인을 분리한다.
     - 다른 서비스는 지정된 API와 이벤트로만 서비스에 접근 할 수 있다.
     - 내부 데이터베이스에는 다른 서비스가 액세스할 수 없도록 차단한다.

2. 장애 영향도 감소
   - 학습자가 사용하는 기능은 다른 기능의 문제로 장애가 발생하지 않아야 한다.

3. 확장성 개선
   - 시험/과제 기능은 매월 말일에 서비스 중단없이 스케일 아웃하고 월초에는 축소할 수 있어야 한다.

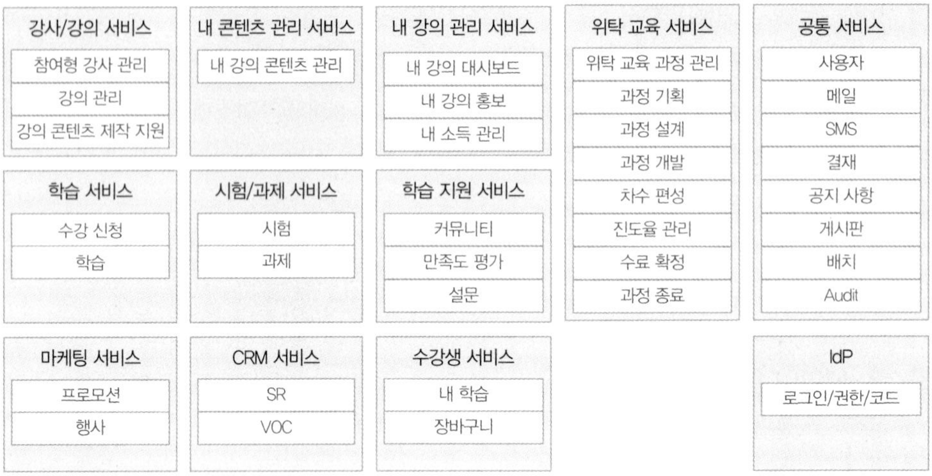

그림 6-16 서비스 선정 결과

6.3.2 설계 대상 시나리오 선정

다음으로 시스템의 기본 기능 목록, 주요 업무 목록, 검증할 도입 목표를 살펴보자.

기본 기능 목록

1. 사용자 로그인
2. 사용자 로그아웃
3. 일정 시간 미사용 시 자동 로그아웃
4. 프런트엔드 다운로딩 & 실행
5. 화면 표시 및 데이터 조회
6. API 라우팅 및 인가

주요 업무 목록

1. 강사/강의 관리

    1.1 참여형 강사 희망자가 시스템에 자신의 프로필과 강의 분야를 입력하여 강사 등록을 요청한다.

    1.2 참여형 강사 관리자는 참여형 강사의 프로필과 강의 분야를 확인한 후 등록을 승인한다.

    1.3 참여형 강사는 본인의 강의를 생성하고 목표, 대상, 커리큘럼 등의 세부 정보를 입력한다.

    1.4 참여형 강사는 본인의 강의 콘텐츠를 업로드한다.

    1.5 …

2. 내 강의 관리

2.1 참여형 강사는 자신의 강의 콘텐츠를 조회한다.

2.2 참여형 강사는 자신의 강의 콘텐츠를 삭제한다.

2.3 참여형 강사는 자신의 강의 학습자와 진도 현황을 조회한다.

2.4 …

검증할 도입 목표

1. 변경 및 배포 프로세스(독립적인 개발 배포)

2. 조직과 서비스 매핑(독립적인 개발 배포)

3. 서비스 간 참조 관계(독립적인 개발 배포 및 장애 격리)

4. 학습자가 사용하는 기능은 다른 기능의 문제로 장애가 발생하지 않아야 한다(장애 격리).

6.3.3 설계 예시

다음은 시스템의 기본 기능을 설계한 예시이다.

기본 동작 1. 사용자 로그인

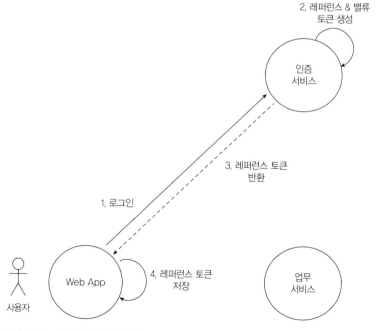

그림 6-17 사용자 로그인 플로우

사용자가 로그인 서비스에 로그인 요청을 하면(1) 로그인 서비스는 사용자 정보를 담은 밸류 토큰과 밸류 토큰을 조회할 수 있는 레퍼런스 토큰을 생성(2)한 후에 레퍼런스 토큰을 반환한다(3). 웹 애플리케이션은 레퍼런스 토큰을 저장한다(4).

구현 이슈 검토

부하 집중	API 응답 속도	Long Tx	보상 Tx	동시성
−	−	−	−	−

기본 동작 2. REST API 요청

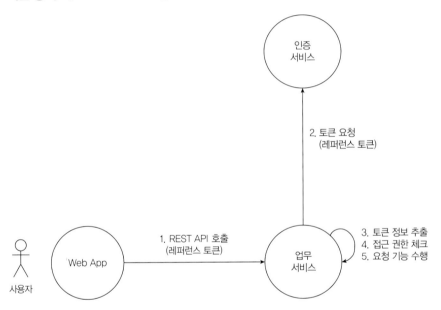

그림 6-18 REST API의 인증 및 인가

웹 애플리케이션이 로그인 시 저장했던 레퍼런스 토큰과 함께 REST API를 호출하면(1), 서비스는 동봉된 토큰을 추출하여 인증 서비스에 밸류 토큰을 요청한다(2). 인증 서비스가 토큰을 검증한 후에 밸류 토큰을 반환하면, 서비스는 토큰에 담긴 사용자 정보를 추출하여(3) 요청한 기능을 수행할 권한이 있는지 확인한다(4). 권한이 있다면 요청 기능을 수행하고 결과를 반환한다(5).

구현 이슈 검토

부하 집중	응답 속도	스레드 고갈	Long Tx	무상태	보상 Tx	동시성
○	–	–	–		–	–

사용자의 API 요청을 접수할 때마다 인증 서비스에 밸류 토큰을 요청하게 되어 인증 서비스의 부하가 집중된다. 하지만 시스템의 전체 트래픽이 크지 않으므로 실질적인 이슈는 되지 않을 것이다.

다음은 주요 업무를 설계한 예시이다.

주요 업무

참여형 강사 희망자가 시스템에 자신의 프로필과 강의 분야를 입력하여 강사 등록을 요청한다.

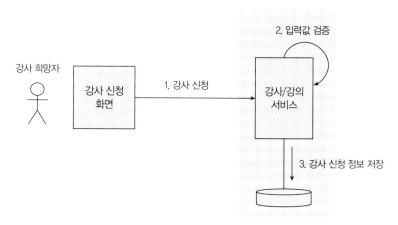

그림 6-19 강사 신청 등록 신청

강사 희망자가 강사 신청 내용을 입력하고 신청하면(1), 강사/강의 서비스는 입력값을 검증(2)한 후에 데이터베이스에 저장한다(3).

구현 이슈 검토

부하 집중	API 응답 속도	스레드 고갈	Long Tx	보상 Tx	동시성
–	–	–	–	–	–

주요 업무

참여형 강사 관리자는 참여형 강사의 프로필과 강의 분야를 확인한 후 등록을 승인한다.

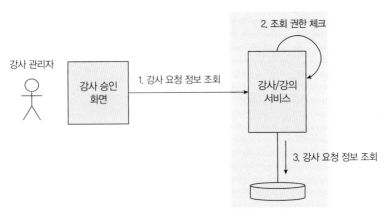

그림 6-20 강사 신청 정보 조회

강사 관리자는 강사 신청 정보를 요청한다(1). 강사/강의 서비스는 사용자가 해당 정보를 조회할 수 있는지 체크하고(2), 강사 요청 정보를 조회하여(3) 반환한다.

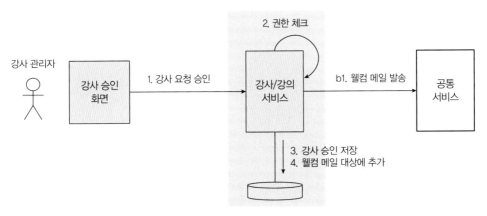

그림 6-21 강사 신청 정보 승인

강사 관리자는 강사 신청 정보를 검토한 후 승인한다(1). 강사/강의 서비스는 승인 요청을 받으면 사용자의 실행 권한을 체크(2)한 후에 승인 정보를 저장한다(3). 그리고 웰컴 메일이 발송될 수 있도록 신규 강사 명단에 추가한다(4). 잠시 후 배치 작업이 신규 강사 명단을 조회하여 웰컴 메일을 발송한다(b1).

구현 이슈 검토

부하 집중	API 응답 속도	스레드 고갈	Long Tx	보상 Tx	동시성
–	–	–	–	–	–

강사 정보를 승인하는 과정에 웰컴 메일을 발송하면 동시성 이슈가 발생할 수 있으므로, 데이터베이스에 메일 대상을 추가하는 것과 메일을 발송하는 과정을 분리하였다.

이와 같은 방식으로 나머지 시나리오의 시스템 동작을 기술한다.

다음은 마이크로서비스 아키텍처의 도입 목표를 달성했는지를 검토한 예시이다.

도입 목표

시험/과제 기능은 매월 말일에 서비스 중단없이 스케일 아웃하고 월초에는 축소 가능해야 한다.

시험/과제 서비스는 매월 말에 인스턴스 수가 증가하여 처리량을 늘리고 매월 초에는 인스턴스 수가 감소하기 때문에 유휴 자원을 최소화시킨다. 인스턴스가 증가하면 시험 응시와 과제 제출로 인해 데이터베이스에 부하가 가중되어 필요한 만큼 스케일 아웃이 불가하다. 기존 데이터의 유지를 위해 데이터베이스 변경이 불가하므로 [그림 6-22]와 같이 과정 ID를 기준으로 데이터를 분산 저장하여 데이터베이스의 처리량을 향상시킨다.

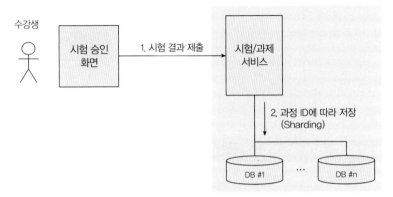

그림 6-22 과정 ID를 기준으로 데이터 분산 저장

설계가 완료되면 서비스를 확정하고 각 서비스 역할과 서비스 간의 인터페이스를 정리한다.

6.4 사례 살펴보기

앞에서 서비스를 설계하는 방법과 절차를 중점적으로 살펴봤다면 이번에는 몇 가지 사례를 보며 설계와 구현 관점에서 좀 더 깊이 검토해보자.

6.4.1 화면이 여러 서비스의 데이터를 조회

[그림 6-23]은 콜센터 상담 애플리케이션에서 가장 많이 사용하는 고객 응대 화면이다. 콜센터 애플리케이션은 콜센터 상담원이 고객과 상담하는 데 사용하는 애플리케이션으로 상담에 필요한 정보를 표시하고 입력할 수 있다. 고객이 콜센터에 전화를 걸어 ARS에서 상담원 연결을 선택하면 대기 중인 상담원에게 전화 연결이 되는데, 이때 상담 애플리케이션은 고객 응대 화면을 표시하고 고객 정보와 기존 상담 이력을 표시한다.

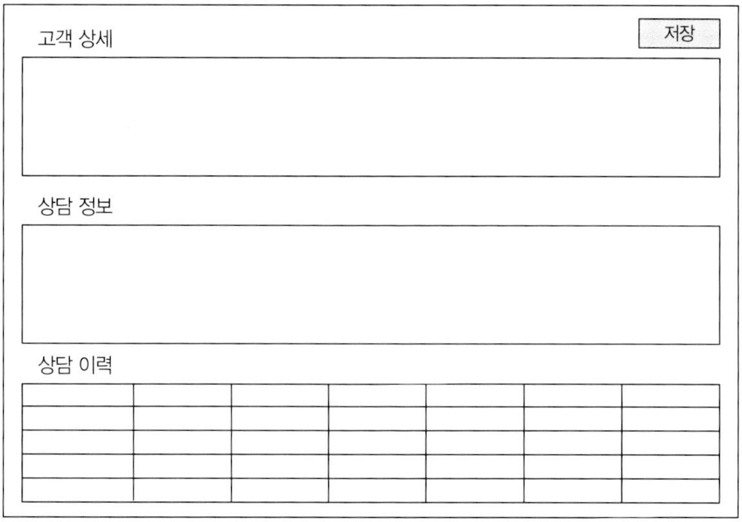

그림 6-23 고객 응대 화면

고객 응대 화면은 세 부분으로 구성된다. 상단에는 고객의 기본 정보를 표시한다. 중간에는 고객이 요청한 상담 내용을 입력할 수 있도록 상세 정보 필드가 있다. 하단에는 해당 고객이 기존에 요청했던 상담 이력을 목록 형태로 표시한다. 그리고 우측 상단의 저장 버튼은 고객 정보와 상담 정보를 변경한 후에 저장하는 기능을 제공한다. 프런트엔드는 SPA 구조인데 고객 정보는 고객 서비스에서 상담 정보를, 상담 이력 정보는 상담 서비스에서 조회하고 업데이트한다.

고객 응대 화면은 로딩 속도가 매우 중요하다. 대기 중이던 상담원이 고객의 전화를 받으면 바로 고객 이름을 이야기하며 인사하고 용건을 문의해야 한다. 만약에 고객 응대 화면에 데이터가 늦게 표시되면 상담원은 머뭇거릴 수밖에 없고, ARS에서 오랜 시간을 대기하였을지도 모르는 고객은 불만이 증가할 수 있다. 다음은 고객 응대 화면의 로딩 과정을 살펴보자.

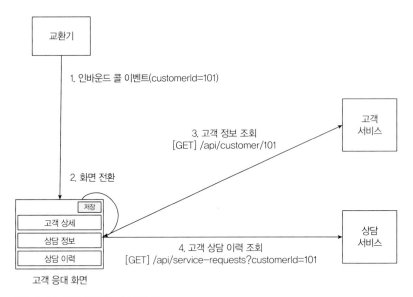

그림 6-24 전화 연결 시 시스템 동작

[그림 6-24]는 고객의 전화가 연결되었을 때 고객 응대 화면이 로딩되어 데이터를 표시하는 과정을 보여준다. 교환기가 고객과 상담원의 전화를 연결한 후에 상담 애플리케이션에 전화 연결 이벤트를 전달한다(1). 상담 애플리케이션은 고객 응대 화면을 표시한(2) 후에 전달받은 고객 ID를 이용하여 고객 정보(3)와 고객의 상담 이력 정보(4)를 각각 비동기로 요청한다.

위 과정의 실행 속도를 검토해보자. 전화 교환기가 전화 연결 이벤트를 전달하는 1번은 애플리케이션의 속도와 무관하다. 따라서 살펴볼 부분은 고객 응대 화면을 표시하고 고객 정보와 고객 상담 이력 정보를 조회하는 2~3번 구간이다. SPA는 자바스크립트가 브라우저에 화면을 직접 그리기 때문에 2번 동작은 빠르게 수행될 것이다. 3번 구간은 2개의 비동기 호출로 실행되는데 백엔드의 처리 과정이 비교적 간단하므로 아주 빠르게 실행될 것이다. 상담 이력 목록은 상담 서비스나 데이터를 제공하면서 코드나 다국어 조합을 위해 다른 서비스와 연계할 수도 있지만, 이는 3장에서 설명한 것처럼 배치 API와 로컬 캐시 등으로 빠르게 처리가 가능하다. 고객 응대 화면은 전화 연결 후에 상담원이 고객에게 인사를 하고 개인 정보를 질문하여 본인 여부를 확인할 수 있도록 고객 정보가 먼저 표시되는 것이 좋은데, 이는 고객 서비스에서 단독으로 처리하므로 아주 빠르게 수행할 수 있다. 따라서 고객 응대 시 고객 응대 화면의 실행 속도는 충분히 빠를 것으로 판단할 수 있다.

그리고 모든 과정이 화면을 중심으로 진행되고, 서비스가 다른 서비스와 연계하지 않으므로 서비스단의 구현 이슈는 없다.

6.4.2 화면이 여러 서비스의 데이터를 변경

다음은 상담원이 고객 정보를 수정하고 상담 요청 내용을 시스템에 입력한 후에 저장하는 시나리오이다.

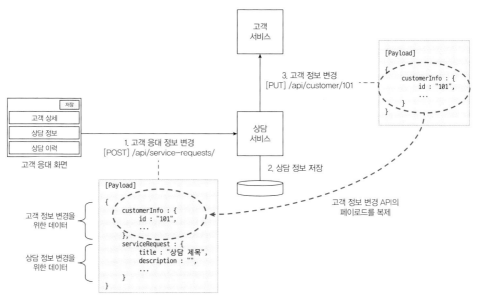

그림 6-25 고객 응대 정보 변경 트랜잭션 과정

[그림 6-25]을 보자. 상담 서비스의 고객 응대 정보 변경 API는 고객 응대 화면에서 변경된 고객 정보와 상담 정보를 저장한다. 저장 버튼을 클릭하면 화면은 저장할 데이터를 추출하여 상담 서비스에 API를 호출한다(1). 상담 서비스는 변경된 상담 정보를 직접 저장하고(2), 고객 서비스에 고객 정보 변경 API를 호출하여 고객 정보를 반영한다(3).

JSP와 같이 서버에서 화면을 제공하는 구조에서는 이렇게 서버에서 화면의 모든 변경 사항을 저장하는 것이 자연스러울 수도 있다. 하지만 마이크로서비스 아키텍처에서는 상담 서비스가 고객 서비스의 트랜잭션까지 대행하므로 상담 서비스와 고객 서비스의 결합도가 증가하게 된다. [그림 6-25]에서 1번의 고객 응대 정보 변경 API는 3번의 고객 정보 변경 API의 기능을 포함해야 한다. 자신의 API 리소스에 고객 정보 변경 API에 전달할 고객 정보의 리소스를 포함하고, 고객 정보 변경 API가 실패하면 전달받은 에러 코드를 자신의 에러 코드로 변환하여 전달해야 한다.

그리고 상담 서비스의 API가 고객 서비스의 API를 포함하므로 고객 서비스의 API가 변경되면 상담 서비스에도 영향을 준다.

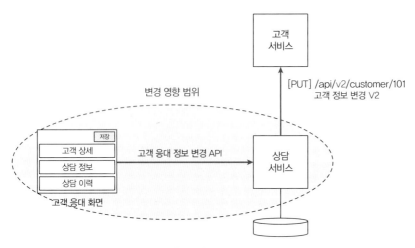

그림 6-26 고객 서비스의 API 변경 시 영향 범위

[그림 6-26]은 고객 정보 변경 API가 변경되는 경우 영향받는 범위를 보여준다. 고객 정보 변경 API가 V2로 변경되어 V1 버전과 호환이 안 된다면, 기존에 V1 API를 호출하던 상담 서비스의 코드가 V2 API를 호출하도록 변경해야 한다. 그리고 상담 서비스의 고객 응대 정보 변경 API는 고객 정보 변경 API V1 버전의 페이로드를 포함하므로 V2의 페이로드를 반영하도록 수정해야 한다. 따라서 고객 응대 화면도 함께 변경되어야 한다. 물론 상담 서비스가 고객 정보 변경 API의 변경 내용이 고객 응대 정보 변경 API에 반영되지 않게 구현할 수도 있지만, 상담 서비스가 2개의 고객 정보를 변경하는 체계를 인지하고 서로 변환하는 작업을 수행해야 하기 때문에 간단한 일이 아니다.

이런 경우 다음과 같이 고객 응대 화면이 직접 고객 정보와 상담 정보의 트랜잭션을 호출하는 방식이 유리하다.

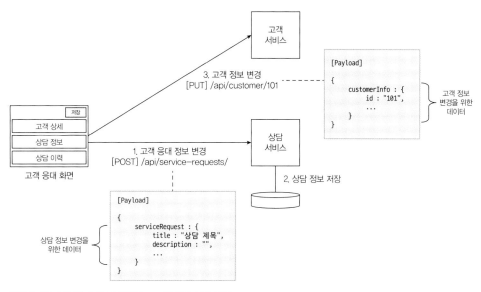

그림 6-27 데이터 수정 트랜잭션 – 고객 응대 화면 주도

[그림 6-27]은 상담 서비스 대신 고객 응대 화면이 트랜잭션을 주도하는 과정을 보여준다. 상담원이 화면에 고객 정보나 상담 이력을 입력한 후 저장 버튼을 누르면 화면은 변경된 데이터를 확인하여 상담 서비스와 고객 서비스에 각각 API를 호출한다. 상담 정보가 변경되면 상담 서비스에 API를 호출하고 고객 정보가 변경되면 고객 서비스에 직접 API를 호출한다.

위와 같은 구조에서는 고객 응대 화면만 고객 서비스와 연계되고 상담 서비스는 고객 서비스와 연계하지 않으므로 두 서비스 간의 결합도는 최소화된다. 따라서 고객 정보 변경 API가 변경되더라도 고객 응대 화면만 영향을 받고 상담 서비스는 영향을 받지 않는다. 그리고 고객 서비스에 장애가 발생하거나 응답 속도가 느려지더라도 상담 서비스에는 직접적인 영향을 끼치지 않는다. 고객 서비스에서 데이터를 받지 못하므로 고객 응대 화면에 고객 정보는 표시되지 않겠지만 나머지 정보만으로 제한적으로나마 상담을 진행할 수 있다.

그런데 예시 화면에서는 하나의 버튼으로 2개의 트랜잭션을 관리하고 있다. 이 경우 고객 정보와 상담 정보를 같이 변경하고 저장 버튼을 클릭하면 2개의 트랜잭션 API를 호출하게 되는데, 둘 중 하나만 실패한 경우 처리가 까다롭다. 물론 세련된 알고리즘으로 완벽하게 구현하는 것도 가능하겠지만 이럴 때에는 화면 레이아웃을 일부 변경하면 깔끔하게 해결할 수 있다.

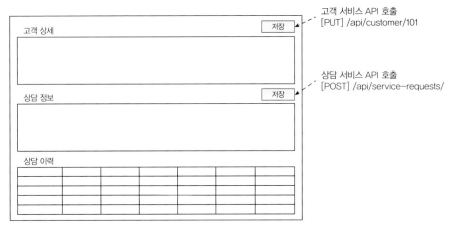

그림 6-28 고객 응대 화면 – 정보별 저장 버튼 생성

[그림 6-28]은 고객 응대 화면의 변경된 레이아웃이다. 이전에는 하나의 저장 버튼으로 고객 정보와 상담 정보를 같이 저장했지만, 정보별로 저장하는 버튼이 배치되었다. 각 버튼은 하나의 API를 호출하고 예외 처리를 하므로 전체 알고리즘은 간단하게 구현할 수 있다. 일종의 타협이라고 느껴질 수도 있을 것이다. 하지만 이런 식의 복잡한 구현을 화면 설계 일부 수정 또는 업무 프로세스를 변경하는 것으로 충분히 해결할 수 있는 경우가 많다. 그리고 우리에게 익숙한 방식도 결국 기존 아키텍처의 제약 속에서 만들어진 것으로, 과거에 클라이언트 서버 아키텍처에서 웹 아키텍처로 변화할 때도 비슷한 과정을 거쳐왔을 것이다.

> **NOTE_** 이렇게 화면에서 각각의 트랜잭션을 시작하는 것은 마이크로서비스 아키텍처와 상관없이 SPA로 UI를 개발하고 서버 단은 API만 제공할 때 자연스러운 구조이다. 하지만 JSP처럼 서버에서 화면을 제어하는 구조에만 익숙하다면 앞의 방식으로 접근하는 경우가 많다.

새로운 구조의 탐험

여기에서 한발 더 나아가 고객개발팀과 상담개발팀의 결합도를 극단적으로 떨어뜨리는 방법을 고민해 볼 수 있다. 상담개발팀이 담당하는 고객 응대 화면은 고객 정보를 표시하고 수정할 수 있다. 여기에는 고객개발팀이 오너십ownership을 가지는 업무 로직이 적용되어 있는데 고객 정보의 속성과 포맷 그리고 수정할 때의 필수 속성 목록과 값이 유효한지를 검증하는 것과 같은 로직을 포함한다. 그리고 고객 정보를 변경하는 API의 호출 방법과 응답 형식도 고객개발팀이 정의하는 것이다. 따라서 상담개발팀은 관련 내용을 설계하고 구현할 때 고객개발팀이 정의한 규칙을 숙지하고, 고객개발팀이 규칙을 변경하면 함께 변경해야 한다. 그렇기 때문에 상담개발팀이 담당하는 고객 응대 화면은 고객 서비스와 일정 부분 커플링되어 있으며 주기적으로 고객개발팀과 협업해야 한다.

만약에 고객 응대 화면 구조를 [그림 6-29]와 같이 변경하면 고객 정보와 관련된 모든 로직을 고객개발팀에 일임할 수 있다.

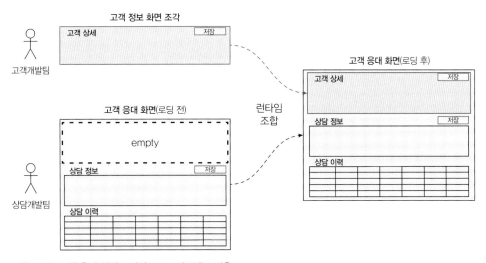

그림 6-29 고객 응대 화면 – 마이크로 프런트엔드 적용

[그림 6-29]는 고객 응대 화면이 로딩되면서 고객 상세 정보 화면 조각을 로딩하고 조합하는 과정을 보여준다. 고객 응대 화면은 상담개발팀에서 개발하고 배포한다. 고객 응대 화면의 고객 상세 정보 부분은 비어 있는데, 화면이 로딩되는 순간에 고객 상세 정보를 표시하는 화면 조각을 동적으로 로딩하여 채워 넣는다. 고객 정보 화면 조각은 고객개발팀에서 개발하고 배포하는데, 고객 정보를 표시하고 변경된 데이터를 검증하여 고객 서비스에 API를 호출한 다음 저장하는 모든 과정을 담당한다.

이런 구조에서 고객 응대 화면을 구성하는 요소와 담당 개발팀의 관계를 표현하면 다음 그림과 같다.

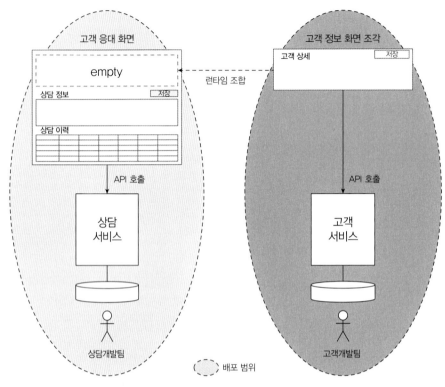

그림 6-30 완벽히 분리된 업무 관계

[그림 6-30]의 고객 응대 화면과 고객 정보 화면 조각은 화면 조합에 필요한 메커니즘을 제외하면 서로 연관이 없다. 그리고 둘 다 자신의 백엔드 서비스에만 API 통신을 한다. 상담 서비스와 고객 서비스는 서로 통신하지 않는다. 따라서 상담개발팀과 고객개발팀은 상대방의 업무 로직을 이해할 필요가 없고, 고객개발팀의 API나 프레젠테이션 로직이 변경되더라도 상담개발팀이 관여할 필요가 없다. 따라서 두 개발팀은 서로 완벽하게 독립적으로 업무를 진행할 수 있다.

하지만 여기에는 의외로 무거운 제약 사항이 있다. 고객 서비스와 상담 서비스는 서로 엄격한 분리를 추구하고 있으므로 고객개발팀이 제공하는 고객 정보 화면 조각에는 상담 업무에 대한 내용은 배제된다. 따라서 상담개발팀이 고객 정보 화면 조각에 상담 업무 로직을 추가하는 것은 매우 번거로운 일이 된다.

예를 들어 다음과 같은 기능 개선 요청이 있다고 가정해보자. CRM[2] 관점에서 고객 정보의 업데이트는 매우 중요하므로 콜센터에서는 상담원에게 고객 응대 시 고객 정보를 확인하여 업데이트하도록 독려한다. 따라서 상담원은 고객 정보 화면 조각에 표시된 수정 일자가 3년이 지난 경우 고객 정보가 유효한지 확인한다. 그런데 신입 상담원이 이를 누락하는 경우가 종종 발생했다. 따라서 [그림 6-31]과 같이 고객 정보 수정 일자가 3년이 지난 경우에는 바탕색을 주황색으로 바꾸고 말풍선 도움말을 표시하여 상담원에게 알려주도록 개선하려고 한다.

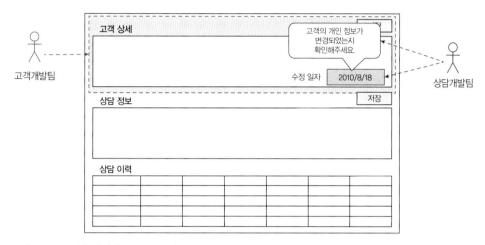

그림 6-31 고객 응대 화면 – 고객 정보 확인 알림

이처럼 상담원에게 말풍선을 표시하는 것은 상담 업무의 로직이지만, 실제 기능은 고객개발팀에서 담당하는 고객 응대 화면 조각에 담겨야 한다. 고객 정보 부분을 화면 조각으로 분리한 목적은 상담개발팀과 고객개발팀의 완전한 분리였기 때문에 고객개발팀에 기능 구현을 의뢰하는 것은 적절하지 않다.

기술적으로는 고객 응대 화면이 다음과 같이 고객 정보 조각을 직접 제어하는 것도 가능하다.

---

2 고객 관계 관리(Customer Relationship Management, CRM)

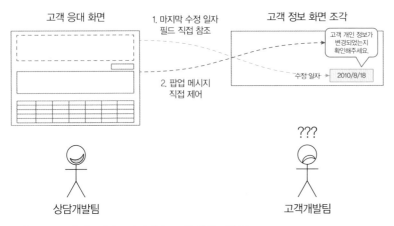

그림 6-32 고객 정보 화면 조각의 내부 코드를 임의로 액세스

[그림 6-32]을 보면 고객 응대 화면은 자바스크립트로 고객 정보 화면 조각에서 수정 일자 필드를 읽어 경과 기간을 판단하고, 수정 일자 필드 색상을 변경한 후에 말풍선 도움말을 띄우고 있다. 이는 기술적으로 충분히 가능하지만 상담개발팀이 담당하는 고객 응대 화면이 고객 정보 화면 조각의 내부 정보에 임의로 접근하는 것으로 최소한의 캡슐화 규칙을 깨뜨리게 된다. 결과적으로 고객개발팀은 고객 정보 화면 조각의 내부 필드 이름이나 속성이 어떻게 참조되고 있는지 파악할 수 없기 때문에 고객 정보 화면 조각을 마음대로 변경하기 어렵다. 특히 마이크로서비스 아키텍처에선 서로의 소스 코드 리포지터리가 분리되므로 고객 정보 화면 조각의 코드가 어떻게 사용되고 있는지 검색하는 것도 어렵다. 이런 방식은 기술적으로 가능하더라도 고객 정보 화면 조각을 변경하기 어렵기 때문에 지양해야 한다.

이에 대한 대안으로 고객 응대 화면 조각에 외부에서 접근할 수 있는 퍼블릭 인터페이스를 추가할 수도 있다. 다음 그림을 보자.

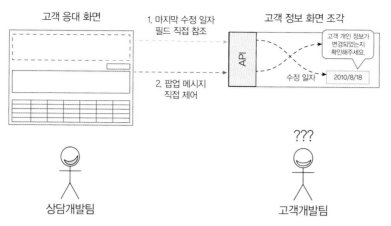

그림 6-33 고객 정보 화면 조각에 인터페이스로 액세스

[그림 6-33]과 같이 고객개발팀이 고객 정보 화면 조각의 필드 속성을 읽고 팝업 메시지를 띄울 수 있는 자바스크립트 API를 추가할 수 있다. 다른 개발팀은 고객개발팀이 제공하는 API를 사용하므로, API를 변경하지 않는다면 고객개발팀은 고객 정보 화면 조각의 내부를 마음대로 변경할 수 있다.

이로써 상담개발팀은 고객 정보 표시와 수정에 대한 로직을 고민할 필요가 없고, 고객개발팀은 독자적으로 고객 정보 화면 조각을 개발하며 또 다른 개발팀의 사용 여부를 고려하지 않고 자신 있게 변경하고 배포할 수 있다.

만약 상담개발팀에서 고객 응대 화면 조각에 새로운 API가 필요하면 어떻게 해야 할까? 예를 들어 보험 고객과 융자 고객을 표시하는 필드와 배치를 다르게 하고, 각 필드의 표시와 배치를 수정할 수 있는 API를 요청하는 경우를 들 수 있다. 구현 난도는 크게 상승하겠지만 기술적으로 충분히 구현이 가능하다. 그런데 이런 방법이 과연 최적의 설루션인지는 고민해봐야 한다.

최적의 설루션은?

최적의 설루션인지 판단하려면 적절한 기준이 필요하다. 최초 새로운 구조를 적용하고자 했던 목표는 두 개발팀이 담당하는 서비스나 화면의 결합도를 극단으로 낮추는 것이었다. 결합도를 낮추려는 이유는 불필요한 오버헤드overhead를 줄여 두 개발팀이 각자 빠르게 자체 업무를 수행할 수 있도록 하기 위한 것이다. 그런데 고객 응대 화면은 고객 상담의 시작점으로 사용 빈도가 매우 높은 화면이다. 따라서 상담팀이 상담 업무의 효율을 높이기 위해 다양한 시도를 해보는 주요 대상이다. 하지만 앞에서와 같이 고객 정보 화면 조각의 변경은 양 팀 간의 약속된 인터페이스로만 가능하고, 서로 합의하지 않은 기능을 추가하려면 새로운 인터페이스를 적용하기 위한 논의가 필요하다. 팀 간의 협업이 필요한 경우, 한 번 해보고 효과가 있으면 계속 진행하고, 효과가 없으면 중단하는 등의 모험적인 시도는 제안하기 쉬운 일이 아니다. 고객개발팀도 고객 응대 화면 조각의 복잡도가 높아짐에 따라 잦은 변경은 점차 반기지 않게 될 것이다.

상담개발팀이 고객 응대 화면에서 추구해야 하는 가치는 다른 개발팀과의 결합도를 완벽하게 낮추는 것이 아니라, 자신들이 필요한 시점에 원하는 대로 변경할 수 있는 환경을 구축하는 것이다. 결합도를 낮추는 것은 빠른 변경을 위해 추구하는 것이지 그 자체가 결과는 아니다. 따라서 상담개발팀에 중요한 기능을 빠르게 반영할 수 있다면, 다른 개발팀의 업무를 이해하고 일정 부분 같이 변경하는 것은 충분히 감내할만한 일이다.

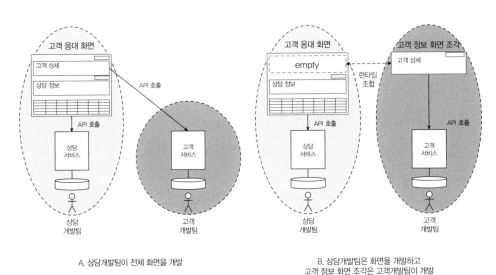

A. 상담개발팀이 전체 화면을 개발

B. 상담개발팀은 화면을 개발하고
고객 정보 화면 조각은 고객개발팀이 개발

그림 6-34 화면 구성 방안 비교

[그림 6-34]는 앞에서 논의한 방안을 나란히 보여준다. 왼쪽 그림의 구조처럼 상담개발팀이 전체 화면을 개발하면 원하는 대로 기능을 개선할 수 있다. 하지만 고객 정보를 표시한 다음 수정할 때의 규칙을 이해해야 하며 고객 서비스의 조회/변경 API가 바뀌면 같이 변경해야 한다. 오른쪽 구조는 상담개발팀이 고객개발팀의 업무 로직이나 API를 이해할 필요가 없을 정도로 결합도가 낮다. 하지만 상담개발팀에서 고객 정보 부분을 직접 컨트롤할 수 없으므로 상담 업무에 필요한 업무 로직을 반영하는 데에는 한계가 있다. 각각의 장단점이 있지만 상담 업무에

서 큰 비중을 차지하는 고객 응대 화면은 필요에 따라 빠르게 개선하는 것이 중요하므로 왼쪽 구조가 더 적합하다. 상담 업무 자체가 고객 업무와 연관이 있기 때문에 결합도가 일정 부분 올라갈 수밖에 없다. 이처럼 서로 업무적으로 관련이 있으면 시스템으로 구현해도 일정 부분 결합도가 높아진다.

그렇다면 오른쪽의 구조는 어떤 경우에 더 적합할까? 고객 응대 화면은 상담 업무에서 비중이 높은 화면이므로 변경 용이성이 중요하다. 그리고 상담개발팀이 숙지해야 할 고객 정보 로직은 비교적 일반적인 형태이며 복잡하지 않고 자주 변경될만한 것도 아니다. 따라서 상담개발팀이 고객 정보 업무를 이해하고 구현하더라도 큰 부담이 없다. 하지만 고객 정보 대신에 실시간 주식 현황처럼 데이터를 표시하는 로직이 복잡하여 상담 업무 개발자가 충분히 이해하고 변경하기 어렵다면 전담 개발팀에 맡기는 것이 좋다. 아니면 고객 정보와는 다르게 담당팀이 복잡한 업무 규칙을 수시로 변경하거나, 고객개발팀이 세부적인 기능엔 그다지 관심이 없고 단순히 고객 응대 화면에 표시되는 정도만 신경 쓰는 경우라면 오른쪽 구조가 더 적합하다.

6.4.3 데이터의 적절한 배치

상담 유의 사항의 배치

이번 절에서는 서비스의 세부적인 경계를 고민해 볼 수 있는 사례를 살펴보자.

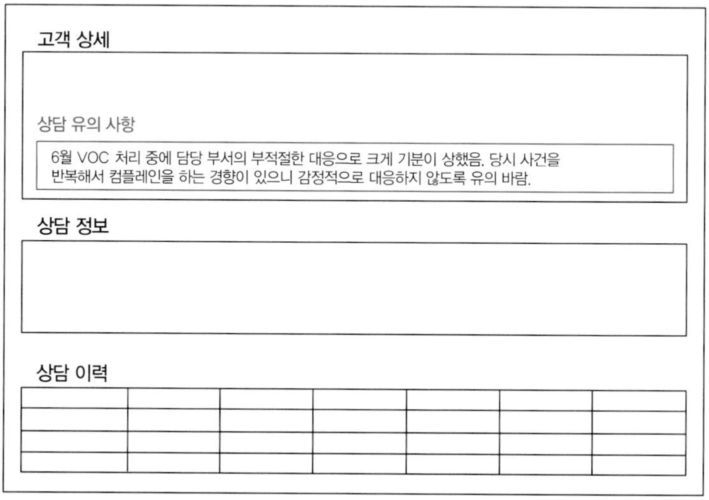

그림 6-35 고객 상세 정보

[그림 6-35]는 앞에서 살펴보았던 콜센터 상담 애플리케이션의 고객 응대 화면이다. 상단의 고객 상세에 있는 상담 유의 사항 필드는 상담원이 상담을 진행하면서 고객과 관련한 특이사항이 있는 경우에 다음 상담원이 참고할 수 있도록 남겨놓는 항목이다.

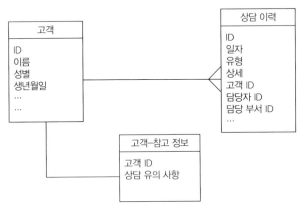

그림 6-36 데이터 모델

[그림 6-36]은 고객 응대 화면과 관련된 데이터 구조를 보여준다. 고객 테이블과 상담 이력 테이블은 서로 1:M의 관계를 갖는다. 일반적으로 고객 정보에 필드 개수가 매우 많고 상담 유의 사항은 고객의 메인 속성이 아니므로 고객의 참고 정보 테이블에 분리하여 관리한다.

그렇다면 고객 서비스와 상담 서비스가 있을 때 고객의 상담 유의 사항 정보는 어떤 서비스에 속해야 할까? 고객에 대한 정보이므로 고객 서비스에서 관리하는 게 맞을까? 아니면 상담 관련 정보이므로 상담 서비스에서 관리하는 게 맞을까?

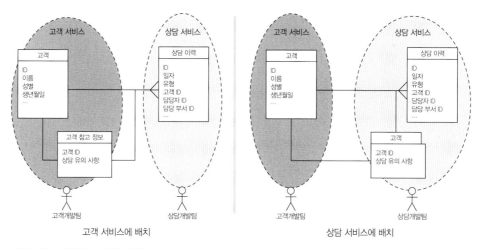

그림 6-37 서비스별 데이터 모델

[그림 6-37]은 고객의 상담 유의 사항을 고객서비스와 상담 서비스에 배치한 경우를 보여준다. 왼쪽 구조에서의 상담 유의 사항은 고객 서비스에 배치되어 고객개발팀에서 관리한다. 상담 유의 사항은 고객의 부가적인 정보를 담고 있는 고객 참고 정보 테이블에 저장되어 있다. 상담 서비스는 고객 서비스에 API를 사용해서 데이터를 조회하고 수정한다. 그리고 상담 유의 사항의 데이터 최대 길이를 변경하거나 유형 같은 관련 필드가 추가되는 경우 상담개발팀이 고객개발팀에 요청하여 변경한다.

여기서 주목할 점은 이러한 배치가 서비스 간의 API 호출을 발생시키고 개발팀이 서로 협의하게 만든다는 점이다. API 호출이 늘어나면 네트워크 등의 시스템 리소스 사용이 증가하고 장애가 전파될 수 있는 여지가 생긴다. 그리고 상담개발팀이 데이터 스키마를 변경하려면 고객개발팀에 필요성을 설명해야 한다. 그러면 고객개발팀은 해당 내용을 변경해도 문제없을지 내부적으로 검토한 후에 고객 정보를 사용하는 다른 개발팀에도 확인해야 한다. 이런 일련의 과정에 걸리는 시간은 상담개발팀의 딜리버리 타임을 지연시키는 것뿐만 아니라, 기능 개선을 위해 여러 가지를 탐색하고 새로운 것을 시도하려는 의지를 위축시킬 수 있다. 만약 상담 유의 사항이 상담개발팀에서 직접 관리하는 데이터라면 상담 유의 사항에 타입을 추가하여 분석에 활용하거나, 상담 유의 사항을 이력 형태로 남기도록 수정해볼 수 있을 것이다. 이런 식으로 시도해보고 별로 의미가 없다고 판단되면 다시 없앨 수도 있다. 하지만 다른 서비스가 제공하는 API를 변경하는 것은 공식적인 프로세스가 필요하다. 따라서 확신이 없는 변경 작업은 지양하려는 마음을 갖게 된다.

반대로 [그림 6-37]의 오른쪽 구조에서는 상담 유의 사항이 상담 서비스에 배치되고 상담개발팀에서 관리한다. 상담 유의 사항은 상담 서비스의 고객 테이블에 저장되어 있다. 상담개발팀에서 직접 관리하고 내부에서만 사용되므로 다른 서비스와 불필요한 API 호출도 필요 없다. 따라서 상담 업무와 관련된 데이터와 기능이 응집도가 높게 구성된다.

왼쪽 구조에 비해 오른쪽 구조에서는 고객 정보에 대한 통합 관리가 힘들다. 각각의 서비스가 고객과 관련된 부가 정보를 독자적으로 관리하므로 시스템 레벨에서 통일된 관점으로 고객 정보를 관리하려면 별도의 노력이 필요하다.

[그림 6-37]의 오른쪽 구조는 도메인 주도 설계의 바운디드 컨텍스트*bounded context* 사례를 보여준다. 일반적으로 마이크로서비스 아키텍처를 적용하는 시스템은 크고 복잡하고 많은 사람이 개발하고 운영한다. 이런 규모가 큰 시스템에서는 데이터를 통합 관리하면서 빠르게 시스템을 변경하기가 어렵다. 특히 서비스별로 담당팀이 분리된 상태에서는 더욱 쉽지 않으므로 각 서비스가 필요에 따라 신속하게 데이터를 정의하고 관리할 수 있게 하는 것이 중요하다.

기준 정보의 배치

다음 예시 온라인에서 다양한 제품을 판매하는 이커머스 시스템과 관련된 것이다.

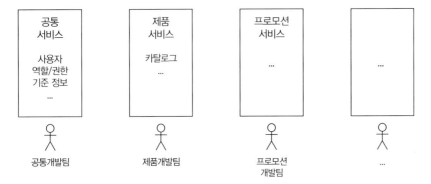

그림 6-38 이커머스 시스템의 서비스 목록

[그림 6-38]은 이커머스 시스템의 서비스와 담당 개발팀을 보여준다. 공통 서비스는 사용자, 역할, 권한 같은 시스템 동작에 필요한 기본 기능과 데이터와 다른 업무가 참조하는 기준 정보를 제공한다. 제품 서비스는 제품의 상세 정보, 검색, 비교 기능을 제공한다. 프로모션 서비스에서 거래 활성화를 위해 다양한 할인 프로모션을 진행한다. 각 서비스는 전담 개발팀이 있어

공통 서비스는 공통개발팀이, 제품 서비스는 제품개발팀이, 프로모션 서비스는 프로모션개발팀이 담당한다.

이커머스 시스템에서 판매하는 제품의 종류는 가전, 컴퓨터, 가구, 식품, 생활, 여행 등 매우 다양하다. 그리고 같은 제품 카테고리에도 많은 회사의 다양한 제품이 등록되어 있다. 시스템은 제품을 구매할 때 선택하기 쉽도록 다음과 같이 제품을 비교하는 기능을 제공한다.

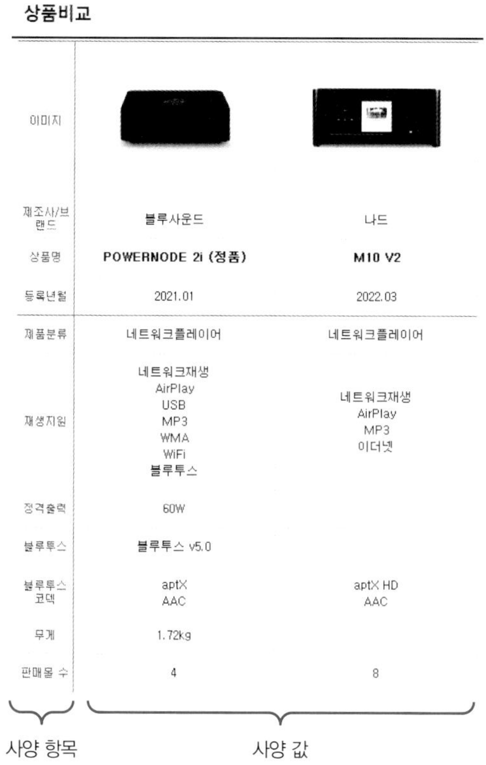

그림 6-39 제품 비교 화면

[그림 6-39]는 제품 비교 기능 화면을 보여준다. 고객이 여러 개의 제품을 선택하고 제품 비교를 클릭하면 선택한 제품이 공통으로 가진 사양을 나란히 보여준다. 그런데 제품 사양은 제품 종류에 따라 다르며 같은 종류의 제품이라 할지라도 제조사나 버전에 따라 달라진다. 따라서 제품에 맞게 다양한 속성을 정의할 수 있도록 사양 항목이라는 메타 정보를 갖는다. 제품을 등록하는 직원은 기존에 있는 사양 항목을 찾아서 정보를 등록하고, 사양 항목이 없다면 먼저 사양 항목을 등록한 후에 제품의 사양값을 입력한다. 기존 시스템에서 사양 항목은 기준 정보로

관리되며 프로모션과 같은 다른 업무도 사양 항목을 참조한다.

[그림 6-40]은 제품 관리자가 신규 사양 항목을 추가하고 제품 정보를 등록하는 과정을 보여준다.

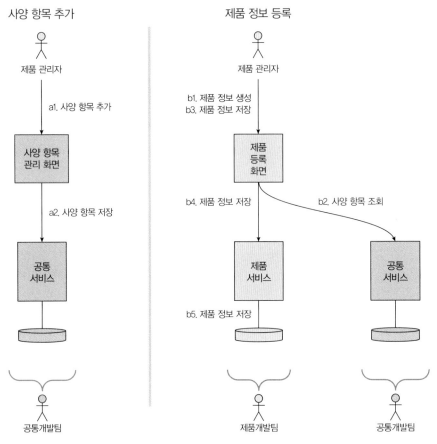

그림 6-40 제품 정보 등록 및 사양 항목 관리

[그림 6-40]의 왼쪽 그림은 사양 항목을 추가하는 과정을 보여준다. 제품 관리자는 공통개발팀이 담당하는 사양 항목 관리 화면에서 신규 사양 항목을 추가한다(a1). 추가한 사양 항목은 공통 서비스에 저장된다(a2). 오른쪽 그림은 신규 제품을 등록하는 과정을 나타낸다. 제품 관리자가 제품개발팀이 담당하는 제품 등록 화면에서 제품을 생성한(b1) 후 사양 항목을 조회하여(b2) 제품 정보를 입력한 후에 저장한다(b3~b5). 제품의 사양 정보는 제품 서비스에 저장된다.

[그림 6-41]은 제품 비교 시의 시스템 동작을 나타낸다. 사용자가 시스템에 제품 비교를 요청하면(1) 제품 서비스는 각 제품의 사양을 조회한다(2). 그러고 나서 대상 제품의 공통된 사양 항목을 서로 비교한 후에(3) 사양 항목의 이름을 조회하여(4) 결과를 반환한다.

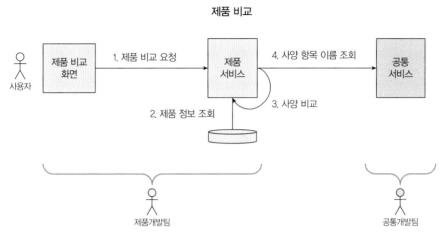

그림 6-41 제품 비교

그런데 지금까지의 시스템 동작을 보면 어색한 점이 있다. 제품 서비스가 사양 항목 정보를 사용하기 위해 공통개발팀이 담당하는 공통 서비스에 계속 API 호출을 하고 있다. 만약에 사양 항목 관리 로직을 변경할 필요가 있다면 공통개발팀과 협업해야 한다. 그리고 사양 항목 조회 중에 API 응답 속도가 느려지면 제품 비교 기능도 느려질 것이다.

곰곰이 생각해보면 사양 정보는 제품과 밀접한 기능인데 공통 서비스에서 관리하는 것이 어색하다. 전통적인 시스템 개발에서 기준 정보는 대부분 공통 기능으로 분류한다. 하지만 마이크로서비스 아키텍처에선 특정 서비스가 정의하고 사용하는 데이터를 다른 서비스에 저장한다면 필요시 API로 참조해야 하고, 변경하려면 다른 개발팀과 협업해야 한다. 따라서 마이크로서비스 아키텍처에서 기준 정보는 해당 정보를 정의하는 서비스가 직접 관리하는 게 좋다.

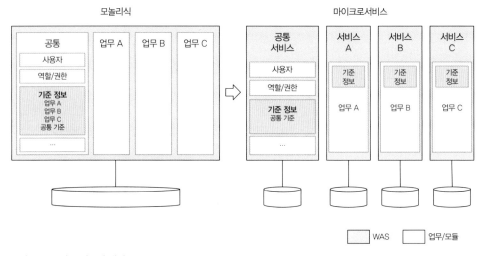

그림 6-42 기준 정보의 배치

[그림 6-42]는 모놀리식 아키텍처와 마이크로서비스 아키텍처에서의 기준 정보 배치를 보여준다. 왼쪽 구조에는 시스템의 기준 정보 모듈에 모든 업무의 기준 정보가 있지만, 오른쪽 구조에 각 업무의 기준 정보가 해당 서비스에 분산되어 배치되어 있다.

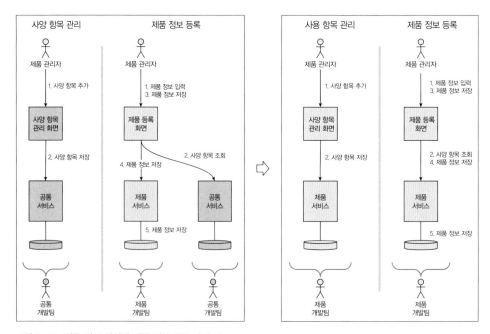

그림 6-43 기준 정보 배치에 제품 정보 등록 과정 비교

[그림 6-43]은 기준 정보를 배치하는 방식별 제품 정보 등록 과정을 보여준다. 그림의 오른쪽 같은 방식에서는 제품 서비스가 사양 항목과 제품 정보를 모두 관리하므로 사양 항목을 추가하거나 제품 정보를 등록할 때 다른 서비스와 접촉할 필요가 없다. 그리고 상품개발팀이 사양 항목과 관련된 기능을 원하는 대로 변경할 수 있다.

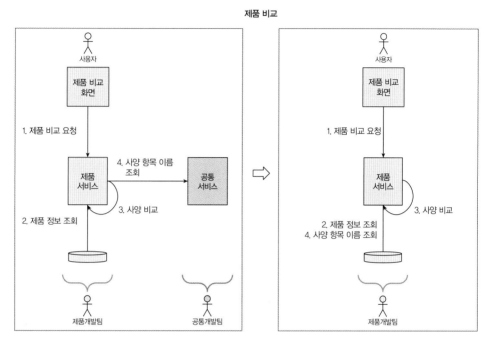

그림 6-44 기준 정보 배치에 따른 제품 비교 과정

[그림 6-44]는 기준 정보 배치에 따른 제품 비교 과정을 보여준다. 그림의 오른쪽에서의 사양 항목은 제품 서비스가 담당하므로 제품을 비교하여 결과를 전송하는 과정에 다른 서비스와 상호 작용할 필요가 없다.

이렇게 비교해서 보면 오른쪽 구조가 더 낫다는 것을 알 수 있다. 하지만 기존에 해오던 습관에 따라 고민 없이 공통 서비스에 배치하는 경우를 의외로 많이 볼 수 있다. 서비스가 오너십을 가지는 데이터는 스스로 관리하는 것이 좋다.

6.4.4 하나의 API가 여러 서비스의 데이터를 변경

지금까지는 화면이 데이터를 변경하는 API를 호출하면 하나의 서비스에서 트랜잭션이 완료되었다. 이번에는 데이터를 변경할 때 여러 서비스에 걸친 트랜잭션이 수행되는 사례를 살펴보자.

이번 예시로 사용하는 시스템은 온라인 교육 시스템이다. [그림 6-45]는 예시 서비스 중 일부를 보여준다.

그림 6-45 온라인 교육 시스템의 서비스 목록

[그림 6-45]의 수강 서비스는 학습자가 수강하는 과목의 수업 진행, 과제 제출, 시험 및 진도 관리 등을 담당한다. 커뮤니티 서비스는 학습자에게 온라인 커뮤니티 기능을 제공한다. 학습자는 커뮤니티에서 학습 관련 문의나 협업 과제에 대해 토의한다. 실습 환경 서비스는 실습이 포함된 교육 과정을 위해 컨테이너, 코드 저장소 같은 개발 및 실행 환경을 제공한다. 스토리지 서비스는 학습자에게 일정 용량의 파일 저장 공간을 제공한다. CRM 서비스는 학습자의 활동 이력에 따른 포인트를 부여하고 적립된 누적 포인트별로 다양한 혜택을 제공한다. 예를 들어 학습 진도를 일정에 맞게 진행하거나 커뮤니티에서 다른 학습자의 질문에 답변하면 가점을 부여한다. 액티비티 서비스는 학습자의 활동 내역을 수집하여 제공한다. 예를 들어 고객의 시스템에서의 체류 시간, 학습 시간, 커뮤니티 활동 시간 등을 보여주고 일자별, 요일별 통계를 제공한다.

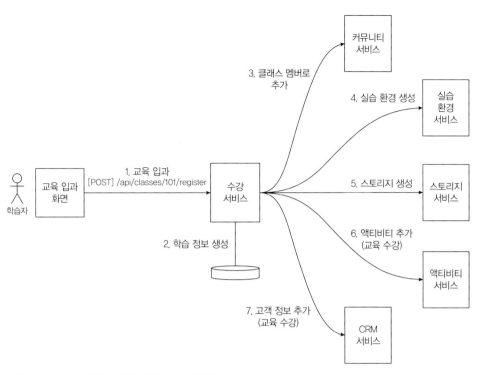

그림 6-46 교육 과정에서 수강생 등록 시 시스템 동작

[그림 6-46]는 학습자가 교육 과정에 등록할 때의 시스템 동작을 보여준다. 학습자가 어떤 교육 과정에 등록하면(1) 수강 서비스는 진도율, 과제, 시험 등과 같은 학습 정보를 데이터베이스에 생성한다(2). 그리고 학습 과목의 속성에 따라 커뮤니티, 실습 환경, 스토리지 등을 생성하기 위해 각각의 서비스에 API를 호출하고(3~5), 액티비티 서비스와 CRM 서비스에 학습자가 교육 과정에 입과 하였음을 전달한다(6~7).

학습자의 교육 과정 등록 트랜잭션은 수강 서비스가 전 과정을 컨트롤한다. [그림 6-27]에서 살펴보았던 콜센터 상담 애플리케이션 사례에서 고객 응대 화면이 개별 트랜잭션을 컨트롤했던 것과는 다르다. 수강 서비스가 과정별로 어떤 부가 자원이 필요한지를 관리하고, 교육 과정에 수강생을 등록한 다음 관련 부가 정보를 생성하는 것까지가 하나의 완결된 트랜잭션이기 때문에 수강 서비스가 전 과정을 관리한다. 반면에 콜센터 고객 응대 화면의 상담 정보 생성과 고객 정보 업데이트는 한 화면에 배치되어 있지만 서로 업무적으로 연관이 없어 별도의 트랜잭션으로 관리하는 것이 자연스럽다.

그런데 6~7번의 액티비티 서비스와 CRM 서비스에 관련 정보를 알려주는 것을 하나의 트랜잭션에서 수강 서비스가 수행하게 해야 할지는 고민해봐야 한다. 교육 시스템 내에서 사용자의 모든 활동을 수집하거나 사용자에 따라 할인 프로모션 등을 진행하는 것은 수강 서비스가 세세하게 이해하고 처리할 일이 아니다. 따라서 수강 서비스가 입과 처리를 하면서 액티비티 서비스와 CRM 서비스가 필요로 하는 데이터를 담아 API를 호출하면 불필요한 커플링이 늘어나게 된다. 이런 경우 다음과 같이 이벤트를 적용하여 트랜잭션 범위를 조절할 수 있다.

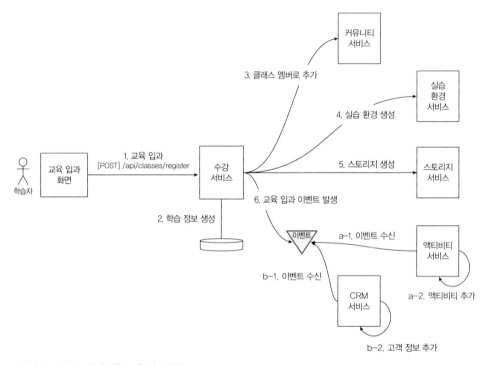

그림 6-47 이벤트를 추가한 교육 입과 동작

[그림 6-47]을 보자. 수강 서비스가 교육 과정에 사용자를 등록하도록 요청받으면(1), 적합성을 책임져야 하는 2~5번까지의 트랜잭션을 실행한 후에 수강생 등록 이벤트를 생성하고 트랜잭션을 마무리한다(6). 이후에는 다른 서비스가 이벤트를 수신하여 필요한 처리를 한다(a, b).

위 사례는 전형적인 이벤트의 용도를 보여준다. 서비스가 직접 관리하는 트랜잭션의 범위는 해당 서비스가 관련 비즈니스 로직을 이해하고 트랜잭션의 완결 여부를 책임져야 하는지에 따라 달라진다. 해당 로직에 직접 관여하는 게 맞다면 전체 플로우를 제어해야 하며 다른 서비스의 업무 규칙이 변경되는 것을 인지하고 같이 변경해야 한다. 그런게 아니라면 이벤트와 같은 방식으로 팩트를 전달하고 나서 누가 어떤 작업을 하는지 신경 쓸 필요가 없다.

6.4.5 로직의 적절한 배치
이번 절에서는 여러 서비스가 공통 기능을 사용할 때 고려할 수 있는 사례를 살펴보자.

공통에서 다른 업무의 로직 담당
예시는 기업의 제품을 생산하는 산업단지에서 입주자에게 다양한 편의 기능을 제공하는 단지 지원 시스템이다. 단지 지원 시스템에서 결재 기능은 많이 사용되기 때문에 결재 문서 작성을 편리하게 할 수 있는 결재 템플릿 기능을 제공한다.

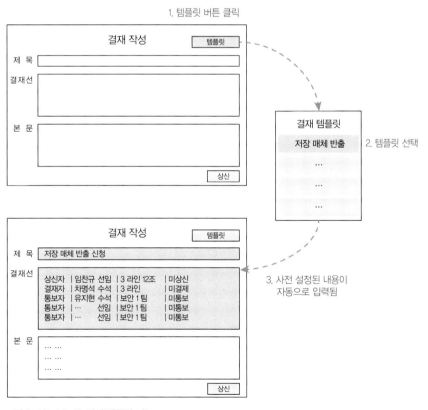

그림 6-48 AS-IS 결재 템플릿 기능

[그림 6-48]은 결재 템플릿을 사용하여 결재를 진행하는 과정을 보여준다. 사용자가 결재 작성 화면에서 템플릿 버튼을 클릭하면(1) 결재 템플릿을 선택할 수 있는 팝업창이 표시된다. 원하는 템플릿을 선택하면(2) 사전에 설정된 내용이 결재 제목, 본문, 결재선에 자동으로 입력된다(3).

결재 템플릿 중에는 몇 가지 특별한 유형이 있다. 예를 들어 노트북이나 USB 메모리 같은 저장 매체를 반출하는 것은 보안 관점에서 민감한 사안이 될 수 있기 때문에 신청자의 부서장이 직접 결재하고 출입 게이트에서 반출을 통제하는 보안 요원이 통보자로 지정된다. 사용자가 결재 작성 화면에서 저장 매체 반출 템플릿을 선택하면 결재 상신 화면은 상신자의 부서장을 조회하여 결재자로 지정하고, 시스템에서 당일 반출 담당자를 조회하여 통보자로 설정한다. 그리고 실제 반출 시 보안 요원은 본인에게 통보된 결재 내용을 확인하여 처리한다.

산업단지 지원 시스템은 마이크로서비스 아키텍처를 기반으로 전면적인 개편을 기획한다.

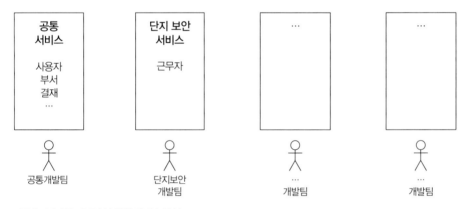

그림 6-49 TO-BE 시스템의 서비스 구성

[그림 6-49]는 차기 시스템의 주요 서비스 중 일부를 나타낸다. 공통 서비스는 사용자와 부서의 활동과 결재 기능 등을 담당한다. 결재 템플릿은 공통 서비스의 결재 관리 화면에서 등록한다.

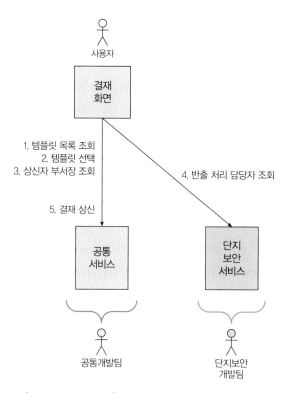

그림 6-50 저장 매체 반출 결재 시 시스템 동작

[그림 6-50]은 저장 매체 반출 결재를 상신할 때의 시스템 동작을 보여준다. 사용자가 결재 화면에서 템플릿 버튼을 클릭하면 템플릿 선택 화면이 로딩되면서 공통 서비스에 결재 템플릿을 요청한다(1). 사용자가 저장 매체 반출 템플릿을 선택하면(2) 결재 화면은 공통 서비스에 상신자의 부서장을 조회하여 결재자로 설정하고(3), 단지 보안 서비스의 반출 담당자 목록을 조회하여 통보자로 설정한다(4). 사용자가 세부 정보를 입력한 후에 상신 버튼을 클릭하면 공통 서비스의 결재 상신 API를 호출한다(5).

여기서 [그림 6-51]과 같이 공통개발팀의 코드와 단지보안개발팀의 코드가 서로 참조하고 있기 때문에 구조적 관점에서 고려해야할 부분이 있다.

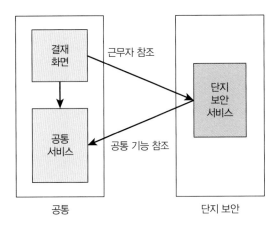

그림 6-51 저장 매체 반출 결재 시 시스템 동작 – 순환 참조 해결

이러한 경우를 엄밀히 보면 공통 서비스의 결재 상신 화면이 단지 보안 서비스를 참조하고 있다. 그리고 단지 보안 서비스는 공통 서비스를 참조하고 있으므로 넓은 의미에서의 순환 참조가 된다. 하지만 서비스가 참조하는 게 아니고 화면이 참조하는 것으로 상대적으로 경미하다고 볼 수 있다. 예를 들어 단지 보안 서비스에 장애가 발생하더라도 결재 화면에만 영향을 준다. 따라서 장애 격리 관점에서는 허용할 수도 있는 수준이다.

하지만 단지보안팀의 요구 사항을 공통개발팀이 공통서비스에 녹여내는 데에는 여전히 이슈가 있다. 공통개발팀이 단지보안팀 이외에 다른 업무팀의 요구 사항을 받아들이기 때문에 요구사항 처리 우선순위가 밀릴 수 있다. 그리고 결재 기능 역시 다른 많은 서비스에서 사용하는 기능이므로 특정 업무의 로직을 받아들이기에는 한계가 있다. 따라서 단지보안팀 입장에서 결재 기능에 원하는 만큼의 기능을 반영하기도 어렵고, 반영하는 데 걸리는 시간도 오래 걸릴 것이다.

이를 개선하기 위해 [그림 6-52]과같이 의존 관계가 역전되도록 구조를 변경할 수 있다. 오른쪽 구조는 의존 관계를 변경하여 순환 참조를 제거한 것이다. 결재 화면은 결재 템플릿이 공통으로 상속받는 인터페이스를 정의한다. 단지보안개발팀은 결재 템플릿 인터페이스를 상속받은 저장 매체 반출 템플릿을 생성하여 등록한다. 사용자가 저장 매체 반출 템플릿을 선택하면 결재 상신 화면은 지정된 인터페이스에 따라 제목, 결재선 목록, 본문 내용을 로딩하여 각 필드에 설정한다.

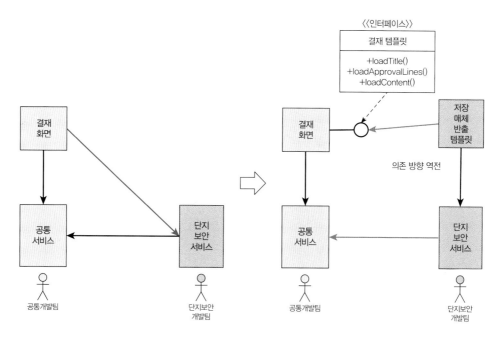

그림 6-52 의존 관계를 조정하여 순환 참조 제거

오른쪽 구조의 소스 코드는 참조 방향이 모두 공통개발팀의 서비스나 화면을 향하므로 단지보안개발팀은 공통개발팀과 협의하지 않고 새로운 템플릿을 추가하거나 변경할 수 있다. 반면에 공통개발팀은 결재 화면의 코드가 복잡해지고 템플릿 추가/삭제/검증과 같은 관리 기능을 추가로 개발해야 하므로 구현 비용이 증가할 것이다.

보상 트랜잭션

그런데 단지보안개발팀은 앞에서 언급한 방안이 아니라 전혀 다른 방법을 선택했다. 일반 결재 기능에 업무 고유의 로직을 추가하는 데에 한계를 느끼고, 반출 프로세스를 담당하는 별도 화면을 개발하기로 한 것이다.

[그림 6-53]은 신규로 기획한 저장 매체 반출 신청 화면이다. 기존에는 결재 문서의 결재 라인과 본문에 담긴 내용이 각각의 필드로 전환되었다. 반출 항목은 시스템에서 관리하는 자산 정보를 조회하여 지정한다. 반출이 필요한 항목은 단지로 반입할 때 시스템에 등록한다.

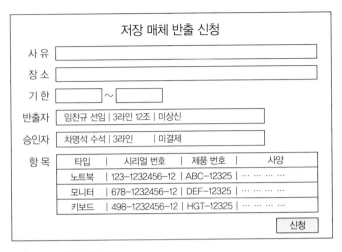

그림 6-53 반출 신청 화면

[그림 6-54]는 반출자가 저장 매체 반출 화면을 선택하고 데이터를 입력하는 과정을 보여준다. 반출자가 화면을 선택하면 웹 앱은 화면을 로딩한다(1). 그리고 단지 보안 서비스에서 반출 자산을 조회하여 지정한다(2). 이때 반출 항목에 저장 매체가 있으면 공통 서비스에서 반출자의 부서장을 조회하여(3) 승인자로 자동 지정한다. 이후에 반출자가 반출 사유와 장소 등을 입력한 후에 신청 버튼을 클릭한다.

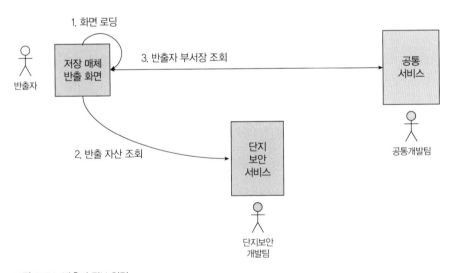

그림 6-54 반출자 정보 입력

[그림 6-55]는 반출자가 저장 매체 반출을 신청하고 부서장이 승인하기까지의 과정을 보여준다. 반출자가 반출 신청 버튼을 클릭하면 저장 매체 반출 화면은 단지 보안 서비스의 반출 신청 API를 호출한다(1). 단지 보안 서비스는 API의 입력값을 검증한다(2). 반출 승인자는 실제 반출을 요청한 사용자가 부서장인지 확인하기 위해 공통 서비스에서 반출자의 부서장을 조회한다(3). 화면에서도 동일한 검증을 할 수 있지만 변조되었을 수 있으므로 서버 단에서 다시한번 체크한다. 입력값을 검증한 후 반출 요청 정보를 로컬 저장소에 저장한다(4). 그리고 공통 서비스의 결재 상신 API를 호출한다(5). 공통 서비스는 결재를 외부의 결재 시스템에 포워딩하고(6), 승인자는 모바일 앱을 사용해서 반출 내역을 확인하고 승인한다(7). 공통 서비스가 결재 상태가 변경된 것을 알려주면 단지 보안 서비스는 반출 신청 상태를 승인으로 변경한다(8).

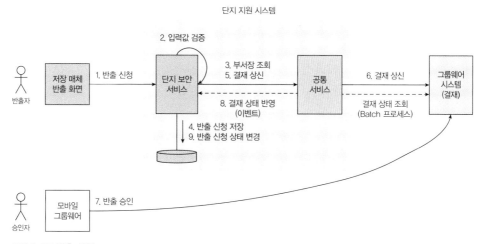

그림 6-55 반출 신청

여기서 잠시 공통 서비스의 결재 기능이 어떻게 동작하는지 살펴보자. 결재 기능은 기업의 모든 임직원이 사용해야 하는 기능으로 그룹웨어에서 제공한다. 따라서 단지 지원 시스템의 공통 서비스가 담당하는 결재 기능은 그룹웨어에서 제공하는 결재 기능을 연계한 것이다. 그러므로 이와 관련된 기능을 공통 서비스에서 API로 제공하는 대신 라이브러리 형태로 각 업무 서비스에 내장하는 것도 생각해볼 수 있다.

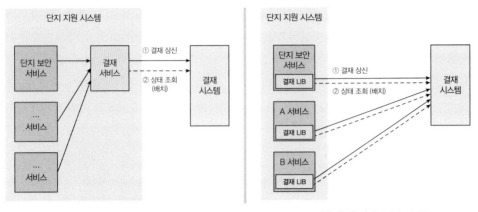

1. 결재 기능을 별도 서비스로 구성   2. 결재 기능을 라이브러리로 구성

그림 6-56 결재 기능 구현 방식 비교

[그림 6-56]의 오른쪽처럼 공통의 라이브러리로 결재 시스템 기능을 호출하면 결재 기능을 릴레이하는 통신을 줄일 수 있다는 장점이 있다. 그런데 결재 기능은 외부 시스템에서 결재 상태가 변경된 것을 자체 데이터에 반영하기 위해 주기적인 배치 작업이 필요한데, 각각의 서비스가 배치 작업을 진행하는 것은 운영 측면에서 부담되는 일이다. 따라서 이런 동기화 과정을 고려하면 전담 서비스를 두는 것이 유리하다. 또한 결재 기능이 자주 변경되면 모든 서비스에 결재 라이브러리를 배포하여 적용하기 어려울 수도 있다.

그런데 앞에서 살펴보았던 [그림 6-55]의 반출 신청 과정을 보면 서로 다른 2개의 서비스에서 쓰기 동작이 발생한다. 따라서 트랜잭션이 중간에 실패하는 경우 보상 트랜잭션이 필요한지 검토해야 한다.

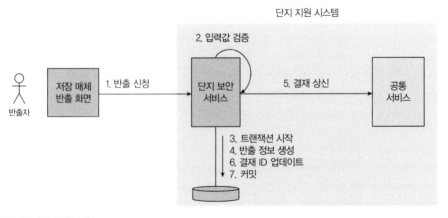

그림 6-57 반출 신청

[그림 6-57]은 반출 신청 과정에서의 각 서비스 트랜잭션을 보여준다. 웹 앱이 반출 신청 API를 호출하면(1) 단지 보안 서비스는 입력값을 검증한 후에(2) 트랜잭션을 시작하고(3) 반출 신청 정보를 저장한다(4). 그런 후에 다시 결재 상신 API를 호출한다(5). 결재 상신 API가 성공적으로 완료되면 결재 ID를 반출 신청 정보에 저장하며(6) 그 후에 단지 보안 서비스는 트랜잭션을 종료하고(7) API 결과를 웹 앱에 반환한다.

이 과정에서 단계별로 예상치 못한 오류가 발생했을 때의 시스템 동작을 살펴보자. 먼저 2번에서 입력값 검증이 실패하거나 4번에서 반출 신청 정보 생성이 실패하더라도 기존에 의미 있는 트랜잭션이 없으므로 특별히 보완할 필요가 없다. 그리고 [그림 6-58]처럼 5번 결재 상신 중 에러가 발생하면 4번에서 로컬 데이터베이스에 저장한 반출 정보는 자동으로 롤백되어 앞에서 생성했던 반출 정보는 삭제될 것이다. 따라서 반출 신청 과정에는 보상 트랜잭션이 필요없다.

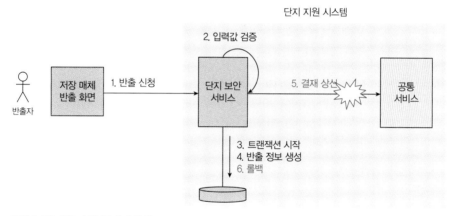

그림 6-58 반출 신청 중 에러 발생

NOTE_ 업무가 복잡해져서 세부 트랜잭션이 늘어나거나 순서가 변경되면 보상 트랜잭션이 필요한 경우가 생길 수도 있다. 이는 기존의 모놀리식 시스템으로 구축하더라도 마찬가지다.

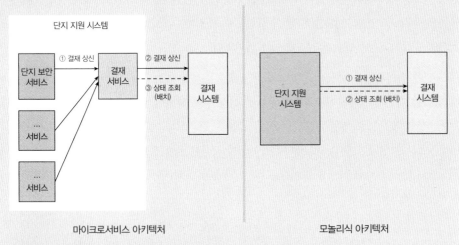

그림 6-59 결재 서비스 유무에 따른 트랜잭션 비교

[그림 6–59]처럼 단지 지원 시스템이 모놀리식 아키텍처로 개발되더라도 외부의 그룹웨어 시스템 결재 기능을 사용한다면 상황은 동일하다. 이는 로컬 데이터베이스 트랜잭션과 외부의 트랜잭션 API를 호출할 때 항상 발생할 수 있는 사례로 마이크로서비스 아키텍처이건 모놀리식 아키텍처이건 보상 트랜잭션이 필요할 수 있다. 이런 보상 트랜잭션 처리는 기존에도 동일하게 해오던 것이다.

6.4.6 공통 서비스

마이크로서비스 아키텍처로 시스템을 개발하면 여러 서비스가 공통으로 사용하는 기능을 담는 공통 서비스를 만드는 경우가 많다. 이런 공통 서비스는 '공통'이란 이름처럼 시스템 대부분의 서비스가 사용하는 기능을 제공한다. 따라서 기능을 변경할 때 관련된 다른 팀과 협업하거나 일정을 공지하는 등의 절차가 필요하다. 그리고 장애가 발생하면 공통 서비스를 참조하는 서비스에도 전파되어 전체 시스템 레벨의 장애로 이어지기 쉽다. 따라서 변경 요청을 접수하고 반영하는 것이 조심스러워진다.

이렇게 장애 발생 시 여파가 크고 변경이 어렵지만 공통 서비스도 역시 기능 변경은 피할 수는 없다. 따라서 안정적으로 기능을 변경하기 위해 몇 가지 고려해야 할 사항이 있다.

첫째, 공통 서비스가 다른 서비스를 참조하지 않아야 한다. 보통 공통 서비스가 개별 업무 기능을 참조하는 것은 바람직하지 않다. 공통 기능은 다른 서비스가 어떤 형식으로건 참조하기 마련이므로 공통 기능이 다른 서비스를 참조하면 순환 참조가 되기 때문이다. 순환 참조 상태에서의 기능 변경은 여러 모듈에 영향을 줄 수 있으므로 매우 까다로운 작업이다. 특히 [그림 6-60]처럼 공통 서비스가 의존하는 서비스에 문제가 생기면, 공통 서비스를 참조하는 다른 서비스에 장애가 전파되어 대형 장애로 이어질 수 있다.

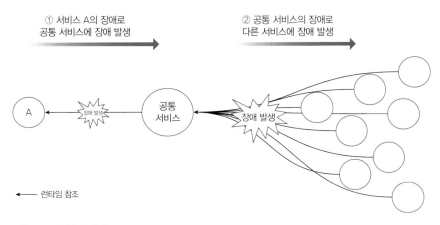

그림 6-60 장애의 전파

둘째, 공통 서비스는 단일 장애 지점이 되므로 장애 영향도를 고려하여 구성해야 한다. '공통'은 어떤 기능의 이름이 아니고 업무 구분 없이 사용된다는 것을 표현하는 모호한 이름이다. 따라서 실제 공통으로 분류하는 기능을 보면 다양한 성격의 기능이 모여 있는 경우가 많다.

그림 6-61 공통 서비스의 분류

일반적으로 공통 서비스에 담는 기능은 [그림 6-61]처럼 3가지로 분류할 수 있다. 필수 공통 기능은 인증, 인가 같이 모든 서비스에 꼭 필요하고 장애가 발생하면 전체 서비스가 정지되는 기능이다. 비필수 공통 기능은 메일, 결재 기능처럼 공통 업무 성격을 가지고 있지만 장애가 발생하더라도 다른 서비스에는 장애가 발생한 기능과 연관된 기능을 제외하고는 정상 동작이 가능한 기능이다. 마지막으로 기타 업무는 Audit, 모바일 앱 관리처럼 공통적인 성격은 별로 없지만 규모나 분류가 애매한 기능을 모아놓은 것이다.

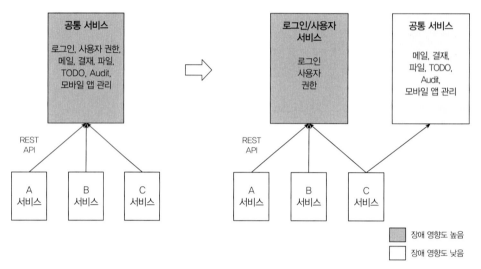

그림 6-62 장애 영향도에 따른 서비스 분할

[그림 6-62]는 공통 서비스의 기능을 장애 영향도에 따라 별도 서비스로 분리한 예시를 보여 준다. 왼쪽 그림의 공통 서비스는 로그인, 사용자 권한, 메일, 결재, 파일, TODO, Audit, 모바일 앱 관리 기능을 갖는다. 이 중 로그인 기능이나 사용자 권한 등의 기능이 멈춰버리면 전 시스템의 장애로 번지게 된다. 따라서 공통 서비스의 장애 영향도는 시스템에서 가장 높은 수준이 된다. 그런데 메일, 결재, TODO 같은 기능은 장애가 나더라도 임팩트가 상대적으로 작고 해당 기능을 사용하는 일부 사용자만 불편함을 느낄 수 있으므로 시스템에 미치는 장애 영향도는 상대적으로 낮다. 하지만 일정 관리 기능을 변경했는데 버그가 생겨 공통 서비스가 멈추게 되면 로그인 및 인가 기능도 멈추게 되어 결국 전 시스템이 멈추는 대형 장애가 발생하게 된다. 따라서 메일, 결재, TODO 등도 로그인 기능과 동일한 수준으로 엄격한 변경 관리를 받아야 한다. 그리고 몇 번 장애가 발생하면 일정 관리 담당자도 심리적으로 위축되어 변경 사항을 소극적으로 접수하게 된다.

이럴 때에는 오른쪽 그림처럼 장애 영향도가 높은 업무인 로그인, 사용자 권한을 로그인/사용자 서비스로 메일, 결재, TODO 등의 기능을 공통 서비스로 분리할 수 있다. 이 경우 로그인/사용자 서비스는 중요한 기능만 추렸으므로 서비스를 변경하는 빈도가 줄어들고 더 쉽게 변경 사항을 검증할 수 있다. 공통 서비스에는 장애 영향도가 높은 기능이 빠졌으므로 장애 영향도가 줄어들어 변경을 더 쉽게 할 수 있다.

마지막으로 공통 서비스는 많은 서비스가 참조하므로 변경을 쉽게 할 수 있도록 외부 인터페이스와 내부 구현을 분리해야 한다. 그러면 외부 인터페이스는 동일하게 유지하면서 내부 구현을 변경할 수 있게 되므로 다른 팀과 번거로운 협업을 최소화할 수 있다. 이는 다음 그림과 같이 API로 노출되는 데이터 구조와 내부에서 관리하는 데이터 구조를 분리하면 가능해진다.

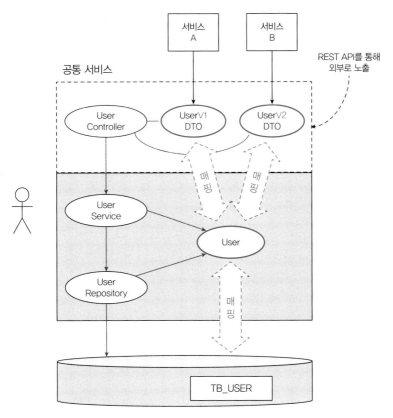

그림 6-63 공통 서비스의 내부 구조

[그림 6-63]의 공통 서비스는 사용자 정보 API를 V1 버전과 V2 버전으로 동시에 제공한다. 위 구조에서 REST API의 URI와 메서드는 UserController 클래스의 메서드와 매핑되어 있고, 반환하는 리소스는 메서드가 반환하는 DTO의 모양에 따라 결정된다. 그림에서 V1 API는 UserV1DTO를 반환하고 V2 API는 UserV2DTO를 반환한다. 실제 사용자 데이터는 TB_USER 테이블에 저장되어 있고, 이는 다시 User 클래스에 로딩된다. 내부 구현 로직은 User 클래스를 기준으로 처리하고, 결과를 외부로 제공할 때는 호출된 API의 버전에 따라 UserV1DTO나 UserV2DTO로 변환되어 반환된다. 내부에서 사용하는 데이터 구조와 외부에 제공하는 데이터 구조를 별도로 가짐으로써 데이터를 변환하는 번거로움이 생긴다. 하지만 외부에 제공하는 인터페이스를 유지하면서 내부를 변경할 수 있기 때문에 공통 서비스 같이 다른 서비스에 API로 기능을 제공하는 경우에는 큰 도움이 된다.

Chapter 7

서비스 개발하기

서비스 개발하기

이 장에서는 마이크로서비스 아키텍처로 시스템을 개발하는 데에 필요한 내용을 소개한다. 마이크로서비스 아키텍처와 함께 소개되는 트렌디한 기술보다는 대부분의 시스템에서 보편적으로 적용할 수 있는 기술 위주로 다룰 것이다. 먼저 시스템의 기본 동작을 결정하는 사용자의 인증/인가 방식에 대해 살펴본다. 그다음 사용자 로그인 상태를 관리하는 다양한 방식을 알아보고 각각의 방식을 기반으로 한 사용자의 인증/인가 방식을 확인해본다. 그리고 서비스가 다른 서비스를 참조할 때 데이터 유형에 따른 구현 방식을 살펴보고, 참조 성능을 최적화하는 방법을 알아본다. 다음에는 서비스 간의 데이터 참조나 트랜잭션 구현에 필요한 기술을 알아본다. 여러 서비스에 걸친 트랜잭션을 실행하는 경우 ACID 트랜잭션의 부재로 인해 개발자에게 없어진 것이 무엇이고 어떻게 대처해야 하는지 알아본다. 이와 관련하여 원자성^{atomicity}을 보완하기 위해 보상 트랜잭션이 필요한 사례를 살펴보고 적절한 구현 방법에 대해 알아본다. 그리고 트랜잭션의 독립성^{isolation}을 보완하기 위해 동시성 이슈를 탐지하고 대처하는 방법에 대해 살펴본다. 마지막으로 외부 요인으로 서비스에 장애가 발생할 수 있는 유형을 살펴보고 이를 회피할 방법에 대해 설명한다.

7.1 세션 관리와 접근 제어

마이크로서비스 아키텍처의 대표적인 장점은 시스템을 중단하지 않고 자유롭게 인스턴스를 확장하고 축소할 수 있다는 것이다. 그리고 롤링 업데이트$^{Rolling\ Update}$나 카나리 배포$^{Canary\ Release}$와 같은 다양한 배포 방식을 적용할 수 있는 것도 장점이다. 그런데 이런 장점을 활용하려면 서비스는 무상태로 구현되어야만 한다. 이런 무상태 요건은 마이크로서비스 아키텍처의 사용자 인증/인가 방식이 기존 방식과 다르게 만들어져야 되는 요인이 된다.

다음 절에서는 서비스가 확장되거나 축소되는 과정을 살펴보고 무상태가 필요한 이유와 서비스를 무상태로 만들기 위한 필요 조건에 대해 살펴보자.

7.1.1 무상태 요건

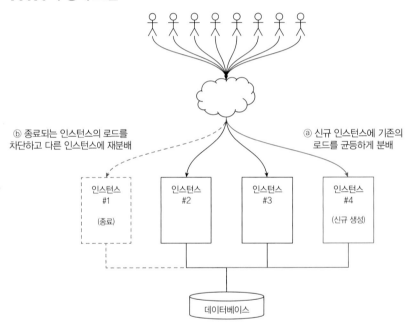

그림 7-1 시스템의 스케일 인/아웃 동작

[그림 7-1]은 한 서비스의 인스턴스가 늘어나고 줄어들 때의 시스템 동작을 보여준다. 서비스가 3개의 인스턴스로 동작하다가 사용자 트래픽이 증가하여 4번 인스턴스가 신규로 추가되면 (a) 기존 인스턴스가 처리하던 부하는 4등분되어 재분배된다. 반대로 사용자 트래픽이 줄어들면 인스턴스를 줄여(b) 리소스를 절약할 수 있다. 이때 1번 인스턴스가 종료되면 1번 인스턴스가 담당하던 사용자 요청은 2~4번 인스턴스가 담당하게 된다.

이런 동작은 기능을 변경하여 순차적으로 배포할 때도 동일하게 발생한다.

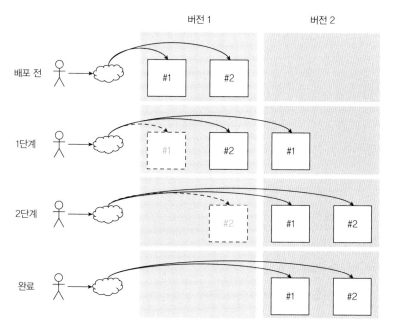

그림 7-2 롤링 업데이트

[그림 7-2]는 컨테이너 환경에서 롤링 업데이트 방식으로 변경된 기능의 배포 과정을 단순화하여 나타낸 것이다. 서비스가 버전 1 인스턴스를 2개 운영할 때 버전 2 배포를 시작하면 버전 2의 인스턴스 1번이 생성되고, 버전 1의 1번 인스턴스에 전달되던 트래픽은 버전 2의 1번 인스턴스로 전달된 후에 버전 1의 인스턴스 1번이 종료된다(1단계). 그리고 버전 2의 2번 인스턴스가 생성되고 다시 트래픽이 재분배되면 버전 1의 2번 인스턴스가 종료되어(2단계) 모든 배포 절차는 종료된다.

롤링 업데이트 과정을 보면 사용자가 시스템을 사용하는 것과 무관하게 각 서비스의 인스턴스를 자유롭게 시작하고 종료할 수 있는 것을 볼 수 있다. 그런데 만약 어떤 사용자의 요청을 처리하는 데에 꼭 필요한 정보가 특정 인스턴스만 알고 있다면, 그 인스턴스가 종료되는 순간 해당 사용자는 더 이상 시스템을 사용할 수가 없게 된다. 따라서 인스턴스를 종료하려면 그 인스턴스를 사용 중인 모든 사용자가 로그아웃할 때까지 기다리거나, 다른 인스턴스가 관련 정보를 모두 복제할 때까지 기다린 후에 종료할 수 있다. 그리고 새로운 인스턴스가 추가되더라도 기존 사용자의 요청을 처리하는 데에 필요한 정보를 모르기 때문에 다른 인스턴스의 로드를 적절히 나눠가질 수 없다. 새로운 인스턴스가 제대로 자기 역할을 하려면 기존 인스턴스의 정보를 모두 복제하거나 새로 로그인하는 사용자를 충분히 할당받아야 한다.

이처럼 서비스가 사용자의 요청을 처리하는 데에 꼭 필요한 정보를 독점적으로 가지지 않는 것을 무상태 구조라고 한다. 가장 대표적인 상태 정보 중 하나는 사용자의 로그인 상태 정보이다. 따라서 기본적으로 서비스를 무상태로 만드려면 로그인 상태 정보를 서비스 외부에 배치하면 된다.

다음 절에서는 사용자 로그인 상태 관리 방식에 대해 설명하고 마이크로서비스 아키텍처에서 사용할 수 있는 방식과 사용할 수 없는 방식을 알아본다. 또한 왜 그런지 그 이유에 대해 알아보자.

7.1.2 로그인 상태를 저장하는 방식

사용자가 시스템에 로그인하면 시스템은 사용자의 로그인 상태 정보를 생성하여 세션이나 토큰에 담아 관리한다. 그리고 사용자의 요청을 인가할 때는 로그인 상태 정보에서 사용자 ID, 그룹, 역할 등의 정보를 조회하여 요청한 기능이나 데이터를 사용할 수 있는지 확인한다. 사용자가 시스템 사용을 종료하면 로그아웃 상태로 변경한다. 이런 로그인 상태를 어떤 형태로 어디에 저장하는가에 따라 다음과 같이 나눌 수 있다.

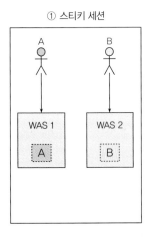
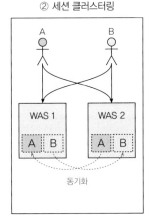
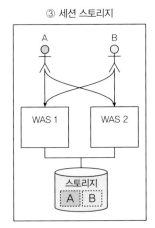

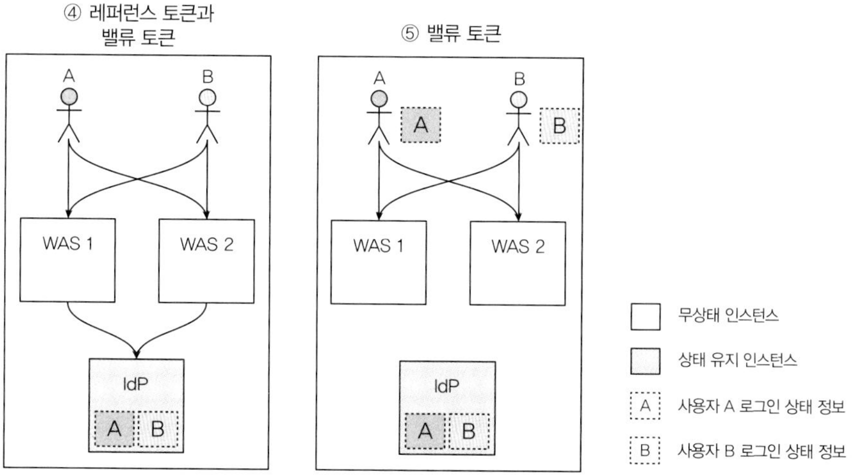

그림 7-3 로그인 상태 관리 방식 비교

[그림 7-3]은 로그인 상태를 관리하는 세션 기반의 방식 3개와 토큰 기반의 방식 2개를 보여준다. 1번 스티키 세션sticky session은 사용자별로 전담 WAS[1]를 배정하는 방식이다. 시스템 사용자를 아이피 주소나 아이디 같은 것을 기준으로 특정 WAS에 배정하여 해당 사용자의 요청을 전담하게 한다. 그림에서 사용자 A는 WAS 1만 사용하고, 사용자 B는 WAS 2만 사용하므로 서로 로그인 상태 정보를 공유할 필요가 없고 구현도 간단하다. 하지만 WAS 1을 종료하려면 WAS 1의 사용자가 모두 로그아웃할 때까지 기다려야 한다. 만약 사용자가 시스템을 사용하는 도중에 WAS 1을 강제로 종료하면 사용자의 로그인 정보가 유실되므로 WAS 1이 담당하던 사용자는 모두 강제로 로그아웃된다. 따라서 사용자가 시스템을 사용하려면 다시 로그인해야 한다.

2번 세션 클러스터링session clustering은 시스템의 모든 WAS가 모든 사용자의 로그인 상태 정보를 복제해서 동일하게 갖는 방식이다. 한 WAS에서 데이터가 변경되면 다른 WAS에도 전달하여 데이터를 동기화한다. 예를 들어 사용자 A가 WAS 1을 통해 로그인하면 WAS 1은 사용자 A의 로그인 상태 정보를 생성하여 저장하고, 클러스터링을 맺은 WAS 2에도 전달한다. WAS 1과 WAS 2가 사용자 A의 로그인 정보를 갖고 있으므로 사용자 A의 요청을 어떤 WAS에 전달하여도 처리가 가능하다.

3번 세션 스토리지session storage는 로그인 상태 정보를 별도의 저장소에 저장하는 방식이다. 사

---

1 Web Application Server

용자 A가 WAS 1을 통해 로그인하면 WAS 1은 사용자 A의 로그인 상태 정보를 생성한 후에 외부의 저장소에 저장한다. 이후 사용자 A의 요청이 WAS 2로 전달되면 WAS 2는 세션 저장소에서 사용자 A의 로그인 정보를 읽어 처리한다. WAS의 외부에 로그인 정보를 저장하므로 WAS 1은 자연스레 무상태가 되는 장점이 있다. 하지만 외부에 저장된 로그인 상태 정보를 읽고 쓰기 때문에 처리 속도는 저하될 수밖에 없다. 이런 점을 보완하기 위해 세션 저장소는 고속 인메모리 데이터베이스 계열의 저장소를 사용하는 경우가 많다.

4번은 밸류 토큰과 레퍼런스 토큰reference token & value token을 사용하는 방식이다. 밸류 토큰은 실제 로그인 정보를 갖는 토큰이고 레퍼런스 토큰은 의미 있는 정보를 갖지 않고 단순히 밸류 토큰을 찾을 수 있는 키 역할을 한다. 사용자가 IdP를 통해 로그인하면 IdP는 토큰을 생성하는데 그중 밸류 토큰은 저장하고 레퍼런스 토큰을 사용자에게 제공한다. 이후에 클라이언트가 레퍼런스 토큰을 동봉하여 기능을 요청하면, WAS는 IdP에서 레퍼런스 토큰으로 밸류 토큰을 조회하여 사용자의 로그인 정보를 확인한다. WAS 외부에 세션 정보를 저장하므로 WAS가 무상태가 되는 장점이 있지만, 사용자의 요청에 따라 IdP에 트래픽이 늘어나는 구조이므로 적절히 부하를 관리해야 한다.

5번은 밸류 토큰value token만 사용하는 방식이다. 이 경우 사용자가 로그인하면 IdP는 밸류 토큰을 생성하여 저장하고, 클라이언트에도 밸류 토큰을 반환한다. 이후 사용자는 기능을 요청할 때 밸류 토큰을 함께 요청하고, WAS는 밸류 토큰의 내용으로 사용자 로그인 정보를 파악한다. 밸류 토큰이 보안 측면에서 취약한 외부 네트워크에 노출되기 때문에 암호화 등의 안전장치를 걸어두고, WAS는 사용자가 전달한 토큰을 복호화하거나 위변조 여부를 파악한 후에 사용하게 된다. 사용자의 기능 요청에 로그인 정보를 지닌 밸류 토큰을 동봉하므로 WAS는 IdP에서 토큰을 검증하거나 조회할 필요가 없다. 따라서 세션 정보를 동기화하거나 네트워크를 통해 조회할 필요가 없는 데다 속도도 빠르므로 대규모 분산 서비스에 잘 어울린다. 하지만 발급된 토큰의 변경 및 회수가 불가하므로 사용자를 강제로 로그아웃시키거나, 일정 시간 사용하지 않을 때 로그아웃시키는 방법에 대해선 따로 고민해야 한다.

앞에서 본 다섯 가지의 로그인 상태 관리 방식을 보면 각각 로그인 상태 정보를 저장하는 위치가 다르다. 그중 1번 스티키 세션과 2번 세션 클러스터링 방식은 로그인 정보를 WAS에 저장하고 있으므로 WAS는 상태를 가진다. 그리고 3번 세션 스토리지와 나머지 토큰 방식은 로그인 정보를 WAS 외부에 저장하므로 WAS는 무상태가 된다.

7.1.3 세션 기반 인가

이번 절에서는 세션을 사용해서 사용자 요청을 인가하는 방식에 대해 살펴본 다음 로그인 상태 정보 관리 방식별로 인스턴스가 늘어나거나 줄어들 때 어떻게 시스템이 동작하는지 알아보자.

인증과 인가 절차

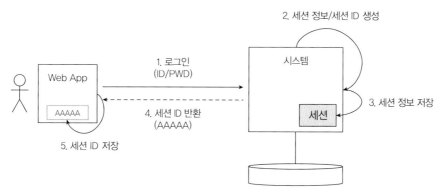

그림 7-4 사용자 인증

[그림 7-4]는 사용자가 로그인하여 세션 정보가 생성되는 과정을 보여준다. 사용자가 시스템에 로그인을 요청하면 시스템은 사용자의 아이디와 패스워드를 확인한 후(1) 세션 정보와 세션 ID를 생성하고(2) 세션에 저장한다(3). 그리고 세션 ID를 클라이언트에 반환한다(4). 이는 세션을 저장하는 방식만 달라질 뿐 스티키 세션, 세션 클러스터링, 세션 저장소가 모두 동일하다.

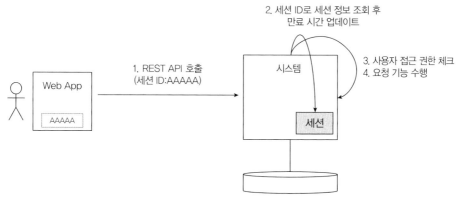

그림 7-5 사용자 요청의 인가

[그림 7-5]는 클라이언트의 API 요청을 시스템이 인가하는 과정을 보여준다. 클라이언트가 로그인 후 발급받은 세션 ID를 동봉하여 API를 요청하면(1), 서비스는 세션 ID로 세션 정보를 조회하여 세션 만료 등을 확인하고 동시에 세션의 마지막 사용 시간을 업데이트한다(2). 그리고 세션에서 사용자 정보를 추출하여 사용자가 해당 API를 호출할 수 있는지 확인한 후(3) 요청된 기능을 수행한다(4).

이런 세션 기반의 인가 동작은 오랫동안 사용해오던 것으로 클라우드 환경에서도 동일하게 동작한다. 하지만 서비스의 인스턴스가 늘어나거나 줄어들 때 문제가 발생한다.

스케일 인/아웃 시의 동작

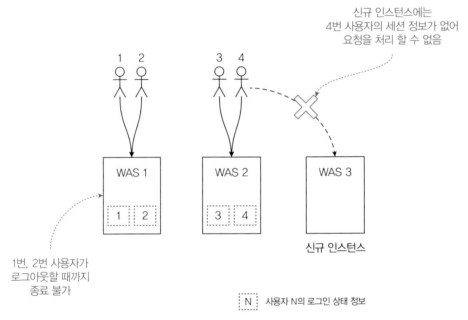

그림 7-6 스티키 세션 방식의 스케일 인/아웃 동작

[그림 7-6]은 스티키 세션 방식에서 서비스의 인스턴스가 늘어날 때 그리고 종료될 때의 동작을 보여준다. 2대의 WAS가 활성화되어 있는데 WAS 1은 사용자 1과 사용자 2의 요청을 처리하고, WAS 2는 사용자 3과 사용자 4의 요청을 처리한다. 스티키 세션 방식에서는 WAS에 저장된 사용자 세션 정보를 공유하지 않는다. 따라서 사용자 트래픽이 증가하여 WAS 3을 추가하더라도 WAS 3은 사용자 1~4번의 세션 정보를 찾을 수 없으므로 WAS 1과 WAS 2의 트래픽을 분담하여 처리할 수가 없다. 따라서 WAS 3은 새로 로그인하는 사용자의 기능 요청만

담당할 수 있기 때문에 시스템의 부하는 비교적 긴 시간에 걸쳐 분배된다. 그리고 롤링 업데이트 등의 이유로 WAS 1을 종료해야 하는 경우에는 WAS 1에 새로운 사용자를 배정하지 않도록 하고, 기존에 로그인한 사용자 1~2번이 로그아웃할 때까지 기다려야 한다. 그 전에 강제로 WAS 1을 종료하면 시스템에서 사용자 1~2번의 세션 정보가 사라져 강제로 로그아웃되는 상황이 된다.

스티키 세션 방식은 설정이 간편하고 효과적이어서 많이 사용됐지만 자유로운 스케일 인/아웃이나 다양한 배포 방식을 적용하기 어려우므로 마이크로서비스 아키텍처에는 적합하지 않다.

다음은 스케일 인/아웃 상황에서 세션 클러스터링 방식이 어떻게 동작하는지 알아보자.

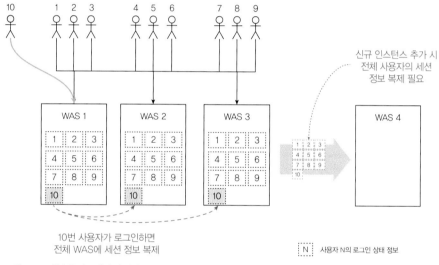

그림 7-7 세션 클러스터링 방식의 스케일 인/아웃

[그림 7-7]은 세션 클러스터링 방식에서 새로운 사용자가 로그인하거나 신규 인스턴스가 증가할 때의 동작을 보여준다. WAS 1, WAS 2, WAS 3은 세션 클러스터링이 적용되어 시스템을 사용 중인 모든 사용자의 로그인 세션 정보를 갖고 있다. 이때 10번 사용자가 WAS 1을 통해 로그인하면 WAS 1은 세션 정보를 생성하고 이 내용이 WAS 2와 WAS 3에 전달되어 동기화된다. 물리 서버에 모놀리식 아키텍처로 구현된 시스템은 WAS의 인스턴스가 상대적으로 많지 않지만, 컨테이너 환경에서 마이크로서비스 아키텍처로 구현된 시스템은 인스턴스가 매우 많아질 수 있다. 한 시스템이 서비스 10개로 구성되고 각각 4개의 인스턴스로 구성되었다면 세션 정보를 공유하는 인스턴스의 개수가 40개가 되어 동기화에 따른 오버로드가 커진다. 물리

서버라면 변경 정보를 P2P로 전달하지 않고 브로드캐스트broadcast하여 동기화 부담을 줄일 수도 있겠지만, 클라우드 환경에선 여러 인스턴스의 물리적인 네트워크 구성이 다를 수 있으므로 그 마저도 쉽지 않다.

또한 트래픽이 증가하여 새로운 인스턴스가 추가되면 다른 WAS의 로그인 정보를 모두 복사해야 한다. 동기화에 다른 부하는 동시에 접속한 사용자 수가 늘어날수록 증가하여 심한 경우에는 신규 인스턴스가 추가될 때 기존에 운영 중인 인스턴스를 잠시 멈추게 할 수도 있다. 반대로 인스턴스를 종료하는 경우에는 다른 인스턴스가 로드를 분담할 수 있으므로 사용자 강제 로그아웃이나 별도 부하 없이 종료할 수 있다.

따라서 세션 클러스터링 방식도 사용자와 WAS 인스턴스의 개수가 많아지거나 인스턴스가 확장될 때 동기화에 따른 부담이 커지기 때문에 적용하기 어렵다.

스티키 세션이나 세션 클러스터링은 WAS 내부에 세션 정보를 저장한다. 따라서 지금까지는 마이크로 서비스 아키텍처 혹은 클라우드 네이티브 애플리케이션이 왜 무상태가 되어야 하는지에 대한 설명이라 할 수 있다.

다음은 세션 저장소를 사용하는 방식을 살펴보자.

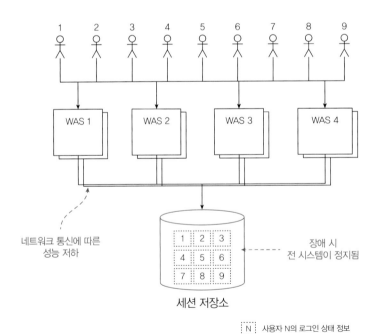

그림 7-8 세션 저장소 방식의 스케일 인/아웃

[그림 7-8]은 세션 저장소 방식을 보여준다. 모든 사용자의 로그인 상태 정보는 세션 저장소가 보관한다. 사용자가 WAS 1을 통해 로그인하면 WAS 1은 로그인 상태 정보를 생성하여 세션 저장소에 저장한다. 이후에 WAS 2가 사용자의 API 요청을 받으면 세션 저장소에서 요청한 사용자의 로그인 상태 정보를 조회한 후에 접근 권한이 있는지 확인한다. 특정 WAS에 로그인 상태 정보가 담기지 않으므로 WAS의 인스턴스가 추가되거나 줄어들어도 전혀 영향을 받지 않는다.

세션 저장소는 대부분 Redis 같은 인메모리 기반의 고속 저장 장치를 사용한다. 일반 데이터베이스를 사용해도 동작하는 데 무리가 없지만, 세션 정보는 매우 빈번하게 참조되므로 사용자 요청이 많은 경우에는 처리 속도가 저하되기 쉽다. 앞에서 살펴본 스티키 세션이나 세션 클러스터링 방식은 WAS의 메모리에 데이터를 저장하고 읽지만, 세션 스토리지를 사용하면 네트워크를 타고 세션 저장소에 접근하는데 때로는 물리적인 파일 시스템에 접근해서 저장해야 하므로 상대적으로 속도가 느릴 수 있다. 그렇기 때문에 고속 저장 장치를 사용해야 WAS 인스턴스가 많이 늘어나더라도 병목 지점이 될 가능성을 줄일 수 있다.

더 유의해야 하는 점은 세션 저장소가 단일 장애 지점Single Point Of Failure, SPOF이 된다는 것이다. 세션 저장소에 장애가 발생하면 모든 WAS가 사용자의 요청을 처리할 수 없게 되어 대형 장애로 이어진다. 따라서 세션 저장소는 시스템에서 가장 높은 수준의 가용성을 가지도록 구성되어야 한다. Redis의 경우 이중화 구성을 하려면 최소 3개의 노드가 필요하다. 또한 고성능으로 동작해야 된다는 것을 감안하면 인프라의 사양도 낮게 잡기 어렵다. 따라서 인프라 비용도 같이 상승한다.

세션 저장소에 세션 정보를 관리하는 방식은 시스템의 스케일 인/아웃 요건을 만족시키지만, 이런 고성능 및 고가용성 DB를 사용해야 한다는 요건 때문에 쉽게 선택하기 어려운 옵션이다. 규모가 작은 시스템에서는 세션 저장소의 인프라 비용은 물론 운영 안정석 측면에서 부담될 수 있다. 대형 시스템에서는 세션 저장소의 장애가 치명적인 결과로 이어질 수 있으므로 이런 단일 장애 지점을 만드는 것은 꺼려지는 일이 된다. 따라서 안정적으로 운영할 자신이 없다면 별도의 세션 저장소를 두는 것은 부담이 될 수밖에 없다.

7.1.4 토큰 기반 인가

최근 마이크로서비스 아키텍처와 같은 분산 환경에서는 토큰을 사용한 인가 방식을 많이 사용한다. 토큰 기반 인가는 사용자의 로그인 상태 정보를 특정 서버에 저장하지 않고 토큰에 저장하여 API 등을 요청할 때 포함하여 주고받는 방식을 말한다.

이와 관련해서 다양한 표준이 존재하는데 토큰의 포맷을 정의하는 표준으로 JWT^Json Web Token가 가장 많이 사용된다. 인가 프로토콜로는 OAuth 2.0이 인증 프로토콜로는 OpenID Connect 등이 널리 사용된다. 하지만 같은 프로토콜을 따르더라도 세부 동작은 IdP^Identity Provider의 구현 방식에 따라 달라진다.

클라이언트의 요청을 인가하는 방식은 로그인 시점에 클라이언트에게 레퍼런스 토큰을 반환하는 방식과 밸류 토큰을 반환하는 방식으로 구분할 수 있다.

레퍼런스 토큰을 반환하는 방식

사용자 인증

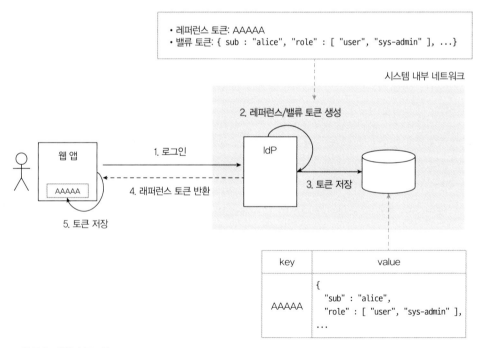

그림 7-9 사용자 로그인

[그림 7-9]는 사용자가 로그인하면서 레퍼런스 토큰과 밸류 토큰이 발급되는 과정을 보여준다. 사용자가 IdP에 로그인을 요청하면(1) IdP는 사용자의 아이디와 패스워드를 확인한 후 레퍼런스 토큰과 밸류 토큰을 생성한다(2). 그리고 레퍼런스 토큰을 키로 하여 밸류 토큰을 저장하고(3) 레퍼런스 토큰만 클라이언트에 반환한다(4). 클라이언트는 브라우저에 레퍼런스 토큰을 저장한 다음(5) API를 요청할 때 사용한다.

API 요청 인가

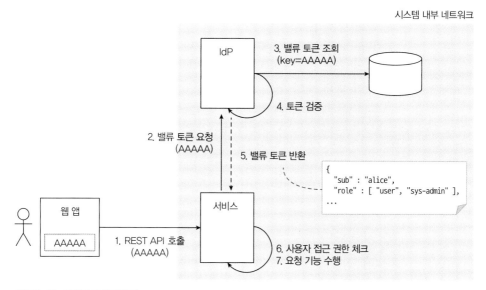

그림 7-10 사용자 요청의 인가

[그림 7-10]은 클라이언트의 API 요청을 서비스가 인가하는 과정을 나타낸 것이다. 클라이언트가 레퍼런스 토큰을 동봉하여 API를 요청하면(1), 서비스는 레퍼런스 토큰을 IdP에 전달하여 밸류 토큰을 조회한다(2). IdP는 전달받은 레퍼런스 토큰으로 밸류 토큰을 조회하고(3) 밸류 토큰의 만료 여부 등을 확인하여 토큰을 검증하고 반환한다(4~5). 서비스는 밸류 토큰의 정보를 이용하여 사용자가 해당 API를 호출할 수 있는지 확인한 후(6) 요청된 기능을 수행한다(7).

여기에서 주목할 점은 밸류 토큰이 시스템 내부 네트워크를 벗어나지 않는다는 것이다. 밸류 토큰에는 중요한 정보가 담길 수 있는데, 외부적으로 유출되거나 악의적인 목적으로 변조가 될 수도 있다. 따라서 밸류 토큰이 내부의 안전한 영역에 머무르게 하는 것이 보안 측면에서 유리하다.

자동 로그아웃 & 강제 로그아웃

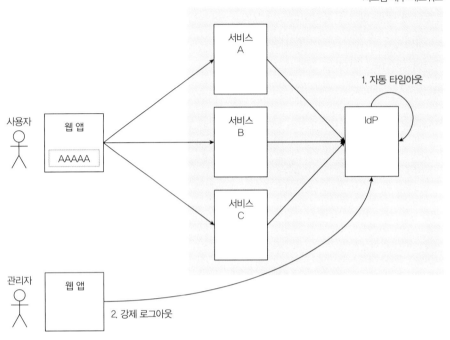

그림 7-11 자동 타임아웃 & 강제 로그아웃

[그림 7-11]은 사용자의 토큰이 만료될 때의 시스템 동작을 보여준다. 보안에 민감한 시스템에서는 사용자가 시스템을 사용하다가 자리를 비운 사이에 다른 사용자가 사용하는 것을 방지하기 위해, 사용자가 일정 기간 시스템을 사용하지 않으면 자동으로 로그아웃시키는 기능을 구현한다. 클라이언트가 시스템에 API를 호출하면 어떤 서비스가 처리하건 모두 IdP에 전달되므로 IdP는 모든 사용자의 마지막 시스템 사용 시간을 알 수 있다. 따라서 IdP는 밸류 토큰을 요청받으면 마지막 요청 시간이 일정 시간을 지났는지 체크하여 토큰을 폐기할 수 있다. 밸류 토큰 조회가 안 되면 로그아웃된 상태가 되므로 사용자의 시스템 사용을 차단할 수 있게 된다. 비슷한 사례로 관리자가 임의의 이유로 사용자를 강제 로그아웃시켜야 하는 경우에도 IdP에서 밸류 토큰을 삭제하면 동일한 효과를 얻을 수 있다.

IdP가 모든 토큰의 사용 현황을 파악하고 있고 즉각적으로 상태를 제어할 수 있다는 것은 큰 장점이지만, 이로 인해 부하가 늘어나고 대형 장애가 발생할 수 있는 단점도 있다. 다음은 부하가 증가할 때의 상황을 살펴보자.

사용자 요청 증가 시 부하

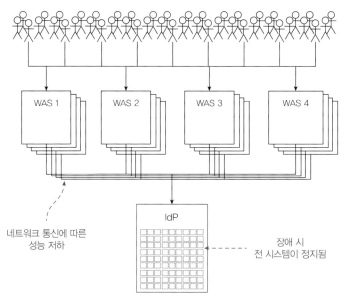

그림 7-12 IdP의 부하 집중

[그림 7-12]는 접속 중인 사용자가 매우 많은 시스템을 보여준다. WAS는 토큰과 같은 상태 정보를 갖지 않으므로 인스턴스가 추가되거나 줄어들더라도 상태 정보 유실 또는 동기화로 인한 부담 없이 균등하게 여러 인스턴스의 로드를 분담할 수 있다. 따라서 스케일 인/아웃이나 롤링 업데이트 등에 적합하다.

하지만 사용자가 늘어나면 클라이언트의 API 요청이 많아지게 되고, WAS는 API를 인가하기 위해 매번 IdP에서 밸류 토큰을 조회한다. 따라서 토큰 조회 요청이 많아지는 만큼 IdP의 부하는 늘어나게 된다. IdP의 부하가 증가하여 응답 속도가 저하되면 전 시스템의 API 처리 속도도 떨어진다. 상황이 악화되어 IdP가 응답하지 않게 되면 다른 모든 WAS도 멈추고 결국 전 시스템이 멈추게 되는 심각한 장애가 발생한다. 따라서 사용자 트래픽이 많고 중요한 시스템의 IdP는 높은 성능과 안정성을 가져야 한다. 이는 앞에서 보았던 세션 저장소와 유사한 상황이다. Redis 같은 세션 저장소가 IdP보다 더 심플한 구조로 더 빠르게 동작하는 것을 감안하면 오히려 더 불리한 상황일 수도 있다.

IdP의 응답 속도가 저하될까봐 우려되는 경우 Redis 등을 적용하여 고속의 토큰 저장소를 만드는 방법이 흔히 고려된다.

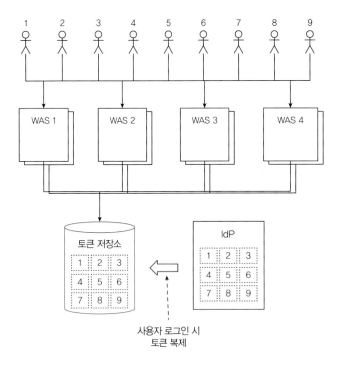

사용자 로그인 시
토큰 복제

N : 사용자 N의 로그인 상태 정보

그림 7-13 토큰 저장소의 추가

[그림 7-13]은 토큰 저장소가 추가된 모습을 보여준다. 이런 경우 사용자가 IdP에 로그인하면 IdP는 레퍼런스 토큰과 밸류 토큰을 생성한 후 토큰 저장소에 저장한다. 토큰 저장소에 Redis 등을 사용하면 처리 속도가 향상되어, 밸류 토큰 조회로 인한 API 처리 속도 지연 이슈는 해결될 수도 있다. 하지만 토큰 저장소가 단일 장애 지점이 되는 것은 동일하다.

특히 시스템의 규모가 클수록 이러한 구조는 오히려 안티패턴이 될 가능성이 높다. IdP에서 토큰을 조회하는 트래픽이 문제가 될 정도의 시스템이라면 그만큼 장애가 발생했을 때 여파가 상당할 것이다. 결론적으로 토큰 저장소가 새로운 단일 장애 지점이 되는 것은 바람직하지 못하다. 따라서 IdP로 향하는 트래픽을 효과적으로 줄이는 방법에 대해 고민해봐야 한다.

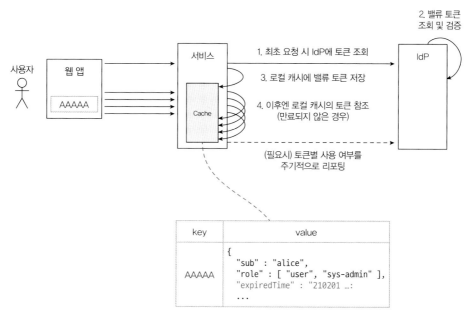

그림 7-14 로컬 캐시의 활용

[그림 7-14]는 로컬 캐시를 활용하여 토큰을 조회하는 동작을 보여준다. 클라이언트가 서비스에 REST API를 호출하면, 서비스는 동봉된 레퍼런스 토큰을 추출하여 로컬 캐시에 밸류 토큰이 저장되어 있는지 확인한다. 서비스는 로컬 캐시에 토큰이 없거나 만료된 경우에만 IdP에 토큰을 요청한다(1). IdP는 동봉된 레퍼런스 토큰으로 밸류 토큰을 조회 및 검증 후 반환한다(2). 서비스는 반환된 밸류 토큰으로 사용자의 요청을 인가하고 로컬 캐시에 저장한다(3). 이후에 같은 클라이언트의 API 요청이 들어오면 서비스는 IdP에 밸류 토큰을 요청하지 않고 로컬 캐시에 저장된 토큰을 조회하여 사용자의 요청을 인가한다(4). 로컬에 저장된 토큰은 IdP가 하는 것과 마찬가지로 토큰의 만료 여부 등을 확인할 수 있다. 만약 로컬에 저장된 토큰이 만료되었거나 만료 시점에 가깝다면 IdP에 밸류 토큰을 요청한다.

이런 식으로 로컬 캐시를 적용하여 IdP에 토큰을 요청하는 수가 줄어들게 되어 더 큰 규모의 사용자 요청을 처리할 수 있다. 그리고 사용자의 REST API 요청을 처리하는 중에 IdP에 API를 호출하는 시간이 제외되므로 전체 처리 시간이 단축된다. 또한 IdP의 응답 속도가 일시적으로 저하되더라도 직접적인 영향을 덜 받게 되어 더 안정적인 서비스를 제공할 수 있다.

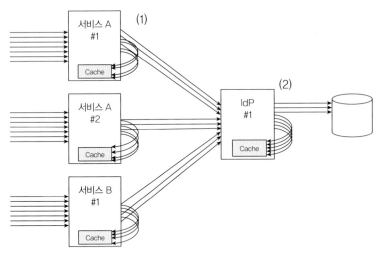

그림 7-15 IdP의 토큰 조회 요청 감소

[그림 7-15]는 로컬 캐시 적용으로 시스템의 토큰 조회 부하가 감소하는 모습을 나타낸다. 클라이언트의 API 요청 중 일부는 서비스의 로컬 캐시에 저장된 토큰으로 인가를 처리한다. IdP에 요청하는 API 호출이 줄어들므로 일차적으로 부하가 감소한다(1). 그리고 서비스에 밸류 토큰이 없다면 IdP로 토큰을 조회한 후 API를 인가한다. 덧붙여 IdP에도 로컬 캐시를 적용하여 IdP 인스턴스가 공유하는 저장소에 집중되는 트래픽을 줄일 수 있다.

안티패턴

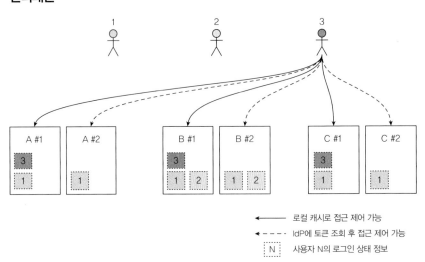

그림 7-16 로컬 캐시의 토큰 분포

[그림 7-16]은 각 서비스 인스턴스의 로컬 캐시에 저장된 사용자 토큰에 따라 사용자별로 달라지는 접근 제어 방식의 차이를 보여준다. 1번 사용자는 모든 서비스의 인스턴스에 API 요청을 한 적이 있어 모든 인스턴스의 로컬 캐시에 토큰 정보가 복제되어 있다. 따라서 1번 사용자는 어떤 인스턴스에 API를 호출하더라도 IdP에는 API를 호출하지 않기 때문에 빠르게 응답을 처리할 수 있다. 하지만 시간이 흘러 토큰이 만료되면 다시 IdP로 토큰을 갱신하게 된다. 2번 사용자는 서비스 B의 모든 인스턴스에 토큰이 저장되었지만, 서비스 A와 서비스 C의 인스턴스에는 토큰이 저장되어 있지 않으므로 서비스 A와 서비스 C를 사용할 때는 IdP에 새로운 토큰을 요청해야 한다. 3번 사용자는 각 서비스의 1번 인스턴스에 토큰이 캐시되어 있다. 3번 사용자가 요청한 API가 각 서비스의 2번 인스턴스에 전달되면 해당 인스턴스는 IdP에 토큰을 조회해야 한다.

이렇게 사용자 토큰이 어떤 인스턴스에 저장되어 있는지에 따라 사용자별 접근 제어 방식이 달라지지만 단일 저장소에서 항상 동기화된 데이터만 보던 입장에서는 모든 것이 캐시에서 처리되지 않고 일부는 IdP에 토큰을 요청하는 것이 불편하게 느껴질 수도 있다. 이럴 때 여러 로컬 캐시를 서로 동기화시키려는 시도를 하곤 하는데 이것은 안티패턴이다.

자바에서는 캐시 동기화 기능을 제공하는 Ehcache를 로컬 캐시로 많이 사용한다. 즉, Ehcache로 흩어진 로컬 캐시를 동기화하여 분산 캐시Replicated Cache를 구성하는 것이다. 로컬 캐시의 데이터가 동기화되면 토큰 정보가 공유되기 때문에 [그림 7-16]처럼 데이터가 흩어져있는 불편한 상황을 벗어날 수 있게 되고 IdP의 토큰 조회도 최소화할 수 있다. 그런데 곰곰이 생각해보면 이는 앞에서 보았던 세션 클러스터링 방식과 동일하다.[2] 따라서 서비스 인스턴스의 자유로운 확장이 어려워지고, 롤링 업데이트 같은 배포도 힘들어진다. 토큰을 사용하지만 결국 기존의 세션 클러스터링 방식으로 돌아가는 것이다.

로컬 캐시의 데이터가 동기화되지 않는다는 점은 그다지 중요하지 않다. IdP는 이런 캐시가 없을 때도 빠르게 토큰 요청을 처리할 수 있다는 점을 상기해야 한다. 로컬 캐시를 적용하는 목적은 IdP의 모든 토큰 정보를 서비스로 복제하는 것이 아니라, IdP에 토큰 조회 요청 빈도를 줄여 시스템의 성능과 안정성을 향상시키는 것이다.

---

2 실제 Ehcache로 세션 클러스터링을 구현할 때 사용하는 기능이다.

시스템 사용 정보 수집

그런데 IdP가 일괄적으로 관리하던 토큰 정보가 여러 서비스의 로컬에 복제되어 사용됨에 따라, IdP에서 사용자의 로그인 상태를 변경할 때는 서비스에 복제되어 있는 토큰 정보는 동기화되지 않는다.

IdP가 중앙에서 밸류 토큰을 관리할 때의 가장 큰 장점은 토큰의 라이프사이클을 즉각적으로 제어할 수 있다는 점이다. IdP에 밸류 토큰을 조회하는 과정으로 사용자의 시스템 사용 시간을 실시간으로 수집할 수 있고, 사용자가 시스템을 사용하지 않는 경우 밸류 토큰을 폐기하여 자동으로 로그아웃시킬 수도 있다. 시스템 관리자가 사용자를 강제로 로그아웃시키고자 할 때도 동일한 방법으로 처리할 수 있다. 하지만 서비스가 각자의 로컬 캐시에 저장된 토큰을 사용한다면 IdP는 해당 토큰의 사용 여부를 실시간으로 감지할 수가 없다. 따라서 IdP에 수집된 토큰 사용 시간은 최신 정보가 아닐 수도 있고, IdP에서 토큰을 삭제하거나 만료 처리하더라도 로컬 서비스에 저장된 토큰에는 반영이 안돼서 사용자가 제한적이나마 시스템을 계속 사용할 수도 있다.

이를 보완하기 위해 로컬에 저장된 로그인 상태 정보 사용 이력을 IdP에 주기적으로 리포팅해야 한다.

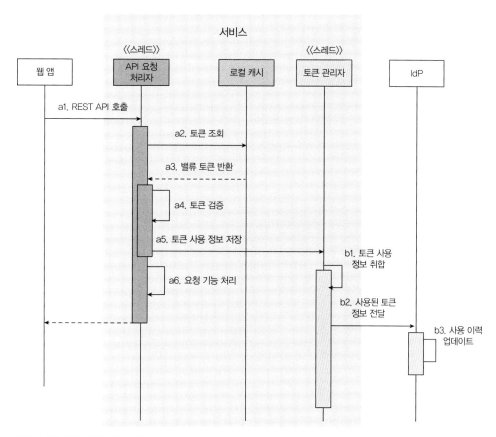

그림 7-17 토큰 사용 정보 수집

[그림 7-17]은 서비스의 로컬 캐시와 IdP에 저장된 토큰을 동기화하는 예시를 보여준다. 클라이언트가 REST API를 호출하면(a1) 서비스는 로컬에 저장된 토큰 정보를 조회한다(a2, a3). 토큰에 포함된 만기가 지나지 않았다면 토큰을 사용하여 API를 인가한다(a4). 그리고 별도의 토큰 관리자에 토큰이 사용되었음을 등록한다(a5). 별도의 스레드로 동작하는 토큰 관리자는 주기적으로 사용된 토큰 정보를 취합하여(b1) IdP에 전달한다(b2). IdP는 토큰의 사용 이력을 업데이트한다(b3).

여기서 주목할 부분은 토큰을 사용한 정보는 다소 늦어지더라도 항상 IdP에 전달된다는 것이다. 사용 정보가 누락되면 IdP는 사용자가 시스템을 사용했음에도 불구하고 강제로 로그아웃시킬 수도 있다. 시스템 사용 정보를 별도 프로세스가 취합하여 전달하므로 IdP가 수집하는 사용자의 마지막 서비스 사용 시각의 정확도는 상대적으로 떨어진다. 만약에 1초에 한 번씩 사용 정보를 모아서 전송한다면 대략 1초 정도의 오차가 발생할 수 있다. 하지만 대부분의 경우 마지막 시스템 사용 시각의 정확도는 매우 높을 필요가 없으며, 사용자를 자동으로 로그아웃시킬 때에도 이 정도 오차는 문제가 되지 않는다.

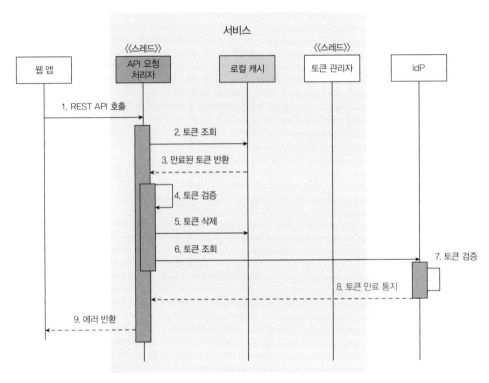

그림 7-18 토큰 만료 시 동작

[그림 7-18]은 사용자가 자동 로그아웃된 상태에서의 API 요청 인가 과정을 보여준다. 사용자는 일정 시간 시스템을 이용하지 않아서 서비스에 저장된 토큰과 IdP에 저장된 토큰 모두 만기가 지난 상태이다. 이때 클라이언트가 REST API를 호출하면(1) 서비스는 로컬에 저장된 토큰 정보를 조회한다(2~3). 토큰에 포함된 만기가 지났으므로 서비스는 로컬 토큰을 삭제하고 (4~5) IdP에 토큰을 요청한다(6). IdP는 토큰이 만료됨을 통지하고(7~8), 서비스는 사용자에게 시스템을 사용할 수 없음을 통지한다.

위 경우는 로컬에 저장된 토큰과 IdP의 토큰이 동시에 만료된 상태이므로 동시성 이슈가 발생하지 않는다. 하지만 다음과 같은 경우에는 애매한 상황이 발생할 수 있다.

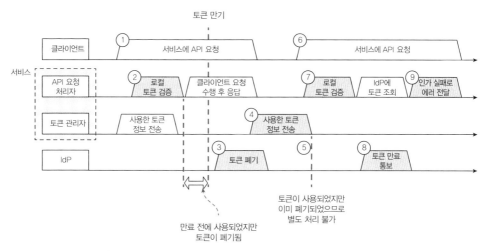

그림 7-19 토큰 만료 시점의 타이밍 이슈

[그림 7-19]의 타이밍 다이어그램은 토큰이 만료되는 시점에 발생할 수 있는 타이밍 이슈를 보여준다. 토큰이 만료되기 직전에 클라이언트가 API를 요청하면(1), 서비스의 API 요청 처리자는 로컬 토큰을 조회한 후 만기가 남아있음을 확인하고 클라이언트의 요청을 수행한다(2). 3에서 IdP는 사용자의 토큰을 폐기할지를 판단하는데 2에서 사용자가 시스템을 사용한 사실을 아직 알지 못하므로 사용자의 토큰을 폐기한다(3). 서비스 토큰 관리자는 토큰 정보를 IdP에 전송한다(4). IdP는 토큰 사용 정보가 리포팅받았지만 이미 폐기되었으므로 별도 처리를 하지 않는다(5). 잠시 후 클라이언트가 다시 API를 요청한다(6). 서비스의 API 요청 처리자는 로컬에 저장된 토큰이 만료되었으므로 IdP에 신규 토큰을 요청하지만(7) IdP는 토큰이 없음을 통보하고(8), 서비스의 API 요청 처리자는 클라이언트의 요청을 거절한다(9). 이처럼 사용자가 토큰이 만료되기 직전에 시스템을 사용했음에도 불구하고 자동 자동 로그아웃되는 상황이 발생할 수 있다.

이것은 자동 로그아웃되기 직전에만 발생할 수 있는 드문 사례이다. 자동 로그아웃되는 미사용 제한 시간이 30분이라면 총 1800초 시간 중 마지막 1초도 안 되는 순간에만 발생할 수 있다. 그리고 실제 발생하더라도 사용자는 다시 로그인할 수 있으므로 보통 큰 피해를 보지 않을 것이다. 필요에 따라 로컬 토큰의 만료 시점이 다가올 때 API 요청 처리자가 IdP에 토큰 조회를 요청하도록 하게 해서 해결할 수 있다. 예를 들어 만기가 5초 이내로 남았다면 무조건 IdP에 토큰 검증을 요청하여 이런 타이밍 이슈를 방지할 수 있다.

지금까지 언급한 구조는 토큰이 자연적으로 만료되는 것을 가정하였다. 따라서 만약 관리자가 사용자를 강제로 로그아웃시키기 위해 IdP에서 사용자 토큰을 폐기한 경우에는 서비스는 이를 알 수 있는 방법이 없다. 따라서 강제 로그아웃처럼 IdP에서 토큰의 상태가 변경된다면 토큰 사용 내역을 리포팅할 때 각 토큰의 유효성을 판정하고 그 결과를 로컬 토큰에 반영하는 과정을 추가하거나, IdP에서 강제 로그아웃된 이벤트를 각 서비스 인스턴스가 받아 로컬 토큰 정보를 폐기해야 한다.

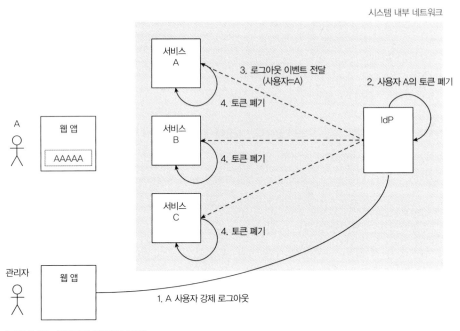

그림 7-20 사용자의 강제 로그아웃

API 게이트웨이가 토큰 검증과 조회를 대행하는 경우

API 게이트웨이가 요청에 담긴 레퍼런스 토큰을 직접 검증하는 방식도 가능하다. 시스템 외부와 내부의 관문을 담당하는 API 게이트웨이가 외부에서 들어오는 API에 동봉된 레퍼런스 토큰으로 밸류 토큰을 검증하고 API에 밸류 토큰을 추가하여 네트워크로 전달하면, 내부 네트워크의 서비스는 별도의 토큰 검증 없이 API에 동봉된 밸류 토큰을 이용한다.

사용자 인증

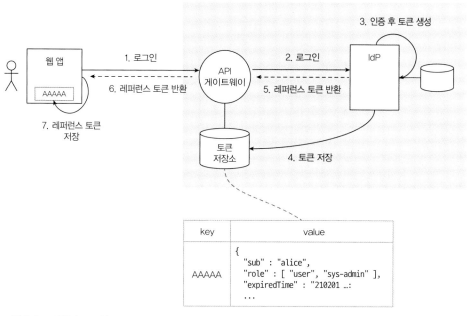

그림 7-21 사용자 로그인

[그림 7-21]은 사용자가 로그인하는 과정을 보여준다. 사용자가 IdP에 로그인 요청을 하면
(1~2) IdP는 사용자의 아이디와 패스워드를 확인한 후 레퍼런스 토큰과 밸류 토큰을 생성한
다(3). 그리고 레퍼런스 토큰을 키로 하여 밸류 토큰을 토큰 저장소에 저장한 다음에(4) 클라
이언트에게 레퍼런스 토큰만 반환한다(5~6). 클라이언트는 브라우저에 레퍼런스 토큰을 저장
하고(7) 이후 API를 요청할 때 브라우저에 저장된 토큰을 사용한다.

토큰 저장소는 API 게이트웨이가 주로 사용하는 저장소로 IdP의 저장소와는 별개의 것이다.
토큰을 영구 저장하지 않고 빠르게 조회하고 검증하는 것이 목적이므로 Redis와 같은 인메모
리 계열의 고속 저장소를 적용하는 것이 좋다.

API 인가

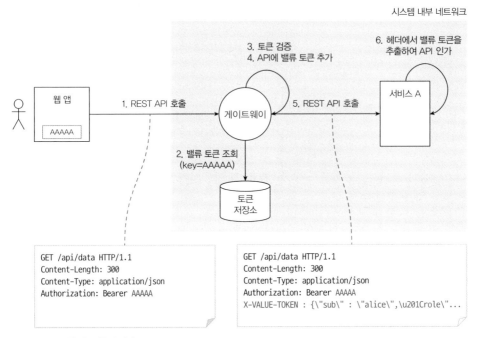

그림 7-22 사용자 요청의 인가

[그림 7-22]는 서비스가 클라이언트의 API 요청을 인가하는 과정을 보여준다. 클라이언트가 레퍼런스 토큰을 동봉하여 REST API를 요청하면(1), API 게이트웨이는 API에 동봉된 레퍼런스 토큰으로 토큰 캐시에서 밸류 토큰을 조회한다(2). 그리고 밸류 토큰의 만료 여부 등을 확인하여 토큰을 검증하고(3) API 헤더에 밸류 토큰을 추가한 다음에(4) 서비스로 REST API를 라우팅한다(5). 서비스는 API에 동봉된 밸류 토큰 정보를 사용하여 API를 인가한다(6). 여기서 주목할 점은 서비스가 API에 동봉된 밸류 토큰을 추가로 검증하지 않는다는 것이다. API에 동봉된 밸류 토큰은 API 게이트웨이에 의해 사전에 검증되었기 때문에 추가로 검증할 필요가 없다.

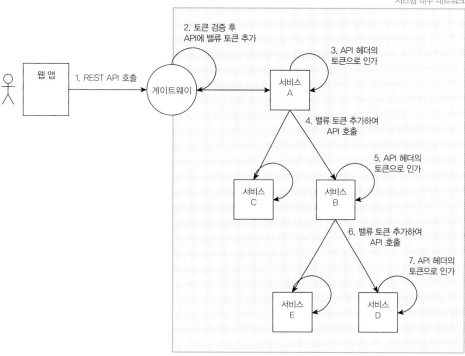

그림 7-23 서비스 간 추가 통신

[그림 7-23]은 서비스가 사용자 요청 API를 처리하는 과정에서 다른 서비스가 연이어 호출되는 모습을 보여준다. 사용자가 요청한 API가 API 게이트웨이를 통과하면 API에 밸류 토큰이 추가된다(2). 서비스 A는 해당 요청을 처리하면서 서비스 B와 서비스 C를 호출하고(4), 서비스 B는 다시 서비스 D와 서비스 E를 호출한다(6). 서비스 A가 서비스 B에 REST API를 호출할 때는 사용자가 요청한 API에 동봉된 레퍼런스 토큰과 밸류 토큰을 동봉한다. 그러면 서비스 B는 별도의 토큰 검증 없이 API에 동봉된 토큰을 사용해서 사용자 인가를 수행한다(7).

API 게이트웨이가 API의 토큰 검증을 수행한 후 밸류 토큰을 추가하므로 내부 서비스는 별도의 토큰 조회나 검증을 수행할 필요가 없다. 사용자의 API를 처리하면서 다른 서비스에 추가적인 API 호출이 일어나도 마찬가지이다. 따라서 네트워크로 토큰 조회 및 검증하는 횟수가 줄어들므로 시스템 부하가 줄어들고, 각 서비스의 구현이 단순해진다.

사용자 요청 증가 시 부하

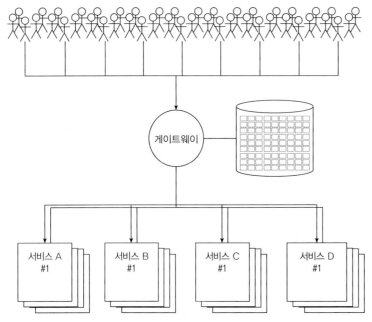

그림 7-24 API 게이트웨이에서의 부하 집중

[그림 7-24]는 사용자 요청이 많은 경우의 시스템을 보여준다. 클라이언트의 요청이 늘어남에 따라 API 게이트웨이와 토큰 저장소에 큰 부하가 걸린다. 하지만 API 게이트웨이는 본래 이런 미션을 담당하기 위한 시스템으로 많은 클라이언트의 요청을 빠르고 안정적으로 처리할 수 있다. 그리고 토큰 저장소도 Redis와 같은 인메모리 계열의 캐시를 사용하면 토큰을 조회하고 마지막 사용 시간을 갱신하는 작업을 빠르게 처리할 수 있다. 또한 API 게이트웨이는 전 시스템의 관문으로 API 게이트웨이에 장애가 발생하는 것은 바로 전 시스템에서의 장애 발생을 의미한다. 따라서 처음부터 시스템에서 최고 수준의 가용성을 가질 수 있도록 구축하기 때문에 토큰 조회 및 검증과 같은 중요한 미션을 수행할 수 있는 적절한 수준의 안정성을 지닌다.

이때 내부 네트워크 서비스는 전달된 API에 동봉된 밸류 토큰을 사용할 수 있으므로 별도로 토큰을 검증하거나 저장할 필요가 없다. 따라서 토큰 검증으로 인한 부담 없이 자유롭게 인스턴스를 확장하거나 축소할 수 있다.

자동 로그아웃 & 강제 로그아웃

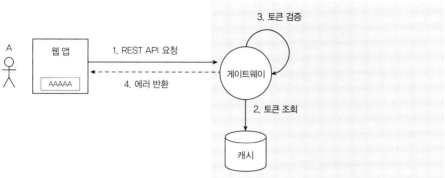

그림 7-25 자동 로그아웃

[그림 7-25]는 사용자의 토큰이 만료될 때의 시스템 동작을 보여준다. 사용자가 일정 시간 시스템을 사용하지 않을 때 클라이언트가 시스템에 REST API를 호출(1)하면, API 게이트웨이는 API에 동봉된 레퍼런스 토큰으로 밸류 토큰을 조회한다(2). 조회된 밸류 토큰을 검증하고 (3) 만료됐다면 토큰을 폐기한 후에 에러를 반환한다(4). 토큰의 만료 여부를 판단하는 방법은 다양한데 Redis 같은 캐시 계열의 저장소는 레코드의 마지막 액세스 시간을 기준으로 일정 시간이 지나면 자동으로 삭제해주는 기능을 제공하므로 동시성 이슈를 고려할 필요 없이 간단하게 구현할 수 있다.

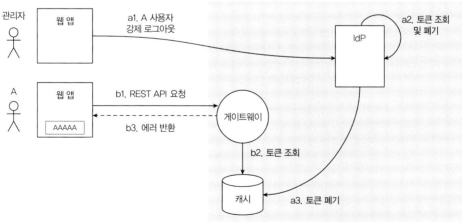

그림 7-26 사용자 강제 로그아웃

[그림 7-26]은 관리자가 사용자를 강제 로그아웃시킬 때의 동작을 보여준다. 관리자가 사용자 A를 강제로 로그아웃하도록 API를 호출하면(a1), IdP는 사용자 A의 토큰을 찾아 폐기한 후 토큰 캐시에서도 삭제한다(a2). 이후에 사용자 A가 시스템에 기능을 요청하면(b1) API 게이트웨이는 토큰 캐시에서 밸류 토큰을 찾을 수 없으므로(b2) 사용자의 요청을 거절한다(b3).

장단점

API 게이트웨이가 토큰을 관리하는 것은 상당히 효율적인 방법이다. 불필요한 검증 횟수를 줄이고 서비스 단의 구현이 간단해지기 때문이다. 또한 서비스는 무상태 구조가 되므로 스케일 인/아웃이 자유롭다. API 게이트웨이나 캐시 등은 대량의 데이터를 고속으로 처리하는 데에 최적화된 시스템으로 시스템 트래픽이 많이 늘어나더라도 상당 부분 대응 가능하다. 하지만 API 게이트웨이가 인증을 처리하기 위한 로직을 추가하는 것은 부담스러울 수 있다. 만약 관련 로직이 주기적으로 변경되어 API 게이트웨이를 계속 변경해야 한다면 부담이 더 커진다.

그리고 모든 API 게이트웨이 제품에 자유롭게 로직을 추가할 수 있는 것은 아니기 때문에 토큰을 관리하는 것이 불가능할 수도 있다. 가장 대표적으로 쿠버네티스Kubernetes를 사용하는 경우를 들 수 있다. 쿠버네티스는 자체적으로 API 게이트웨이를 내장하여 서비스 등록과 검색 그리고 라우팅 기능을 제공한다. 따라서 쿠버네티스 기반으로 시스템을 구축한다면 별도의 API 게이트웨이를 구축할 필요가 없다. 그런데 쿠버네티스에서 API를 라우팅하는 Ingress에는 API 인가를 위한 로직을 추가할 수 없다. 그렇다고 API 인가만을 위해 별도의 API 게이트웨이를 추가하는 것은 인프라 관리 측면에서 효율적인 방법은 아니다. 이런 경우에는 다른 방식을 선택하는 것이 좋다.

밸류 토큰만 사용하는 방식

사용자가 로그인할 때 클라이언트에 밸류 토큰을 직접 반환하는 방식을 사용할 수도 있다. 이 때에는 레퍼런스 토큰은 사용하지 않고 밸류 토큰만 사용한다. 클라이언트가 직접 밸류 토큰을 동봉하여 요청을 하면 서비스는 외부 도움 없이 자체적으로 토큰을 검증하고 내용을 참조한다. 토큰을 검증하기 위해 별도의 저장소를 둘 필요가 없으며 백엔드에서의 불필요한 통신이 줄어들기 때문에 대규모 분산 시스템에 적합한 방식이다.

하지만 사용자 정보를 포함하는 밸류 토큰이 외부에 노출됨에 따라 악용될 수 있으며 변조 등의 잠재적인 리스크도 생길 수 있다. 토큰 표준으로 가장 널리 사용되는 JWT$^{\text{JSON Web Token}}$는 이러한 리스크 차단을 위한 두 가지 방식인 JWS$^{\text{JSON Web Signature}}$와 JWE$^{\text{JSON Web Encryption}}$를 제공한다. JWS는 토큰을 복호화할 수 있는 Base64 방식으로 인코딩해서 서명값을 사용하여 위변조 여부를 탐지하는 것이고, JWE는 토큰을 암호화하여 전송하고 서버 단에서 복호화해서 사용하는 방식이다.

코드 7-1 JWT에 포함되는 정보

```
{
    "sub" : "alice",
    ...
    "roles" : [ "user", "sys-admin" ],
    ...
```

위 예시는 JWT에 포함되는 정보의 일부를 보여준다. 그중 roles 항목은 사용자의 역할 목록을 담고 있는데, RBAC$^{\text{Role-Based Access Control}}$ 방식으로 리소스에 접근하는 것을 제어하는 기준이 된다. 그런데 토큰에서 시스템 관리자 역할의 이름인 sys-admin이 외부로 노출되면 위험해질 수 있다. 시스템 관리자 권한이 없는 악의적인 사용자가 본인의 역할에 sys-admin을 추가하여 시스템의 빈틈을 노리는 상황이 발생할 수 있기 때문이다.

물론 각 서비스가 정상적으로 인가 로직을 구현했다면 이를 탐지하고 접근을 차단할 수 있어야 한다. 하지만 모든 가능성을 차단하고 시작하는 보안의 기본 규칙을 상기하면 조금이라도 위험한 가능성이 생기게되는 것은 불안함을 가중시킨다. 따라서 토큰에 민감한 정보가 포함되는 경우에는 JWE와 같이 토큰을 암호화해서 외부에서 내용을 참조하지 못하게 하거나 위변조가 불가능하게 전송해야 한다.

다음은 밸류 토큰을 사용하는 방식의 로그인 및 인가 절차를 살펴보자.

사용자 인증

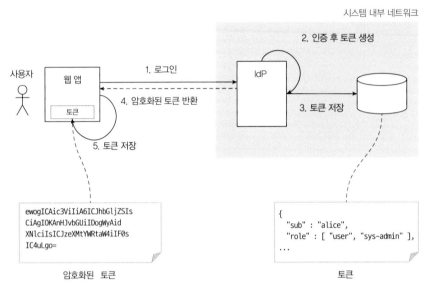

ewogICAic3ViIiA6ICJhbGljZSIs
CiAgIOKAnHJvbGUiIDogWyAid
XNlciIsICJzeXMtYWRtaW4iIF0s
IC4uLgo=

암호화된 토큰

{
  "sub" : "alice",
  "role" : ["user", "sys-admin"],
...

토큰

그림 7-27 사용자 로그인

[그림 7-27]은 사용자가 로그인하여 밸류 토큰이 발급되는 과정을 보여준다. 사용자가 IdP에
로그인 요청을 하면(1) IdP는 사용자의 아이디와 패스워드를 확인한 후 토큰을 생성(2)하여
저장한다(3). 그리고 토큰을 암호화하여 클라이언트에 반환한다(4). 클라이언트는 브라우저
에 토큰을 저장하고(5) 이후 API 요청할 때 사용한다.

API 인가

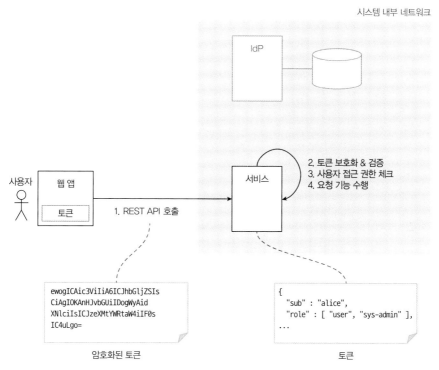

시스템 내부 네트워크

IdP

서비스
2. 토큰 보호화 & 검증
3. 사용자 접근 권한 체크
4. 요청 기능 수행

사용자
웹 앱
토큰
1. REST API 호출

ewogICAic3ViIiA6ICJhbGljZSIs
CiAgIOKAnHJvbGUiIDogWyAid
XNlciIsICJzeXMtYWRtaW4iIF0s
IC4uLgo=

암호화된 토큰

```
{
  "sub" : "alice",
  "role" : [ "user", "sys-admin" ],
  ...
```

토큰

그림 7-28 사용자 요청의 인가

[그림 7-28]은 서비스가 클라이언트의 API 요청을 인가하는 과정을 보여준다. 클라이언트가 암호화된 밸류 토큰을 동봉하여 API를 요청한다(1). 서비스는 요청에 포함된 토큰을 복호화해서 토큰이 위변조되지 않았음을 확인하고 토큰의 만료 여부 등을 확인해서 토큰을 검증한다 (2). 그리고 토큰에 포함된 사용자 ID, 역할 등의 정보를 사용해서 API를 인가한 후에(3) 요청한 기능을 수행한다(4).

사용자 요청 증가 시 부하

밸류 토큰의 검증은 API를 요청받은 서비스의 인스턴스가 독자적으로 수행하므로 사용자의 요청이 증가하더라도 부하가 집중되지 않는다. 그런데 토큰에 사용자의 역할같이 인가 과정에 필요한 사용자 정보가 없다면 어떻게 될까? IdP를 여러 시스템에서 사용하고 있다면 IdP가 특정 시스템 사용자의 모든 정보를 관리하는 것은 부담이 되므로 해당 정보를 제공하지 않을 수도 있다.

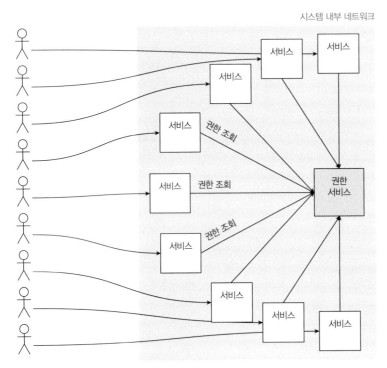

그림 7-29 권한 조회로 인한 부하 집중

토큰에 사용자의 역할 정보가 포함되지 않는다면 토큰에서 사용자 정보를 추출한 후 권한 서비스에 사용자의 역할을 조회해야 한다. 이런 경우에는 사용자가 API를 호출할 때마다 권한 서비스는 권한 요청을 받게된다. 따라서 [그림 7-12]에서 살펴봤던 레퍼런스 토큰 사용 인가 방식에서의 IdP처럼 비슷하게 부하를 받게되며 시스템의 단일 장애 지점으로 동작한다. 특히 역할, 그룹, 부서 등은 트리 형태로 구성된 경우가 많기 때문에 부모가 자식의 권한을 가지고 있다면 조회에 따른 부담이 더 커진다. 따라서 권한 서비스의 부하를 줄일 필요가 있다.

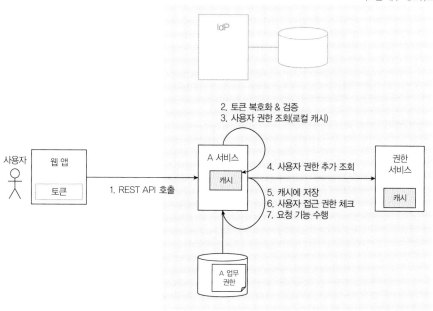

그림 7-30 로컬 캐시 적용으로 권한 서비스 부하 경감

[그림 7-30]은 로컬 캐시를 적용하여 권한 서비스의 부하를 줄이는 방식을 보여준다. 클라이언트가 REST API를 요청하면(1) 서비스는 API에 동봉된 토큰을 복호화하여 검증하고(2) 로컬 캐시에서 사용자 권한을 조회한다(3). 로컬 캐시에 사용자 권한이 없다면 사용자의 권한 정보를 권한 서비스서에 조회한 후에(4) 로컬 캐시에 저장한다(5). 이후 요청부터 로컬 캐시에 저장된 권한 정보를 먼저 사용한다면 API의 레이턴시Latency를 줄이고 시스템 부하를 경감시킬 수 있다.

권한은 거의 변하지 않는 정보이지만, 한 번 변하면 꼭 반영해야 한다. 따라서 각 서비스의 로컬 캐시에 복제된 권한 정보를 적절한 타이밍에 업데이트하는 작업은 매우 중요하다. 그런데 시스템에서 사용자 권한을 변경하는 작업은 보통 본인이 아니고 다른 사람이 대행하는 경우가 많다. 따라서 일반적으로 전 시스템에 반영되는 데 몇 분 정도 걸린다고 해도 큰 이슈는 없기 때문에 동기화 주기를 조금 길게 설정하더라도 문제 되지 않는다. 혹은 권한 정보를 토큰과 함께 저장해서 사용자가 로그인할 때마다 갱신되게 하면, 권한 변경 후 사용자에게 다시 로그인하도록 안내하는 것도 좋은 방법이다.

보안이 중요한 시스템에서는 긴급한 상황이 발생하게 된다면 사용자를 로그아웃시키거나 권한을 회수해야 할 수도 있다. 그런데 밸류 토큰을 클라이언트에 직접 전달했을 때에는 배포된 토큰을 중앙에서 강제로 회수할 방법이 없다. 마찬가지로 로컬 캐시에 저장된 권한 정보도 변경하기 어렵다. 이런 경우에는 사용자를 강제로 로그아웃시키거나, 모든 인스턴스의 로컬 캐시에서 특정 사용자의 정보를 갱신하는 이벤트를 발생시킬 수 있는 추가적인 구현이 필요하다.

자동 로그아웃과 강제 로그아웃

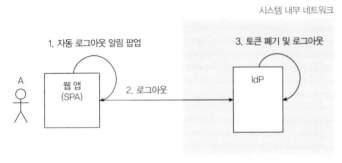

그림 7-31 미사용 시 자동 로그아웃

[그림 7-31]은 사용자가 일정 시간 시스템을 사용하지 않을 때 자동으로 로그아웃되는 과정을 보여준다. 웹 앱이 사용자의 화면 사용 상태를 모니터링하다가 조작 없이 일정 시간이 지나면 자동으로 로그아웃된다는 팝업창을 띄운다(1). 그 이후에 별다른 조치가 없으면 로그아웃을 실행한다(2). IdP는 사용자의 토큰을 폐기하고 로그아웃 처리한다(3).

여기서 주목할 점은 모든 타임아웃의 과정을 서버에 의존하지 않고 웹 앱이 주관한다는 것이다. 기존 JSP 적용 구조에서는 화면을 이동할 때마다 새로운 페이지가 로딩되므로 애플리케이션 레벨의 데이터를 유지하기 어려웠다. 하지만 SPA 구조의 웹 앱에서는 네이티브 애플리케이션처럼 직접 화면을 그리고 전환하면서 자신의 상태를 유지할 수 있으므로 자동 로그아웃을 쉽게 처리할 수 있다. 오히려 서버 단은 웹 앱의 API 호출 여부만 알 수 있고 화면 페이지가 전환되더라도 알 수가 없다.

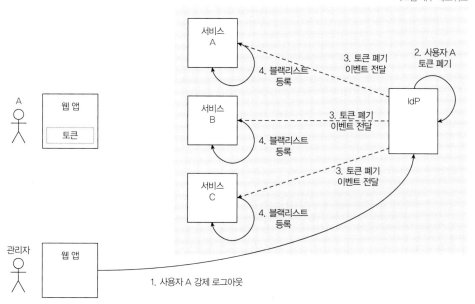

그림 7-32 사용자 강제 로그아웃

[그림 7-32]는 관리자가 사용자를 강제 로그아웃시킬 때의 동작을 보여준다. 관리자가 사용자 A를 강제로 로그아웃시키기 위해 API를 호출하면(1), IdP는 사용자 A의 토큰을 찾아 폐기한 후(2) 토큰 폐기 이벤트를 전달한다(3). 이벤트를 수신한 각 서비스는 해당 토큰을 블랙리스트에 등록하고(4) 이후에 해당 토큰으로 요청이 오면 토큰이 만료되었음을 확인하고 요청을 거절한다.

그런데 밸류 토큰을 직접 전달하는 방식을 선택한 시스템은 규모가 매우 크고 보안 수준은 높지 않을 가능성이 높다. 따라서 각 서비스에 이벤트를 전달하는 것이 불가능하거나 이렇게 하기 위한 소요 비용도 매우 커질 수 있다. 그런 경우 단순히 토큰 자체의 유효기간을 줄이는 것이 더 효과적일 수 있다.

장단점

클라이언트의 API 요청을 동봉된 밸류 토큰으로 인가하는 방식은 대규모 분산 시스템에 가장 적합하다. 서비스가 완벽한 무상태 구조가 되므로 스케일 인/아웃이 원활하게 적용될 수 있다. 특히 스케일 아웃 시에 병목 지점이 없기 때문에 손쉽게 대규모 시스템의 구성이 가능하다. 그리고 IdP나 토큰 캐시 같은 단일 장애 지점이 없으므로 대형 장애가 발생할 가능성도 줄어든다. 그리고 서비스가 자체적으로 토큰을 검증하므로 처리 속도 역시 빠르다.

하지만 발급된 토큰을 중앙에서 직접적으로 제어할 수 없다는 제약도 생긴다. 그리고 사용자 ID나 역할 같은 정보가 포함된 상태로 외부에 전달되므로이와 관련한 구현에서 실수가 없도록 신경을 써야한다.

7.1.5 정리

마이크로서비스 아키텍처 혹은 클라우드 네이티브 애플리케이션은 무상태 구조를 가져야 스케일 인/아웃 및 배포를 자유롭게 할 수 있다. 따라서 사용자의 로그인 상태 정보를 관리하기 위해 전통적인 세션보다는 토큰을 더 많이 사용한다. 안타까운 점은 토큰 기반의 인증 방식이라고 해도 모든 면에서 완벽하지는 않다는 것이다. 이는 인증 방식의 문제라기보단, 대규모 분산 시스템의 근본적인 한계라고 보는 게 맞다.

간혹 방향을 잘못 잡아 쿠버네티스 환경에서 세션 클러스터링을 도입해 스케일 인/아웃이 제대로 동작하지 않는 사례도 존재하고, 규모가 작은 시스템에 세션 스토리지를 구축하기 위해 이중화도 안된 Redis를 운영하는 경우도 있다. 때로는 대규모 시스템의 세션 스토리지 오류로 전 시스템이 멈춰버리는 대형 장애에 빠지기도 한다. 따라서 각 시스템의 특성을 고려하여 최적의 방안을 찾아서 적용해야 한다.

점진적으로 마이크로서비스 아키텍처로 전환하는 경우에는 기존 시스템의 인증 방식을 일정 단계까지 혼용해야 할 수도 있다. 이럴 때에는 각 인증 방식을 잘 이해해서 전환 단계에 맞춰 적절한 방법을 선택하고 부족한 부분은 보완할 수 있는 엔지니어의 절묘한 대처가 필요하다.

7.2 서비스 간 데이터 참조 가이드

7.2.1 참조 유형별 가이드

다른 시스템의 데이터를 REST API로 조회하는 것은 항상 해오던 일이지만, 마이크로서비스 아키텍처에서 서비스 간에 REST API로 통신하는 것은 유독 부담스러워한다. 기존에 애플리케이션이나 데이터베이스 내부에서 연계하던 것을 REST API로 대체하면서 네트워크 통신이 많이 늘어나 결과적으로 전반적인 응답 속도가 떨어지고 시스템 부하가 가중될 것이라는 걱정 때문이다. 하지만 생각만큼 API 호출이 증가하지 않고, 의외로 쉽게 구현할 수 있는 경우가 많으므로 좀 더 자세히 들여다봐야 한다.

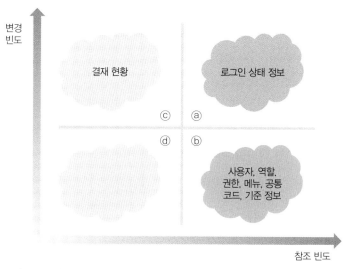

그림 7-33 참조 데이터의 분류

[그림 7-33]은 데이터를 참조 빈도와 변경 빈도 기준으로 분류한 것이다. 데이터를 조회하기 위해 API를 빈번하게 호출하면 서비스 부하가 증가하고 이에 따라 API 응답 속도가 떨어질 수 있다. 그리고 데이터가 자주 변경되면 기존에 참조한 데이터를 재사용할 수 없으므로 필요할 때마다 다시 조회해야 한다. 위의 그림처럼 데이터를 참조하는 유형을 4개로 분류할 수 있다.

가장 까다로운 것은 ⓐ로 자주 변하는 데이터를 빈번하게 참조하는 유형이다. 이런 유형의 대표적인 사례는 사용자의 로그인 상태 정보이다. 많은 시스템이 사용자가 시스템을 사용하지 않는 시간이 어느 정도 되면 자동으로 로그아웃되도록 처리한다. 따라서 시스템은 클라이언트가 서버에 API를 호출할 때마다 시스템의 마지막 사용 시간을 갱신한다. 마지막 사용 시간은 시스템의 모든 서비스 인스턴스가 공유해야 한다. 따라서 클라이언트가 REST API를 호출하면 이를 처리하는 서비스 인스턴스는 사용자의 로그인 상태가 유효한지 확인하고 사용자의 시스템 사용 사실을 리포팅하기 위해 인증 서버에 API를 호출해야 한다. 그러면 인증 서버에 클라이언트가 REST API를 호출할 때마다 여러 서비스의 API 요청을 받게 되므로 큰 부하가 발생한다. 이것은 상당히 까다로운 문제이다. 다행스러운 점은 이렇게 까다로운 사례가 매우 적고 이러한 문제를 해결하기 위한 잘 알려진 설루션이 있다는 것이다. 만약에 이런 사례가 빈번하게 발생한다면 마이크로서비스 아키텍처가 널리 퍼지는 것은 애초에 불가능했을 것이다. 간혹 업무상 이런 빈번한 참조가 필요할 수도 있는데 대부분 한 업무 내에서 발생하기 때문에 API 통신 없이 기존에 사용하던 방법을 그대로 적용할 수 있다. 만약에 서로 다른 서비스 간의 이런 참조가 발생하는 것을 해결하기 어렵다면 서비스 경계를 변경하거나 하나의 서비스로 합치는 것도 생각해봐야 한다.

그다음 앞 그림의 ⓑ에 해당하는 유형으로 자주 참조하지만 잘 변경되지 않는 데이터를 들 수 있다. 이 유형은 시스템에서 가장 많이 참조되는 데이터로 사용자, 역할, 권한, 다국어, 공통 코드와 같이 시스템이 동작할 때 꼭 필요한 데이터와 업무적으로 기초가 되는 기준 정보 등이 해당한다. 시스템이나 업무의 기본 동작에 관여된 만큼 어떤 시스템에서건 공통으로 볼 수 있는 데이터지만 동시에 시스템을 서비스로 분리할 때 참조가 많아서 잘 분리가 안 될 것이라고 여겨지는 대상이기도 하다.

이런 유형의 데이터는 잘 변경되지 않는다는 특성을 활용하여 조회한 데이터를 로컬 캐시에 저장해서 API 호출을 줄이고 빠르게 처리하거나, 때로는 간단한 배치 등으로 필요한 데이터를 로컬 저장소에 복제해서 사용하기도 한다. 일반적으로는 역할, 권한, 다국어, 공통 코드와 같은 데이터는 모두 합해도 수 메가바이트^{Megabyte} 정도밖에 되지 않기 때문에 로컬 캐시에 저장하는 데에 무리가 없다. 때로는 고객 정보나 사용자 정보를 로컬 캐시에 담기에는 데이터가 너무 많을 수도 있다. 하지만 모든 사용자 또는 고객 데이터가 균등한 비율로 사용되는 것은 아니므로 자주 사용되는 일부 데이터를 캐싱하는 것으로 큰 성능 향상을 기대할 수 있다.

그림의 ⓒ 유형은 자주 변경되지만 참조는 잘 안 하는 데이터이다. 이런 유형은 필요할 때마다 API로 참조하는 것이 적합하다. API 호출 빈도가 낮으므로 서비스에 큰 부하가 발생하지도 않기 때문에 불필요한 데이터 복제 등으로 인한 관리 부담에 대해 걱정할 필요가 없다.

마지막으로 ⓓ 유형은 자주 변경되지도 않고 참조 빈도도 낮은 데이터로 ⓒ 유형과 마찬가지로 필요한 시점에 API로 참조하는 것이 좋다.

7.2.2 데이터 참조 튜닝

데이터를 참조하는 빈도가 높은 경우 다음과 같은 방법으로 참조 성능을 개선할 수 있다.

일괄 조회

일괄 조회는 여러 개의 데이터를 조회할 때 API를 데이터 수만큼 매번 호출하지 않고 모아서 한 번에 호출하는 방식이다.

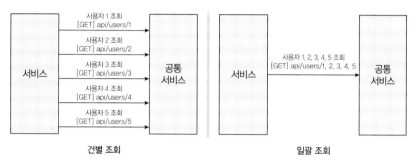

그림 7-34 부가 정보 호출 방식 비교

예를 들어 100명의 사용자를 ID로 조회할 때 사용자 ID별로 조회 API를 100번 호출하지 않고, 하나의 API에 100명의 사용자 ID를 동봉하여 한 번에 조회하는 것이다. 데이터베이스에서 ID로 여러 개의 데이터를 조회할 때 SELECT 문을 여러 번 실행하지 않고 SELECT IN 구문을 사용하는 것과 같다. API를 호출하는 수가 줄어들므로 전체 처리 시간이 크게 단축되고 서비스의 부하도 줄어들게 된다.

참고로 데이터베이스별로 SELECT IN 구문에 넣을 수 있는 파라미터 개수에 제한이 있다. 예를 들어 오라클 데이터베이스는 1,000개, PostgreSQL은 65,535개 이상의 파라미터를 입력하게 되면 에러가 발생할 수 있다. 따라서 사용하는 데이터베이스의 제약을 파악하고 적절한 수준의 제한선을 정할 필요가 있다. 간혹 서버 단에서 허용하는 HTTP 요청의 URI 길이가 8KB 정도로 작게 설정되어 있을 수도 있는데 필요하면 더 크게 변경할 수 있다.

비동기 호출

여러 개의 API를 순차적으로 실행하지 않고, 비동기 방식으로 동시에 호출하는 것도 전체 실행 시간을 줄이는 방법이다. 하지만 이 방식으로 실질적으로 효과를 볼 수 있는 사례가 많지 않기 때문에 상황에 맞게 사용해야 한다.

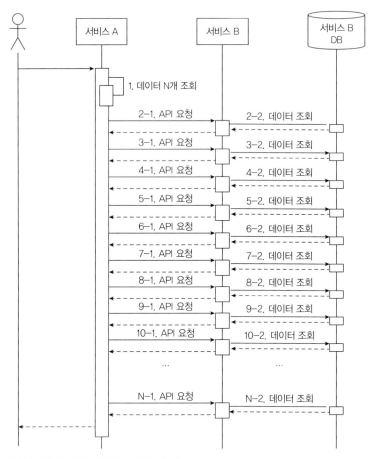

그림 7-35 동기 방식으로 API를 N회 호출

[그림 7-35]는 서비스 A가 데이터를 조회한 후에 부가 정보를 얻기 위해 서비스 B에 순차적으로 API를 호출하는 과정을 보여준다. 서비스 A는 자신의 데이터베이스에서 데이터를 N건 조회한다(1). 조회한 첫 번째 데이터의 부가 정보를 채우기 위해 서비스 B에 API를 호출하면 (2-1), 서비스 B는 데이터베이스에서 데이터를 조회하고 결과를 반환한다(2-2). 이후에 서비

스 A는 두 번째 데이터의 부가 정보를 조회한다(3-1). 서비스 A는 나머지 데이터에도 같은 과정을 N-2회 반복한다. 이렇게 되면 각 API를 요청하고 대기하는 시간이 포함되므로 호출하는 API의 수가 늘어나는 만큼 전체 수행 시간도 길어진다.

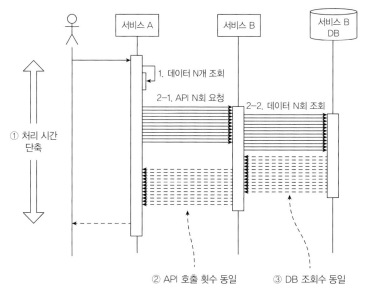

그림 7-36 비동기 방식으로 API를 N회 호출

[그림 7-36]은 [그림 7-35]와 동일하지만 서비스 B에 API를 순차적으로 호출하지 않고 비동기 방식으로 한 번에 요청하는 과정을 나타낸다. 서비스 A는 자신의 데이터베이스에서 데이터를 N건 조회한다(1). 그다음 조회한 데이터의 부가 정보를 조회하기 위해 데이터별로 서비스 B에 비동기 API를 N번 호출한다(2-1). 서비스 B는 요청된 API를 각각 실행하여 결과를 반환한다(2-2). 서비스 A는 각 API가 완료될 때마다 부가 정보를 데이터에 조합하고, N개의 API가 모두 완료되면 클라이언트에 결과를 반환하고 완료한다.

이 과정에서 서비스 B의 API는 병렬로 실행되므로 앞 예시의 동기 호출 방식에 비해 전체 실행 시간이 단축된다. 하지만 서비스 B에 요청하는 API의 수와 서비스 B의 데이터베이스가 실행하는 쿼리 수는 이전과 동일하다. 따라서 클라이언트가 요청한 API의 응답 시간이 단축되더라도 시스템 전체의 부하가 감소하는 것은 아니다. 게다가 서비스 B에 부하가 단기간에 집중되는 점과 비동기 처리로 인한 개발 난도가 상승한 것을 고려하면 그다지 이득이 없다고 할 수 있다.

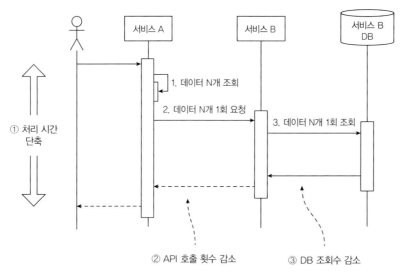

그림 7-37 N건 조회 API 1회 호출

[그림 7-37]은 [그림 7-35]와 동일한 과정에서 서비스 B에 부가 정보를 하나의 API로 일괄 조회하는 과정을 나타낸다. [그림 7-36]의 비동기 호출과 비교하면 처리 시간이 단축되는 것은 유사하지만, 서비스 B와 서비스 B의 데이터베이스가 실행하는 작업 수는 1/N로 줄어들게 된다.

종합하면 이렇게 같은 API를 반복 호출해서 데이터를 조회하고자 할 때 비동기로 API를 호출하는 것에 특별히 장점이 없다. 이런 경우에는 모아서 한 번에 조회하는 것이 더 좋은 방법이다. 하지만 서로 다른 API를 여러 개 호출해야 한다면 병렬로 호출하는 것이 효과적일 수 있다.

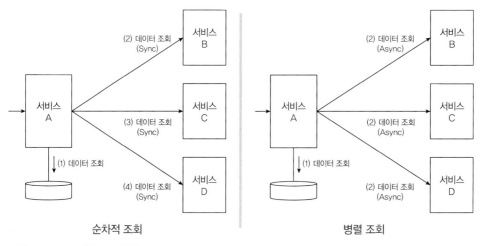

그림 7-38 서로 다른 API의 호출

[그림 7-38]은 서비스 A가 데이터를 조회한 후에 서로 다른 서비스에 부가 정보를 조회하는 과정을 보여준다. 왼쪽의 경우 데이터를 조회한 후에 서비스 B, 서비스 C, 서비스 D에 순차적으로 API를 호출하고, 오른쪽에서는 서비스 B, 서비스 C, 서비스 D에 병렬로 데이터를 호출한다. 오른쪽의 경우 각 부가 정보 API를 기다리는 시간이 줄어들어 전체 처리 시간이 단축된다. 뿐만 아니라 병렬로 호출하더라도 B, C, D 서비스의 부하가 늘어나지도 않는다.

따라서 위와 같은 경우에는 비동기 방식으로 API를 호출할 때 확연한 이점을 얻을 수 있다. 다만 예시처럼 API의 호출 순서가 무관한 경우에만 사용이 가능하고, 병렬 처리에 따른 구현 난도가 올라가므로 실질적으로 효과를 체감할 수 있을 때에만 적용하는 것이 바람직하다.

로컬 캐시

반복해서 조회하는 데이터가 잘 변하지 않는다면 로컬 캐시에 저장하여 REST API 호출이나 데이터베이스의 조회를 줄일 수 있다. 대부분의 캐시 설루션에서는 용량이 초과되었을 때 또는 저장 데이터의 유효기간이 지났을 때 해당 데이터를 폐기할 수 있는 기능 등을 제공하기 때문에 이런 캐시 설루션으로 복제된 데이터를 간편하게 관리할 수 있다.

캐시는 애플리케이션 프로세스의 메모리에서 구동되는 로컬 캐시와 각 로컬 캐시가 동기화된 복제Replicated 캐시, 별도의 머신에서 메모리를 저장소로 사용하는 분산 캐시로 나눌 수 있다.

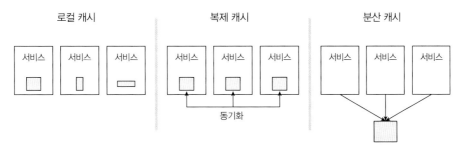

그림 7-39 캐시의 종류

로컬 캐시는 서비스를 실행하는 프로세스의 힙 메모리에 저장되어 가장 빠르게 실행된다. 하지만 캐시가 서로 동기화되지 않고 독립적으로 존재하므로 같은 데이터를 중복으로 저장하게 되며 각각의 캐시에 저장된 데이터의 종류나 버전이 다를 수도 있다.

복제 캐시는 로컬 캐시가 동기화된 형태로 로컬 캐시와 동일한 읽기 성능을 갖지만, 쓰기는 캐시 인스턴스 간의 동기화 작업이 동반되므로 상대적으로 느리다. 그리고 서비스의 인스턴스가 많아지면 동기화에 따른 부하가 커지고, 특히 새로운 인스턴스가 추가될 때에는 전 데이터를 복제해야 되는 과정 때문에 원할한 스케일 아웃 적용이 어려울 수 있다. 따라서 캐시 데이터의 크기와 인스턴스 수를 고려하여 적절한 캐시를 선택해야 한다.

분산 캐시는 서비스 외부에서 실행되어 네트워크로 접근하기 때문에 상대적으로 성능이 느리지만, 데이터 중복이나 동기화 이슈가 발생하지 않아서 쓰기 비율이 높은 데이터 보관할 때 유리하다. 캐시 유형 중에서 가장 성능이 느리지만 데이터베이스와 비교하면 훨씬 빠르고, 서비스 인스턴스의 확장과 축소도 자유롭게 할 수 있다. 하지만 가용성이 높은 분산 캐시를 구성하려 하면 의외로 인프라 규모가 커지게 된다. 게다가 분산 캐시가 단일 장애 지점이 되어 장애가 발생하면 전 시스템에 장애가 확산될 수 있기 때문에 분산 캐시를 적용하고자 할 때에는 이러한 리스크와 비용을 같이 고려해야 한다.

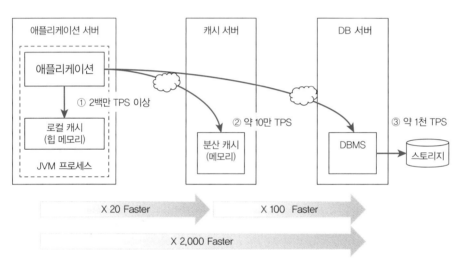

그림 7-40 캐시별 액세스 타임

[그림 7-40]은 저장소 종류별 속도를 대략적으로 비교하여 나타낸 것이다.[3] 관계형 데이터베이스가 대략 1,000TPS 정도의 성능을 낸다면, 분산 캐시는 이보다 100배가량 빠른 100,000TPS 정도의 성능을 낸다. 그리고 로컬 캐시는 2,000,000TPS 이상의 성능으로 분산 캐시보다도 약 20배 이상 빠르고, 데이터베이스에 비해 2,000배가량 빠른 성능을 낸다. 따라서 읽기 성능을 개선하기 위해서는 로컬 캐시를 적용할 때 가장 효과가 크다.

---

3 Terracotta, EhCache and BigMemory: https://polyawesomism.wordpress.com/2013/06/20/terracotta-ehcache-and-bigmemory/
  캐시 제품이나 인프라 조건에 따라 설계 성능의 차가 다르게 나타날 수 있다. 단지 대략적인 감을 잡기 위한 수치로만 이해하면 된다.

그런데 로컬 캐시는 서비스 인스턴스의 프로세스 메모리에 저장되므로, REST API로 조회한 데이터를 저장하는 경우 각 캐시의 데이터는 서로 동기화하지 않는다.

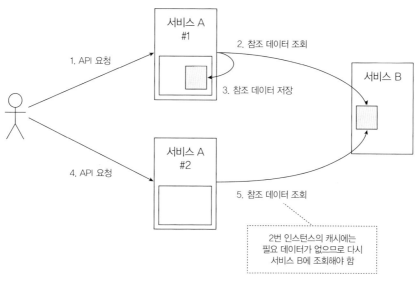

그림 7-41 로컬 캐시의 업데이트

[그림 7-41]은 서비스의 인스턴스별로 로컬 캐시가 업데이트되는 과정을 보여준다. 최초 사용자가 서비스 A에 API를 호출하면 서비스 A의 1번 인스턴스가 요청을 받는다(1). 요청된 기능에 필요한 데이터가 로컬 캐시에 없으므로 1번 인스턴스는 서비스 B에 API로 데이터를 조회한 후에(2) 로컬 캐시에 저장한다(3). 이후 사용자가 다시 서비스 A에 API를 요청하는데 이번에는 서비스 A의 2번 인스턴스가 요청을 처리한다(4). 2번 인스턴스는 해당 요청을 처음 받았기 때문에 로컬 캐시에 서비스 B의 데이터가 없다. 따라서 서비스 B에 API를 요청하여 데이터를 조회한다(5).

이때 만약 4번 요청이 서비스 A의 1번 인스턴스에 전달되었거나, 1번 인스턴스의 캐시와 2번 인스턴스의 캐시가 동기화되었다면 서비스 B에 API 호출을 하지 않아도 되었을 것이다. 이런 점 때문에 로컬 캐시는 불완전한 기술로 여겨지기도 한다. 하지만 이는 로컬 캐시의 자연스러운 동작이다. 따라서 로컬 캐시를 데이터베이스에 저장된 정보를 완벽하게 백업하는 고성능 저장소 역할을 하는 기능으로 사용하는 것은 적절하지 않다. 그 대신에 파레토 법칙을 적용해서 사용 빈도 비중의 80%를 차지하는 전체 데이터의 약 20% 정도의 데이터를 메모리에 캐시해서 참조 속도를 5배 향상시키거나 데이터베이스 등에 호출하는 횟수를 제한할 때 사용하는 것이 좋다.

로컬 캐시는 메모리를 사용하므로 저장하는 데이터의 크기를 고려해야 한다.

코드 7-2 임의의 고객 데이터

```
{
    "address": "000 동탄동, 남구, 대구 04290",
    "birthday": "Sat Apr 28 16:41:41 KST 1979",
    "gender": "FEMAIL",
    "id": "7e578e75-9134-4605-ba89-f0535f042dce",
    "name": "윤 가주",
    "phone_number": "563.000.0000",
    "type": "FOREIGN",
}
```

[코드 7-2]는 임의의 고객 데이터를 표현한 것이다. EhCache에 위와 같은 데이터를 10,000 건 저장하면 대략 5.9MB 정도의 공간을 차지한다. 따라서 대부분 자주 참조하는 데이터를 저장하는 데에는 무리가 없다. 오픈 소스 버전의 EhCache는 자바 힙으로 2GB까지 할당이 가능하고, 필요하다면 로컬 스토리지도 같이 혼용할 수 있다. 다만 데이터가 점점 커질수록 가비지 컬렉터garbage collector의 영향을 받기 쉽고 서비스를 재시작할 때 캐시 로딩 시간이 오래걸릴 수 있는 등 살펴봐야 할 부분이 많아진다. 따라서 수백MB 이상의 저장 공간이 필요하면 데이터베이스나 분산 캐시를 사용하는 것도 같이 고려할 필요가 있다.

HTTP 캐시 프로토콜

잘 변하지 않는 데이터를 매번 조회하는 것은 비효율적이다. 특히 데이터 사이즈가 크거나 조회하는 비용이 크다면 실제 데이터를 조회하기 전에 데이터가 변경되었는지를 먼저 확인하는 것이 좋다. HTTP 프로토콜은 HTTP 헤더에 Last-Modified나 Etag를 사용하여 [그림 7-42]와 같은 동작을 지원한다.

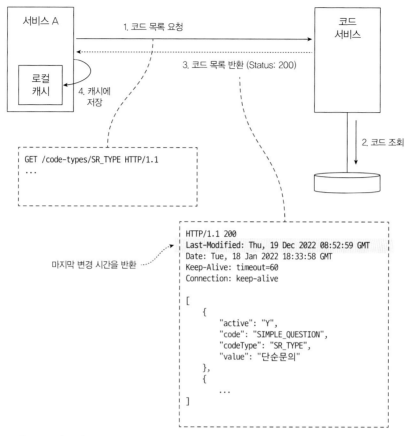

```
GET /code-types/SR_TYPE HTTP/1.1
...
```

마지막 변경 시간을 반환 ......

```
HTTP/1.1 200
Last-Modified: Thu, 19 Dec 2022 08:52:59 GMT
Date: Tue, 18 Jan 2022 18:33:58 GMT
Keep-Alive: timeout=60
Connection: keep-alive

[
    {
        "active": "Y",
        "code": "SIMPLE_QUESTION",
        "codeType": "SR_TYPE",
        "value": "단순문의"
    },
    {
        ...
    }
]
```

그림 7-42 최초 데이터 요청

[그림 7-42]는 코드 서비스에 코드 목록을 처음으로 요청하는 과정을 보여준다. 서비스 A가 코드 목록을 요청하면(1) 코드 서비스는 코드를 조회하여(2) 반환한다(3). 이때 응답 헤더에 반환하는 코드 데이터의 마지막 변경 시간을 포함한다. 서비스 A는 조회된 코드 목록을 로컬 캐시에 저장한다(4).

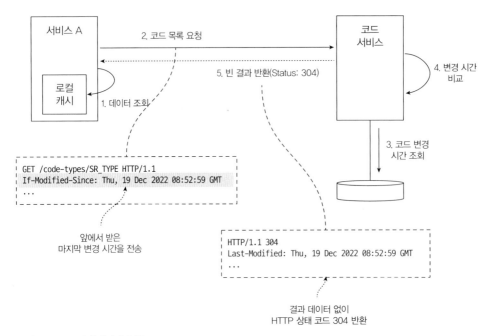

GET /code-types/SR_TYPE HTTP/1.1
If-Modified-Since: Thu, 19 Dec 2022 08:52:59 GMT
...

앞에서 받은
마지막 변경 시간을 전송

HTTP/1.1 304
Last-Modified: Thu, 19 Dec 2022 08:52:59 GMT
...

결과 데이터 없이
HTTP 상태 코드 304 반환

그림 7-43 두 번째 데이터 요청

[그림 7-43]의 서비스 A는 로컬 캐시에 저장된 코드 정보를 사용하다가 일정 시간이 지나면 코드 서비스에 다시 코드 목록을 요청한다. 이때 이전에 로컬 캐시에 저장했던 코드 정보의 마지막 수정 시간을 읽고(1) 이것을 If-Modified-Since 헤더에 담아 코드 목록을 요청한다 (2). 코드 서비스는 서비스 A의 요청을 받은 뒤 If-Modified-Since 헤더에서 변경 시간을 추출하여 로컬에 저장된 코드 데이터의 마지막 변경 시간을 읽고 비교한다(3, 4). 만약 로컬에 저장된 코드가 변경되지 않았다면 상태 코드를 304(Not Modified)로 반환하고 코드 데이터는 전송하지 않는다(5). 위 예시에서는 데이터 변경 여부를 마지막 변경 시간을 기준으로 판단했지만 실제 데이터를 해싱한 값을 ETag에 담아 비교하는 것도 가능하다.

다음은 코드 서비스의 구현 코드를 살펴보자.

코드 7-3 코드 서비스의 공통 코드 조회

```
@GetMapping(value = " /code-types/{codeTypes} ")
public ResponseEntity<List<Code>> getMulti(
                              @PathVariable List<String> codeTypes,
                              WebRequest swr) {
        //① 마지막 변경 시간 조회
```

```
long lastModified = service.getLastModified(codeTypes);
//② 클라이언트가 가진 데이터의 변경 시간 조회
if (swr.checkNotModified(lastModified)) {
    //③ 데이터 없이 상태 코드 304만 반환
 return ResponseEntity.status(HttpStatus.NOT_MODIFIED)
                        .build();
}
//④ 클라이언트의 시간과 다른 경우, 결과 조회 후 반환
List<Code> codes = service.findByCodeTypes(codeTypes);
return ResponseEntity.ok()
                    .body(codes);
}
```

[코드 7-3]은 코드 서비스에서 코드 목록 요청을 처리하는 부분을 나타낸다. 클라이언트의 요청을 받으면 먼저 저장된 코드의 마지막 변경 시간을 조회한(1) 후에 클라이언트가 보내온 변경 시간과 비교한다(2). 변경 시간이 같으면 결과 데이터 없이 상태 코드만 304(Not Modified)로 전송한다(3). 반대로 변경 시간이 다른 경우에는 코드 목록을 조회한 후에 반환한다(4).

[코드 7-3]의 2에서 사용된 WebRequest 클래스의 checkNotModified 메서드는 스프링 프레임워크가 제공하는 메서드이다. 해당 메서드를 호출하면 클라이언트의 요청에서 If-Modified-Since 헤더의 문자열인 'Thu, 19 Dec 2022 08:52:59 GMT'를 추출하고, long 타입인 lastModified 파라미터와 비교한다. 그리고 파라미터로 입력된 lastModified 값이 Last-Modified 헤더에 자동으로 추가된다. 이는 표준 프로토콜을 사용함에 따라 얻을 수 있는 장점이며 웹 프레임워크를 사용해서 간편하게 구현할 수 있다.

데이터 복제와 동기화

잘 변하지 않지만 빈번하게 쓰이는 데이터를 빠르게 참조하는 방식은 여러 가지가 있다. 앞에서 언급한 일괄 조회와 로컬 캐시를 사용하면 대부분 원했는 수준의 성능을 얻을 수 있다. 하지만 데이터를 제공하는 서비스에 장애가 발생했을 때 대응하는 데 한계가 있다. 로컬 캐시에 모든 데이터가 로딩되어 있다면 다행이지만 데이터가 크거나 서비스 인스턴스가 새로 시작된 경우라면 필요한 데이터가 없어서 정상적인 동작이 불가능해진다. 특히 사용자, 역할, 권한처럼 서비스 동작에 꼭 필요한 데이터를 제공하는 서비스에 장애가 발생했다면 자칫 전체 시스템으로 장애가 번질 수 있다. 이런 필수 데이터는 복제해서 동기화하는 방법을 고려해봐야 한다.

데이터를 복제하고 동기화하는 방식은 다양하다. 마이크로서비스 아키텍처의 데이터 동기화는 모놀리식 아키텍처의 데이터 동기화 방식과는 다르다.

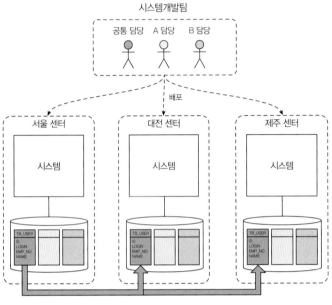

그림 7-44 모놀리식 아키텍처의 데이터 동기화

[그림 7-44]는 모놀리식 아키텍처의 데이터 동기화 과정을 나타낸 것이다. 위 그림을 보면 알 수 있듯이 이 서비스의 시스템과 동일한 형상의 시스템이 여러 지역에서 실행되고 있다. 예를 들어 시스템개발팀은 본사에 모여있고, 지역별 데이터센터에 동일한 인프라와 코드를 적용한 시스템이 여러 개 운영되고 있는 것이다. 시스템개발팀은 내부적으로는 업무 단위로 나누어져 있고 시스템을 변경할 때에는 다 함께 테스트한 후에 지역별로 순차적으로 배포한다. 각 지역 의 시스템은 모두 동일한 테이블 구조를 갖고 일부 데이터는 동기화된다. 예를 들어 서울 센터 에 접속한 사용자가 본인의 전화번호를 변경하면 대전과 제주 센터에서도 변경된 전화번호가 반영된다.

그런데 마이크로서비스 아키텍처에 이런 방식을 그대로 적용하면 서비스 간의 결합도가 불필 요하게 높아진다.

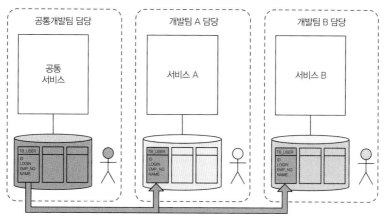

공통팀이 다른 팀의 데이터를 변경

그림 7-45 모놀리식 아키텍처의 데이터 동기화 방식을 잘못 적용한 경우

[그림 7-45]처럼 마이크로서비스 아키텍처에서는 3개의 서비스가 서로 다른 기능을 수행하고, 각각의 개발팀이 전담하여 각자 필요한 시점에 기능을 변경하고 배포한다. 그런데 공통개발팀이 정의하는 사용자 테이블은 동일한 형상으로 모든 서비스에 생성되어 있고, 공통 서비스의 사용자 테이블의 데이터가 변경되는 순간 바로 서비스 A와 서비스 B의 사용자 테이블에도 반영된다.

이러한 경우에 공통개발팀은 다른 개발팀의 데이터베이스 테이블 스키마를 결정하고 임의의 시점에 데이터를 변경한다. 이와 같은 동기화 방식은 서비스 간의 결합도를 높여 공통 서비스와 각 업무 서비스를 변경하기 어렵게 한다. 공통개발팀이 사용자 테이블의 스키마를 변경하려면 업무 서비스에 영향을 주는지 다른 팀과 확인한 다음 같이 스키마를 변경해야 한다. 다른 서비스의 개발팀 입장에서는 관리 차원으로 자신들의 데이터베이스를 잠시 멈추고자 할 때 이 작업이 동기화에 영향이 주지 않는지 공통개발팀과 같이 확인해야 할 수도 있다. [그림 7-44]의 구조에서는 공통 담당자가 모든 지역의 시스템에서 자신이 담당하는 테이블을 동기화하므로 테이블 스키마를 변경하더라도 다른 팀과의 협업이 필요하지 않다. 위와 같은 문제 때문에 마이크로서비스 아키텍처에서는 공통 서비스가 통일된 데이터 모델로 다른 서비스의 데이터를 직접 동기화하는 것은 가능한 한 지양해야 한다.

또한 다른 서비스가 공통 서비스의 데이터를 복제하는 이유는 사용자 이름, 조직, 권한, 공통 코드 같은 데이터를 단순 참조하기 위한 것이기 때문에 데이터별로 모든 속성이 필요하지 않으며 구조도 같을 필요가 없다.

공통 서비스의 사용자 테이블   일반 서비스의 사용자 테이블

TB_USER

칼럼명	비고
ID	ID
CREATED	생성 일시
CREATED_BY	생성자 ID
UPDATED	변경 일시
UPDATED_BY	변경자 ID
LOGIN_ID	로그인 ID
PASSWORD	암호
FIRSTNAME	이름
LASTNAME	성
GENDER	성별
SSN	주민번호
NATIONALITY	국적
DOB	생일
EMAIL	이메일
PHONE_NO	전화번호
LANGUAGE	언어
TIMEZONE	시간대
EMP_NUMBER	사번
GRADE	직급
JOB_TITLE	직무
DEPARTMENT_CODE	부서 코드
POSTAL_CODE	우편번호
ADDRESS	주소
HIRE_DATE	입사일

TB_USER

칼럼명	비고
ID	ID
UPDATED	변경 일시
LOGIN_ID	로그인 ID
FIRSTNAME	이름
LASTNAME	성
EMAIL	이메일
PHONE_NO	전화번호

그림 7-46 서비스별 실제 필요한 속성 비교

[그림 7-46]은 서비스별로 필요한 시스템 사용자 속성의 예를 나타낸 것이다. 공통 서비스는 사용자를 등록하고 업데이트하기 위해 필요한 모든 속성을 다 갖고 있다. 하지만 일반 서비스에서는 로컬 데이터의 생성 또는 수정한 사람의 이름이나 연락처 등을 보여줘야 되기 때문에 사용자 데이터를 필요로 할 때가 많다. 따라서 전체 속성 중에서 로그인 ID, 이름, 이메일, 전화번호 정도의 데이터만으로도 충분하다. 그리고 사용자 데이터의 생성 일시, 변경 일시, 생성자, 변경자 같은 속성은 실제 데이터를 수정하는 공통 서비스에서는 필요하지만, 일반 서비스

에서는 데이터를 변경하지 않으니 필요 없다. 변경된 데이터만 동기화하려는 목적이라면 변경 일시 정도만 필요할 것이다.

그런데 일반 서비스가 사용하지 않는 속성까지 동기화하면 서비스 간의 결합도가 높아진다. 데이터 구조나 속성이 변경될 때 같이 변경해야 할 수 있고, 또 복제하는 속성의 수가 많기 때문에 주고받는 데이터의 크기도 커진다. 앞에서 본 것처럼 사용자 로그인 ID, 이름, 이메일, 전화번호 같은 정보는 거의 변하지 않아서 자주 동기화할 필요가 없지만 참조 속성이 많아질수록 동기화 주기가 더 짧아질 수도 있다.

따라서 마이크로서비스 아키텍처에서의 데이터 동기화는 데이터를 사용하는 서비스가 스스로 최적의 시점에 필요한 속성만 가져가서 저장하는 것이 좋다.

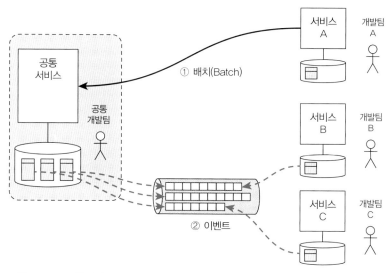

그림 7-47 느슨한 데이터 동기화

[그림 7-47]은 배치와 이벤트 기반으로 느슨하게 데이터를 복제하는 방법을 보여준다. 먼저 전통적인 배치 작업으로 동기화할 수 있다. 배치 방식은 주기적으로 데이터의 변경 여부를 확인하고 데이터가 변경된 경우에 API로 데이터를 다운로드 받아 로컬 데이터를 갱신한다. 모놀리식 시스템을 서비스로 분할할 때 서비스가 공통적으로 참조하는 데이터는 사용자, 부서, 역할, 권한, 코드 등인데 이런 데이터는 잘 변하지 않고 크기가 작다. 따라서 간단한 배치 작업으로 복제할 수 있다. 그리고 이벤트를 사용하는 방식은 공통 서비스에서 변경된 데이터를 이벤

트 스트림에 쌓아두고, 각 서비스는 변경된 데이터 중 필요한 데이터를 가져간다. 혹은 이 두 가지 방식을 혼용하여 데이터 변경 이벤트를 받으면 서비스가 API로 데이터를 가져가는 방식도 사용할 수 있다.

여기서 중요한 점은 공통 서비스는 스스로 정의한 인터페이스를 API나 이벤트로 제공하고 다른 서비스의 데이터 스키마 변경이나 복제 작업에는 관여하지 않는다는 것이다. 서비스별로 필요한 데이터나 데이터 속성은 각 서비스가 판단하여 각자 편한 타이밍에 조회한다. 그리고 공통 서비스는 내부의 데이터 구조를 외부에 제공하는 인터페이스와 분리해서 다른 서비스에 줄 수 있는 영향을 최소화한 상태로 데이터 구조나 데이터를 변경할 수 있게 한다.

7.2.3 구현 예시

예시 기능 소개

예시 기능은 콜센터 상담 애플리케이션에서 전체 상담 이력을 조회하는 기능이다.

ID	상담 제목	고객 이름	유형	상세	상담원	VOC 담당자	담당 부서	생성일	변경일
0000000145158	…	임지후	서비스 요청	…	서서연	오지민	마케팅	2022-08-10	2022-08-10
0000000145159	…	강서현	불만	…	송윤서	한서윤	마케팅	2022-08-10	2022-08-10
0000000145160	…	홍건우	서비스 요청	…	황지우	송서연	영업팀	2022-08-10	2022-08-10
0000000145161	…	송서윤	불만	…	서서연	송서윤	영업팀	2022-08-10	2022-08-10
0000000145162	…	장서윤	서비스 요청	…	최지우	한서윤	마케팅	2022-08-10	2022-08-10
0000000145163	…	신민서	단순 문의	…	최지우	안윤서	마케팅	2022-08-10	2022-08-10
0000000145164	…	이현준	단순 문의	…	임지우	서지후	마케팅	2022-08-11	2022-08-11
0000000145165	…	홍민준	불만	…	최지우	정서윤	영업팀	2022-08-11	2022-08-11
0000000145166	…	송은주	서비스 요청	…	송윤서	홍윤서	마케팅	2022-08-11	2022-08-11
0000000145167	…	안지훈	불만	…	최지우	장하은	마케팅	2022-08-11	2022-08-11
0000000145168	…	류현준	불만	…	임서현	임수빈	영업팀	2022-08-11	2022-08-11

전체 상담 이력

◁ 1, 2, 3, 4, 5, 6, 7, 8, 9, … ▷

그림 7-48 전체 상담 이력 화면

[그림 7-48]은 전체 상담 이력 화면인데 사용자가 화면을 로딩하면 시스템에서 전체 상담 이력을 조회해서 보여준다.

시스템 구성과 동작

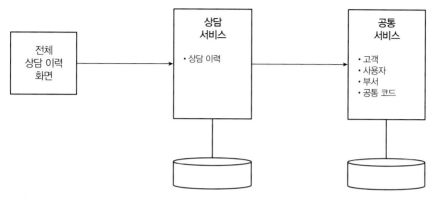

그림 7-49 시스템 구성도

[그림 7-49]는 예시 시스템의 구성도이다. 프런트엔드는 SPA 구조의 웹 애플리케이션, 백엔드는 상담 서비스와 공통 서비스로 구성되고 각 서비스는 독자적인 데이터베이스를 갖고 있다. 상담 서비스는 고객 상담 이력을 담당하고, 공통 서비스는 고객, 사용자, 부서, 공통 코드를 담당한다.

ID	상담 제목	고객 이름	유형	상세	상담원	VOC 담당자	담당 부서	생성일	변경일
0000000145158	...	임지후	서비스 요청	...	서서연	오지민	마케팅	2022-08-10	2022-08-10
0000000145159	...	강서현	불만	...	송윤서	한서윤	마케팅	2022-08-10	2022-08-10
0000000145160	...	홍건우	서비스 요청	...	황지우	송서연	영업팀	2022-08-10	2022-08-10
0000000145161	...	송서윤	불만	...	서서연	송서윤	영업팀	2022-08-10	2022-08-10
0000000145162	...	장서윤	서비스 요청	...	최지우	한서윤	마케팅	2022-08-10	2022-08-10
0000000145163	...	신민서	단순 문의	...	최지우	안윤서	마케팅	2022-08-10	2022-08-10
0000000145164	...	이현준	단순 문의	...	임지우	서지후	마케팅	2022-08-11	2022-08-11

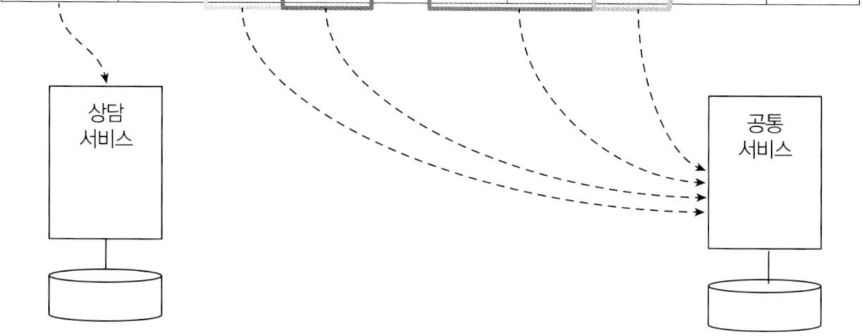

그림 7-50 데이터별 서비스 매핑

[그림 7-50]은 상담 이력 정보 데이터의 출처를 속성별로 보여준다. 상담 이력 목록은 상담 서비스에서 조회하지만 고객 이름, 유형, 상담원, VOC 담당자, VOC 담당 부서는 상담 이력에 저장된 각각의 ID를 사용하여 공통 서비스에서 조회한다.

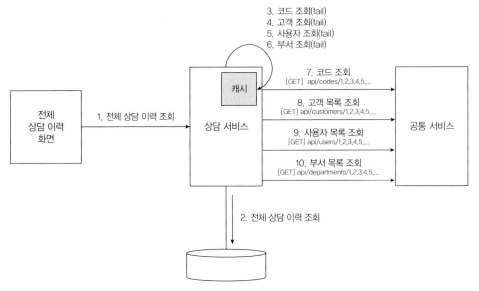

그림 7-51 최초 상담 이력 조회 시 동작

[그림 7-51]은 사용자가 서비스를 실행한 후 최초로 전체 상담 이력을 조회할 때의 시스템 동작을 보여준다. 사용자가 조회 버튼을 클릭하면 웹 애플리케이션은 상담 서비스에 전체 상담 이력 조회를 요청한다(1). 상담 서비스는 데이터베이스에서 상담 이력을 조회한 후에(2) 상담 이력의 고객 ID, 공통 코드, 사용자 ID, 사용자 부서 ID를 모아 로컬 캐시에서 각 이름 정보를 조회한다(3~6). 서비스가 신규로 시작된 경우에는 로컬 캐시가 비어있을 것이므로 각각의 정보를 공통 서비스에 API를 요청하여 조회한다(7~10).

이후에 사용자가 동일한 조건으로 상담 이력을 조회하면 다음과 같이 동작한다.

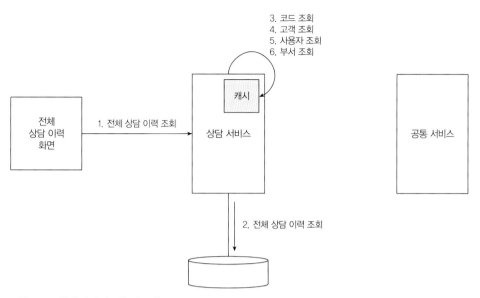

그림 7-52 상담 이력 재조회 시 동작

[그림 7-52]는 사용자가 요청한 상담 이력의 부가 정보가 모두 캐시에 저장되어 있을 때의 시스템 동작을 보여준다. 사용자가 조회 버튼을 클릭하면 웹 애플리케이션은 상담 서비스에 전체 상담 이력 조회를 요청한다(1). 상담 서비스는 데이터베이스에서 상담 이력을 조회한 후에 (2) 상담 이력의 고객 ID, 공통 코드, 사용자 ID, 사용자 부서 ID를 모아 로컬 캐시에서 각 이름 정보를 조회한다(3~6). 모든 부가 정보가 있으므로 공통 서비스에 API 호출을 요청하지 않고 결과를 반환한다.

상담 서비스의 코드 구조

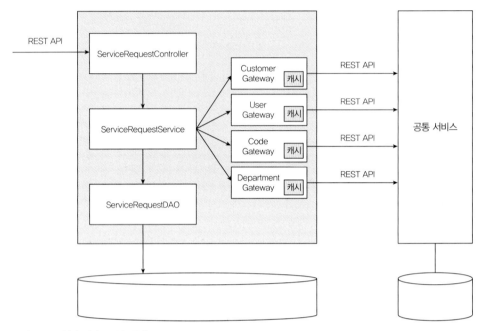

그림 7-53 상담 서비스 주요 클래스

[그림 7-53]은 상담 서비스 중 상담 이력과 관련된 주요 클래스 간의 관계를 나타낸다. ServiceRequestController는 REST API 요청을 받고 응답을 전달하는 역할을 한다. ServiceRequestService는 요청된 기능을 실제로 처리하는 역할을 한다.[4] ServiceRequest DAO는 데이터베이스에서 상담 이력을 읽고 저장한다. Gateway 클래스는 외부 서비스에 연결해서 필요한 데이터를 캐싱하는 역할을 한다. CustomerGateway, UserGateway, CodeGateway, DepartmentGateway는 각각 공통 서비스에 고객, 사용자, 공통 코드, 부서 정보를 REST API로 호출하는 역할을 한다.

상담 이력을 조회할 때 각 클래스는 다음과 같이 동작한다.

---

4 3장의 마이크로서비스 예시는 ServiceRequestService 클래스가 캐시를 가졌다. 여러 구현 방식을 비교하려다 보니 자연스럽게 캐시
가 없는 Service 클래스와 캐시를 가진 Service 클래스가 만들어졌다. 실제 시스템을 구현할 때는 서비스의 여러 업무 클래스가 사용자,
고객, 코드 같은 데이터를 사용할 것이므로 각 데이터의 조회를 담당하는 Gateway 클래스가 캐시를 가지는 것이 적절하다.

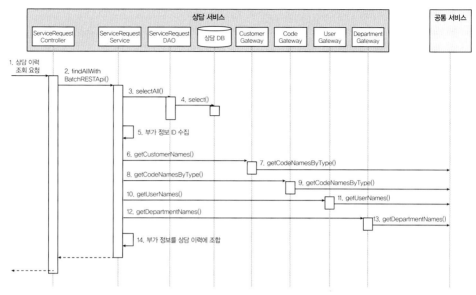

그림 7-54 상담 서비스의 공통 코드 초기화 및 업데이트 과정

[그림 7-54]는 상담 이력을 조회할 때 상담 서비스 내부에서의 주요 클래스들의 동작을 보여준다. 클라이언트가 상담 이력 조회 API를 호출하면(1) ServiceRequestController 클래스에 전달되어 전체 처리 로직을 주관하는 ServiceRequestService의 findAllWithBatch RESTApi 메서드를 호출한다(2). findAllWithBatchRESTApi 메서드는 ServiceRequest DAO로 요청한 상담 이력을 조회하고(3~4), 고객 ID, 코드, 사용자, 부서 ID를 수집한다(5). 그리고 CustomerGateway, CodeGateway, UserGateway, DepartmentGateway 클래스로 공통 서비스에서 각각의 부가 정보를 조회한다(6~13). 이후 각 부가 정보를 상담 이력에 조합한 후에 결과를 반환한다(14).

상담 이력 조회 플로우

앞의 그림에서 호출되는 주요 메서드의 코드를 살펴보자.

코드 7-4 ServiceRequestService의 상담 이력 조회 메서드

```
public List<ServiceRequest> findAllWithBatchRESTApi(Pageable pageable) {
    //1. 사용자 정보로 접근 제어 실행
    UserDetails user = ExampleSecurityContext.getCurrentLoginUser();
```

```java
        ensureUserCanReadAllServiceRequests(user);

        //2. 전체 상담 이력 조회
        List<ServiceRequest> result = serviceRequestDAO.selectAll(pageable);

        //3. 고객 ID, 사용자 ID, 부서 ID 수집
        Set<String> customerIds = new HashSet<>();
        Set<String> userIds = new HashSet<>();
        Set<String> departmentIds = new HashSet<>();
        for (ServiceRequest sr : result) {
            customerIds.add(sr.getCustomerId());
            userIds.add(sr.getCallAgentId());
            userIds.add(sr.getVocAssgneeId());
            departmentIds.add(sr.getVocAssgneeDeptId());
        }

        //4. 코드, 고객, 사용자, 부서 정보 조회
        Map<String, String> srTypeCodes
            = codeGateway.getCodeNamesByType("SR_TYPE");
        Map<String, String> customerNames
            = customerGateway.getCustomerNames(customerIds);
        Map<String, String> userNames
            = userGateway.getUserNames(userIds);
        Map<String, String> departmentNames
            = departmentGateway.getDepartmentNames(departmentIds);

        //5. 상담 이력과 부가 정보 조회
        for (ServiceRequest sr : result) {
            sr.setTypeName(get(srTypeCodes, sr.getType()));
            sr.setCustomerName(get(customerNames, sr.getCustomerId()));
            sr.setCallAgentName(get(userNames, sr.getCallAgentId()));
            sr.setVocAssgneeName(get(userNames, sr.getVocAssgneeId()));
            sr.setVocAssgneeDeptName(get(departmentNames, sr.getVocAssgneeDeptId()));
        }

        return result;
    }
```

[코드 7-4]는 상담 서비스의 ServiceRequestService에서 전체 상담 이력을 조회하는 부분
으로 전체 처리 흐름을 살펴볼 수 있다. 메서드가 시작되면 먼저 사용자가 전체 상담 이력을 조
회할 권한이 있는지 확인한다(1). 그리고 전체 상담 이력 중 요청된 페이지의 상담 이력을 조
회하고(2) 고객 ID, 상담원 ID, VOC 담당자 ID, VOC 담당 부서 ID를 수집한다(3). 각 ID

는 중복을 제거하기 위해 Set 자료형을 사용하여 수집하고, 상담원과 VOC 담당자는 결국 시스템 사용자 정보이므로 userIds 변수에 같이 저장한다. 그리고 Gateway 클래스로 코드, 고객, 사용자, 부서 정보를 조회한 다음(4) 상담 이력 데이터에 조회 결과를 매핑한다(5). 부가 정보 ID와 조회한 부가 정보는 Set과 Map 자료형에 수집하고 매핑하므로 과정이 간단하며 실행 속도도 매우 빠르다.

코드가 복잡해 보일 수 있지만 부가 정보마다 ID 수집, API로 조회 후 상담 이력에 조합하는 과정이 5번 반복되는 것으로 실제 내용은 간단하다.

코드 7-5 부가 정보의 조회

```
private String get(Map<String, String> map, String key) {
    String value = map.get(key);
    if (value == null) {
        log.debug("couldn't find value for {}", key);
        value = " ";
    }
    return value;
}
```

[코드 7-5]는 고객 서비스에서 부가 정보를 조회하는 메서드로 찾는 부가 정보가 없을 때의 예외 처리를 보여준다. 상담 이력에 저장된 ID로 부가 정보를 조회했기 때문에 시스템의 데이터가 정합성이 맞는 상태라면 항상 값이 조회되어야 한다. 따라서 예외 처리가 필요 없을 것이다. 하지만 부가 정보를 제공하는 공통 서비스에 장애가 발생했거나 일시적인 네트워크 오류로 조회가 정상적으로 이뤄지지 않은 경우에는 부가 정보 Map이 비어있을 수도 있다. 반드시 함께 조회되어야 하는 데이터라면 부가 정보가 없다면 상담 이력 조회 API를 에러로 종료시켜야 하지만 이러한 경우에는 비어있는 값을 내보내고 나머지 데이터는 정상적으로 반환하는 것이 더 좋다.

공통 서비스에 고객 이름 조회

코드 7-6 CustomerGateway 클래스의 고객 이름 조회 메서드

```
public Map<String, String> getCustomerNames(Set<String> customerIds) {
```

```java
        Set<String> requestingCustomerIds = new HashSet<>();
        Map<String, String> customerNames = new HashMap<>(customerIds.size());

        //1. 캐시에서 고객 정보 조회
        Iterator<String> iterator = customerIds.iterator();
        while(iterator.hasNext()) {
            String id = iterator.next();
            CustomerDTO customer = customerCache.get(id);
            if (customer != null) {
                //1.1 결과에 고객 이름 저장
                customerNames.put(customer.getId(), customer.getName());
            } else {
                //1.2 캐시에 정보가 없는 경우 조회할 목록에 추가
                requestingCustomerIds.add(id);
            }
        }
        //2. REST API로 고객 조회
        CustomerDTO[] customers = getCustomers(requestingCustomerIds);
        for (CustomerDTO customer : customers) {
            //2.1 결과에 고객 이름 저장
            customerNames.put(customer.getId(), customer.getName());
            //2.2 캐시에 고객 정보 저장
            customerCache.put(customer.getId(), customer);
        }
        //3. 결과 반환
        return customerNames;
    }
```

[코드 7-6]은 상담 서비스의 CustomerGateway가 고객 이름을 조회하는 메서드이다. 메서드가 시작되면 먼저 로컬 캐시에 요청된 고객 정보가 있는지 조회한다(1). 로컬 캐시에 고객 정보가 있다면 ID와 이름을 짝으로 결과에 추가한다(1.1). 고객 정보가 없다면 고객 ID를 모아두었다가(1.2) 고객 서비스에 REST API로 한 번에 요청한다(2). API로 조회한 고객 데이터는 이름을 추출하여 결과에 추가하고(2.1), 로컬 캐시에도 저장하여 다음 조회 때 사용될 수 있도록 한다(2.2).

코드 7-7 Customer 캐시 설정

```xml
<?xml version="1.0" encoding="UTF-8"?>
<ehcache xmlns:xsi="http://www.w3.org/2001/XMLSchema-instance"
         xsi:noNamespaceSchemaLocation="http://www.ehcache.org/ehcache.xsd"
```

```
            updateCheck="true"
            monitoring="autodetect"
            dynamicConfig="true">

    <cache name="customers"
           maxBytesLocalHeap="20M"
           eternal="false"
           overflowToDisk="false"
           timeToLiveSeconds = "86400"        // 24시간
           memoryStoreEvictionPolicy="LRU"
           transactionalMode="off">
    </cache>

    ...
```

[코드 7-7]은 로컬 캐시로 사용된 EhCache의 설정이다. 예시 시스템의 고객 정보는 매우 많기 때문에 로컬 캐시에 저장하는 것은 무리가 있다. 따라서 전 고객 데이터를 캐시에 담는 것보다 반복해서 조회되는 데이터를 캐시에 저장하여 검색 성능을 향상시키는 것을 목표로 정한다. 그다음 약 20MB의 힙 메모리를 할당하고 초과하는 경우 LRU$^{Least\ Recently\ Used}$ 알고리즘을 사용하여 가장 오래전에 사용한 데이터부터 삭제되게 한다.

코드 7-8 고객 DTO 클래스와 샘플 데이터

클래스 정의	샘플 데이터

`public class CustomerDTO {`
`  private String id;`
`  private String name;`
`  private String birthday;`
`  private String gender;`
`  private String address;`
`  private String phone_number;`
`  private String type;`
`}`
	`{`
	`  "address" : "000 동탄동, 남구, 대구 04290",`
	`  "birthday" : "Sat Apr 28 16:41:41 KST 1979",`
	`  "gender" : "FEMAIL",`
	`  "id" : "7e578e75-9134-4605-ba89-f0535f042dce",`
	`  "name" : "윤 가가",`
	`  "phone_number" : "563.000.0000",`
	`  "type" : "FOREIGN",`
	`}`

[코드 7-8]은 캐시에 담긴 고객 정보를 저장하는 CustomerDTO 클래스의 정의와 샘플 데이터이다. 실제 고객 정보의 속성은 이보다 훨씬 많겠지만 상담 이력 관리 서비스에서 데이터 조합에 필요한 속성은 이 정도도 충분하다. 각 속성이 거의 변하지 않으며 변했더라도 별도 화면에서 실시간 데이터 조회가 가능하기 때문에 캐시에 저장된 데이터는 24시간 동안 유효하도록

설정하였다. 참고로 예시와 유사한 고객 데이터를 EhCache에 저장하는 경우에는 20MB의 공간에 약 3만 4천 건을 저장할 수 있다.

공통 서비스에 코드 이름 조회

공통 코드와 부서 정보는 고객 정보에 비해 전체 데이터의 크기가 작다. 따라서 고객 정보처럼 일부 데이터만 캐시에 올리는 것이 아니라 전체 데이터를 로딩하고 변경된 경우에만 업데이트하는 것이 효율적이다.

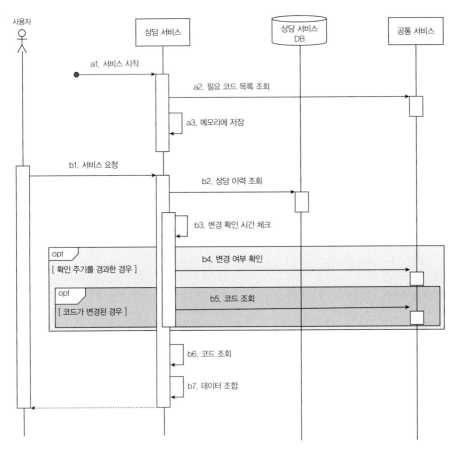

그림 7-55 상담 서비스의 공통 코드 초기화 및 업데이트 과정

[그림 7-55]는 상담 서비스가 공통 코드를 로딩하고 업데이트하는 과정을 나타낸 다이어그램이다. 상담 서비스가 시작되면(a1) 사용하는 전체 코드를 조회하여 메모리에 저장한다(a2,

a3). 이후에 사용자가 상담 이력 정보를 요청하면(b1) 상담 서비스는 상담 이력을 조회한다
(b2). 그다음 설정한 변경 확인 주기가 지나면(b3) 공통 서비스에 실제로 코드가 변경되었는
지를 확인하고(b4) 변경된 경우에 업데이트한다(b5). 그리고 나서 상담 이력에 코드를 매핑하
여 결과를 반환한다(b6, b7).

공통 코드를 업데이트할지 판단하는 과정은 크게 두 단계로 나누어진다. 먼저 b3에서 마지막
으로 변경된 시간을 확인하고, 일정 시간이 지난 후에만 API를 호출하여 업데이트 여부를 확
인한다. 변경 확인 주기를 5분으로 지정한다면 실제 변경 여부 확인 작업은 5분에 한 번만 수
행한다. 공통 서비스에 API가 호출되는 횟수는 공통 서비스를 사용하는 서비스 인스턴스 수에
비례한다. 예를 들어 시스템에 공통 코드를 사용하는 서비스가 20개 있고 각각 3개의 인스턴스
를 갖고 있다고 가정하면, 총 60개의 서비스 인스턴스가 5분에 1회 조회하기 때문에 공통 서비
스는 5초에 한 번꼴로 API를 받게 된다.

코드 7-9 CodeGateway의 코드 이름 조회 메서드

```
public class CodeGateway {
    ...
    private Map<String, Map<String, String>> codeCache = new HashMap<>();
    ...

    public Map<String, String> getCodeNamesByType(String codeType) {
        //1. 코드 변경 시 제로
        loadCodeNamesIfUpdated();

        //2. 캐시에서 코드 타입 조회
        Map<String, String> codes = getCodeCache.get(codeType);
        if (codes == null) {
            return new HashMap<>();
        }
        return codes;
    }
}
```

[코드 7-9]는 상담 서비스에서 공통 코드를 조회하는 CodeGateway 클래스의 소스 코드이
다. 메서드를 호출하면 로컬에 저장된 코드를 업데이트할지 확인해서 필요하다면 업데이트한
다(1). 그리고 로컬에 저장된 코드 정보에서 필요한 코드 목록을 조회하여 반환한다(2). 공통
코드는 전체 사이즈가 작고 업데이트를 직접 관리하기 때문에 EhCache 등을 사용하지 않고
Map 자료형에 직접 저장한다.

코드 7-10 공통 코드 예시

```
--------------------------------------------------
코드 타입       코드 키            코드 이름
--------------------------------------------------
SR_STATUS      CREATED            접수
SR_STATUS      PROGRESS           진행 중
SR_STATUS      COMPLETED          완료
SR_STATUS      DELAYED            지연
SR_TYPE        SIMPLE_QUESTION    단순 문의
SR_TYPE        COMPLAIN           불만
SR_TYPE        SERVICE_REQUEST    서비스 요청
```

[코드 7-10]은 상담 서비스가 사용하는 공통 코드의 예시이다. 예시처럼 코드 타입, 코드 키, 코드 이름을 Map으로 저장하면 대략 1,000개의 코드를 저장할 때 0.5MB 가량의 메모리가 필요하다. 따라서 대부분의 경우 전체 데이터를 메모리에 저장하거나, 서비스가 필요로 하는 전체 코드를 REST API로 조회해도 부담이 없다.

코드 7-11 CodeGateway의 캐시 갱신 메서드

```java
public void loadCodeNamesIfUpdated(String... codeTypes) {
    //1. 마지막 체크 후 일정 시간이 지났는지 확인
    if (!checkIfUpdateDurationPassed()) {
        return;
    }
    synchronized (codeCache) {
        //1.1 마지막 체크 시간 재확인
        if (!checkIfUpdateDurationPassed()) {
            return;
        }
        //1.2 마지막 체크 시간 업데이트
        setLastCheckedTime(Instant.now());

        //2 REST API로 코드 조회, 변경 시에만 조회됨
        CodeDTO[] codes = getCodesIfChanged(codeTypes);
        if (codes != null) {
            //2.1 변경된 코드로 신규 캐시 생성
            Map<String, Map<String, String>> codeMap = new HashMap<>();
            for (CodeDTO c : codes) {
                Map<String, String> map
                    = createOrGet(codeMap, c.getCodeType());
```

```
                map.put(c.getCode(), c.getValue());
            }
            //2.2 기존 캐시와 교체
            codeCache = codeMap;
        }
    }
}
```

[코드 7–11]은 상담 서비스에서 CodeGateway의 공통 코드가 변경되었는지 확인하고 업데이트하는 코드이다. 이 코드는 여러 스레드가 동시에 동시에 실행된다. 따라서 하나의 스레드만 실행하면서 코드 변경 및 업데이트 작업을 진행하고, 동시에 다른 스레드는 실행을 멈추는 데 이 시간이 최소화되도록 해야 한다. 메서드가 실행되면 먼저 변경 확인 주기가 지났는지 확인한다(1). 확인할 필요가 없다면 바로 메서드 실행을 종료한다. 변경 확인 주기가 지났다면 synchronized 구문에서 다시 한번 확인하여(1.1) 다른 스레드가 로컬 코드 정보를 업데이트했는지 확인한다. 변경된 코드를 업데이트해야 한다면 변경 확인 시간을 업데이트해서(1.2) sychronized 구문으로 진입하려는 스레드가 최소화되도록 한다. 이후 변경된 코드가 결과로 반환되면(2) 코드 목록을 저장하는 Map 객체를 새로 생성(2.1)해서 기존의 것과 교체한다(2.2). 기존의 Map 객체는 자신을 참조하는 코드가 종료되면 소멸한다.

코드 7-12 CodeGateway의 공통 코드 조회 코드

```
public CodeDTO[] getCodesIfChanged(String... codeTypes) {
    if (codeTypes == null || codeTypes.length == 0) {
        return null;
    }
    //1. 코드 타입 목록을 스트링으로 변환
    String typeString = getIdString(codeTypes);

    HttpHeaders headers = new HttpHeaders();
    //2. 'If-Modified-Since' 헤더 세팅
    headers.setIfModifiedSince(ifModifiedSince);
    //3. REST API 호출
    ResponseEntity<CodeDTO[]> responseEntity =
            restUtil.exchangeGet("/code-types/%s?batchapi",
                    typeString,
                    new HttpEntity<>(headers),
                    CodeDTO[].class);

    HttpStatus statusCode = responseEntity.getStatusCode();
```

```
        //4. 변경된 데이터가 조회된 경우
        if (statusCode.equals(HttpStatus.OK)) {
            //4.1 'Last-Modified' 헤더에서 변경 시간 추출하여 저장
            ifModifiedSince = responseEntity.getHeaders().getLastModified();
        }
        //5. 변경되지 않은 경우
        else if (statusCode.equals(HttpStatus.NOT_MODIFIED)) {
            log.debug("codes are not changed {}", typeString);
        }

        return responseEntity.getBody();
    }
```

[코드 7-12]는 상담 서비스의 CodeGateway가 공통 코드를 REST API로 조회하는 코드이다. 메서드를 실행하면 입력된 코드 타입 목록을 ','로 구분하는 문자열로 변환한다(1). 그런 후에 직전 코드 조회 시 저장해두었던 최종 변경 시간을 Http 요청의 'If-Modified-Since' 헤더에 추가하여 API를 호출한다(2). 상태 코드가 200(OK)인 경우 업데이트된 공통 코드가 조회된 것이므로, 같이 전송된 Last-Modified 시간을 추출하여 저장한다(4). 상태 코드가 304(Not-Modified)인 경우 변경되지 않았으므로 별도의 처리 없이 종료한다(5).

공통 서비스의 코드 조회

코드 7-13 공통 서비스 CodeContoller의 코드 조회 요청 처리 코드

```
@GetMapping(value = "/code-types/{codeTypes}")
public ResponseEntity<List<Code>> getMulti(@PathVariable List<String> codeTypes,
                                            WebRequest swr) {
    //1. 마지막 변경 시간 조회
    long lastModified = service.getLastModified(codeTypes);
    //2. 클라이언트가 가진 데이터와 변경 시간을 비교
    if (swr.checkNotModified(lastModified)) {
        //3. 데이터 없이 상태 코드 304만 반환
        return ResponseEntity.status(HttpStatus.NOT_MODIFIED)
                        .build();
    }
    //4. 클라이언트의 시간과 다른 경우, 결과 조회 후 반환
    List<Code> codes = service.findByCodeTypes(codeTypes);
    return ResponseEntity.ok().body(codes);
}
```

[코드 7-13]은 공통 서비스의 CodeController가 코드 조회 요청을 처리하는 코드이다. 클라이언트는 URI에 코드 타입을 여러 개 입력할 수 있는데, 스프링 프레임워크가 알아서 List〈String〉 형태로 파싱하여 전달한다. 이후에 요청된 코드 타입으로 공통 코드가 마지막으로 수정된 시간을 조회한다(1). 그리고 클라이언트가 갖고 있는 마지막 데이터 수정 시간을 If-Modified-Since 헤더에 제공한다면 앞에서 조회한 시간과 비교한다(2). 양쪽 시간이 같으면 데이터를 조회하지 않고 결과를 반환하며(3), 시간이 다른 경우에는 요청된 공통 코드를 조회하여 반환한다(4). 또한 어떤 경우에서든 앞에서 조회한 마지막 변경 시간을 'Last-Modified' 헤더에 저장하여 반환한다.

7.3 트랜잭션 관리 : 원자성과 독립성

7.3.1 트랜잭션 개요

마이크로서비스 아키텍처에서 서비스 간의 통신은 ACID 트랜잭션을 보장받지 못한다. 서비스 내부의 트랜잭션은 하나의 저장소를 사용하기 때문에 ACID 트랜잭션이 보장되지만, **서비스 간의 트랜잭션은 네트워크를 넘어 서로 다른 저장소에서 실행되므로 ACID 트랜잭션을 보장받지 못한다.** 물론 2PC^Two-Phase Commit와 같이 분산 트랜잭션을 제공하는 기술이 있지만 속도와 안정성이 부족한 경우가 많고 오픈 소스 저장소 중에는 이를 지원하지 않는 제품도 있다.

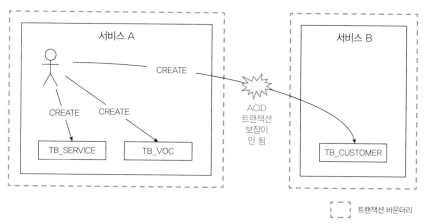

그림 7-56 트랜잭션 범위

현장의 엔지니어들은 ACID 트랜잭션이 보장되지 않는다는 것에 큰 부담을 가진다. 하지만 그 중 상당 부분은 막연한 불안감에서 기인하는 것 같다. ACID 트랜잭션이 애플리케이션에서 어떻게 적용되고 있는지 정확하게 인지하지 못하고 있기 때문에, ACID가 보장받지 못했을 때 어떤 문제점이 생길지 그리고 어떻게 보완해야 하는지를 모르는 경우가 많다. 따라서 다양한 대처 방법을 나열하더라도 어떤 문제가 남아있을지도 모른다는 불안감을 떨쳐버리지 못한다. 기존에는 프레임워크나 데이터베이스가 알아서 처리해주는 부분이 많다 보니 엔지니어가 어떤 기술에 대해 자세히 알지 못해도 큰 문제 없이 구현할 수 있었다. 하지만 근본적으로 어떤 기술적 개념에 대해 정확히 이해해야만 그것을 시스템 구조에 제대로 적용할 수 있고 해당 기술 개념의 부재 시에도 대응책을 마련할 수 있다.

따라서 먼저 ACID 트랜잭션에 대해 살펴볼 필요가 있다. ACID는 각각 원자성^{atomicity}, 일관성^{consistency}, 독립성^{isolation}, 지속성^{durability}을 의미한다. 원자성은 트랜잭션을 실행했을 때 성공적으로 완료하거나 시작 전과 동일한 상태를 보장하는 것이다. 중간에 실패하더라도 자동으로 롤백하여 시작 전의 상태로 복원해주므로, 트랜잭션이 중간에 멈췄을 때 정리하는 수고를 덜어준다. 일관성은 트랜잭션이 성공적으로 완료되면 데이터가 일관적인 상태를 유지하는 것을 말한다. 독립성은 여러 트랜잭션이 동시에 실행되었을 때 서로 간섭하지 않도록 보장해주는 것이다. 지속성은 트랜잭션이 완료된 데이터를 이후 데이터베이스에 문제가 발생하더라도 영구적으로 보존하는 것을 보장하는 성질이다.

이중 일관성과 지속성은 데이터 저장소의 기본 특성이기도 하다. 네트워크를 통한 통신이라고 해서 특별히 달라질 것은 없다. 따라서 서비스 간의 트랜잭션에서 유의해야 하는 것은 원자성과 독립성이다.

7.3.2 원자성의 보완

보상 트랜잭션

하나의 데이터베이스에서 트랜잭션이 중간에 실패하면 자동으로 롤백되어 트랜잭션이 시작하기 이전의 상태로 만든다. 하지만 서비스 간의 트랜잭션이 중간에 실패하면 롤백은 각 서비스 내부에서만 발생하기 때문에 다른 서비스가 실행한 트랜잭션을 취소하는 보상 트랜잭션을 실행해야 한다.

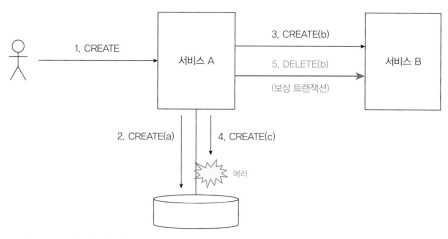

그림 7-57 보상 트랜잭션 예시

[그림 7-57]은 서비스 간의 트랜잭션 중에 보상 트랜잭션을 수행하는 과정을 나타낸다. 클라이언트가 서비스 A에 API를 요청하면(1), 서비스 A는 데이터베이스에 데이터 a를 생성한 후에(2) 서비스 B에는 데이터 b를 생성하는 API를 호출한다(3). API가 성공한 다음에 데이터베이스에 데이터 c를 생성하다가 에러가 발생하면(4) 앞서 생성한 데이터 a는 데이터베이스가 자동으로 롤백하여 삭제해주지만, 서비스 B에 생성한 데이터 b는 그대로 남아있게 된다. 따라서 서비스 A는 서비스 B에 생성된 데이터 b를 삭제하는 보상 트랜잭션을 실행해야 한다(5).

보상 트랜잭션은 대부분 성공적으로 실행되지만 일시적인 네트워크나 서버의 오류로 실패할 가능성도 있다.

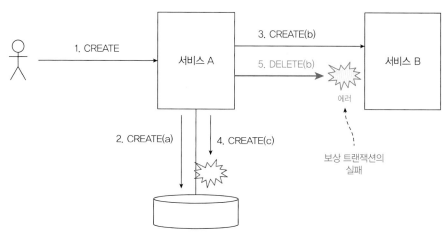

그림 7-58 보상 트랜잭션의 실패

[그림 7-58]은 앞의 보상 트랜잭션이 실패하는 경우를 나타낸 것이다. 서비스 B에 데이터 b를 삭제하는 API를 호출했는데 어떤 이유로 실패한다면(5) 더 이상 시도할 방법이 없다.[5] 이 럴 때에는 다음에 데이터를 정리할 수 있도록 기록을 남기고, 필요시 사용자에게 안내 메시지를 표시해야 한다.

살펴본 것과 같이 서비스 간의 트랜잭션은 데이터베이스가 자동으로 해주던 롤백을 직접 구현해야 하고, 때로는 불완전할 수도 있다는 것을 감안하면 매우 골치 아프게 느껴질 수도 있다. 하지만 이런 작업은 새로운 것이 아니라 서로 다른 시스템과 인터페이스하면서 항상 해오던 일이다. 기술적으로는 전혀 새로운 것이 없지만 서비스 간의 트랜잭션에 대해 유독 불안감을 느끼게 되는 이유는, 시스템이 여러 서비스로 나누어지면서 시스템 내부에서 실행되던 트랜잭션의 상당수가 서비스 간의 트랜잭션으로 대체되어 보상 트랜잭션이 많이 증가할 것이라는 걱정때문이다.

발생 빈도와 순서 조정을 통한 최적화
그런데 실제로 보면 보상 트랜잭션이 필요한 경우는 생각보다 많지 않다.

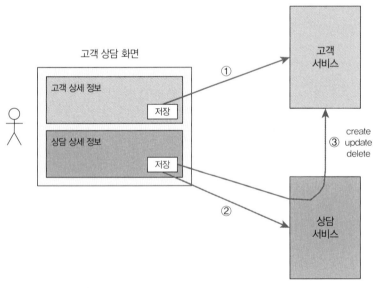

그림 7-59 트랜잭션의 구분

---

5 재시도할 수도 있지만 항상 가능한 것은 아니다.

[그림 7-59]는 UI에서 시작하는 트랜잭션을 보여준다. 고객 상담 화면은 콜센터에서 상담원이 고객과 전화 상담을 하면서 사용하는 화면이다. 이 화면은 상담 서비스 화면인데 상단의 고객 상세 정보는 고객 서비스에서 조회하고, 하단의 상담 상세 정보는 상담 서비스에서 조회한다. 콜센터 상담원은 고객 상담 중에 고객 정보와 상담 정보를 각각 업데이트할 수 있다. 고객 정보를 수정하고 저장하면 화면이 고객 서비스에 REST API를 호출하여 저장한다(1). 상담 정보를 생성하고 저장하면 화면이 상담 서비스에 REST API를 호출하여 저장한다(2). 이 2개의 트랜잭션은 모두 하나의 서비스에서 실행되므로 보상 트랜잭션이 필요하지 않다.

3번과 같이 화면이 호출한 API를 서비스가 처리하면서 다른 서비스의 데이터도 같이 변경해야 하는 경우에 보상 트랜잭션이 필요하다. 서버 단이 프레젠테이션 로직을 담당하는 JSP 같은 아키텍처였다면 1번처럼 고객 상세 정보를 변경하는 트랜잭션도 상담 서비스가 처리할 수 있다. 하지만 마이크로서비스 아키텍처의 서비스는 API만 제공하므로 화면의 배치와 무관하다. 따라서 화면에서 호출하는 API가 트랜잭션을 진행하면서 여러 서비스의 데이터를 변경해야만 보상 트랜잭션이 필요하게 된다.

다음 절에서는 보상 트랜잭션이 필요한 사례에 대해 좀 더 자세히 살펴보자.

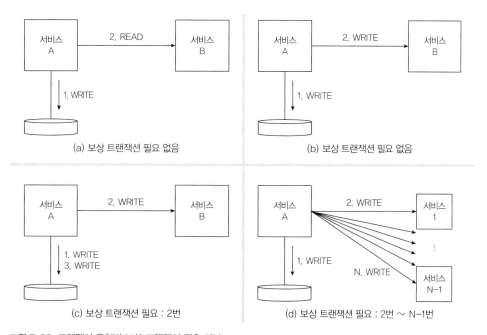

그림 7-60 트랜잭션 유형별 보상 트랜잭션 필요 여부

[그림 7-60]는 트랜잭션 유형별로 보상 트랜잭션의 필요 여부를 보여준다. 위 그림에서 (a)는 서비스 A만 쓰기 작업을 하므로 보상 트랜잭션이 필요 없다. 서비스 A에서 내부의 모든 쓰기 작업은 데이터베이스의 롤백 기능으로 보호받는다. (b)는 서비스 A와 서비스 B에서 모두 쓰기 작업을 하지만 보상 트랜잭션은 필요 없다. 서비스 A의 데이터베이스에 쓰는 1번 작업은 자동으로 롤백이 되고, 서비스 B에 쓰는 2번 작업은 성공하면 다시 취소할 이유가 없기 때문에 보상 트랜잭션이 필요 없다.

(c)의 경우 서비스 A에 데이터를 쓰고 나서(1) 서비스 B에 데이터를 쓴 후(2) 다시 서비스 A에 데이터를 쓴다(3). 만약에 세 번의 쓰기 작업이 실패하면 서비스 A의 데이터베이스에 썼던 1번 작업은 데이터베이스가 자동으로 롤백해주지만, 서비스 B에 수행했던 2번 쓰기 작업을 취소하기 위해 보상 트랜잭션을 실행해야 한다. 2번 쓰기 작업이 실패하면 취소해야 하는 작업은 자동으로 롤백되는 1번만 남기 때문에 보상 트랜잭션을 실행할 필요가 없다.

(d)는 서비스 A에 데이터를 쓴 이후에 서비스 1부터 서비스 N-1까지 차례대로 쓰기 API를 호출한다. 만약에 N번 쓰기 작업에 에러가 발생하면 N-1번에서 2번까지의 쓰기 작업은 모두 보상 트랜잭션으로 취소해야 한다. 그리고 서비스 A의 데이터베이스에 썼던 1번 쓰기 작업은 데이터베이스가 자동으로 롤백한다.

보상 트랜잭션은 [그림 7-61]처럼 쓰기 작업 순서의 영향을 받는다.

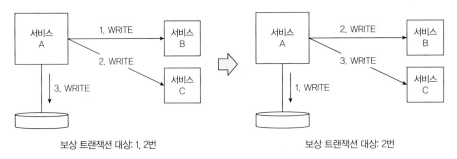

그림 7-61 순서 조정을 통한 보상 트랜잭션 최소화

[그림 7-61]은 쓰기 작업 순서에 따라 필요한 보상 트랜잭션 개수가 달라지는 것을 보여준다. 왼쪽 그림에서 서비스 A는 서비스 B, 서비스 C에 API로 데이터를 변경한 후에 로컬 데이터베이스의 데이터를 변경한다. 이런 경우 3번 쓰기 작업이 실패하면 1~2번 쓰기는 모두 보상 트랜잭션을 실행해야 한다. 그런데 오른쪽 그림처럼 순서를 바꾸고 나서 3번 쓰기 작업이 실패한

다면 1번 쓰기 작업은 데이터베이스에서 롤백하므로 2번 쓰기 작업만 보상 트랜잭션을 하면 된다. 따라서 쓰기 작업을 자동으로 취소해주는 로컬 데이터베이스의 작업을 먼저 처리하는 것이 좋다.

또한 쓰기 작업의 순서에 따라 보상 트랜잭션의 성공 가능성이 달라진다. 예를 들어 SMS 발송이나 이메일 발송처럼 애초에 취소가 불가능한 트랜잭션이 있다. 이렇게 취소가 불가능한 트랜잭션 수행 후에 쓰기 작업 중 오류가 발생한다면 이 트랜잭션을 완벽하게 복구하는 것은 불가능하다.

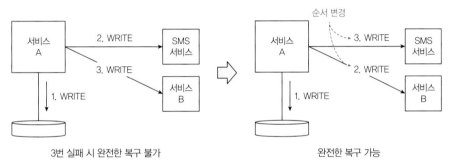

그림 7-62 순서 조정을 통한 트랜잭션 완결성 보완

[그림 7–62]는 쓰기 작업 순서에 따라 보상 트랜잭션의 성공 가능성이 달라지는 것을 보여준다. 왼쪽 그림은 서비스 A가 로컬 데이터베이스에 데이터를 작성한 후(1)에 SMS를 발송(2)하고 다시 서비스 B에 쓰기 작업을 한다(3). 이때 3번 쓰기 작업이 실패하면 1번은 롤백되지만 2번에서 발송한 SMS는 취소할 수가 없다. 그런데 오른쪽 그림처럼 SMS 발송을 가장 마지막에 수행하면 SMS 발송이 실패하거나 서비스 B에 쓰기 작업이 실패하더라도 완전히 복구가 가능하다. 따라서 보상 트랜잭션이 불가능한 작업은 가능한 마지막으로 처리하는 것이 유리하다.

꼭 하나의 트랜잭션으로 수행할 필요가 없는 쓰기 작업은 이벤트로 분리하여 보상 트랜잭션을 최소화할 수 있다.

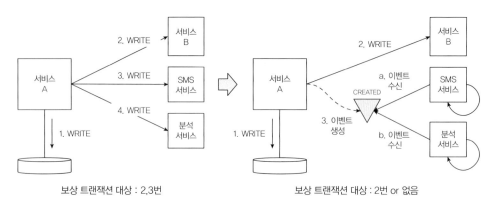

그림 7-63 이벤트를 적용한 보상 트랜잭션 최소화

[그림 7-63]은 쓰기 작업을 이벤트로 분리함에 따라 보상 트랜잭션 대상이 달라지는 것을 보여준다. 왼쪽 그림을 보자. 서비스 A가 로컬 데이터베이스와 서비스 B에 데이터를 생성하고 (1~ 2) SMS를 발송한 후(3)에 분석 서비스에 관련 데이터를 저장한다(4). 이 경우 4번 분석 서비스에 데이터를 저장하다 에러가 발생하면 앞의 2~3번 API는 보상 트랜잭션으로 취소해야 한다. 그런데 곰곰이 생각해보면 SMS와 분석 서비스에 데이터를 저장하는 작업은 꼭 하나의 트랜잭션으로 묶을 필요가 없다. 이럴 때에는 오른쪽 그림처럼 2번 쓰기 이후에 이벤트만 발생시켜서 트랜잭션이 종료되도록 하고(3), SMS 서비스와 분석 서비스는 이벤트를 받아 각자 필요한 작업을 처리하게 할 수 있다(a, b). 이벤트를 생성하는 데 에러가 발생하면 2번 쓰기 보상 트랜잭션으로 취소하면 된다. 이때 이벤트 발송을 트랜잭션 중에 직접 하지 않고 데이터베이스에 발송 요청을 저장하여 백그라운드로 전송하면 2번 쓰기 작업도 취소할 필요가 없다.[6]

지금까지 살펴본 것처럼 모든 트랜잭션에 다 보상 트랜잭션이 필요한 것은 아니다. 트랜잭션이 여러 서비스에 걸쳐 실행되고, 다른 서비스의 데이터를 변경하는 API가 트랜잭션의 중간에 배치될 경우에만 보상 트랜잭션이 필요하다. 그리고 쓰기 작업의 순서를 변경하거나 이벤트 등을 활용해서 보상 트랜잭션을 더 간단하게 만들거나 성공 확률을 높일 수 있다.

예시 코드

다음에는 보상 트랜잭션을 처리하는 소스 코드를 살펴보자.

---

6 Transactional Outbox Pattern에 대한 설명으로, 마이크로서비스 아키텍처에서 비즈니스 이벤트를 안정적으로 전송하고자 할 때 가장 적합한 방법이다.

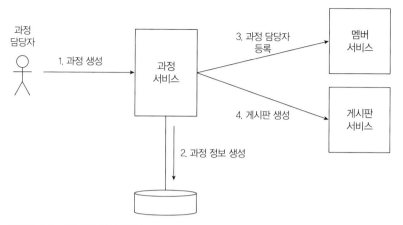

그림 7-64 교육 과정 생성 서비스

[그림 7-64]는 교육 도메인에서 교육 과정을 생성하는 시나리오를 나타낸다. 과정 담당자가 새로운 차수의 과정을 생성(1)하면 과정 서비스는 로컬 데이터베이스에 차수를 생성(2)하고, 멤버 서비스에 과정 담당자를 등록(3)한 후에 해당 차수의 교육생이 사용할 게시판을 생성한다 (4). 만약 4번에서 게시판을 생성하다 실패하면, 3번에서 생성한 관리자 정보를 삭제하는 보상 트랜잭션 API를 호출하고, 2번에서 생성한 차수 정보는 데이터베이스가 롤백하게 해야 한다.

비관적 잠금(Pessimistic Locking)

코드 7-14 교육 과정 생성 코드(비관적 잠금)

```
@Transactional
public void createCourse(Course course) {
    //0. 입력값 Validation
    UserDetails loginUser = ExampleSecurityContext.getCurrentLoginUser();
    ensureUserCanCreateCourse(loginUser);
    validateNewCourse(course);

    //1. 과정 정보 생성
    String courseId = course.getId();
    courseMapper.create(course);

    //2. 멤버 서비스에 생성자를 과정 담당자로 등록 w/ courseId
    memberGateway.addManager(courseId, loginUser);

    //3. 과정 게시판 서비스에 게시판 생성 w/ courseId
```

```
        try {
            boardGateway.addBoard(courseId, loginUser);

        } catch (Exception originalException) {
            //3.1 담당자 정보 삭제
            try {
                memberGateway.removeManager(courseId, loginUser);
            } catch  (Exception compensationException) {
                log.error( “ COMPENSATION TRANSACTION ERROR! {} ” ,
                        compensationException);
            }
            //3.2 최초 예외를 다시 던짐
            throw originalException;
        }
    }
```

[코드 7-14]는 과정 서비스의 교육 과정을 생성하는 부분을 나타낸 코드이다. 메서드의 상단에 선언된 @Transactional 애너테이션으로 스프링 프레임워크가 메서드 시작 직전에 데이터베이스 커넥션을 할당하고 데이터베이스 트랜잭션을 시작한다. 메서드가 실행되면 먼저 사용자가 과정을 생성할 권한이 있는지 확인한 후에 사용자가 요청한 신규 과정의 정보가 적절한지 검증한다(0). 그리고 데이터베이스에 과정 정보를 생성한(1) 다음 신규 과정 ID를 사용해 멤버 서비스에 과정 담당자를 등록하고(2) 게시판 서비스에 해당 과정의 게시판을 생성한다(3). 메서드가 종료되면 스프링 프레임워크는 데이터베이스에 트랜잭션을 커밋하고 데이터베이스 커넥션을 릴리스한다.

만약에 메서드 실행 중 2번에서 과정 담당자를 생성하는 REST API가 실패하면 예외[exception]가 발생하고 메서드가 종료된다. 스프링 프레임워크는 예외를 감지하여 메서드 내에서 커밋되지 않은 데이터베이스 트랜잭션을 롤백시켜 1번에서 생성한 과정 정보는 없어지게 된다. 이 경우에는 외부 서비스의 데이터를 변경하지 않았으므로 보상 트랜잭션이 필요 없다.

그런데 3번의 게시판을 생성하는 REST API가 실패하면 2번에서 생성했던 멤버 서비스의 과정 담당자 정보를 삭제(3.1)해야 한다. 3번에서 예외가 발생하면 Catch 구문 안의 3.1이 실행되어 멤버 서비스에 담당자를 삭제하는 REST API를 호출한다. 그리고 3.2에서는 2번에서 발생했던 예외를 다시 던져 스프링 프레임워크가 1번에서 생성했던 과정 정보를 롤백하게 한다.

매우 드물겠지만 3.1에서 담당자를 삭제할 때 에러가 발생할 수도 있다. 정상적인 상황이라면 실패할 이유가 없지만, 서버나 네트워크에 일시적으로 문제가 발생할 가능성도 있다. 이런 경우는 직접적으로 해결할 방법이 없기 때문에 이와 관련된 현상을 추적하고 데이터를 정리해서 적절히 로그를 남기거나 일정 시간 후에 재시도할 수 있도록 구현해야 한다.

낙관적 잠금(Optimistic Locking)

[코드 7-14]에는 비관적 잠금을 사용한다는 전제가 깔려있다. 1번에서 과정을 생성하고 코드가 다음 라인으로 넘어가면 다른 스레드에서 중복된 값을 입력하더라도 결국 커밋이 성공한다. 마지막에 커밋이 실패하면 2~3번의 보상 트랜잭션을 실행해야 하지만 1번 코드가 일단 실행되면 해당 레코드에 락이 걸려 다른 트랜잭션의 영향이 미치지 못하고 결국에는 성공한다는 전제가 깔려있기 때문에 생략되어 있다.

하지만 낙관적 잠금 방식을 사용하면 1번 위치에서 데이터베이스에 CREATE문을 실행하지 않고 커밋 시점에 실행한다. 대신 1번 위치에서는 데이터베이스에서 데이터를 조회하여 버전을 확인하고 커밋하는 시점에 다시 확인해서 해당 레코드의 버전이 달라져 있다면 에러를 발생시키고 롤백한다. 따라서 낙관적 잠금을을 사용하면 보상 트랜잭션 처리를 조금 다르게 작성해야 한다[7].

코드 7-15 낙관적 잠금을 활용한 교육 과정 생성 코드

```
...
@Autowired
PlatformTransactionManager transactionManager;
...

//@Transactional
public void createCourseOptimisticLocking_manyTryCatchBlocks(Course course) {
    // 0. 입력값 Validation
    UserDetails loginUser = ExampleSecurityContext.getCurrentLoginUser();
    ensureUserCanCreateCourse(loginUser);
    validateNewCourse(course);

    TransactionDefinition txDefinition = new DefaultTransactionDefinition();
    TransactionStatus txStatus = transactionManager
                .getTransaction(txDefinition);
```

---

7 MyBatis를 사용하는 경우 대부분 비관적 잠금을 많이 적용하고, JPA는 프레임워크가 간편하게 지원하므로 낙관적 잠금도 많이 사용한다.

```
// 1. 과정 정보 생성
String courseId = course.getId();
courseRepository.save(course);

// 2. 멤버 서비스에 생성자를 관리자로 등록 w/ courseId
try {
    memberGateway.addManager(courseId, loginUser);
} catch (Exception originalException) {
    try {
        transactionManager.rollback(txStatus);
    } catch (RuntimeException compensationException) {
        log.error("COMPENSATION TRANSACTION ERROR! {}",
                compensationException);
    }
    throw new RuntimeException("Failed to create a course",
            originalException);
}

// 3. 과정 게시판 서비스에 게시판 생성 w/ courseId
try {
    boardGateway.addBoard(courseId, loginUser);

} catch (Exception originalException) {
    try {
        memberGateway.romoveManager(courseId, loginUser);
    } catch (RuntimeException compensationException) {
        log.error("COMPENSATION TRANSACTION ERROR! {}",
                compensationException);
    }
    try {
        transactionManager.rollback(txStatus);
    } catch (RuntimeException compensationException) {
        log.error("COMPENSATION TRANSACTION ERROR! {}",
                compensationException);
    }
    throw new RuntimeException("Failed to create a course",
            originalException);
}

// 4. 데이터베이스 커밋
try {
    transactionManager.commit(txStatus);
} catch (Exception originalException) {
    try {
```

```
            boardGateway.removeBoard(courseId, loginUser);
        } catch (RuntimeException compensationException) {
            log.error("COMPENSATION TRANSACTION ERROR! {}",
                    compensationException);
        }
        try {
            memberGateway.romoveManager(courseId, loginUser);
        } catch (RuntimeException compensationException) {
            log.error("COMPENSATION TRANSACTION ERROR! {}",
                    compensationException);
        }
        try {
            transactionManager.rollback(txStatus);
        } catch (RuntimeException compensationException) {
            log.error("COMPENSATION TRANSACTION ERROR! {}",
                    compensationException);
        }
        throw new RuntimeException("Failed to create a course",
                originalException);
    }
}
```

[코드 7-15]는 낙관적 잠금을 사용할 때 교육 과정을 생성하는 코드이다. 먼저 커밋 시점의 예외를 직접 컨트롤할 수 있도록 @Transactional 애너테이션을 삭제하고, 스프링의 Platform TransactionManager를 사용하여 코드에서 직접 커밋 및 롤백을 제어한다. [코드 7-14]와는 다르게 2~3번 쓰기가 실패하면 Catch 구문마다 데이터베이스의 롤백을 명시적으로 호출한다. 그리고 모든 쓰기가 완료되면 데이터베이스 커밋을 실행한다(4). 이때 에러가 발생하면 앞의 모든 쓰기 작업을 취소한다. 참고로 보상 트랜잭션 이후에 RuntimeException을 새로 생성하여 던지는데 이는 애플리케이션 레벨에서 과정 생성 메서드가 실패했다는 결과를 전달하기 위한 것으로 앞에서처럼 데이터베이스의 롤백을 실행하기 위한 것은 아니다.

쓰기 API가 많은 코드의 간소화

그런데 앞에서 살펴본 [코드 7-14]와 [코드 7-15]를 비교하면 보상 트랜잭션 수가 1개에서 3개로 늘어남에 따라 try-catch문과 보상 트랜잭션을 실행하는 코드가 중복되어 코드가 상대적으로 복잡해졌다. 이런 방식으로 접근하면 코드에서 트랜잭션을 실행할 때마다 앞에서 실행한 모든 쓰기 API의 보상 트랜잭션을 호출해야 한다. 따라서 쓰기 API를 많이 호출하는 코드에는 더 간단한 구조가 필요하다.

```
...
@Autowired
PlatformaTransactionManager transactionManager;
...

public void createCourseOptimisticLocking_oneTryCatchBlock(Course course) {
    // 0. 입력값 Validation
    UserDetails loginUser = ExampleSecurityContext.getCurrentLoginUser();
    ensureUserCanCreateCourse(loginUser);
    validateNewCourse(course);

    TransactionDefinition txDefinition = new DefaultTransactionDefinition();
    TransactionStatus txStatus = transactionManager
                .getTransaction(txDefinition);

    Set<String> txLog = new HashSet<>();

    String courseId = null;
    try {
        // 1. 과정 정보 생성
        courseId = course.getId();
        courseRepository.save(course);
        txLog.add("courseSaved");

        // 2. 멤버 서비스에 생성자를 관리자로 등록 w/ courseId
        memberGateway.addManager(courseId, loginUser);
        txLog.add("managerAdded");

        // 3. 과정 게시판 서비스에 게시판 생성 w/ courseId
        boardGateway.addBoard(courseId, loginUser);
        txLog.add("boardAdded");

        // 4. 데이터베이스 커밋
        transactionManager.commit(txStatus);

    } catch (Exception originalException) {
        if (txLog.contains("boardAdded")) {
            compensateAddBoard(courseId, loginUser);
        }
        if (txLog.contains("managerAdded")) {
            compensateAddManager(courseId, loginUser);
        }
```

```
        if (txLog.contains("courseSaved")) {
            rollbackTransaction(txStatus);
        }
        String msg = "Failed to create a course: " + txLog.toString();
        throw new RuntimeException(msg,originalException);
    }
}
```

[코드 7-16]은 앞에서 보았던 코드를 리팩터링하여 간소화한 코드이다. 모든 쓰기 API를 호출할 때마다 사용했던 try-catch 블록을 하나로 통합하고, 쓰기 API가 성공할 때마다 txLog에 기록을 남긴다. 만약 트랜잭션이 중간에 실패하면 통합된 try-catch 블록이 실행되고 txLog에서 실행한 쓰기 작업을 확인하여 보상 트랜잭션을 한다. 예를 들어 1~2번 쓰기가 성공하고 3번의 게시판 생성 API가 실패하여 예외가 발생하면 catch 블록의 코드가 실행된다. 이때 txLog에는 'coursedSaved', 'managerAdded'만 담겨 있으므로, 3번 'boardAdded'의 보상 트랜잭션은 실행하지 않고 2번과 1번 작업을 순차적으로 취소한다. 마지막으로 txLog에 담긴 실행 기록을 예외 메시지에 추가하여 코드 추적을 용이하게 한다.

그리고 각 보상 트랜잭션은 [코드 7-17]과 같이 별도의 메서드로 추출하여 가독성을 높였다.

코드 7-17 추출된 보상 트랜잭션 메서드

```
private void compensateSaveCourse(String courseId, UserDetails loginUser) {
    try {
        courseRepository.deleteById(courseId);
    } catch (RuntimeException compensationException) {
        log.error("COMPENSATION TRANSACTION ERROR! {}",
                compensationException);
    }
}
private void compensateAddManager(String courseId, UserDetails loginUser) {
    try {
        memberGateway.romoveManager(courseId, loginUser);
    } catch (RuntimeException compensationException) {
        log.error("COMPENSATION TRANSACTION ERROR! {}",
                compensationException);
    }
}

private void rollbackTransaction(TransactionStatus tx) {
```

```
        try {
            transactionManager.rollback(tx);
        } catch (RuntimeException compensationException) {
            log.error("COMPENSATION TRANSACTION ERROR! {}",
                        compensationException);
        }
    }
```

효과적인 코드 배치

앞에서도 잠시 언급했지만 쓰기 작업의 순서에 따라 보상 트랜잭션의 수가 달라지거나 성공 확률이 높아지기도 한다.

먼저 쓰기 작업을 시작하기 전에 가능한 많은 일을 해두면 불필요한 보상 트랜잭션을 줄일 수 있다. 대표적으로 사용자의 권한 체크, 입력값 검증, 쓰기에 필요한 데이터 조회 등을 먼저 실행할 수 있다.

코드 7-18 검증 순서에 다른 비교

```
//순차적인 검증/쓰기                          //검증 완료 후 쓰기
void transaction(A a, B b, C c) {        void transaction(A a, B b, C c) {
    validateA(a);                            validateA(a);
    write(a);                                validateB(b);
    validateB(b);    //(1)                   validateC(c);
    write(b);                                write(a);
    validateC(c);                            write(b);
    write(c);                                write(c);
}                                        }
```

[코드 7-18]의 왼쪽 코드는 비즈니스 흐름에 따라 A, B, C의 순서로 입력값 검증과 쓰기 작업을 반복한다. 만약 B의 입력값 검증에서(1) 실패하면 A의 쓰기 작업을 취소해야 한다. 반면에 오른쪽 코드는 A, B, C의 입력값을 모두 검증한 후에 같은 순서로 쓰기 작업을 진행하기 때문에 입력값이 잘못되었다고 해서 보상 트랜잭션이 발생할 일은 없게 된다.

그리고 취소가 불가능한 쓰기 작업은 가능한 한 마지막에 배치하는 것이 좋다. SMS 발송처럼 취소할 수 없는 작업을 중간에 배치하면 전체 트랜잭션을 취소할 수 없게 만들 수도 있다.

코드 7-19 취소 불가한 쓰기 순서에 따른 비교

//취소 불가능한 쓰기가 중간에 배치
void transaction(A a, B b, Cc) {
    (1) canclebleWrite(a);
    (2) non-canclebleWrite(b);
    (3) canclebleWrite(c);
}
	//취소 불가능한 쓰기가 마지막에 배치
	void transaction(A a, B b) {
	    (1) canclebleWrite(a);
	    (2) canclebleWrite(b);
	    (3) non-canclebleWrite(c);
	}

[코드 7-19]의 왼쪽 코드는 취소할 수 없는 쓰기 작업이 중간에 실행된다. 만약에 3번 데이터 c를 저장하는 작업에서 오류가 발생한다면 1번 데이터 a를 저장하는 작업만 취소가 가능하고 2번은 취소가 불가능하므로 전체 트랜잭션을 이전 상태로 돌릴 수가 없다. 오른쪽 코드에서는 같은 작업의 순서를 변경하여 취소 불가능한 쓰기 작업을 맨 마지막에 실행한다. 3번 쓰기 작업은 취소가 불가능하지만 취소할 필요가 없기 때문에 전체 트랜잭션을 이전 상태로 돌릴 수 있다. 취소 불가능한 쓰기 작업을 항상 마지막에 배치하는 것은 불가능할 수도 있지만 가능한 한 뒤에 배치하는 것이 유리하다.

지금까지 이야기한 것을 정리하면 다음과 같은 순서가 된다.

코드 7-20 순서 예시

```
void transaction() {
    // BEFORE WRITE
    // . 사용자 권한 체크
    // . 입력값 검증
    // . 데이터 조회

    // WRITING
    // . 자동으로 취소되는 것
    // . 취소 가능한 것
    // . 취소 불가한 것
}
```

데이터베이스 락, 커넥션 풀 관리

트랜잭션 중에 다른 서비스에 API를 호출하면 로컬 데이터베이스의 락이 너무 길게 유지되어 다른 트랜잭션을 방해하거나 혹은 서비스의 데이터베이스 커넥션 풀을 고갈시킬 수 있다.

코드 7-21 비관적 잠금 시 DB 커넥션과 락의 생성 주기

```
@Transactional                          ⇐ DB 커넥션 점유
void createSource(Course course) {
    ...
    (2) courseMapper.create(...);       ⇐ 락 생성
    ...
    memberGateway.addManager(...)
    boardGateway.addBoard(...);
    ...
}(3)                                    ⇐ DB 커넥션 해제, 락 해제
```

[코드 7-21]은 [코드 7-14]에서 보았던 비관적 잠금 방식의 코드에서 DB 커넥션이 점유되고 해제되는 시점과 레코드에 락이 생성되고 해제되는 시점을 보여준다. 메서드가 실행되면 @Transactional 애너테이션으로 스프링 프레임워크가 서버의 데이터베이스 커넥션 풀에서 커넥션을 하나 점유한다(1). 그다음 Mapper로 테이블에 데이터를 INSERT하면 해당 레코드에 락이 생성된다(2). 그리고 메서드가 종료되면서 스프링 프레임워크가 데이터베이스에 커밋하면 레코드 락이 해제되고 바로 커넥션도 반환된다(3).

이 경우 2~3번 사이에서 REST API가 호출되는 동안 DB 커넥션과 로우락$^{Row\ Lock}$이 계속 유지된다. 만약에 멤버 서비스에서 일시적인 문제가 발생하면 호출한 REST API가 대기 큐에 계속 대기 상태로 있고 DB 커넥션과 로우락도 계속 잡혀있게 된다. DB 커넥션을 많이 점유하게 되면 서비스의 다른 기능이 데이터베이스 커넥션을 얻지 못하거나, 2번에서 설정한 락이 풀리지 않게 되므로 서비스가 느려지거나 장애가 발생할 수 있다. 따라서 트랜잭션 중간에 호출하는 REST API는 타임아웃$^{Time\ Out}$을 정해놓고 시간을 초과하면 중단시켜야 한다.

코드 7-22 낙관적 잠금 시 DB 커넥션과 락의 생성 주기

```
//Optimistic Locking
void createSource(Course course) {
    ...
    (1)transactionManager.getTransaction(...);  ⇐ DB 커넥션 점유
    ...
    (2)courseRepository.save(...);
    ...
    memberGateway.addManager(...)
    boardGateway.addBoard(...);
    (3)transactionManager.commit(...);          ⇐ DB 커넥션 해제, 락 생성/해제
```

```
        ...
    }
```

[코드 7-22]은 [코드 7-16]에서 보았던 낙관적 잠금 방식의 코드에서 DB 커넥션과 로우락의 생성 주기를 보여준다. 1번에서 PlatformTransactionManager의 getTransaction 메서드가 실행되면 서버의 데이터베이스 커넥션 풀에서 하나의 커넥션을 점유한다. 2번에서는 나중에 INSERT할 때 비교할 수 있도록 데이터를 SELECT하여 버전을 확인한다. 따라서 로우락이 생성되지는 않는다. 3번에서 커밋을 실행하면 실제 INSERT문이 작동하게 되고 로우락이 순간적으로 생성 및 해제되었다가 커밋이 실행되면서 데이터베이스 커넥션도 반환한다. 비관적 잠금 방식과 비교하면 REST API 호출이 길어지더라도 로우락은 짧게 점유하지만 데이터베이스 커넥션을 점유하는 시간은 길어지므로 주의해야 한다.

따라서 로컬 데이터베이스의 커넥션과 락을 최소화하는 구조도 고려해볼 필요가 있다.

코드 7-23 커밋 순서 변경 예시

```
public void createCourseOptimisticLocking_shortTransactionSpan(Course course) {
    // 0. 입력값 Validation
    UserDetails loginUser = ExampleSecurityContext.getCurrentLoginUser();
    ensureUserCanCreateCourse(loginUser);
    validateNewCourse(course);

    TransactionDefinition txDefinition = new DefaultTransactionDefinition();
    TransactionStatus txStatus = transactionManager
                .getTransaction(txDefinition);

    Set<String> txLog = new HashSet<>();

    // 1. 과정 정보 생성
    String courseId = null;
    courseId = course.getId();
    // 1.1 과정 정보 저장  ⇐ DB 커넥션 점유 & 락 생성
    courseRepository.save(course);
    try {
        // 1.2 커밋     ⇐ DB 커넥션 & 락 해제
        transactionManager.commit(txStatus);
    } catch (Exception exception) {
        transactionManager.rollback(txStatus);
        throw new RuntimeException(" Failed to create a course ",
```

```
            exception);
    }

    try {
        // 2. 멤버 서비스에 생성자를 관리자로 등록 w/ courseId
        memberGateway.addManager(courseId, loginUser);
        txLog.add("managerAdded");

        // 3. 과정 게시판 서비스에 게시판 생성 w/ courseId
        boardGateway.addBoard(courseId, loginUser);
        txLog.add("boardAdded");

    } catch (Exception originalException) {
        // 4. 보상 트랜잭션
        // 4.1 등록관 담당자 삭제
        if (txLog.contains("managerAdded")) {
            compensateAddManager(courseId, loginUser);
        }
        // 4.2 생성한 과정 삭제
        compensateSaveCourse(courseId, loginUser);
        throw new RuntimeException("Failed to create a course",
                originalException);
    }
}
```

```
private void compensateSaveCourse(String courseId, UserDetails loginUser) {
    try {
        // 4.3 커밋된 과정을 삭제함
        courseRepository.deleteById(courseId);
    } catch (RuntimeException compensationException) {
        log.error("COMPENSATION TRANSACTION ERROR! {}",
                compensationException);
    }
}
```

[코드 7-23]을 보면 로컬 데이터베이스의 커밋을 먼저 실행해서 데이터베이스 커넥션을 일찍 반환하고 로우락을 최소화하였다. [코드 7-21]과 [코드 7-22]는 과정 정보를 생성하고 데이터를 변경한 후에 다른 서비스에 커밋했지만, [코드 7-23]은 과정 정보를 생성한 후에 1.2에서 바로 커밋하고 다른 서비스에 REST API를 호출한다. 이 경우 1.1에서 데이터베이스 커넥션을 점유하고 로우락이 생성된다. 그리고 나서 1.2에서 커밋하는 순간에 모두 릴리스된다. 그

러다 REST API가 실패하면 데이터베이스에 저장된 과정 정보를 삭제한다.

예시 코드에서는 데이터베이스의 롤백 기능을 사용하지 않고 직접 커밋하고 삭제하고 있는데 일반적으로 선택하는 방법은 아니다. 하지만 외부 서비스에 호출하는 REST API가 많거나 API 실행 시간이 길고 균일하지 않다면 더 안정적인 서비스를 위해 선택해야 할 수 있다.

> **NOTE_** Saga 패턴
>
> 곰곰이 살펴보면 예시 코드를 더 개선할 수 있는 방법들을 찾을 수 있다. 그중 하나는 데이터를 변경하는 코드와 보상 트랜잭션을 짝으로 묶어놓고, 데이터를 변경하다 에러가 발생하면 자동으로 실행했던 순서의 역순으로 보상 트랜잭션을 실행하는 것이다. 커맨드 패턴을 활용하여 Undo 기능을 구현하는 방식을 트랜잭션에 적용한 것인데 실제 Saga 패턴은 이런 생각을 발전시킨 방법이다. 물론 예시 코드와 직접적으로 비교할 수 있는 수준은 아니지만 보상 트랜잭션을 자동으로 실행하고 이벤트로 동작하게 하는 등 결국 Saga 패턴은 보상 트랜잭션을 자동화해주는 것이라고 볼 수 있다.
>
> 따라서 Saga 패턴은 손으로 직접 보상 트랜잭션을 적용하는 것과 동일한 한계를 가진다. 보상 트랜잭션이 불가능한 쓰기 작업의 보상 트랜잭션을 가능하게 하거나, 보상 트랜잭션이 실패하지 않도록 보장해주는 것은 아니다. 다르게 표현하면 데이터베이스의 롤백과 유사하게 보상 트랜잭션을 자동으로 실행해주는 것만으로 보상 트랜잭션 자체의 한계를 해결해줄 수는 없다. 그리고 여러 트랜잭션이 동시에 발생했을 때 서로 섞이지 않도록 보호해줄 수 없기 때문에 독립성을 보완해주는 방법도 아니다.
>
> 반대로 앞의 예시에서 봤던 다양한 기법을 Saga 패턴에도 동일하게 적용할 수 있기 때문에 쓰기 작업 순서를 조절하여 보상 트랜잭션 수를 줄이거나 성공 확률을 높일 수 있다.

중단한 쓰기 작업의 재시도

데이터를 변경하는 API를 중간에 중단하는 것은 의외로 복잡할 수 있다. 널리 알려진 사례를 하나 소개한다.

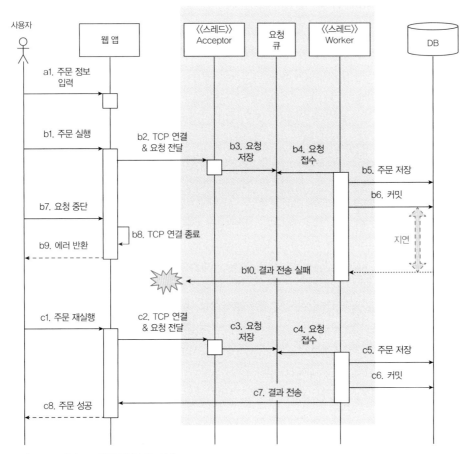

그림 7-65 재시도로 인한 중복 주문 사례

[그림 7-65]은 사용자가 주문을 하다 시스템의 반응이 없어 재시도한 결과 2개의 주문이 생성되는 과정을 단순화하여 보여준 시퀀스 다이어그램이다. 사용자가 주문 정보를 입력한 후에(a1) 주문을 실행하면(b1), 웹 애플리케이션은 서버에 TCP 연결을 시도한다(b2). 서버의 Acceptor 스레드가 TCP 연결을 맺고 전달받은 요청을 큐에 저장한다(b3). Worker 스레드는 요청 큐에서 주문 요청을 꺼내(b4) 처리한 후에 주문 정보를 저장하고 커밋한다(b5, b6). 그런데 이때 일시적으로 네트워크나 데이터베이스에 문제가 발생하여 커밋이 지연될 수 있다. 이런 경우 사용자는 주문 요청을 중단할 수 있다(b7). 그러면 웹 앱은 서버와의 TCP 연결을 종료(b8)하고 에러를 반환하여(b9) 화면은 다시 주문 실행 이전 상태로 돌아간다. 그런데 서

버와 웹 애플리케이션의 네트워크 연결이 종료되었더라도 서버 내부의 Worker 스레드는 여전히 데이터베이스의 커밋이 완료되길 기다리고 있다. 시간이 흘러 데이터베이스에서 커밋이 완료되고, Worker 스레드가 주문 결과를 전달하려고 할 때에는 이미 네트워크 연결이 종료되었으므로 결과를 전송하지 못하고(b10) Worker 스레드는 요청 처리를 마무리한다.

여기서 주목할 점은 서버가 주문을 정상적으로 처리하여 데이터베이스에 저장했지만, 사용자는 이를 알지 못한다는 것이다. 따라서 사용자는 주문을 다시 실행한다(c1). 사용자가 다시 주문을 시도하면 Acceptor 스레드가 요청을 접수하고(c3) Worker 스레드가 처리한다(c5, c6). 이때는 주문이 정상적으로 처리되고 사용자는 주문 완료 메시지를 보게 된다. 결과적으로 사용자는 하나의 주문을 두 번 실행한 게 되어 데이터베이스에는 같은 주문이 2개 저장된다.

이렇게 예시의 주문 실행 API는 정상적으로 실행되었을 때는 문제가 없지만, 시간이 오래 걸리게 되면 취소할 수도 없고 계속 기다리기도 애매한 상황에 빠진다. 클라이언트에서 취소를 하더라도 시스템에서 실제로 취소가 된다는 보장을 못 하기 때문이다.

이는 REST API의 멱등성idempotency의 필요성을 설명하는 대표적인 사례이다. 멱등성은 API를 여러 번 실행하더라도 결과가 동일한 것을 의미한다. 예시의 주문 실행 API가 멱등성을 가졌다면 사용자가 실수로 두 번 실행했더라도 주문은 1개만 생성된다. 이를 위해선 시스템이 사용자의 첫 번째 요청과 두 번째 요청이 동일한 주문인지를 인지할 수 있어야 한다. 흔히 사용하는 방법은 주문 정보를 생성할 때 중복되지 않는 ID를 생성하는 것이다. 첫 번째 API와 두 번째 API의 ID가 같다면 시스템은 두 번째 주문 실행이 중복된 것이라고 판단할 수 있다. 이외에 API의 모든 파라미터 해시값을 생성하여 비교하는 방법도 많이 사용한다.

예시와 같은 상황은 우리 주변에 항상 존재했었다. 따라서 모놀리식 아키텍처에서든 마이크로서비스 아키텍처에서든 이와 같은 사례를 항상 고려해야 한다. 다음으로 마이크로서비스 아키텍처의 예시를 하나 살펴보자.

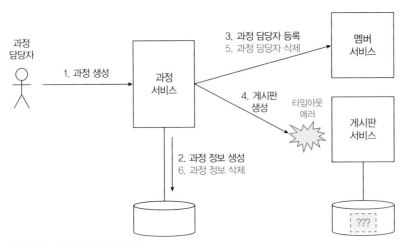

그림 7-66 보상 트랜잭션의 실패

[그림 7-66]은 과정 생성 중 게시판 생성 API에서 타임아웃 에러가 발생하여 전체 트랜잭션이 취소되는 과정을 보여준다. 사용자가 과정 생성을 요청하면(1) 과정 서비스는 로컬 데이터베이스에 과정 정보를 생성하고(2), 멤버 서비스에 과정 담당자를 등록한 후에(3) 게시판 서비스에 게시판 생성 API를 요청한다(4). 그런데 이때 일시적인 네트워크 에러 등으로 게시판 생성 API가 응답 없이 시간이 흘러가면 과정 서비스는 이 API를 타임아웃 에러로 종료해야 한다(5). 무한정 기다리면 데이터베이스의 커넥션 풀이 고갈되거나 과도한 로우락으로 문제가 발생할 수 있다. 그런 후에 실행 순서의 역순으로 과정 담당자를 삭제하고(6) 과정 정보를 삭제하여 전체 트랜잭션을 정리한다(7).

그런데 게시판을 생성한 API는 API를 요청한 과정 서비스가 응답을 기다리지 않고 취소했을 뿐 실제 게시판 서비스는 해당 데이터를 생성했을 가능성이 있다. 앞의 주문 생성 API와 동일한 상황이다. 게시판이 생성된 경우라면 과정 담당자가 과정을 생성할 때 또 다른 게시판이 생길 수 있는 것이다.

게시판 생성 API가 멱등성을 갖게 하려면 중복된 요청인지를 판단할 수 있어야 한다. 게시판 생성 API는 과정 ID와 로그인 유저 ID를 받고 있다. 과정별로 게시판이 하나씩 생성된다는 원칙을 가정한다면 과정 ID를 기준으로 중복된 요청인지 판단할 수 있다. 따라서 게시판 서비스는 게시판 생성 API가 호출되었을 때 로컬 데이터베이스에 동일한 과정 ID를 가진 게시판이 있다면 추가로 게시판을 생성하지 않고 그대로 201(Created)을 응답하거나, 같은 데이터가 있다는 에러를 반환하고 과정 서비스는 이를 에러로 처리하지 않는 식으로 API가 멱등성을 갖추게 구현할 수 있다.

게시판은 일회성 데이터가 아니므로 앞의 주문 예시와는 조금 다르게 느껴질 수 있다. 중요한 점은 여러 번 시도하더라도 문제가 없으므로 안전하게 API를 재시도할 수 있다는 것으로, 자세한 동작은 API 성격에 맞게 정의하면 된다.

이벤트를 사용한 트랜잭션 실행

[그림 7-66]의 과정 생성 과정을 API 대신에 이벤트를 사용하여 구현하는 것도 가능하다. 아래 그림을 보면 과정 서비스, 멤버 서비스, 게시판 서비스는 서로 이벤트를 주고받는 것을 볼 수 있다. 과정 서비스는 과정 정보 생성 완료 이벤트를 생성하고, 멤버 서비스와 게시판 서비스는 이를 수신한다. 멤버 서비스는 과정 담당자 등록 완료 이벤트를 생성하고 과정 서비스는 이를 수신한다. 게시판 서비스는 게시판 생성 완료 이벤트를 생성하고 과정 서비스는 이를 수신한다.

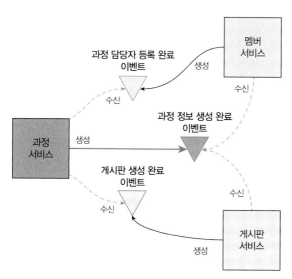

그림 7-67 서비스 간의 주고받는 이벤트

다음으로 과정 생성 과정에서 서비스가 이벤트를 주고받는 과정을 살펴보자. [그림 7-68]과 같은 과정에서 과정 담당자가 화면에서 과정을 생성하면 과정 서비스에 과정 생성 시작 API가 요청된다(a1). 과정 서비스는 로컬 데이터베이스에 과정 정보를 생성하고(a2) 과정 정보 생성 완료 이벤트를 전송한다(a3). 과정 생성 트랜잭션의 상태를 진행 중으로 설정하여 커밋한 후에

(a4, a5) 트랜잭션의 상태를 추적할 수 있는 트랜잭션 ID와 함께 결과를 반환한다(a6). 이후 화면은 과정 정보 생성 트랜잭션의 상태를 주기적으로 확인한다(a7).

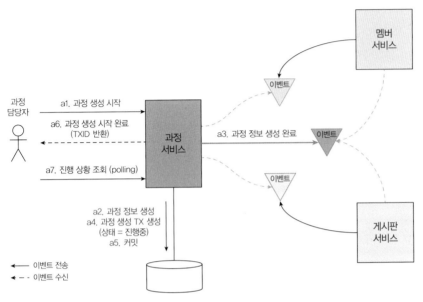

그림 7-68 과정 생성 트랜잭션의 시작

[그림 7-69]는 과정 정보 생성 이벤트가 발생한 이후의 트랜잭션 진행 과정을 보여준다. 과정 정보 생성 완료 이벤트가 발생하면 멤버 서비스와 게시판 서비스는 이를 수신한다(b1, c1). 멤 버 서비스는 과정 담당자를 등록하고(b2) 과정 담당자 등록 완료 이벤트를 발송한다(b3). 게 시판 서비스는 게시판을 생성하고(c2) 게시판 생성 완료 이벤트를 발송한다(c3). 과정 서비스 는 과정 담당자 등록 완료 이벤트와 게시판 생성 완료 이벤트를 수신하면(d1) 트랜잭션 상태를 완료로 변경한다(d2).

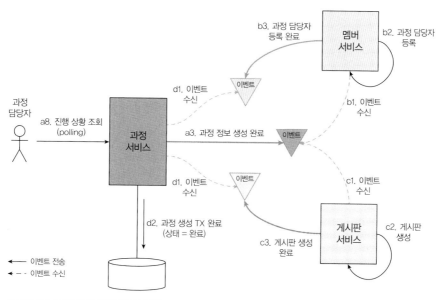

그림 7-69 과정 생성 트랜잭션의 진행

이때 [그림 7-66]처럼 일시적인 네트워크 에러 등이 발생할 수 있다.

[그림 7-70]은 과정 생성 중 일시적인 오류가 발생하는 상황을 보여주고 있다. 일단 과정 서비스가 과정 정보 생성 완료 이벤트를 이벤트 큐에 등록했다(a3). 멤버 서비스는 정상적으로 이벤트를 수신하여(b1) 과정 담당자 등록을 완료하고 이벤트를 발송했지만(b2, b3), 게시판 서비스는 일시적인 오류로 이벤트를 수신하지 못하는 상황이 발생하였다. 앞에서 살펴본 [그림 7-66]의 경우 게시판 생성이 실패할 때 전체 트랜잭션을 취소했지만, 여기에서는 게시판 서비스가 재시도하는 것이 더 적절하다. 과정 정보 생성 완료 이벤트는 아직 메시지 큐에 저장되어 있으므로 일시적인 오류가 해결되는 순간에 게시판 서비스가 해당 메시지를 처리할 것이다.

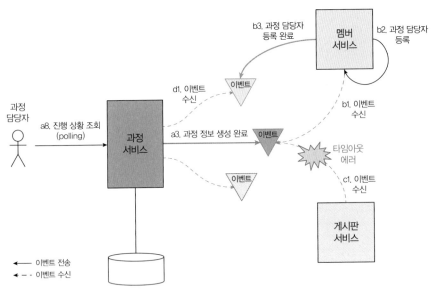

그림 7-70 과정 생성 중 일시적인 오류 발생

물론 [그림 7-66]처럼 API로 트랜잭션을 진행하는 경우에도 재시도를 할 수 있다. 하지만 API를 호출하는 서비스는 대상 서비스가 어떠한 상황에 있는지를 판단하기 어려우므로 재시도를 하는 데 한계가 있다. 예를 들어 대상 서비스가 과부하를 받아서 API 요청이 실패되었거나 응답이 지연되었는데, 재시도를 목적으로 반복해서 API를 호출한다면 대상 서비스는 더 어려운 상황에 빠질 수 있다. 하지만 이벤트로 처리하면 대상 서비스가 가능한 타이밍에 스스로 이벤트를 가져가는 구조이므로 재시도에 대한 부담이 적다. 그리고 API로 트랜잭션을 진행하면 API 응답이 지연되어 서비스의 스레드가 고갈될 수 있으므로 응답을 기다리는 데 한계가 있다. 하지만 이벤트를 사용하면 업무를 처리하는 스레드는 불필요한 대기를 하지 않기 때문에 서비스의 안정성을 개선하는 데 도움이 된다.

그런데 [그림 7-70]과는 다르게 업무적인 이유로 전체 트랜잭션을 취소해야 할 수도 있다. [그림 7-71]은 과정 생성 중에 과정 담당자 등록이 불가능한 경우를 나타낸다. 과정 정보 생성 이벤트가 발생하여(a3) 멤버 서비스와 게시판 서비스가 이를 수신하였다(b1, c1). 게시판 서비스는 정상적으로 게시판을 생성하고 이벤트를 발송했지만(c1~c3), 멤버 서비스에서 과정 담당자를 검증하는 과정 중 결격 사유를 발견하여 과정 담당자 등록에 실패했다(b2). 멤버 서비스는 과정 담당자 지정이 불가능하다는 이벤트를 발송하고(b3), 과정 서비스는 이를 수신하여 전체 과정 생성 트랜잭션을 취소한다.

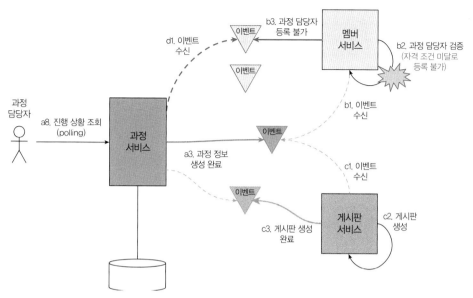

그림 7-71 과정 생성 중 담당자 등록이 불가능한 경우

[그림 7-72]는 과정 생성 중에 과정 담당자 등록이 불가하여 과정 생성 트랜잭션을 취소하는 과정을 보여준다. 멤버 서비스에서 과정 담당자 등록 취소 이벤트를 수신하면 과정 서비스는 과정 정보를 삭제하고(d2), 과정 생성 트랜잭션의 상태를 취소 중으로 변경한다(d3). 그리고 과정 정보 생성 취소 이벤트를 발송하면(d4) 멤버 서비스와 게시판 서비스가 이를 수신한다(e1, f1). 멤버 서비스는 이벤트로 받은 과정(e1)의 담당자 정보를 찾지 못하므로 등록을 취소하지 못하고 종료한다(e2). 게시판 서비스는 이벤트로 받은 과정의 게시판을 삭제한 후에(f2) 게시판 삭제 완료 이벤트를 발송하고(f3), 과정 서비스는 이를 받아서(d5) 과정 생성 트랜잭션을 실패 상태로 변경한다(d6). 과정 생성 화면은 과정 생성이 실패한 것을 조회하여 사용자에게 표시한다.

참고로 이벤트로 트랜잭션을 진행할 때도 멱등성은 중요한 속성이다.

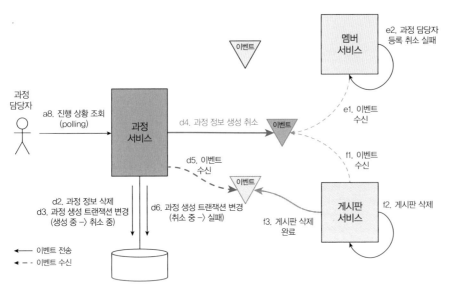

그림 7-72 담당자 등록이 불가능하여 과정 생성 취소

[그림 7-73]은 메시지가 중복으로 전달되는 사례 2가지를 보여준다. 첫 번째는 메시지 전송이 실패하여 재시도했을 때 발생할 수 있는 경우이다. 과정 서비스가 과정 정보 생성 완료 이벤트를 메시지로 전송하면(a1) 카프카^{Kafka}는 메시지를 로컬 저장소에 저장한 후에 (a2) 성공적으로 수신하였다고 결과를 저장한다(a3). 그런데 이때 네트워크 에러 등으로 과정 서비스가 이 응답을 받지 못할 수 있다. 이런 경우에 과정 서비스는 일정 시간이 지난 다음 재시도하게 되고(a4), 카프카는 이를 다시 저장한 후(a5) 성공적으로 수신하였다고 결과를 저장한다(a6). 이럴 때 과정 서비스는 실질적으로 두 번의 메시지를 전송한 것이 된다. 두 번째는 게시판 서비스가 메시지를 수신한 사실을 적절히 전달하지 못하는 경우이다. 게시판 서비스는 메시지를 수신하고(b1), 처리한 후에 해당 과정의 게시판을 생성한다(b2). 그런 다음 메시지 수신을 완료하였다고 카프카에 결과를 전달해야 하는데 게시판 서비스에 결과를 전달하지 못할 수 있다(b3). 이후에 게시판 서비스의 새로운 인스턴스가 이어서 처리하면 기존의 메시지를 다시 읽고(b4) 게시판을 생성한다(b5). 이어서 메시지 수신 결과를 전달하면(b6) 카프카는 해당 메시지가 전달되었다는 것을 기록한다(b7).

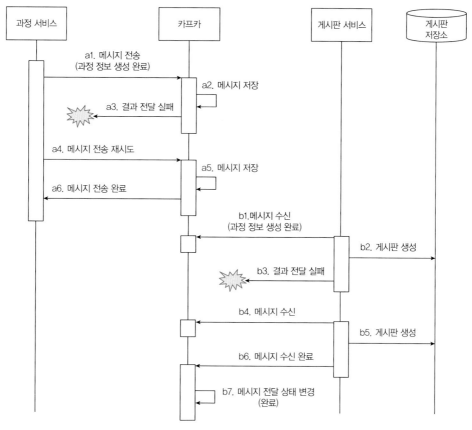

그림 7-73 메시지를 여러 번 전송하게 되는 사례

물론 드물게 발생하는 경우이지만 게시판 저장소에 같은 이벤트가 여러 개 전달될 수 있다[8]. 그렇기 때문에 게시판 서비스는 해당 이벤트를 처리할 때 여러 번 처리하더라도 동일한 결과가 나올 수 있도록 구현해야 한다. 멱등 소비자(Idempotent Consumer) 패턴을 적용해서 기존에 처리한 메시지의 이력을 저장하여 동일한 메시지는 다시 처리하지 않도록 하거나 업무적으로 중복된 처리를 하지 않도록 구현해야 한다. 과정 생성 시나리오에서는 게시판 서비스는 같은 게시판 정보가 이미 생성된 경우 에러를 반환하지 않고 게시판 생성 완료 이벤트를 발송하거나 중복된 게시판이 존재한다는 이벤트를 생성할 수 있다.

---

8 메시지의 전달 보장 방식 중 At least once 방식으로 가장 보편적으로 사용한다.

살펴본 바와 같이 이벤트로 트랜잭션을 진행하면 재시도가 간단해지고 서비스의 API 응답 지연으로 인한 장애도 발생하지 않는다. 하지만 처리 과정이 복잡해지기 때문에 구현 난도가 상승하고 트랜잭션의 진행 상황을 파악하는 것도 번거로워진다. 트랜잭션의 상태를 파악하기 위해 지속해서 조회하거나 이벤트를 받아야 하고, 문제가 발생하는 경우에는 다른 서비스의 담당자와 함께 로그를 살펴보고 조치해야 할 수도 있다. 따라서 이벤트에 익숙하지 않다면 API로 트랜잭션을 처리하는 것을 기본으로 하고 필요한 경우에만 이벤트를 적용하는 것이 좋다.

정리

구현 관점에서 고려해야 하는 몇몇 주제에 대해 가능한 한 세밀히 살펴봤다. 여러 서비스에 걸쳐 수행되는 트랜잭션이 부담스럽게 느껴질 수도 있을 것이다. 하지만 처음에 이야기한 것처럼 생각보다 보상 트랜잭션이 필요한 경우가 많지 않고 복잡한 사례도 드물다. 만약에 보상 트랜잭션의 구현이 크게 부담스러운 상황이라면 서비스의 경계를 조정하거나 서비스 수를 줄여 서비스 간의 연계를 줄이는 것도 좋은 방법이다.

7.3.3 독립성의 보완

동시성 이슈는 특히 전달하기 어렵다. 동시성 이슈 자체가 어려운 주제이기도 하지만 구조적으로 동시성 이슈가 발생할 수 있을 때에도 실질적인 문제가 없다면 특별히 조치하지 않고 넘어가는 경우도 많기 때문이다.

다음은 현장에서 흔히 볼 수 있는 코드이다.

코드 7-24 애플리케이션이 중복된 이름을 차단

```
public class ProjectService {
    Public void add(ProjectDTO project) {
        //(1) 동일한 프로젝트 이름이 있는지 확인
        if (dao.selectByName(project.getName(), loginId) == null) {
            throw new Exception(" 요청한 프로젝트와 동일한 이름이 존재합니다 ");
        }
        ...
        //(2) 프로젝트 생성
        dao.insert(project, loginId);
```

```
        }
    }
```

[코드 7-24]는 프로젝트 정보를 생성할 때 새로 만드는 프로젝트 이름이 사용자의 다른 프로젝트 이름과 중복되는지 확인하는 코드이다. 그런데 이 코드는 데이터베이스의 설정에 따라 동기화 이슈가 발생할 수 있다.

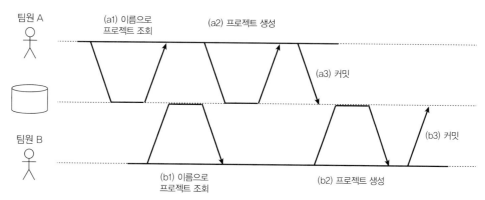

그림 7-74 중복된 프로젝트의 생성

[그림 7-74]는 프로젝트의 팀원 두 명이 같은 이름의 프로젝트를 동시에 생성하는 경우를 보여준다. 팀원 A가 프로젝트를 생성하기 전에 데이터베이스에 생성하려는 프로젝트와 동일한 이름의 프로젝트가 있는지 확인하고(a1), 프로젝트를 생성한 후 커밋한다(a2). 그런데 팀원 B가 프로젝트를 생성하고 확인할 때는(b1) 같은 이름의 프로젝트가 없었다. 따라서 프로젝트를 생성하고 커밋한다(b2). 결과적으로 (a2)와 (b2)에 의해서 데이터베이스에는 동일한 이름의 프로젝트가 2개 생기게 된다.

이런 경우에 애플리케이션에서 동기화를 처리하는 것은 불가능하고 다음과 같이 데이터베이스의 기능에 의지해야 한다.

코드 7-25 데이터베이스가 중복된 이름을 차단

```
public class ProjectService {
    Public void add(ProjectDTO project) {
        ...
        try {
            //(1) 프로젝트 생성
```

```
        dao.insert(project, loginId);
    } catch (DuplicateKeyException e) {
        Throw new Exception("요청한 프로젝트와 동일한 이름이 존재합니다");
    }
    ...
    }
}
```

데이터베이스의 프로젝트 테이블에 프로젝트 이름과 사용자 ID로 유니크 키를 만들면, 데이터베이스가 트랜잭션 타이밍과 무관하게 중복된 데이터가 입력되지 않도록 차단한다. 사용자가 존재하는 이름으로 프로젝트를 생성하려 하면 데이터베이스는 예외를 발생시키고, 애플리케이션은 이 예외를 확인한 후에 사용자에게 안내하면 된다.

그런데 앞서 보았던 [코드 7-24]에서도 실질적인 문제는 없을 수도 있다. 팀원 두 명이 같은 이름으로 프로젝트를 생성하는 경우도 드물 것이고, 위 예시처럼 기가 막힌 타이밍으로 얽히기 힘들기 때문이다. 설사 그런 일이 발생했다고 하더라도 사용자가 프로젝트를 삭제하거나 이름을 수정하면 되는 일이다. 앞의 예시에서는 데이터베이스 설정으로 손쉽게 방지할 수 있지만, 모든 사례를 엄격하게 차단하려면 개발 난도가 올라가고 때로는 시스템 성능이나 안정성도 저하될 수 있다. 만약에 금전 출납을 다루는 기능이라면 구현 난도는 신경쓰지 않고 모든 사례를 엄격하게 차단해야 할 것이다.

이처럼 동시성 이슈는 기술적으로 발생할 수 있는 모든 부분을 차단하기보다는 실제 발생할 수 있는 가능성과 발생했을 때의 영향을 고려하여 적절하게 조치해야 한다. 다르게 이야기하면 동시성 이슈에 능숙한 엔지니어는 동시성 이슈가 발생할 수 있는 사례를 식별할 수 있고, 발생할 수 있는 문제의 영향, 조치 난도, 시스템 성능 등을 고려하여 적절한 해결책을 선택하는 능력을 갖추고 있다고 할 수 있다. 안타까운 점은 이런 능숙한 엔지니어가 많지 않다는 것이다. 현장을 돌아다니다 보면 이런 동시성 이슈에 능숙한 엔지니어는 소수만 있을 뿐이다. 게다가 대상 애플리케이션을 깊게 이해하지 못하는 경우가 많아서 문제 되는 케이스를 정확하게 식별하는 데 어려움을 겪는다. 따라서 기술적인 검토를 반복하더라도 또 다른 문제가 숨어있을지 모른다는 불안감을 해소하지 못하는 것 같다.

어떤 이슈가 있는가?

여러 트랜잭션이 동시에 실행되는 경우 다음과 같은 문제점이 발생할 수 있다.

- **Dirty Reads**: 다른 트랜잭션에서 커밋하지 않은 데이터를 읽는 현상이다. 진행 중인 트랜잭션의 데이터를 읽을 수 있기 때문에 데이터 간 일관성이 없을 수 있고, 해당 트랜잭션이 롤백되는 경우 실제 존재하지 않는 데이터를 참조한 게 된다.

- **Non-Repeatable Read**: 한 트랜잭션에서 같은 데이터를 여러 번 읽을 때 이전과 다른 값이 조회되는 현상이다. 데이터를 읽은 후에 다른 트랜잭션이 해당 데이터를 변경하면 다시 읽었을 때 변경된 데이터가 조회되어, 결국 같은 트랜잭션에서 하나의 데이터가 여러 값을 가지게 되는 현상이다. 또는 여러 테이블의 데이터를 읽는 긴 트랜잭션에서 시작 시점에 읽은 데이터와 종료 시점에 읽은 데이터가 서로 일관되지 않는 경우도 해당한다. 이는 자연스러운 동작일 수도 있지만 통계나 분석 쿼리처럼 많은 데이터를 순차적으로 읽는 경우에는 문제 될 수 있다.

- **Phantom Read**: 한 트랜잭션에서 쿼리를 수행한 후에 다시 같은 쿼리를 수행했을 때 앞의 쿼리에서 없었던 데이터가 두 번째 쿼리에 나타나는 현상을 말한다. 첫 번째 쿼리의 결과를 전제 조건으로 쓰기 작업을 수행한다면, 실제 쓰는 시점에는 앞의 조건이 변경되어 결국 잘못된 쓰기가 발생할 수 있다.

데이터베이스가 제공하는 기능

데이터베이스는 동시성 이슈를 예방해주는데, 그 범위는 격리 수준^{Isolation Level}에 따라 다르다. 다음은 일반적인 격리 수준이다.

- **Read Uncommitted**: 커밋되지 않은 데이터를 조회할 수 있다.
- **Read Committed**: 커밋된 데이터만 조회할 수 있다.
- **Repeatable Read**: 한 트랜잭션 내에서는 다른 트랜잭션이 데이터를 변경하더라도 영향을 받지 않는다.
- **Serializable**: 트랜잭션이 순차적으로 실행되는 것과 동일하게 실행되어 모든 동시성 이슈를 방지한다.

다음은 격리 수준에 따라 예방할 수 있는 동시성 이슈를 표시했다.

표 7-1 격리 수준별 방지 가능한 동시성 이슈

격리 수준	Dirty Read		Non-Repeatable Read		Phantom Read	
	단일 테이블	멀티 테이블	단일 테이블	멀티 테이블	단일 테이블	멀티 테이블
Read Uncommitted	X	X	X	X	X	X
Read Committed	O	O	X	X	X	X
Repeatable Read	O	O	O	O	△[9]	△
Serializable	O	O	O	O	O	O

---

9 DBMS의 종류나 버전에 따라 Repeatable Read 수준에서 Phantom Read 이슈는 발생할 수도 있다.

Serializable 단계는 모든 동시성 이슈를 차단할 수 있지만 성능 저하로 인해 실제 사용하는 경우는 드물고, 대부분 Read Committed나 Repeatable Read 수준을 사용한다. 따라서 일반적으로 Non-Repeatable Read나 Phantom Read 이슈를 관리하는 것은 애플리케이션의 몫이다. 대신 데이터베이스는 이를 제어하는 데에 도움이 되는 동기화 도구를 제공한다. 대표적으로 SELECT FOR UPDATE 구문은 조회된 모든 데이터와 관련된 인덱스에 락을 걸어 다른 트랜잭션이 수정하지 못하게 만든다.

마이크로서비스 아키텍처에서 달라지는 점

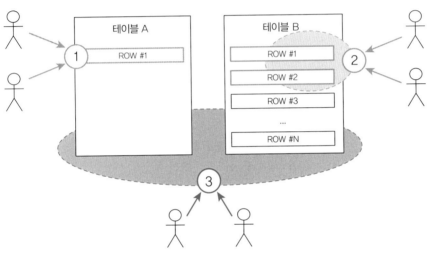

그림 7-75 동시성 이슈가 발생할 수 있는 사례

[그림 7-75]는 데이터베이스에서 동시성 이슈가 발생할 수 있는 사례를 보여준다. 동시성 이슈는 1번과 같이 여러 사용자가 같은 레코드를 읽거나 쓰는 경우와 2번처럼 같은 테이블의 여러 레코드를 읽고 쓰는 경우 그리고 3번처럼 다른 테이블의 레코드를 같이 읽고 쓰는 경우에 발생할 수 있다. 마이크로서비스 아키텍처에서 1번이나 2번은 서비스 내부에서 발생하므로 ACID 트랜잭션이 여전히 보장된다. 따라서 고려해야 하는 것은 3번처럼 트랜잭션이 여러 테이블에 걸쳐 실행되는데 해당 테이블이 서로 다른 서비스에 배치되는 경우이다. 이럴 때 Dirty Read, Non-Repeatable Read, Phantom Read가 발생할 수 있다.

궁극적 일관성(Eventual Consistency)

Dirty Read는 트랜잭션 중에 커밋되지 않은 데이터를 읽는 현상으로 단일 데이터베이스에서는 일어나지 않는 일이다. 하지만 여러 서비스에 걸친 트랜잭션은 서비스마다 순차적으로 커밋되므로 트랜잭션이 완결되지 않았더라도 중간에 변경 중인 값이 조회될 수 있다. 다르게 표현하면 서비스 간의 트랜잭션은 궁극적 일관성^{Eventual Consistency}을 따르므로 일시적으로 데이터가 안 맞을 수 있다.

예를 들어 다음 그림과 같이 판매, 재고 관리, 관리자 포털이 각각 다른 서비스로 나누어져 있는 리테일 매장의 시스템을 살펴보자.

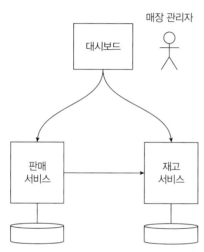

그림 7-76 리테일 매장 예시

매장 관리자는 매장 운영 시간에 대시보드에서 현재 판매된 상품의 수와 창고에 남은 재고 상품의 수를 조회한다. 각각의 데이터는 판매 서비스와 재고 서비스에 API로 조회해서 표시한다. 상품이 판매되면 재고가 차감되므로 이상 없이 판매가 진행된다고 했을 때 영업 시작 전 상품이 1,000개 있으면 영업 중에 판매된 상품 수와 재고 상품 수의 합은 항상 1,000개일 것이다. 하지만 이와 같은 구조에서 대시보드 화면에 표시되는 판매 상품 수와 재고 상품 수는 순간적으로 1,000이 아닐 수도 있다.

다음은 500개의 제품이 판매되어 500개의 재고가 남은 상태에서 제품이 판매될 때 발생할 수 있는 사례이다.

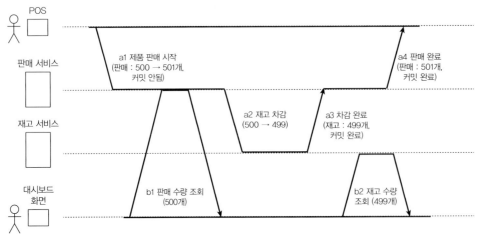

그림 7-77 판매와 재고 현황의 불일치 사례

[그림 7-77]은 대시보드 화면에서 제품을 판매하는 중에 데이터를 조회하는 과정을 보여주는 타이밍 다이어그램이다. 판매원이 POS[10] 시스템으로 제품을 판매하면 판매 서비스에 API를 호출하여 제품 판매 프로세스가 시작된다. 판매 서비스는 판매된 제품 수를 500개에서 501개로 증가시키고(a1) 커밋하지 않은 상태로 재고 서비스에 재고를 차감하도록 API를 호출한다(a2). 재고 서비스는 데이터베이스에서 재고를 차감하고 커밋한 후 결과를 반환한다(a3). 판매 서비스는 판매 정보를 커밋하고 다시 결과를 반환한다(a4).

매장 관리자가 조회하는 대시보드 화면은 판매 서비스에 판매 현황을 조회한다(b1). 먼저 실행한 a1이 판매 수량을 501개로 증가시켰지만 커밋 전이기 때문에 판매 수량은 500개로 조회된다. 그리고 재고 서비스에 재고 현황을 조회하는데(b2), 이때는 a3에서 재고 수량이 차감되어 커밋되었기 때문에 499개로 반환한다. 따라서 대시 보드에서 조회되는 판매 수량과 재고 제품 수를 합하면 1,000개가 아니고 999개가 된다. 만약 판매 정보와 재고 정보가 같은 데이터베이스에 있다면 하나의 트랜잭션으로 판매된 상품 수는 증가하고 재고 상품 수는 감소하므로 커밋되기 전의 중간 상태가 노출되지 않기 때문에 합계는 항상 1,000개로 조회될 것이다.

하지만 이렇게 실시간으로 모니터링하는 화면에서 순간적으로 데이터가 맞지 않는다고 문제가될 일은 없다. 만약에 실시간 모니터링이 아니라 하루 매출과 재고를 결산하는 경우라면 작은 오차라고 해도 문제가 될 수 있지만 실제 매장의 결산 작업은 비교적 긴 시간 동안 다양한 단계

---

10 Point of Sale : 제품의 바코드 등을 읽어 판매를 진행하는 시스템

를 거쳐 진행되기 때문에, 이런 찰나의 데이터 불일치가 발생할 수 있는 상황이 크게 문제가 되지 않는다. 혹시 이런 찰나의 데이터 불일치도 문제가 될 수 있다면 서비스를 합치거나 경계를 변경하는 것도 고려할 수 있을 것이다.

Phantom Read

Phantom Read는 한 트랜잭션 내에서 쿼리를 수행한 후에 다시 같은 쿼리를 수행했을 때 앞의 쿼리에서 없었던 데이터가 두 번째 쿼리에 나타나는 현상을 말한다. 이는 하나의 서비스에서 실행하는 트랜잭션에서든 여러 서비스에 걸친 트랜잭션에서든 동일하게 발생한다. 하나의 서비스에서 실행하는 트랜잭션은 SELECT FOR UPDATE와 같은 데이터베이스의 동기화 메커니즘을 사용할 수 있지만, 여러 서비스에 걸친 트랜잭션에서는 이와 유사한 기능을 구현해야 한다. 다음은 데이터베이스의 동기화 메커니즘을 대신하는 사례이다.

영화관에서는 기업 회원에게 매주 20장의 무료 쿠폰을 제공한다. 회원사 A의 사원 B는 본인 ID로 영화관 시스템에 접속해서 영화를 선택한 후에 무료 쿠폰을 선택하고 예매 버튼을 누르면 영화를 예매할 수 있다. 이때 시스템은 회원사 A에 할당된 무료 쿠폰이 남아 있는 경우에만 예매를 처리한다.

다음은 쿠폰으로 영화 예매를 진행하는 SQL 스크립트의 일부분이다.

코드 7-26 영화 예매 SQL

```
TRANSACTION START;

--(1) 잔여 쿠폰 확인
SELECT *
  FROM COUPON
 WHERE COMPANY_ID='A';

--(2) 영화 예매
UPDATE ...;

TRANSACTION END;
```

잔여 쿠폰이 1개만 있는 경우에는 사원 A와 사원 B가 동시에 쿠폰으로 영화를 예매하더라도 한 명만 예매에 성공하고 나머지 한 명은 예매에 실패해야 한다. 하지만 위와 같이 코드가 작성되는 경우에는 타이밍에 따라 모두 영화 예매에 성공할 수도 있다.

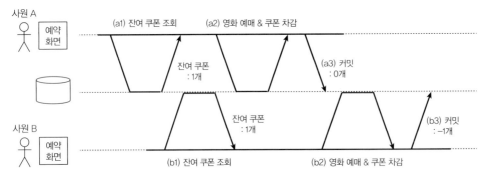

그림 7-78 1장의 쿠폰을 2명이 사용하는 사례

[그림 7-78]은 1장의 무료 쿠폰으로 두 사람이 영화를 예매하는 사례의 타이밍 다이어그램이다. 사원 A가 무료 쿠폰으로 영화 예매를 시도하면 시스템은 잔여 쿠폰 수를 확인한다(a1). 이때 잔여 쿠폰이 1개가 남아있으므로 영화 예매를 진행하고 쿠폰을 차감한다(a2). 비슷한 시점에 사원 B가 영화 예매를 시도하면 시스템은 잔여 쿠폰 수를 확인하는데(b1) 이 시점에는 아직 쿠폰이 차감되지 않았기 때문에 잔여 쿠폰은 1개가 된다. 따라서 영화 예매를 진행할 수 있게 된다.

다음 코드는 [코드 7-26]에 SELECT FOR UPDATE를 적용한 예시이다.

코드 7-27 영화 예매 SQL

```
TRANSACTION START;

--(1) 잔여 쿠폰 확인 및 락 설정
SELECT *
  FROM COUPON
 WHERE COMPANY_ID='A'
   FOR UPDATE;

--(2) 영화 예매
UPDATE ...;

TRANSACTION END;
```

이런 경우 하나의 데이터베이스에서라면 위와 같이 잔여 쿠폰값을 다른 트랜잭션이 조회할 수 없도록 SELECT FOR UPDATE 구문을 사용할 수 있다. 이때 [그림 7-78]의 (b1)은 사원 A의 트랜잭션이 종료될 때까지 대기했다가 실행하게 된다.

그런데 쿠폰과 예약이 서로 다른 서비스로 나누어져 있다면 데이터베이스의 동기화 메커니즘은 사용이 불가능하다. 따라서 이런 경우에는 다른 트랜잭션이 쿠폰을 사용하지 못하도록 애플리케이션 레벨에서 락을 걸어야 한다.

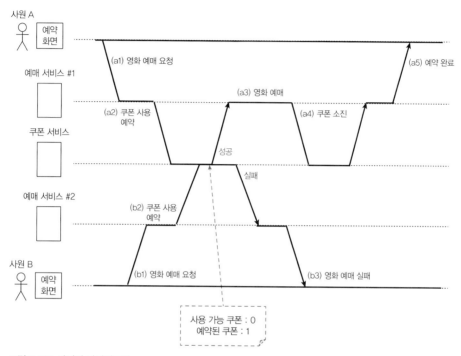

그림 7-79 타이밍 다이어그램

[그림 7-79]는 잔여 쿠폰을 조회하는 대신 쿠폰 사용을 예약하여 다른 트랜잭션이 해당 쿠폰을 사용하지 못하도록 과정을 보여준다. 사원 A가 무료 쿠폰으로 영화 예매를 시도하면(a1) 시스템은 먼저 잔여 쿠폰 상태를 '사용 예약'으로 변경하고(a2) 예매를 진행한 후에(a3) 쿠폰을 차감한다(a4). 비슷한 시점에 사원 B가 영화 예매를 시도하면(b1), 시스템은 사용하려고 예약을 시도하는데(b2) 이 시점에서는 사용할 수 있는 쿠폰이 없기 때문에 영화 예매를 진행할 수 없게 된다. 만약에 a3, a4 등에서 에러가 발생하면 '사용 예약'으로 상태를 변경됐던 쿠폰은 다시 사용할 수 있는 상태로 돌려놓는다.

그런데 시스템으로 구현하는 대신 업무적으로 해결하는 것도 고려해볼 수 있다. 앞의 예시와 같은 식으로 초과 예약이 발생하는 것은 흔한 일은 아니기 때문에 중복 예약이 발생되면 해당 고객에게 안내하고 예약을 취소하는 것도 방법이다. 아니면 프로모션의 일환으로 그대로 영화를 관람하게 하는 것도 가능할 것이다.

대부분의 설정에서 데이터베이스는 Phantom Read를 차단하지 못한다. 따라서 모놀리식 아키텍처에서나 마이크로서비스 아키텍처에서나 엔지니어가 발생할 수 있는 사례를 사전에 인지하고 적절한 조치를 취해야만 한다.

> **NOTE_** 만약에 기존 시스템이 있다면 기존 시스템의 쿼리를 분석하여 동시성 이슈를 탐지할 수도 있다. 먼저 기존 시스템의 쿼리에서 SELECT FOR UPDATE 같은 구문이나 애플리케이션 수준에서 락을 구현한 사례를 찾는다. 그리고 그중 여러 테이블에 걸친 동시성 이슈를 다루는 사례와 해당 테이블이 서로 다른 서비스에 배치되는 사례를 찾으면 된다.

7.4 서비스 간 장애 차단

마이크로서비스 아키텍처에서 서비스를 장애에 빠뜨릴 수 있는 외부의 요인은 다음과 같이 분류할 수 있다.

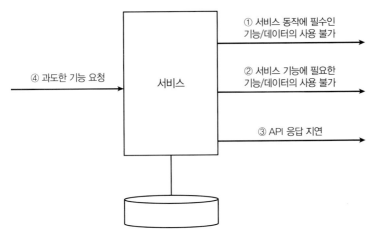

그림 7-80 서비스의 장애 요인

첫 번째 원인은 서비스가 동작하는 데에 꼭 필요한 기능이나 데이터를 사용할 수 없는 경우로 (1) 서비스는 장애에 빠질 수밖에 없다. 두 번째는 서비스의 업무 기능이 동작하는 데에 필요한 기능이나 데이터를 사용할 수 없는 경우로(2) 해당 기능을 제외하고는 동작이 가능하다. 세 번째는 다른 서비스에 요청한 API가 응답 시간이 지나치게 긴 경우이다(3). 이럴 때에는 서비스의 요청을 처리하는 모든 스레드가 API 응답을 기다리게 되어 서비스가 장애에 빠질 수 있다. 그리고 서비스에 과도한 요청이 발생하는 경우에도(4) 서비스 장애가 발생할 수 있다.

다음 절에서 사례별로 자세히 살펴보자.

7.4.1 필수 기능과 데이터의 사용 불가

서비스 동작에 반드시 필요한 기능이나 데이터를 사용할 수 없는 경우 서비스의 전체 기능은 멈출 수밖에 없다. 예를 들어 사용자의 API 요청을 인가하기 위해 인증 서비스에 밸류 토큰을 요청해야 하는데 인증 서비스에 장애가 발생한다면, 서비스는 적절한 사용자가 요청한 것인지 판단할 방법이 없으므로 기능을 정지할 수밖에 없다. 사용자, 역할, 권한 같은 API 인가에 꼭 필요한 정보를 제공하는 서비스에 장애가 발생하는 경우도 마찬가지이다.

가장 좋은 해결 방법은 이런 필수 기능이나 데이터를 만들지 않는 것이다. 토큰 검증의 경우 서비스가 자체적으로 토큰을 검증하고 조회할 수 있다면 인증 서비스에 장애가 발생해도 영향을 받지 않을 수 있다. 시스템 규모가 매우 크고 장애에 민감한 시스템이라면 가장 좋은 선택일 것이다. 하지만 강한 보안 기준을 가진 경우라면 인증 서비스에서 토큰을 관리해야 한다. 이럴 때에는 토큰은 자주 변경되는 데이터이기 때문에 완벽하게 대처하기 어려운 경우가 많다. 따라서 최소한의 기능은 동작할 수 있도록 방안을 고민해야 한다. 서비스의 로컬 캐시에 저장되는 토큰 정보를 최대한 활용하거나 보안 측면에서 중요도를 고려하여 최소한의 기능은 동작할 수 있도록 정책을 정하는 것도 선택할 수 있는 방법이다.

만약에 서비스 동작에 필수인 데이터가 잘 변하지 않는다면 로컬에 복제본을 두는 것도 좋은 방법이다. 사용자, 역할, 권한, 부서, 공통 코드, 기준 정보와 같은 데이터는 잘 변하지 않는다. 그리고 변경되더라도 모든 서비스에 즉시 반영할 필요가 없다. 대개 5분 이내에 반영이 된다면 충분한 경우가 많다. 따라서 이런 데이터는 로컬에 복제하여 주기적으로 동기화하는 것만으로도 대형 장애를 방지할 수 있다.

이때 별도의 동기화 솔루션이 필요하다고 생각할 수도 있는데 보통 간단한 동기화 기능을 구현하는 것이 훨씬 좋은 방법이다. 잘 변하지 않는 데이터를 단방향으로 동기화하는 것이기 때문에 구현이 간단하고, 대상 데이터의 크기가 작고 잘 변하지 않아서 빠르게 동작한다. 일반적으로 역할, 권한, 부서, 공통 코드 등은 압축하지 않은 텍스트 파일에 저장할 때 수MB를 넘지 않는다. 사용자의 숫자가 많을 수도 있지만 로그인 사용자의 정보는 토큰에서 조회가 가능하다.

각 서비스가 필수 데이터를 로컬에 저장할 때는 사용하기에 좋은 형태로 저장하는 것이 좋다. 예를 들어 역할, 조직, 권한, 메뉴 같은 데이터는 접근 제어를 할 때에 부모와 자식 노드를 같이 검색해야 하는 경우가 있다. 어떤 데이터의 접근 권한이 사용자 부서의 상/하위 부서에 따라 달라진다면, 사용자의 조직을 찾은 후에 상위 조직과 하위 조직을 넘나들면서 접근 권한을 체크해야 한다. 이럴 때에는 부서 정보를 트리 형태로 메모리에 로딩하여 사용하면 관계형 데이터베이스에서 데이터를 매번 조회하는 것보다 성능을 크게 향상시킬 수 있다. 그리고 부서의 속성도 트리를 표현하는 데에 필요한 ID와 상위 부서 ID만 저장하면 된다.[11]

7.4.2 비필수 기능과 데이터의 사용 불가

다음 사례는 서비스가 동작하는 데에 필요한 기능이나 데이터를 사용할 수 없는 경우이다. 예를 들어 제품을 주문하는 데 재고 현황을 조회하지 못하거나 휴가 신청을 하는 데 결재 서비스가 동작하지 않는 경우이다. 이럴 때에는 장애가 발생한 기능을 사용하는 기능은 정상적으로 동작할 수 없게 된다.

이런 경우에는 관련 기능만 한정적으로 문제가 되도록 신경 써야 한다. 예를 들어 재고 서비스에 장애가 발생했다고 해서 사용자가 상품을 검색하지 못하게 되면 안된다. 혹은 게시판 서비스에 장애가 발생했다고 해서 사용자가 게시판을 클릭할 때마다 화면이 응답 없이 멈추면 안될 것이다. 또는 각 서비스의 통합 로그를 수집하는 기능에 장애가 발생했다고 해서 사용자에게 제공하는 기능에 문제가 발생하면 안된다. 이런 경우 장애가 발생한 서비스의 기능을 적당히 대체하여 제공하는 것도 좋은 방법이다. 예를 들어 개인 맞춤형 추천 서비스에 장애가 났을 때 임의의 제품을 추천하는 사례를 들 수 있다.

유사한 상황으로 업무 데이터를 제공할 때 생성한 사람의 이름 등을 표현하기 위해 사용자의 이름과 같은 데이터가 필요할 수 있는데, 이를 API로 제공하는 서비스에 장애가 발생할 수 있

---

11 업무 데이터와 관련된 부서의 이름을 표현해야하는 경우 부서 이름도 추가할 수 있을 것이다.

다. 이런 경우 사용자 이름을 빼고 표시할 수도 있다. 매우 어색한 상황이고 이 또한 장애이긴 하지만 시스템 전체가 멈추거나 해당 기능이 멈추는 것에 비해서는 훨씬 양호한 상태이다.

7.4.3 API의 응답 지연

세 번째 사례는 서비스가 API를 호출했는데 API의 응답이 지연되면서 발생하는 장애 유형이다.

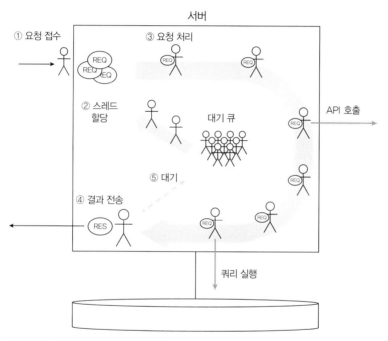

그림 7-81 클라이언트 요청 처리 과정

[그림 7-81]은 웹 서버가 클라이언트의 요청을 처리하는 과정을 간략하게 보여준다. 클라이언트가 API로 기능을 요청하면 서버는 해당 요청을 접수한다(1). 그다음 요청을 처리할 스레드를 할당하면(2), 요청 처리 스레드는 클라이언트의 요청을 처리한 후 결과를 반환한다(3~4). 스레드는 모든 요청을 처리한 후 다시 대기 모드로 전환한다(5).

이런 경우 API의 응답이 많이 지연되면 요청을 처리하는 스레드가 고갈되어 장애가 발생할 수 있다.

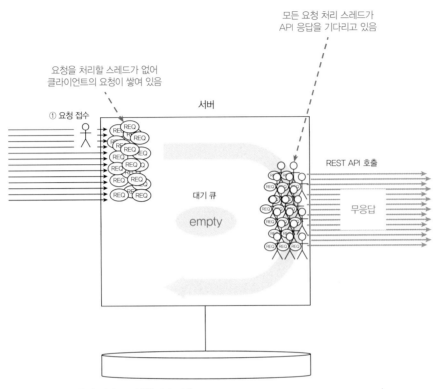

그림 7-82 API 응답 지연으로 인한 서버 장애

[그림 7-82]는 호출한 REST API가 응답이 없을 때 웹 서버의 상태를 간략하게 보여준다. 외부 서비스에 REST API를 요청했는데 응답 없이 시간만 지나가면 API를 요청한 스레드는 계속 대기해야 한다. API 요청이 많은 상태에서 API 응답 시간이 지연되면 결국 서버의 모든 스레드가 API 대기에 빠지고 새로운 요청을 처리할 수 없게 된다. 예를 들어 요청을 처리하는 스레드를 100개 갖는 서비스가 평균 1초 소요되는 API를 1초에 10번꼴로 호출했는데, 갑자기 이 API의 응답 시간이 10초로 길어진다면 100개의 스레드가 모두 API 응답을 대기하는 상태가 된다. 응답 시간이 더 길어져 20초가 되면 10초가량은 서비스가 아무런 응답이 없는 상태에 빠질 수 있다. 이때 서비스 상태를 모니터링하는 시스템이 서비스가 정상 동작하고 있는지 확인하려고 헬스 체크 API를 호출한다면, 이 헬스 체크 API에도 응답할 수 없기 때문에 모니터링 시스템이 해당 서비스를 강제로 종료하고 재시작할 것이다.

이런 경우에는 외부에 호출하는 API가 내부 스레드를 모두 소진하지 못하도록 타임아웃을 적용해야 한다. 평균 0.1초가량 걸리던 API가 5초 이상 응답하지 않는다면 결과를 기다리지 않는 것이 더 현명한 판단이다. 따라서 모든 API가 지속해서 오래 걸린다면 매번 5초씩이나 대기할 필요 없이 서킷 브레이커Circuit Breaker 패턴을 적용하여 한동안은 API 호출을 차단하는 것이 더 좋은 방법이다. 때로는 외부에 API를 호출하는 데에 사용하는 스레드의 총량을 제한하는 벌크헤드Bulkhead 패턴을 적용할 수도 있다. 이는 서킷 브레이커 라이브러리를 활용하여 간단하게 기능을 구현할 수 있다.

그런데 이렇게 API 요청을 인위적으로 중단하는 것은 쉽게 받아들이기 어려울 수 있다. API를 중단하지 않고 조금만 더 기다렸다면 성공했을지도 모르는데 임의로 에러를 반환했다는 것 자체가 잘못된 판단이라고 여겨질 수 있기 때문이다. 이렇게 중간에 임의로 중단하는 것은 서비스의 전체 장애를 방지한다는 대의가 없었더라면 절대 선택하지 않을 옵션일 것이다. 따라서 타임아웃이나 서킷 브레이커를 적용할 때는 일부 손실을 감내하더라도 중간에 API를 끊는 게 더 이익이라는 공감대를 가져야 한다[12]. 추가로 최적의 타임아웃을 찾아서 유지할 수 있도록 적용 전후의 데이터를 비교할 수 있는 환경 구축도 중요하다.

7.4.4 과도한 기능 요청

마지막으로 서버가 감당할 수 있는 것보다 더 많은 요청을 처리할 때 장애가 발생할 수 있다. 일반적으로 서버는 동시에 처리하는 요청의 수를 제한하여 과도한 기능 요청을 차단한다. 서버가 정해진 요청보다 많은 수의 요청을 처리하면 클라이언트의 요청은 접수 후에 대기 상태로 빠지게 된다. 그리고 대기 중인 요청이 늘어나면 결국에는 요청을 접수하지 않고 바로 에러를 반환하게 된다. 따라서 클라이언트의 요청이 많아지더라도 서버는 안전하게 사전에 정한 만큼의 요청만 처리하게 된다. 만약 사용자 트래픽이 늘어나더라도 기존 서비스 인스턴스는 감당할 수 있는 만큼의 요청을 처리하면서 버티고, 새로운 인스턴스가 시작되어 초과분의 요청을 처리하는 것으로 늘어나는 트래픽도 원활히 대응할 수 있다.

하지만 서비스가 정해진 만큼의 요청만 처리하더라도 서비스에는 과부하가 생길 수 있다. 예를 들어 처리 비용이 유독 높은 기능이 많이 요청되거나 매우 많은 수의 데이터 처리가 요청되거나 때로는 네트워크, 데이터베이스 혹은 외부 서비스의 응답이 늦어져서 서비스의 처리 시간이 느려질 수 있다. 따라서 정해진 만큼의 요청만 처리하더라도 서버는 과부하 상태에 빠질 수 있

---

12 보통 장애에 민감한 시스템이 몇 차례의 대형 장애를 겪어본 이후에야 필요성을 느끼는 경우가 많다.

다. 평균 1초 이내에 완료되던 기능이 점점 느려져서 10초 혹은 20초가 될 수 있는데 결국 클라이언트의 요청이 거절되는 비율이 높아지고, 이는 다시 다른 인스턴스의 부하로 연결된다.

이런 경우 서비스의 모든 기능이 정상적으로 수행되지 않을 수 있다. 게다가 서비스가 제공하는 업무는 서로 중요도가 다르기 때문에 일반 업무가 과도하게 수행되어 중요한 업무도 같이 서비스가 불가능해질 수 있다. 간단한 예로 디바이스의 신규 펌웨어를 등록한 경우 영업 시작 시각에 펌웨어 다운로드 요청이 몰려서 다른 업무 기능이 마비될 수도 있다. 이럴 때에는 레이트 리미팅rate limiting을 적용해서 중요도가 낮은 업무의 최대 요청량을 제한하거나, 벌크헤드 bulkhead 패턴을 적용하여 중요 업무와 일반 업무의 처리 리소스를 분리할 수 있다.

혹은 서버가 동시에 처리하는 사용자의 요청 수를 응답 시간을 기준으로 가변적으로 조절하는 방법도 있다. 부하 테스트를 거쳐 서버의 동시 처리량을 정교하게 설정했더라도 시간이 흐르면서 서버의 기능과 주변 환경은 점점 변해가기 때문에 고정적으로 설정한 값은 정확도가 떨어져가기 마련이다. 따라서 서버 응답 시간이 길어지면 동시 처리량을 줄이고, 응답 시간이 줄어들면 동시 처리량을 늘리는 방식으로 그때그때 최적의 동시 처리량을 찾아 반영할 수 있다.

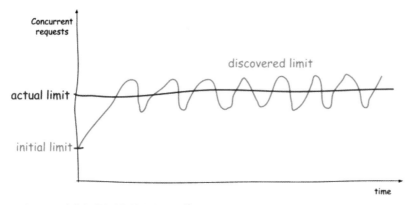

그림 7-83 최적의 제한 값을 찾아가는 과정[13]

....

13 https://netflixtechblog.medium.com/performance-under-load-3e6fa9a60581

INDEX